Japanisch

lonely planet

Sprachführer

Lonely Planet Publications
Locked Bag1, Footscray, Melbourne, Victoria 3011, Australia

Verlag der deutschen Ausgabe: MAIRDUMONT,
Marco-Polo-Str. 1, 73760 Ostfildern,
www.mairdumont.com, lonelyplanet@mairdumont.com

Japanisch
1. deutsche Auflage Juni 2008, übersetzt von *Japanese Phrasebook 4th edition, September 2004* Lonely Planet Publications Pty

Printed in Hong Kong

Einleitung 8

Übersichtskarte 8
Einleitung 9

Grundlagen 11

Aussprache 11
Vokale 11
Konsonanten 12
Betonung 14
Japanisch lesen & schreiben 14
Zeichentabelle Hiragana & Katakana 16
Kleine Grammatik A–Z 17
Adjektive .... s. *Beschreiben*
Adverbien .... s. *Beschreiben*
Artikel 17
Beschreiben 18
Demonsrativpronomen 18
Es gibt 19
Fragen 19
Fragewörter 20
Haben 21
Höfllichkeitsformen 21
Ja & Nein 22
Mehrzahl 23
Mein & Dein 23
Partikeln 24
Plural .... s. *Mehrzahl*
Präsens .... s. *Verben*
Pronomen 26
Sein 27
Substantive 28
Verben 29
Vergangenheit 29
Verneinung 30
Wortstellung 31
Zählen 32
Zukunft 32
Sprachprobleme 33
Zahlen & Mengen 35
Grundzahlen 35
Ordnungszahlen 36
Brüche 36
Zählwörter 37
Maßangaben im Alltag 38
Datum & Uhrzeit 39
Uhrzeit 39
Kalender 40
Gegenwart 41
Vergangenheit 41
Zukunft 42
Tageszeiten 42
Geld 43

Praktisches 45

Unterwegs 45
Unterwegs vor Ort 45
Fahrkarten & Tickets 46
Gepäck 48
Flugzeug 49
Bus 49
Zug 50
Schiff 52
Taxi 52
Auto & Motorrad mieten 53
Auf der Straße unterwegs 54
Probleme mit Auto & Motorrad 55
Fahrrad 57
Über die Grenze 59
An der Grenze 59
Am Zoll 60
Orientierung 61
Unterkünfte 63
Eine Unterkunft finden 63

Reservierung & Check-in 64
Bitten & Nachfragen 65
Beschwerden 68
Check-out 68
Camping 69
Unterkünfte zur Miete 70
Übernachten bei Einheimischen 71
Einkaufen 73
Auf der Suche nach 73
Beim Einkauf 73
Handeln 75
Kleidung 75
Reparaturen 76
Beim Friseur 76
Bücher & Lesen 77
Musik 78
DVD & Video 78
Fotografie 79
Post, Telefon & Internet 81
In der Post 81
Telefon 82
Handy 85
Internet 86
In der Bank 87
Sightseeing 89
Eintritt 90
Touren 91
Auf Geschäftsreise 93
Geschäftlich unterwegs 93
Auf Jobsuche 95
Reisen mit Handicap 97
Mit Kindern unterwegs 99

Leben! 101

Leute treffen 101
Allgemeines 101
Hallo & Auf Wiedersehen 101
Anrede 103
Unterhaltung 104
Nationalitäten 106
Alter 106
Beruf & Studium 107
Familie 108
Abschied 110
Freizeitaktivitäten 111
Gemeinsame Interessen 111
Musik 112
Kino & Theater 113
Gefühle & Meinungen 115
Gefühle 115
Meinungen 116
Politik & Gesellschaft 116
Umwelt 118
Ausgehen 121
Wohin ausgehen? 121
Einladungen 123
Einladungen annehmen & ablehnen 124
Verabredungen 125
Drogen 126
Romanzen 127
Zusammen ausgehen 127
Anmache 128
Abfuhr 128
Wenn man sich näher kommt 129
Sex 130
Liebe 131
Beziehungskiste 132
Abschied 132
Glaube & Tradition 133
Religion 133
Kulturelle Unterschiede 134
Kunst & Kultur 135
Sport 139
Sportarten 139
Zuschauersport 141
Sport treiben 141
Baseball 144

Fußball 144
Golf 145
Skifahren 146
Tauchen 147
Tennis & Tischtennis 149
Wandern 149
Wassersport 150
Unter freiem Himmel 151
Wandern 151
Am Strand 152
Wetter 153
Flora & Fauna 154

Essen 155

Essen gehen 155
Das Wichtigste 155
Wohin zum Essen? 156
Im Restaurant 158
Am Tisch 161
Übers Essen reden 162
Zubereitungsarten 163
In der Bar 164
Alkoholfreie Getränke 165
Alkoholische Getränke 166
Hoch die Tassen! 167
Selbstversorger 169
Lebensmittel einkaufen 169
Küchengeräte 171
Vegetarier & Co. 173
Essen bestellen 173
Spezielle Kost & Allergien 174
Kulinarisches Glossar 175

Sicher reisen 195

Das Wichtigste 195
Notfälle 195
Polizei 196
Gesundheit 199
Ärztliche Versorgung 199
Symptome & allgemeines Befinden 202
Frauen & Gesundheit 204
Allergien 205
Alternative Heilmethoden 205
Der Körper 206
In der Apotheke 207
Beim Zahnarzt 208

Wörterbücher 209

Deutsch–Japanisch 209
Japanisch–Deutsch 239

Register 251

Japanisch

Offizielle/Landessprache **Ryūkyū-Dialekte**

Weitere Details s. **Einleitung**

Dieses Kapitel hilft bei der Formulierung eigener Sätze. Es ist alphabetisch geordnet, damit sich der Anwender leicht zurechtfindet. Sollte ein gesuchter Satz in diesem Sprachführer tatsächlich einmal nicht zu finden sein, kann man sich mit ein bisschen Grammatik, ein paar Gesten und einigen gut gewählten Wörtern in der Regel verständlich machen.

Um den japanischen Satzbau zu verdeutlichen, haben wir jedem Satz wörtliche Übersetzungen beigestellt. Die Verwendung von Partikeln im Japanischen – in den wörtlichen Übersetzungen rot gekennzeichnet – wird in den Abschnitten **Partikeln** und **Präpositionen** erklärt.

Adjektive & Adverbien s. Beschreiben

Artikel

Im Japanischen gibt es keine Entsprechungen für die bestimmten und unbestimmten Artikel „ein/eine" und „der/die/das":

Es ist ein/das Hotel.
ho·te·ru des ホテルです。
(wörtl.: Hotel sein)

Wörtern werden keine Artikel zugeordnet; ob „ein/e" oder „der/die/das" gemeint ist, geht aus dem Kontext hervor. Soll auf etwas Bestimmtes gezeigt werden, können hinweisende Fürwörter verwendet werden (s. **Demonstrativpronomen**).

Beschreiben

Wie im Deutschen stehen Adjektive im Japanischen vor dem Substantiv, das sie beschreiben. Es gibt zwei Arten von Adjektiven: „i-Adjektive", die auf ·i (い) enden, und „na-Adjektive", die auf na (な) enden

Wir hatten ein nettes Essen.
oi·shī sho·ku·ji o shi·mash·ta おいしい食事をしました。
(wörtl.: leckeres Essen o gehabt)

Das ist ein schönes Gebäude.
a·re wa ki·rē na ta·te·mo·no des あれはきれいな建物です。
(wörtl.: das-da-drüben wa schönes Gebäude sein)

Adverbien, die ein Verb oder Adjektiv näher bestimmen, können durch Verwendung der Endung ·ku (く) anstelle der ·i (い)-Endung bei "i"-Adjektiven gebildet werden. So wird z. B. das Adjektiv ha·yai (速い) zum Adverb ha·ya·ku (速く).

Viele japanische Adverbien sind jedoch eigenständige Wörter, wie z. B. to·te·mo (とても) „sehr", yuk·ku·ri (ゆっくり) „langsam" und kyō (今日) „heute", um nur ein paar zu nennen.

Demonstrativpronomen

Um auf eine Person oder einen Gegenstand hinzuweisen oder darauf zu deuten, können im Japanischen die Wörter aus nebenstehender Tabelle verwendet werden. Zu beachten ist, dass das Wortelement ko· (こ) etwas oder jemanden in Nähe des Sprechers bezeichnet, während so· (そ) sich auf etwas nahe dem Zuhörer bezieht und a· (あ) etwas meint, das sowohl vom Sprecher als auch vom Zuhörer weiter entfernt ist.

Wie viel kostet das (hier)?
ko·re wa i·ku·ra des ka これはいくらですか?
(wörtl.: dies wa wie-viel sein ka)

Der Zug ist voll.
so·no den·sha wa man·in des その電車は満員です。
(wörtl.: der Zug wa voll sein)

nahe dem Sprecher		nahe dem Zuhörer		von beiden entfernt	
dies	ko·re これ	das	so·re それ	das da drüben	a·re あれ
dieses (Buch)	ko·no (hon) この(本)	das (Buch)	so·no (hon) その(本)	das (Buch) da drüben	a·no (hon) あの(本)
hier	ko·ko ここ	dort	so·ko そこ	dort drüben	a·so·ko あそこ
hierhin	ko·chi·ra こちら	dorthin	so·chi·ra そちら	dort drüben hin	a·chi·ra あちら

Es gibt

Im Japanischen kann ein örtliches Vorhandensein auf zweierlei Art ausgedrückt werden. Für belebte Objekte (Menschen und Tiere) wird das Verb i·mas (います) verwendet, für unbelebte Objekte (Gegenstände) a·ri·mas (あります).

In Tokio gibt es viele gute Restaurants.
tō·kyō ni wa ī res·to·ran ga ta·ku·san a·ri·mas 東京にはいいレストランがたくさんあります。
(wörtl.: Tokio in wa gutes Restaurant ga viele gibt-*unbelebt*)

Im Garten sind vier Hunde.
ni·wa ni i·nu ga yon·hi·ki i·mas 庭に犬が4匹います。
(wörtl.: Garten in Hund ga vier gibt-*belebt*)

Fragen

Eine Ja/Nein-Frage wird durch ein angehängtes ka (か) an das Ende eines Aussagesatzes gebildet, wobei die Satzmelodie zum Ende des Satzes wie im Deutschen ansteigt.

Das hier ist die Touristeninformation.
ko·re wa kan·kō·an·nai·jo des これは観光案内所です。
(wörtl.: das wa Touristeninformation sein)

Ist das hier die Touristeninformation?
ko·re wa kan·kō·an·nai·jo des ka これは観光案内所ですか?
(wörtl.: das wa Touristeninformation sein ka)

Für spezifischere Fragen gibt es japanische Entsprechungen für „wer", „wo", „was", „wie", „warum" usw., wobei diese Wörter häufig erst am Satzende auftauchen (s. **Fragewörter**).

Fragewörter

wer	だれ/どなた	da·re/do·na·ta **höfl.**
Wer ist da?	だれですか?	da·re des ka
was	何/なに	nan/na·ni
Was ist das? Was tun Sie?	これは何ですか? なにをしますか?	ko·re wa nan des ka na·ni o shi·mas ka
welche/r/s	どちら	do·chi·ra
Welcher Zug fährt zur Ginza?	どちらの 電車が銀座 に行きますか?	do·chi·ra no den·sha ga gin·za ni i·ki·mas ka
wann	いつ	i·tsu
Wann fährt der nächste Bus?	次のバスは いつですか?	tsu·gi no bas wa i·tsu des ka
um wie viel Uhr	何時に	nan·ji ni
Um wie viel Uhr fährt das Boot ab?	船は何時に 出ますか?	fu·ne wa nan·ji ni de·mas ka
wo	どこ	do·ko
Wo sind die Toiletten?	トイレはどこ ですか?	toi·re wa do·ko des ka
wie	どのように	do·no yō ni
Wie geht das?	どのように しますか?	do·no yō ni shi·mas ka
wie viel/wie viele	どのくらい/いくつ	do·no·ku·rai/i·ku·tsu
Wie viel möchten Sie? Wie viele gibt es?	どのくらいほしいで すか? いくつありますか?	do·no·ku·rai ho·shī des ka i·ku·tsu a·ri·mas ka
wie viel (Geld)	いくら	i·ku·ra
Wie viel kostet es?	いくらですか?	i·ku·ra des ka
warum	なぜ	na·ze
Warum (ist das so)?	なぜですか?	na·ze des ka

Haben

Ein Besitzumstand kann im Japanischen auf verschiedene Weise wiedergegeben werden. Am einfachsten ist der Gebrauch der Possessivpartikel no（の）nach dem Substantiv, Pronomen oder Eigennamen, das oder der anzeigt, wer oder was etwas besitzt:

mein Freund
wa·ta·shi no to·mo·da·chi 私の友達
(wörtl.: ich no Freund)

Es gehört ihr.
ko·re wa ka·no·jo no des これは彼女のです。
(wörtl.: dies wa sie no sein)

das Hotel von Takashi
ta·ka·shi no ho·te·ru たかしのホテル
(wörtl.: Takashi no Hotel)

Eine Alternative ist die Verwendung des Verbs mot·te i·mas（持っています）, „besitzen", oder der Ausdruck ga a·ri·mas（があります）, „es gibt":

Ich habe Geld.
(wa·ta·shi wa) o·ka·ne o mot·te i·mas （私は）お金を持っています。
(wörtl.: (ich wa) Geld o haben)

Ich habe ein Auto.
(wa·ta·shi wa) ji·dō·sha ga a·ri·mas （私は）自動車があります。
(wörtl.: (ich wa) Auto da-sein)

Höflichkeitsformen

In Japan werden verschiedene Formen der Höflichkeit durch bestimmte Wörter und häufig durch veränderte Verbformen ausgedrückt. Dieser Sprachführer verwendet die höfliche Standardform ·mas（ます）, die in den meisten Situationen angemessen ist. Um diese sichere mittlere Stufe der Höflichkeit nicht zu verlassen, sollte man möglichst den Gebrauch der

Personalpronomen der 2. Person vermeiden, da sie als Anrede zu direkt klingen können (s. **Pronomen**). Japaner verwenden bei bestimmten Substantiven auch häufig die Präfixe o· (お) und go· (ご) als Zeichen von Höflichkeit oder Respekt:

Sake	o·sa·ke	お酒
Reis/Mahlzeit	go·han	ごはん
Ich stelle Sie vor.	go·shō·kai shi·mas (wörtl.: ehrenwerte-Vorstellung machen)	ご紹介します。

Diese Präfixe können auch „Ihr ehrenwerter …" bedeuten, sind aber nur zu verwenden, wenn man über andere oder zu anderen spricht und nie, wenn man über sich selbst oder die eigene Situation spricht.

Ihr Ehemann	go·shu·jin (wörtl.: Ihr-ehrenwerter-Ehemann)	ご主人
Mein Ehemann	shu·jin (wörtl.: Ehemann)	主人
Wie geht es Ihnen?	o·gen·ki des ka (wörtl.: Ihre-ehrenwerte-Gesundheit sein ka)	お元気ですか?
Mir geht es gut.	gen·ki des (wörtl.: gesund sein)	元気です。

Ja & nein

ja	hai	はい
nein	ī·e	いいえ

Verstehen Sie?
wa·ka·ri·mash·ta ka — わかりましたか?
(wörtl.: verstanden-haben ka)

Ja (ich verstehe).
hai wa·ka·ri·mash·ta — はい、わかりました。
(wörtl.: ja verstanden haben)

Nein (ich verstehe nicht).
ī·e wa·ka·ri·ma·sen — いいえ、わかりません。
(wörtl.: nein verstanden-haben-nicht)

Hinweis: Im Japanischen wird nach „ja" oder „nein" häufig das komplette Verb noch einmal wiederholt.

Mehrzahl

Japanische Substantive bleiben unverändert, unabhängig davon, ob sie sich auf eine oder mehrere Personen oder Sachen beziehen. Soll eine bestimmte Anzahl ausgedrückt werden, muss das Substantiv zusätzlich ein Zähl- oder Kategoriewort erhalten.

Mehr dazu s. **Substantive** und **Zahlen & Mengen** auf S. 37.

Mein & dein

Ein Besitzverhältnis wird durch ein Pronomen (s. **Pronomen**), Substantiv oder einen Eigennamen gefolgt von der Partikel no (の) ausgedrückt:

Dies ist mein Buch.
ko·re wa wa·ta·shi no hon des これは私の本です。
(wörtl.: dies wa ich no Buch sein)

Herr Kamimuras Koffer
ka·mi·mu·ra·san no sūts·kēs 上村さんのスーツケース
(wörtl.: Kamimura-Herr no Koffer)

Schullehrer
gak·kō no sen·sē 学校の先生
(wörtl.: Schule no Lehrer)

S. auch **Haben** und **Partikeln**.

Partikeln

Einem Substantiv oder Pronomen folgt im Japanischen fast immer eine Partikel. Partikeln sind kurze Wörter, die die Funktion des voranstehenden Worts im Satz anzeigen, z.B. ob es das grammatikalische Subjekt oder das Objekt ist. Manchmal dienen Partikeln auch als Präpositionen wie „in" oder „zu". Häufig sind im Japanischen folgende Partikeln:

ga (が) **Subjektpartikel**
Die Partikel ga (が) zeigt das Subjekt eines Satzes an, wenn es nicht – wie häufig in japanischen Sätzen – weggelassen wird:

Das ist meine Adresse.
ko·re ga wa·ta·shi no jū·sho des これが私の住所です。
(wörtl.: das ga ich no Adresse sein)

wa (は) **Themenpartikel**
Mit der Partikel wa (は) wird ein Thema oder zentraler Punkt eines Satzes hervorgehoben oder betont:

Ich bin Lehrer.
wa·ta·shi wa kyō·shi des 私は教師です。
(wörtl.: ich wa Lehrer sein)

Wird das Satzsubjekt betont, wird es zum zentralen Punkt im Satz und entsprechend mit der ga-Form angezeigt.

o (を) **Objektpartikel**
Die Partikel o (を) kennzeichnet das Objekt des Satzes:

Ich habe Sushi gegessen.
su·shi o ta·be·mash·ta すしを食べました。
(wörtl.: Sushi o essen-getan)

no (の) **Possessivpartikel**
Die Partikel no (の) zeigt an, das etwas zu jemandem oder etwas gehört (s. auch **Haben**):

das Haus von Miyuki
mi·yu·ki·san no i·e みゆきさんの家
(wörtl.: Miyuki-Frau no Haus)

ni（に）-Partikel
Die Partikel ni（に）kann auf vier verschiedene Arten verwendet werden:

Tag/Monat/Jahr	am Montag	月曜日に	ge·tsu·yō·bi ni
Zeit	um fünf Uhr	5時に	go·ji ni
Ort	im Laden	店に	mi·se ni
Richtung	zum Bahnhof	駅に	e·ki ni

e（へ）-Partikel (Richtung)
Die Partikel e（へ）zeigt eine Richtung an und ist der Richtungsbedeutung von ni (s. o.) sehr ähnlich.

Ich fahre zur Ginza.
gin·za e i·ki·mas 銀座へ行きます。
(wörtl.: Ginza e fahren)

de（で）-Partikel
Die Partikel de（で）drückt eine Ortsbeziehung aus und hat eine ähnliche Funktion wie die Ortsanzeige von ni（に）. Sie kann daneben die Art und Weise einer Handlung ausdrücken:

am Eingang
i·ri·gu·chi de 入口で
(wörtl.: Eingang de)

Ich fahre mit dem Zug.
den·sha de i·ki·mas 電車で行きます。
(wörtl.: Zug de fahren)

ka（か）Fragepartikel
Die Partikel ka（か）wird an das Ende eines Aussagesatzes gestellt, um eine Frage zu formulieren. S. auch **Fragen**.

Ich spreche Englisch.
ē·go ga ha·na·se·mas 英語が話せます。
(wörtl.: Englisch ga sprechen können)

Sprechen Sie Englisch?
ē·go ga ha·na·se·mas ka 英語が話せますか?
(wörtl.: Englisch ga sprechen können ka)

Plural s. Mehrzahl

Präpositionen

Präpositionen werden im Japanischen häufig mit Partikeln wie ni (に), e (へ) und de (で) ausgedrückt. S. auch **Partikeln**.

am (örtl.)	で	de	nahe	近く	chi·ka·ku
auf	上に	u·e ni	neben	となり	to·na·ri
bevor	前	ma·e	ohne	なしで	na·shi de
für	ため	ta·me	über	上に	u·e ni
gegenüber	横切って	yo·ko·git·te	um/am (zeitl.)	に	ni
in (örtl.)	に	ni	unter	下に	shi·ta ni
in (zeitl.)	なか	na·ka	von	から	ka·ra
jenseits	むこうに	mu·kō ni	vor (örtl.)	前	ma·e
mit	いっしょに	is·sho ni	während	あいだ	ai·da
nach (zeitl.)	あと	a·to	zu/nach	へ	e

Pronomen

Subjektpronomen werden im Japanischen häufig weggelassen, wenn die gemeinte Person aus dem Kontext hervorgeht. Je nach Grad der Förmlichkeit verändern japanische Pronomen ihre Form – wir haben für die Beispielsätze in diesem Sprachführer das jeweils passende Pronomen verwendet.
Es gibt keine Unterscheidung für Subjektpronomen (z. B. ich, sie), Objektpronomen (z. B. mir, dich) und Possessivpronomen (z. B. mein, ihr). Die Differenzierung erfolgt durch Partikeln, die den Pronomen im Satz folgen: wa (は) für das Thema, ga (が) für das Subjekt, o (を) für das Objekt und no (の) für das Possessivpronomen (mehr dazu s. **Partikeln**).

ich/mir	(höflich)	私	wa·ta·shi
	(förmlich)	わたくし	wa·tak·shi
	(nur von Männern)	僕/おれ	bo·ku/o·re
du	(höflich)	あなた	a·na·ta
	(von Männern zu Untergebenen)	きみ	ki·mi
sie/ihr		彼女	ka·no·jo
er/ihm		彼	ka·re
wir/uns		私たち	wa·ta·shi ta·chi
ihr		あなたたち	a·na·ta ta·chi
sie/ihnen	m	彼ら	ka·re ra
	f	彼女たち	ka·no·jo ta·chi

Ich habe sie gesehen.
wa·ta·shi ga ka·no·jo o mi·mash·ta — 私が彼女を見ました。
(wörtl.: ich ga sie o sehen-habe)

Sie hat mich gesehen.
ka·no·jo ga wa·ta·shi o mi·mash·ta — 彼女が私を見ました。
(wörtl.: sie ga ich o sehen-hat)

Das gehört ihr.
so·re wa ka·no·jo no des — それは彼女のです。
(wörtl.: das wa sie no sein)

Die Pronomen der 2. Person sind möglichst zu vermeiden, da sie als Anrede zu direkt klingen.

Sein

Das Wort des (です) entspricht grob dem deutschen Verb „sein" und wird als solches wie jedes japanische Verb nicht konjugiert. So kann des je nach Situation „ich bin" oder „sie ist" oder „wir sind" bedeuten – für alle Pronomina gilt diese eine Form. Als Ausdruck einer Vergangenheitsform und/oder als Verneinung ändern sich japanische Verben jedoch (s. Tabelle auf S. 28).

Präsens affirmativ		Präsens negativ	
です	des	じゃありません	ja a·ri·ma·sen
Vergangenheit affirmativ		**Vergangenheit negativ**	
でした	desh·ta	じゃありませんでした	ja a·ri·ma·sen desh·ta

Ich bin Österreicher.
wa·ta·shi wa ō·sto·rya·jin des 私はオーストリア人です。
(wörtl.: ich wa Österreicher sein)

Ich bin kein Arzt.
wa·ta·shi wa i·sha ja a·ri·ma·sen 私は医者じゃありません。
(wörtl.: ich wa Arzt nicht-sein)

Gestern hat es geregnet.
ki·nō wa a·me desh·ta きのうは雨でした。
(wörtl.: gestern wa Regen war)

Die Person, die ich gestern Abend getroffen habe, war nicht Herr Takagi.
yū·be at·ta hi·to wa ta·ka·gi· san ja a·ri·ma·sen desh·ta ゆうべ会った人は高木さんじゃありませんでした。
(wörtl.: gestern getroffen Person wa Tagaki-Herr nicht-war)

Zu beachten ist, dass das Wort unmittelbar vor einer des-Verbform keine Partikel bekommt (s. **Partikeln**).

Substantive

Japanische Substantive haben kein Geschlecht und auch keine Pluralformen: Die Form des Substantivs bleibt stets unverändert, egal welches Geschlecht die bezeichnete Person oder der Gegenstand hat und unabhängig von der Anzahl.

Kiste/Kisten	ha·ko	箱
Mensch/Menschen	hi·to	人
Fahrkarte/Fahrkarten	kip·pu	切符

Hinweis: Wenn Substantive in einem Satz verwendet werden, muss ihnen eine Partikel beigefügt sein (s. **Partikeln**).

Verben

Japanische Verben sind recht unkompliziert, da sie nicht konjugiert werden; die Form shi·mas (します) kann „ich tue", „du tust", „sie tun" usw. bedeuten. Außerdem gibt es nur zwei einfache Tempora – Präsens und Vergangenheit –, wobei mit dem Präsens auch die Zukunft ausgedrückt wird (s. **Zukunft**).

In japanischen Wörterbüchern sind Verben meist in ihrer „einfachen Form" angegeben. In Unterhaltungen ist diese Form aber meist nicht passend. Für diesen Sprachführer haben wir in den meisten Fällen die höfliche ·mas (ます)-Form gewählt; Entsprechendes gilt für die Verben im Wörterbuch.

	·mas-Form		einfache Form	
essen	ta·be·mas	食べます	ta·be·ru	食べる
trinken	no·mi·mas	飲みます	no·mu	飲む
tun	shi·mas	します	su·ru	する
kaufen	kai·mas	買います	kau	買う
kommen	ki·mas	来ます	ku·ru	来る
gehen	i·ki·mas	行きます	i·ku	行く

In bestimmten Zusammenhängen verändern sich die Verben allerdings, so z.B. in verneinenden Sätzen (s. **Verneinung**), bei Äußerung von Wünschen und Bitten oder wenn „können"- oder „müssen"-Formen verwendet werden. Diese komplexeren Fälle sind nicht Bestandteil dieser Kurzgrammatik, da man sich auch ohne deren Kenntnis problemlos verständlich machen kann.

Nicht vergessen: Das Verb steht am Ende des Satzes.

Vergangenheit

Japanisch kennt nur zwei Zeitformen: das Präsens, mit dem auch die Zukunft ausgedrückt wird, und die Vergangenheit. Für die Vergangenheitsform wird einfach die Endung ·mas (ます) (die Endung der höflichen Verbform wie in diesem Sprachführer verwendet) durch die Endung ·mash·ta (ました) ersetzt.

Ich studiere an der Universität.
dai·ga·ku de ben·kyō shi·mas　大学で勉強します。
(wörtl.: Universität de Studium tun)

Ich habe Marketing studiert.
mā·ke·tin·gu o ben·kyō shi·mash·ta　マーケティングを勉強しました。
(wörtl.: Marketing o Studium getan)

Wie beim Präsens werden japanische Verben nicht flektiert, d. h. es spielt keine Rolle, ob das Subjekt ich, du, er, sie, wir usw. ist.

Verneinung

Um ein Verb im Präsens zu verneinen, wird einfach die Endung ·mas（ます）durch ·ma·sen（ません）ersetzt:

Ich rauche.
ta·ba·ko o su·i·mas　タバコを吸います。
(wörtl.: Zigarette o inhalieren)

Ich rauche nicht.
ta·ba·ko o su·i·ma·sen　タバコを吸いません。
(wörtl.: Zigarette o inhalieren-nicht)

Um ein Verb in der Vegangenheit zu verneinen, wird ·mash·ta（ました）durch ·ma·sen desh·ta（ませんでした）ersetzt:

Ich bin mit dem Zug gekommen.
den·sha de ki·mash·ta　電車で来ました。
(wörtl.: Zug mit kommen-getan)

Ich bin nicht mit dem Zug gekommen.
den·sha de ki·ma·sen desh·ta　電車で来ませんでした。
(wörtl.: Zug mit kommen nicht-getan)

Auch für Adjektive gibt es im Japanischen eine negierende Form. Bei „i-Adjektiven" ersetzt man hierfür die Endung ·i（い）durch ·ku（く）und fügt a·ri·ma·sen（ありません）oder nai des（ないです）ans Ende:

新しい	a·ta·ra·shī	neu	新しく	a·ta·ra·shi·ku	ku-Form von „neu"
古い	fu·ru·i	alt	古く	fu·ru·ku	ku-Form von „alt"

Bei „na-Adjektiven" wird nur der Wortstamm übernommen (d. h. die Endung na（な）fällt weg) und ja a·ri·ma·sen（じゃありません）oder ja nai des（じゃないです）angehängt:

きれいな	ki·rē na	sauber/ schön	きれい	ki·rē	Stamm von „sauber/ schön"
簡単な	kan·tan na	leicht	簡単	kan·tan	Stamm von „leicht"

Wortstellung

Anders als in der normalen deutschen Wortstellung Subjekt–Verb (Prädikat)–Objekt folgen japanische Sätze im Allgemeinen der Stellung Subjekt–Objekt–Verb. Das Subjekt wird außerdem häufig ganz weggelassen, wenn es aus dem Zusammenhang deutlich wird.

Ich habe ein Ticket nach Hiroshima gekauft.
(wa·ta·shi wa) hi·ro·shi·ma ma·de no chi·ket·to o kai·mash·ta （私は）広島までのチケットを買いました。
(wörtl.: (ich wa) Hiroshima nach no Ticket o gekauft)

Bei der Formulierung japanischer Sätze ist es wichtig, darauf zu achten, dass jede Partikel (s. **Partikeln**) direkt hinter dem Wort steht, zu dem sie gehört – kein anderes Element sollte zwischen ein Wort und seine Partikel gesetzt werden. Diese

„Bausteine" – d. h. Wörter und ihre Partikeln – können im Satz verschoben werden, solange die Grundstellung Subjekt–Objekt–Prädikat erhalten bleibt und das Verb am Ende des Satzes steht. In den folgenden Beispielsätzen sind die einzelnen Satzbausteine separat unterstrichen.

Ich schreibe eine Postkarte auf Japanisch.

(wa·ta·shi wa) ni·hon·go de ha·ga·ki o ka·ki·mas
（私は）日本語ではがきを書きます。
(wörtl.: (ich wa) Japanisch de Postkarte o schreiben)
(wa·ta·shi wa) ha·ga·ki o ni·hon·go de ka·ki·mas
（私は）はがきを日本語で書きます。
(wörtl.: (ich wa) Postkarte o Japanisch de schreiben)

Zählen

Ausführliches zu Zahlen und Zählwörtern (oder „Kategoriewörtern", wie sie auch genannt werden) s. **Zahlen & Mengen** auf S. 37.

Zukunft

Das Futur verwendet dieselben Verbformen wie das Präsens – im Japanischen wird in den meisten Fällen bereits aus dem Kontext ersichtlich, dass eine Zukünftigkeit ausgedrückt werden soll. Wer keinen Zweifel aufkommen lassen möchte, dass die Zukunft gemeint ist, kann auch ein Temporaladverb oder einen zeitspezifizierenden Ausdruck wie a·shi·ta（明日）„morgen", rai·ge·tsu（来月）„nächsten Monat" oder su·gi ni（すぐに）„bald" in den Satz mit einbauen.

Sprechen Sie Englisch?
英語が話せますか? ē·go ga ha·na·se·mas ka

Spricht jemand Englisch?
どなたか英語を話せますか? do·na·ta ka ē·go o ha·na·se·mas ka

Verstehen Sie?
わかりましたか? wa·ka·ri·mash·ta ka

Ja, ich verstehe.
はい、わかりました。 hai wa·ka·ri·mash·ta

Nein, ich verstehe nicht.
いいえ、わかりません。 ī·e wa·ka·ri·ma·sen

Ich verstehe.
わかりました。 wa·ka·ri·mash·ta

Ich verstehe nicht.
わかりません。 wa·ka·ri·ma·sen

Ich spreche (Englisch).
(英語)が話せます。 (ē·go) ga ha·na·se·mas

Ich spreche kein (Japanisch).
(日本語)が話せません。 (ni·hon·go) ga ha·na·se·ma·sen

Ich spreche ein wenig.
少し話せます。 su·ko·shi ha·na·se·mas

Wie spricht man das aus?
これはどう発音しますか。 ko·re wa dō ha·tsu·on shi·mas ka

Wie schreibt man „*Shiatsu*"?
「指圧」はどう書きますか? shi·a·tsu wa dō ka·ki·mas ka

Was bedeutet „*Deguchi*"?
「出口」はどういう意味ですか? de·gu·chi wa dō yū i·mi des ka

Könnten Sie ..., bitte?	…くれませんか?	… ku·re·ma·sen ka
das wiederholen	繰り返して	ku·ri·ka·e·shi·te
langsamer sprechen	もっとゆっくり話して	mot·to yuk·ku·ri ha·na·shi·te
das aufschreiben	書いて	kai·te

Haiku

Haiku hai·ku (俳句) bezeichnet eine besondere Form der japanischen Lyrik. Jedes Haiku besteht aus 17 Silben, die aus drei Versen zu zweimal fünf und einmal sieben Silben aufgebaut sind. Für Form und Inhalt eines Haikus gelten zahlreiche Regeln. Hat ein Haiku-Dichter diese erst einmal verinnerlicht, kann er seinen ganz eigenen Stil entwickeln.

Basho Matsuo (1644–94) – oder ma·tsu·o ba·shō (松雄芭蕉), wie man seinen Namen in der Landessprache schreibt – gilt als einer der berühmtesten Haiku-Dichter aller Zeiten und wichtiger Wegbereiter dieser Gattung. Sein Werk erkundet die Schönheit der Natur und ist stark vom Zen-Buddhismus beeinflusst. Sein *Auf schmalen Pfaden ins Hinterland* o·ku no ho·so·mi·chi (奥の細道), das von einer fünf Monate langen Reise in den Norden des Landes inspiriert wurde, ist bis heute Pflichtlektüre an den meisten Schulen Japans.

Hier nur eines der vielen Haikus, die Basho verfasst hat – Interpretationen und Übersetzungen dieser Kunstform gibt es auch im Deutschen zuhauf:

さみだれに sa·mi·da·re ni	In der Regenzeit
つるのあし tsu·ru no a·shi	sind des Kranichs Beine
みじかくなれり mi·ji·ka·ku na·re·ri	kurz geworden

Grundzahlen

基本数字

Für die Zahlen 4, 7 und 9 – sowie für alle anderen daraus zusammengesetzten Zahlen – gibt es alternative, frei wählbare Varianten für die Aussprache.

1	一	i·chi
2	二	ni
3	三	san
4	四	shi/yon
5	五	go
6	六	ro·ku
7	七	shi·chi/na·na
8	八	ha·chi
9	九	ku/kyū
10	十	jū
11	十一	jū·i·chi
12	十二	jū·ni
13	十三	jū·san
14	十四	jū·shi/jū·yon
15	十五	jū·go
16	十六	jū·ro·ku
17	十七	jū·shi·chi/jū·na·na
18	十八	jū·ha·chi
19	十九	jū·ku/jū·kyū
20	二十	ni·jū
21	二十一	ni·jū·i·chi
22	二十二	ni·jū·ni
30	三十	san·jū
40	四十	yon·jū
50	五十	go·jū
60	六十	ro·ku·jū

70	七十	na·na·jū
80	八十	ha·chi·jū
90	九十	kyū·jū
100	百	hya·ku
200	二百	ni·hya·ku
300	三百	sam·bya·ku
1000	千	sen
10 000	一万	i·chi·man
1 000 000	百万	hya·ku·man
100 000 000	一億	i·chi·o·ku

Im Japanischen gibt es keine Zähleinheit für „eine Million". Eine Million und Vielfache davon werden als Vielfaches von 10 000 ausgedrückt.

Ordnungszahlen

順番

Im Japanischen werden Ordnungszahlen durch Nachstellen von ·ban（番）hinter die jeweilige Grundzahl gebildet.

der/die/das erste	一番	i·chi·ban
zweite	二番	ni·ban
dritte	三番	sam·ban
vierte	四番	yom·ban
fünfte	五番	go·ban

Brüche

分数

ein Viertel	4分の1	yom·bun no i·chi
ein Drittel	3分の1	sam·bun no i·chi
die Hälfte	半分	ham·bun
drei Viertel	4分の3	yom·bun no san
alles	全部	zem·bu
nichts	なし	na·shi

Zählwörter

助数詞

Um eine Anzahl von Gegenständen, Menschen oder Tieren anzugeben, wird im Japanischen der Grundzahl ein Zählwort angehängt. Zählworter, auch Klassifikatoren genannt, weisen auf die Größe, Form und Funktion des bezeichneten Objekts hin und unterscheiden zwischen Objekten, Menschen und Tieren.

Die folgenden allgemeinen Zählwörter können für die meisten Gegenstände verwendet werden, nicht jedoch für Menschen oder Tiere:

1	一つ	hi·to·tsu
2	二つ	fu·ta·tsu
3	三つ	mit·tsu
4	四つ	yot·tsu
5	五つ	i·tsu·tsu
6	六つ	mut·tsu
7	七つ	na·na·tsu
8	八つ	yat·tsu
9	九つ	ko·ko·no·tsu
10	十	tō
Zahlen größer als 10	…個	…·ko

Mit Ausnahme des letztgenannten Zählworts müssen die Grundzahlen dem Zählwort nicht vorangestellt werden, da die Menge bereits im Zählwort enthalten ist. Der Satz „Geben Sie mir bitte einen Apfel" wäre also rin·go o hi·to·tsu ku·da·sai (りんごを一つください), wörtl. „Apfel-o eins bitte", und nicht rin·go o i·chi hi·to·tsu ku·da·sai (りんごを一一つください), wörtl. „Apfel-o eins eins bitte".

Hier eine Reihe von Zählwörtern, die im Alltag gebräuchlich sind, darunter auch solche für Menschen und Tiere:

Alter	…歳	…·sai
Blatt (Papier), Scheiben (geschnittene Dinge)	…枚	…·mai
Bücher	…冊	…·sa·tsu
Fahrzeuge	…台	…·dai
Flaschen, Stifte (längliche Gegenstände)*	…本	…·hon/pon/bon
Gegenstände (klein)	…個	…·ko
Menschen	…人	…·nin
Schalen, Gläser, Tassen*	…杯	…·hai/pai/bai
Stockwerke	…階	…·kai
Tiere*	…匹	…·hi·ki/pi·ki/bi·ki
Zeit	…時	…·ji

* Achtung: Die Aussprache dieser Zählwörter ändert sich je nach vorangestellter Zahl. Im Allgemeinen gilt die angegebene Variante (·hiki, ·hon, ·hai), nach den Zahlen 1, 6 und 10 wird daraus jedoch ·piki, ·pon, ·pai und nach der Zahl 3 ·biki, ·bon, ·bai. Bei den oben genannten Zählwörten nicht vergessen, die Grundzahl voranzustellen.

Maßangaben im Alltag

よく使う分量

Wie viel?	どのくらい?	do·no ku·rai
Wie viele?	いくつ?	i·ku·tsu
Geben Sie mir bitte …	…ください。	… ku·da·sai
(100) Gramm	(100)グラム	(hya·ku)·gu·ra·mu
ein halbes Kilo	500グラム	o·hya·ku·gu·ra·mu
ein Kilo	1キロ	i·chi·ki·ro
eine Flasche	ビン1本	bin ip·pon
ein Glas	ジャー1個	jā ik·ko
eine Packung	1パック	hi·to·pak·ku
eine Scheibe	1枚	i·chi·mai
eine Dose	1缶	hi·to·kan
weniger	もっと少ない量	mot·to su·ku·nai ryō
(nur) ein bisschen	(ほんの)ちょっと	(hon·no) chot·to
reichlich	たくさん	ta·ku·san
mehr	もっと	mot·to
etwas, einige	いくらか	i·ku·ra ka

Uhrzeit

時間表現

Für die Angabe der Uhrzeit stellt man die Zahl für die Stunde vor das Wort ·ji (時) „Uhr". Eine Ausnahme ist vier Uhr mit yo·ji (4時), nicht shi·ji. Die Minuten stehen hinter der Stunde und werden mit der jeweiligen Zahl plus ·fun/·pun (分) angegeben. Halbe Stunden werden mit ·ji han (時半) wiedergegeben, Minutenangaben vor der vollen Stunde mit ma·e des (前です), wörtl. „bevor es ist", anstatt mit des (です), „es ist".

Wie viel Uhr ist es?	何時ですか?	nan·ji des ka
Es ist (zehn) Uhr.	(10)時です。	(jū)·ji des
Fünf nach (zehn).	(10)時5分です。	(jū)·ji go·fun des
Viertel nach (zehn).	(10)時15分です。	(jū)·ji jū·go·fun des
Halb (elf).	(10)時半です。	(jū)·ji han des
Viertel vor (zehn).	(10)時15分 前です。	(jū)·ji jū·go·fun ma·e des
Zwanzig vor (zehn).	(10)時20分 前です。	(jū)·ji ni·jup·pun ma·e des
Um wie viel Uhr ...?	何時に…	nan·ji ni ...
Um (zehn).	(10時)に。	(jū·ji) ni
Um (19.57 Uhr).	(午後7時57分)に。	(go·go shi·chi·ji go·jū·na·na·fun) ni
vormittags	午前	go·zen
nachmittags	午後	go·go

Besonderheiten bei der Kombination von Zahlen und Minuten:

Minute(n)					
1	1分	ip·pun	**6**	6分	rop·pun
2	2分	ni·fun	**7**	7分	na·na·fun
3	3分	sam·pun	**8**	8分	hap·pun
4	4分	yom·pun	**9**	9分	kyū·fun
5	5分	go·fun	**10**	10分	jup·pun

Kalender

Wochentage

Montag	月曜日	ge·tsu·yō·bi
Dienstag	火曜日	ka·yō·bi
Mittwoch	水曜日	su·i·yō·bi
Donnerstag	木曜日	mo·ku·yō·bi
Freitag	金曜日	kin·yō·bi
Samstag	土曜日	do·yō·bi
Sonntag	日曜日	ni·chi·yō·bi

Monate

Januar	1月	i·chi·ga·tsu
Februar	2月	ni·ga·tsu
März	3月	san·ga·tsu
April	4月	shi·ga·tsu
Mai	5月	go·ga·tsu
Juni	6月	ro·ku·ga·tsu
Juli	7月	shi·chi·ga·tsu
August	8月	ha·chi·ga·tsu
September	9月	ku·ga·tsu
Oktober	10月	jū·ga·tsu
November	11月	jū·i·chi·ga·tsu
Dezember	12月	jū·ni·ga·tsu

Datum

Die Ordnungszahl gefolgt von ·ni·chi（日）gibt das Datum an:

Welches Datum ist heute?
今日は何月何日ですか? — kyō wa nan·ga·tsu nan·ni·chi des ka

Es ist (der 18. Oktober).
（10月18日）です。 — (jū·ga·tsu jū·ha·chi·ni·chi) des

Bei Datumsangaben existieren unregelmäßige Formen für den 1. bis 10. sowie den 14., 20. und 24. Tag eines Monats:

1.	1日	tsu·i·ta·chi	8.	8日	yō·ka
2.	2日	fu·tsu·ka	9.	9日	ko·ko·no·ka
3.	3日	mik·ka	10.	10日	tō·ka
4.	4日	yok·ka	14.	14日	jū·yok·ka
5.	5日	i·tsu·ka	20.	20日	ha·tsu·ka
6.	6日	mu·i·ka	24.	24日	ni·jū·yok·ka
7.	7日	na·no·ka			

Jahreszeiten

Frühling 春 ha·ru
Sommer 夏 na·tsu
Herbst 秋 a·ki
Winter 冬 fu·yu

Gegenwart

現在

jetzt 今 i·ma

diese/n/s …
- Nachmittag 今日の午後 kyō no go·go
- Morgen 今朝 ke·sa
- Monat 今月 kon·ge·tsu
- Woche 今週 kon·shū
- Jahr 今年 ko·to·shi

heute 今日 kyō
heute Abend 今夜 kon·ya

Vergangenheit

過去

vor (drei Tagen) (3日)前 (mik·ka) ma·e
vorgestern おととい o·to·toi

letzte/n/s …
- Monat 先月 sen·ge·tsu
- Nacht ゆうべ yū·be
- Woche 先週 sen·shū
- Jahr 去年 kyo·nen

seit (Mai)	（5月）から	(go·ga·tsu) ka·ra
gestern …	きのうの…	ki·nō no …
Nachmittag	午後	go·go
Abend	夜	yo·ru
Morgen	朝	a·sa

Zukunft

未来

übermorgen	あさって	a·sat·te
in (sechs Tagen)	（6日）後	(mu·i·ka) go
nächste/n/s …	来…	rai…
Monat	月	·ge·tsu
Woche	週	·shū
Jahr	年	·nen
morgen …	明日の…	a·shi·ta no …
Nachmittag	午後	go·go
Abend	夜	yo·ru
Vormittag	朝	a·sa
bis (Juni)	（6月）まで	(ro·ku·ga·tsu) ma·de

Tageszeiten

1日

Morgendämmerung	夜明け	yo·a·ke
Sonnenaufgang	日の出	hi·no·de
Morgen	朝	a·sa
Mittag	正午	shō·go
Nachmittag	午後	go·go
Sonnenuntergang	日の入り	hi·no·i·ri
Abend	夕方	yū·ga·ta
Nacht	夜	yo·ru
Mitternacht	真夜中	ma·yo·na·ka
am Tag, tagsüber	日中	nit·chū

Japan ist ein Land, das noch sehr auf Barzahlung setzt, auch wenn Kreditkarten zunehmend verbreitet sind. Am besten hat man immer ein paar Yen dabei und rechnet nicht damit, in Restaurants, Hotels und Geschäften mit Kreditkarte oder Schecks bezahlen zu können.

Wie viel kostet das?
いくらですか？ **i·ku·ra des ka**

Können Sie bitte den Preis aufschreiben?
値段を書いてくれませんか？ **ne·dan o kai·te ku·re·ma·sen ka**

Nehmen Sie …?	…で払えますか？	**… de ha·ra·e·mas ka**
Bankkarten	デビットカード	**de·bit·to·kā·do**
Kreditkarten	クレジットカード	**ku·re·jit·to·kā·do**
Reiseschecks	トラベラーズチェック	**to·ra·be·rāz·chek·ku**

Ich hätte gern …	…をお願いします。	**… o o·ne·gai shi·mas**
eine Quittung	レシート	**re·shī·to**
eine Erstattung	払い戻し	**ha·rai·mo·do·shi**
eine Barauszahlung	キャッシュアドバンス	**kyas·shu·a·do·ban·su**
mein Wechselgeld	お釣り	**o·tsu·ri**

Ich möchte …	…をお願いします。	**… o o·ne·gai shi·mas**
das umtauschen	返品	**hem·pin**
einen Scheck einlösen	小切手の現金化	**ko·git·te no gen·kin·ka**
einen Reisescheck einlösen	トラベラーズチェックの現金化	**to·ra·be·rāz·chek·ku no gen·kin·ka**
Geld umtauschen	両替	**ryō·ga·e**
Geld abheben	現金の引き出し	**gen·kin no hi·ki·da·shi**

Wo gibt es …?	…はどこですか?	… wa do·ko des ka
einen Geldautomat	ATM	ē·tī·e·mu
eine Wechselstube	外国為替セクション	gai·ko·ku·ka·wa·se·sek·shon

Wie hoch ist …?	…はいくらですか?	… wa i·ku·ra des ka
die Gebühr	料金	ryō·kin
der Wechselkurs	為替レート	ka·wa·se·rē·to

Sie ist/beträgt …	…です。	… des
kostenlos	ただ	ta·da
(12) Euro	(12)ユーロ	(jū·ni)·yū·ro
(4000) Yen	(4000)円	(yon·sen)·en

Tauschen Sie hier Geld um?
ここで換金できますか? — ko·ko de kan·kin de·ki·mas ka

Muss ich vorne bezahlen?
前払いですか? — ma·e·ba·rai des ka

Muss ich etwas bezahlen?
料金を払わなければなりませんか? — ryō·kin o ha·ra·wa·na·ke·re·ba na·ri·ma·sen ka

Funktioniert das mit Münzen?
コインを使いますか? — ko·in o tsu·kai·mas ka

In der Rechnung ist ein Fehler.
請求書に間違いがあります。 — sē·kyū·sho ni ma·chi·gai ga a·ri·mas

Unterwegs vor Ort

移動する

Welcher/s … geht nach (Nagasaki)?	(長崎)行きの …はどれですか?	(na·ga·sa·ki)·yu·ki no … wa do·re des ka
Bus	バス	bas
Flugzeug	飛行機	hi·kō·ki
Schiff	船	fu·ne
Zug	電車	den·sha
Ist das der/das … nach (Kobe)?	(神戸)行きの… はこれですか?	(kō·be)·yu·ki no … wa ko·re des ka
Bus	バス	bas
Schiff	船	fu·ne
Zug	電車	den·sha
Wann fährt der … (Bus)?	…(バス)は 何時ですか?	… (bas) wa nan·ji des ka
erste	始発の	shi·ha·tsu no
letzte	最終の	sai·shū no
nächste	次の	tsu·gi no

Um wie viel Uhr ist die Abfahrt?
これは何時に出ますか? — ko·re wa nan·ji ni de·mas ka

Wann ist die Ankunft in (Nagoya)?
これは(名古屋)に 何時に着きますか? — ko·re wa (na·go·ya) ni nan·ji ni tsu·ki·mas ka

Wie groß ist die Verspätung?
どのくらい遅れますか? — do·no ku·rai o·ku·re·mas ka

Ist dieser Platz frei?
この席は空いていますか? — ko·no se·ki wa ai·te i·mas ka

Das ist mein Platz.
それは私の
席です。
so·re wa wa·ta·shi no
se·ki des

Bitte geben Sie mir Bescheid, wenn wir (Osaka) erreichen.
（大阪）に着いたら教えて
ください。
(ō·sa·ka) ni tsu·i·ta·ra o·shi·e·te
ku·da·sai

Bitte halten Sie hier.
ここで停めてください。
ko·ko de to·me·te ku·da·sai

Fahrkarten & Tickets

切符

Wo kann ich eine Fahrkarte kaufen?
切符はどこで
買えますか?
kip·pu wa do·ko de
ka·e·mas ka

Muss ich reservieren?
予約が必要ですか?
yo·ya·ku ga hi·tsu·yō des ka

Eine Fahrkarte … (nach Tokio).	（東京行きの）…切符。	(tō·kyō·yu·ki no) … kip·pu
1. Klasse (Schiff)	一等席	it·tō·se·ki
2. Klasse (Schiff)	二等席	ni·tō·se·ki
für ein Kind	子ども料金の	ko·do·mo ryō·kin no
Green Car (1. Kl., Zug)	グリーン席	gu·rīn·se·ki
Normaler Sitz (2. Kl., Zug)	普通席	fu·tsū·se·ki
einfache Fahrt	片道	ka·ta·mi·chi
hin und zurück	往復	ō·fu·ku
für Studenten	学生料金の	gak·sē ryō·kin no
Sammelkarte	回数券	kai·sū·ken
Tagesticket (für eine oder mehrere Linien)	1日券	i·chi·ni·chi·ken
Tagesticket für unbegrenzte Fahrten	フリー切符	frī·kip·pu

Ich hätte gern einen … Platz.	…席をお願いします。	…·se·ki o o·ne·gai shi·mas
Fenster-	窓側	ma·do·ga·wa
Gang-	通路側	tsū·ro·ga·wa
Nichtraucher-	禁煙	kin·en
Raucher-	喫煙	kitsu·en

Gibt es (eine Toilette)?
（トイレ）はありますか?　(toi·re) wa a·ri·mas ka

Wie viel kostet es?
いくらですか?　i·ku·ra des ka

Wie lange dauert die Fahrt?
時間はどのくらいかかりますか?　ji·kan wa do·no·ku·rai ka·ka·ri·mas ka

Ist es eine direkte Verbindung?
直行便ですか?　chok·kō·bin des ka

Könnte ich ein Stand-by-Ticket bekommen?
スタンドバイチケットはありますか?　stan·do·bai·chi·ket·to wa a·ri·mas ka

Könnte ich einen Platz im Schlafwagen bekommen?
寝台席はありますか?　shin·dai·se·ki wa a·ri·mas ka

Um wie viel Uhr muss ich einchecken?
チェックインは何時ですか?　chek·ku·in wa nan·ji des ka

Oft zu hören …

a·re	あれ	**das dort**
ji·ko·ku·hyō	時刻表	**Fahrplan**
ko·re	これ	**dies/e/r hier**
kyan·se·ru	キャンセル	**gestrichen**
ma·do·gu·chi	窓口	**Fahrkartenschalter**
man·se·ki	満席	**ausgebucht**
o·ku·re	遅れ	**verspätet**
pu·rat·to·fō·mu	プラットフォーム	**Bahn-/Bussteig**
ryo·kō·dai·ri·ten	旅行代理店	**Reisebüro**
sto·rai·ki	ストライキ	**Streik**

Ich möchte mein Ticket gern …	切符の…をお願いします。	kip·pu no … o o·ne·gai shi·mas
ändern	変更	hen·kō
bestätigen	コンファーム	kon·fā·mu
stornieren	キャンセル	kyan·se·ru

Gepäck

手荷物

Wo finde ich bitte …?	…はどこですか?	… wa do·ko des ka
die Gepäckausgabe	バッゲージクレーム	bag·gē·ji·ku·rē·mu
die Gepäckaufbewahrung	手荷物預かり所	te·ni·mo·tsu·a·zu·ka·ri·sho
ein Schließfach	ロッカー	rok·kā
einen Kofferkuli	トロリー	to·ro·rī
Mein Gepäck ist …	私の手荷物が…	wa·ta·shi no te·ni·mo·tsu ga …
beschädigt worden	壊れました	ko·wa·re·mash·ta
verloren gegangen	なくなりました	na·ku·na·ri·mash·ta
gestohlen worden	ぬすまれました	nu·su·ma·re·mash·ta

Das gehört mir.
あれは私のです。 a·re wa wa·ta·shi no des

Das gehört mir nicht.
あれは私のじゃありません。 a·re wa wa·ta·shi no ja a·ri·ma·sen

Kann ich bitte ein paar (Münzen/Wertmarken) haben?
(コイン/トークン)をください。 (ko·in/tō·kun) o ku·da·sai

Oft zu hören …

jū·ryō·ō·bā no te·ni·mo·tsu	重量オーバーの手荷物	**Übergepäck**
ki·nai·mo·chi·ko·mi no te·ni·mo·tsu	機内持込の手荷物	**Handgepäck**

Flugzeug

飛行機

Wo ist … von Flug (QF22)?	(QF22)便の…場所はどこですか?	(kyū·e·fu ni·jū·ni)·bin no …·ba·sho wa do·ko des ka
die Ankunft	出発	shup·pa·tsu
der Abflug	到着	tō·cha·ku
Wo ist bitte …?	…はどこですか?	… wa do·ko des ka
der Flughafen-shuttle	シャトルバス	sha·to·ru·bas
die Ankunftshalle	到着便	tō·cha·ku·bin
die Abflughalle	出発便	shup·pa·tsu·bin
der Duty-free-Shop	免税店	men·zē·ten
Flugsteig Nummer (5)	(5)番ゲート	(go)·ban gē·to

Oft zu hören …

no·ri·ka·e	乗り換え	**Umsteigen**
pas·pō·to	パスポート	**Reisepass**
tō·jō·ken	搭乗券	**Bordkarte**
to·ran·jit·to	トランジット	**Transit**

Bus

バス

Wie häufig verkehren Busse?
バスはどのくらいひんぱんに来ますか? — bas wa do·no·ku·rai him·pan ni ki·mas ka

Hält er in (Yokohama)?
(横浜)に停まりますか? — (yo·ko·ha·ma) ni to·ma·ri·mas ka

Welche ist die nächste Haltestelle?
次の停車はどこですか? — tsu·gi no tē·sha wa do·ko des ka

Ich steige in (Kurashiki) aus.
(倉敷)で下車します。 — (ku·ra·shi·ki) de ge·sha shi·mas

Zug

電車

Einschienenbahn	モノレール	mo·no·rē·ru
Hochgeschwindig-keitszug	新幹線	shin·kan·sen
Straßenbahn	市電	shi·den
U-Bahn	地下鉄	chi·ka·te·tsu
Zug	電車	den·sha

Welche Station ist das?
ここは何駅ですか?　ko·ko wa na·ni·e·ki des ka

Welche Station ist die nächste?
次は何駅ですか?　tsu·gi wa na·ni·e·ki des ka

Hält dieser Zug in (Nagasaki)?
これは(長崎)に停まりますか?　ko·re wa (na·ga·sa·ki) ni to·ma·ri·mas ka

Muss ich umsteigen?
乗り換えなければいけませんか?　no·ri·ka·e·na·ke·re·ba i·ke·ma·sen ka

Welche Linie fährt zur Station (Roppongi)?
(六本木)駅はどの線ですか?　(rop·pon·gi)·e·ki wa do·no sen des ka

Kann ich diese Fahrkarte für die (Toei-) Linie benutzen?
この切符で(都営)線に乗れますか?　ko·no kip·pu de (to·ē)·sen ni no·re·mas ka

Ich muss nachlösen.
清算したいのですが。　sē·san shi·tai no des ga

Ich möchte mit einem Hochgeschwindigkeitszug fahren.
新幹線で行きたいのですが。　shin·kan·sen de i·ki·tai no des ga

Wo ist der (Ost-) Ausgang?
(東)口はどこですか?　(hi·ga·shi)·gu·chi wa do·ko des ka

Wo ist der Ausgang Nummer (2)?
(2)番出口はどこですか?　(ni)·ban de·gu·chi wa do·ko des ka

Nicht schubsen!
押さないで!　o·sa·nai·de

Ist es ein …?*	これは…ですか?	ko·re wa … des ka
Direktzug (ohne Halt)	直行便	chok·kō·bin
Expresszug (wenige Halte)	特急	tok·kyū
Schnellzug	急行	kyū·kō
Eilzug	特別快速	to·ku·be·tsu·kai·so·ku
neuer Eilzug	新快速	shin·kai·so·ku
Regionalzug	快速	kai·so·ku
Nahverkehrszug	各駅停車	ka·ku·e·ki·tē·sha

* Die Liste der Züge ist nach Häufigkeit der Zwischenhalte geordnet, beginnend mit dem Zug mit den wenigsten Zwischenstopps.

Welcher Waggon ist …?	…は何号車ですか?	… wa nan·gō·sha des ka
der Speisewagen	食堂車	sho·ku·dō·sha
die 1. Klasse (Green Car)	グリーン車	gu·rīn·sha
der nach (Hiroshima)	(広島)行き	(hi·ro·shi·ma)·yu·ki
für Nichtraucher	禁煙車	kin·en·sha
für Raucher	喫煙車	ki·tsu·en·sha

Schiff

船

Wie ist die See heute?
今日の海の様子は どうですか?
kyō no u·mi no yō·su wa dō des ka

Gibt es Rettungswesten?
救命胴衣はありますか?
kyū·mē·dō·i wa a·ri·mas ka

Welche/r (Insel/Strand) ist das?
この(島/ビーチ)の 名前は何ですか?
ko·no (shi·ma/bī·chi) no na·ma·e wa nan des ka

Ich fühle mich seekrank.
船酔いしました。
fu·na·yoi shi·mash·ta

Taxi

タクシー

Ich hätte gern ein Taxi ...	…タクシーを お願いします。	... tak·shī o o·ne·gai shi·mas
um (9) Uhr	(9)時に	(ku)·ji ni
jetzt gleich	今	i·ma
morgen	明日	a·shi·ta

Wo ist der Taxistand?
タクシー乗り場は どこですか?
tak·shī·no·ri·ba wa do·ko des ka

Ist dieses Taxi frei?
このタクシーは 空車ですか?
ko·no tak·shī wa kū·sha des ka

Bitte stellen Sie den Taxameter an.
メーターを入れてください。
mē·tā o i·re·te ku·da·sai

Wie viel kostet es (nach ...)?
(…まで)いくらですか?
(... ma·de) i·ku·ra des ka

Bitte bringen Sie mich zu/nach (dieser Adresse).
(この住所)まで お願いします。
(ko·no jū·sho) ma·de o·ne·gai shi·mas

Bitte …	…ください。	… ku·da·sai
fahren Sie langsam	スピードを落として	spī·do o o·to·shi·te
halten Sie hier	ここで 停まって	ko·ko de to·mat·te
warten Sie hier	ここで待って	ko·ko de mat·te

Auto- & Motorrad mieten

レンタカーとオートバイのレンタル

Ich würde gern … mieten.	…を借りたいのですが。	… o ka·ri·tai no des ga
ein Auto	自動車	ji·dō·sha
ein Fahrzeug mit Allradantrieb	四駆	yon·ku
ein Fahrzeug mit Automatikgetriebe	オートマチック	ō·to·ma·chik·ku
ein Fahrzeug mit Schaltgetriebe	マニュアル	ma·nyu·a·ru
ein Motorrad	オートバイ	ō·to·bai
einen Roller	スクーター	skū·tā
Mit …	…付き	…·tsu·ki
Klimaanlage	エアコン	air·kon
einem Fahrer	運転手	un·ten·shu
Was kostet die Miete …?	…借りるといくらですか?	… ka·ri·ru to i·ku·ra des ka
pro Tag	1日	i·chi·ni·chi
pro Woche	1週間	is·shū·kan

Ist/Sind darin (Versicherung/Kilometer) enthalten?
(保険料/マイレージ)が含まれていますか? (ho·ken·ryō/mai·rē·ji) ga fu·ku·ma·re·te i·mas ka

Haben Sie eine Broschüre mit den Verkehrsregeln in Englisch?
道路交通法の英語のガイドブックがありますか? dō·ro·kō·tsū·hō no ē·go no gai·do·buk·ku ga a·ri·mas ka

Haben Sie eine Straßenkarte?
ロードマップがありますか? rō·do·map·pu ga a·ri·mas ka

Auf der Straße unterwegs

道で

Wie hoch ist das Tempolimit?
制限速度は何キロですか?
sē·gen·so·ku·do wa nan·ki·ro des ka

Wie viel Maut kostet diese Straße?
この道の通行料はいくらですか?
ko·no mi·chi no tsū·kō·ryō wa i·ku·ra des ka

Ist das die Straße nach (Sapporo)?
この道は(札幌)まで行きますか?
ko·no mi·chi wa (sap·po·ro) ma·de i·ki·mas ka

Wo gibt es eine Tankstelle?
ガソリンスタンドはどこですか?
ga·so·rin·stan·do wa do·ko des ka

Bitte volltanken.
満タンにしてください。
man·tan ni shi·te ku·da·sai

Ich hätte gern ... Liter.
…リットルお願いします。
... rit·to·ru o·ne·gai shi·mas

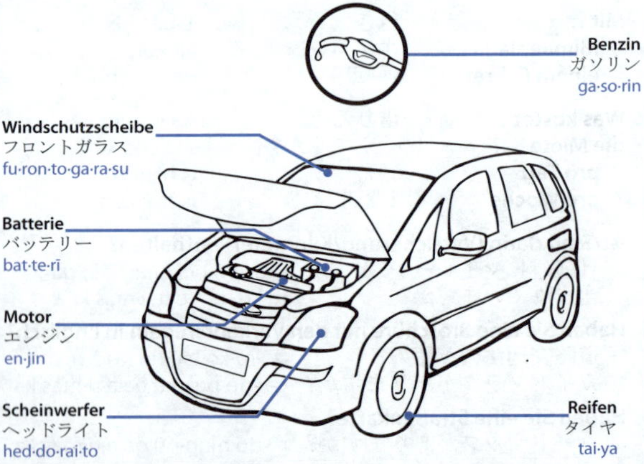

Oft zu hören …

ki·ro	キロ	**Kilometer**
mu·ryō	無料	**kostenlos**
pā·kin·gu·mē·tā	パーキングメーター	**Parkuhr**
un·ten·men·kyo·shō	運転免許証	**Führerschein**

Autogas	LPG	e·ru·pī·jī
bleifreies Benzin	無鉛	mu·en
Diesel	ディーゼル	dī·ze·ru
Normalbenzin	レギュラー	re·gyu·rā
unverbleites Super	ハイオク	hai·o·ku

Können Sie … kontrollieren?	…のチェックをお願いします。	… no chek·ku o o·ne·gai shi·mas
das Öl	オイル	oi·ru
den Reifendruck	空気圧	kū·ki·a·tsu
das Wasser	水	mi·zu

(Wie lange) Kann ich hier parken?
(どのくらい)ここに駐車できますか? — (do·no·ku·rai) ko·ko ni chū·sha de·ki·mas ka

Muss ich etwas bezahlen?
料金を払わなければなりませんか? — ryō·kin o ha·ra·wa·na·ke·re·ba na·ri·ma·sen ka

Probleme mit Auto & Motorrad

自動車とオートバイの故障

Ich brauche einen Mechaniker.
整備士が必要です。 — sē·bi·shi ga hi·tsu·yō des

Ich hatte einen Unfall.
事故に遭いました。 — ji·ko ni ai·mash·ta

Der Wagen ist (in Minato-ku) liegen geblieben.
車が(港区で)壊れました。 — ku·ru·ma ga (mi·na·to·ku de) ko·wa·re·mash·ta

Das (Auto/Motorrad) springt nicht an.

(車/オートバイ)の エンジンがかかりません。 — (ku·ru·ma/ō·to·bai) no en·jin ga ka·ka·ri·ma·sen

Ich habe einen Platten.

パンクしました。 — pan·ku shi·mash·ta

Ich habe die Autoschlüssel verloren.

車の鍵を 無くしました。 — ku·ru·ma no ka·gi o na·ku·shi·mash·ta

Ich habe den Schlüssel innen stecken lassen.

鍵を中に置いたまま ロックしてしまいました。 — ka·gi o na·ka ni oi·ta ma·ma rok·ku shi·te shi·mai·mash·ta

Mir ist das Benzin ausgegangen.

ガス欠です。 — gas·ke·tsu des

Können Sie das (heute) reparieren?

(今日)直せますか? — (kyō) nao·se·mas ka

Wie lange wird es dauern?

どのくらい時間が かかりますか? — do·no·ku·rai ji·kan ga ka·ka·ri·mas ka

Schilder

一時停止	i·chi·ji·tē·shi	Anhalten
一方通行	ip·pō·tsū·kō	Einbahnstraße
入口	i·ri·gu·chi	Einfahrt
工事中	kō·ji·chū	Baustelle
立入り禁止	ta·chi·i·ri·kin·shi	Einfahrt verboten
駐車	chū·sha	Parkplatz
駐車禁止	chū·sha·kin·shi	Parkverbot
出口	de·gu·chi	Ausfahrt (Autobahn-)
止まれ	to·ma·re	Stopp
料金所	ryō·kin·jo	Mautstelle

Fahrrad

自転車

Ich würde gern …	…たいのですが。	…·tai no des ga
mein Fahrrad reparieren lassen	私の自転車を直してもらい	wa·ta·shi no ji·ten·sha o now·shi·te mo·rai
ein Fahrrad kaufen	自転車を買い	ji·ten·sha o kai
ein Fahrrad mieten	自転車を借り	ji·ten·sha o ka·ri
Ich hätte gern …	…が欲しいのですが。	… ga ho·shī no des ga
ein Mountainbike	マウンテンバイク	ma·un·ten·bai·ku
ein Rennrad	レース用自転車	rē·su·yō·ji·ten·sha
ein Secondhand-Fahrrad	中古の自転車	chū·ko no ji·ten·sha
Wie viel kostet es pro …?	…いくらですか?	… i·ku·ra des ka
Tag	1日	i·chi·ni·chi
Stunde	1時間	i·chi·ji·kan

Brauche ich einen Helm?
ヘルメットは必要ですか? — he·ru·met·to wa hi·tsu·yō des ka

Gibt es eine Karte mit Radwegen?
自転車道の地図がありますか? — ji·ten·sha·dō no chi·zu ga a·ri·mas ka

Ich habe einen platten Reifen.
パンクしました。 — pan·ku shi·mash·ta

Rasende Räder

Die ursprünglich japanische Radsportdisziplin Keirin kē·rin (競輪) hat im Lauf der letzten 20 Jahre eine internationale Fangemeinde bekommen. Bei diesem 2000 m langen Bahnrennen radelt jeder Teilnehmer hinter einem speziell dafür konstruierten Schrittmacher-Motorrad, das auf den ersten 1400 m das Tempo vorgibt und dann die Bahn verlässt, um die Rennfahrer ins Ziel sprinten zu lassen – rasant, wild und spektakulär!

Stadt und Land auf Japanisch

Hauptstraße	大通り	ō·dō·ri
Gasse	路地	ro·ji
Straße (breit, asphaltiert)	道路	dō·ro
Straße, Weg (kleiner als dō·ro**)**	道	mi·chi
(Häuser-) Block	丁目	chō·me
(Stadt-) Viertel (zwischen chō·me **und** ku**)**	町	ma·chi
Bezirk	区	ku
Ort, Gemeinde	町	ma·chi
Stadt	市	shi
Präfektur	県	ken

In Abweichung von der Regel ist die Präfektur Tokio durch ein angehängtes to（都）an den Stadtnamen gekennzeichnet, bei den Präfekturen Osaka und Kyoto kommt ein fu（府）anstelle von ken（県）dahinter. Bevölkerungsreiche Städte wie diese sind in Verwaltungsbezirke ku（区）gegliedert.

Über die Grenze

出入国

An der Grenze

出入国

Ich bin …	…です。	… des
auf der Durchreise	トランジット	to·ran·jit·to
auf Geschäftsreise	ビジネス	bi·ji·nes
auf Urlaub	休暇	kyū·ka
Ich bleibe hier …	私は… 滞在します。	wa·ta·shi wa … tai·zai shi·mas
… Tage	…日	…·ni·chi
… Wochen	…週間	…·shū·kan
… Monate	…ヶ月	…·ka·ge·tsu

Ich fahre nach (Fukuoka).
(福岡)へ行きます。 (fu·ku·o·ka) e i·ki·mas

Ich wohne im (Hotel Nikko).
(日航ホテル)に泊まります。 (nik·kō·ho·te·ru) ni to·ma·ri·mas

Die Kinder sind in diesem Pass eingetragen.
子どもはこのパスポートに記載されています。 ko·do·mo wa ko·no pas·pō·to ni ki·sai sa·re·te i·mas

Oft zu hören …

bi·za	ビザ	**Visum**
gu·rū·pu	グループ	**Gruppe**
hi·to·ri	ひとり	**allein**
ka·zo·ku	家族	**Familie**
pas·pō·to	パスポート	**Reisepass**

Am Zoll

税関で

Ich habe nichts zu verzollen.

何も申請する ものがありません。	na·ni mo shin·sē su·ru mo·no ga a·ri·ma·sen

Ich habe etwas zu verzollen.

申請するものが あります。	shin·sē su·ru mo·no ga a·ri·mas

Muss ich das verzollen?

これを申請 しなければ なりませんか?	ko·re o shin·sē shi·na·ke·re·ba na·ri·ma·sen ka

Das ist meins.

それは私のです	so·re wa wa·ta·shi no des

Das gehört mir nicht.

それは私の じゃありません。	so·re wa wa·ta·shi no ja a·ri·ma·sen

Ich wusste nicht, dass ich das verzollen muss.

これを申請 しなければならないの を知りませんでした。	ko·re o shin·sē shi·na·ke·re·ba na·ra·nai no o shi·ri·ma·sen desh·ta

Praktische Beispielsätze für den zollfreien Einkauf stehen im Kapitel **Einkaufen** auf S. 73–80.

Schilder		
移民	i·min	**Einreise**
検疫	ken·e·ki	**Quarantäne**
出入国管理	shu·tsu·nyū·ko·ku·kan·ri	**Passkontrolle**
税関	zē·kan	**Zoll**
免税	men·zē	**zollfrei**

Orientierung
道をたずねる

Wo ist (die Touristeninformation)?
(観光案内所)は どこですか?　(kan·kō·an·nai·jo) wa do·ko des ka

Wie komme ich dorthin?
そこへはどう行けば いいですか?　so·ko e wa dō i·ke·ba ī des ka

Wie weit ist das?
どのくらいの距離ですか?　do·no ku·rai no kyo·ri des ka

Können Sie mir das (auf der Karte) zeigen?
(地図で)教えて くれませんか?　(chi·zu de) o·shi·e·te ku·re·ma·sen ka

Welche (Straße) ist das?
この(道路)の 名前は何ですか?　ko·no (dō·ro) no na·ma·e wa nan des ka

Wie ist die Adresse?
住所は何ですか?　jū·sho wa nan des ka

Vokabeln, die in Adressangaben auftauchen können, finden sich im Kapitel **Unterwegs**, S. 58.

Es ist …	…です。	… des
an der Ecke	角	ka·do
dort	あそこ	a·so·ko
einfach geradeaus	この先	ko·no sa·ki
gegenüber …	…の向かい側	… no mu·kai·ga·wa
hier	ここ	ko·ko
hinter …	…の後ろ	… no u·shi·ro
in der Nähe	近く	chi·ka·ku
nahe …	…の近く	… no chi·ka·ku
neben …	…のとなり	… no to·na·ri
vor …	…の前	… no ma·e

Biegen Sie …	…まがって ください。	… ma·gat·te ku·da·sai
an der Ampel	その信号を	so·no shin·gō o
an der Ecke	その角を	so·no ka·do o
nach links	左へ	hi·da·ri e
nach rechts	右へ	mi·gi e
Mit dem …	…で。	… de
Bus	バス	bas
Taxi	タクシー	tak·shī
Zug	電車	den·sha
Zu Fuß	歩きで。	a·ru·ki de
Norden	北	ki·ta
Süden	南	mi·na·mi
Osten	東	hi·ga·shi
Westen	西	ni·shi
Kilometer	キロ	ki·ro
Meter	メートル	mē·to·ru
Minuten	分	fun/pun

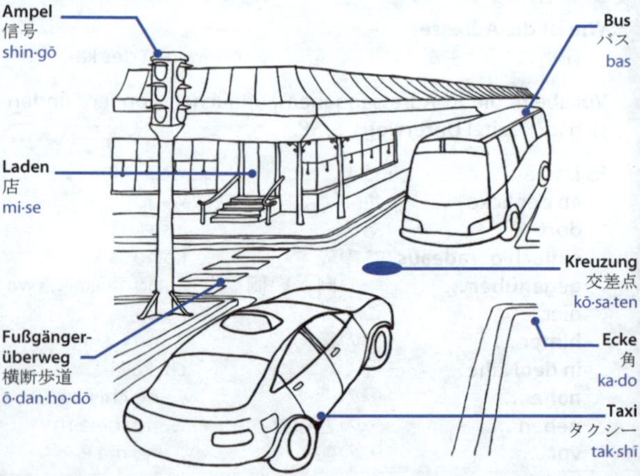

Eine Unterkunft finden

宿泊場所を見つける

Gibt es hier ein/e/n …?	…がありますか?	… ga a·ri·mas ka
Campingplatz	キャンプ場	kyam·pu·jō
Gästehaus	民宿	min·shu·ku
Hotel	ホテル	ho·te·ru
traditionelle jap. Unterkunft	旅館	ryo·kan
Jugendherberge	ユースホステル	yū·su·ho·su·te·ru
Kapselhotel	カプセルホテル	ka·pu·se·ru·ho·te·ru
Love Hotel	ラブホテル	ra·bu·ho·te·ru
Pension	ペンション	pen·shon

Können Sie etwas … empfehlen?	おすすめの…ところはありますか?	o·su·su·me no … to·ko·ro wa a·ri·mas ka
Gutes	良い	ī
in der Nähe	近くの	chi·ka·ku no
Luxuriöses	豪華な	gō·ka na
Preiswertes	安い	ya·su·i
Romantisches	ロマンチックな	ro·man·chik·ku na

Wie ist die Adresse?
住所は何ですか? jū·sho wa nan des ka

Siehe auch **Orientierung** auf S. 61.

Slang

Absteige	いかがわしい	i·ka·ga·wa·shī
Rattenloch	ねずみだらけの	ne·zu·mi·da·ra·ke no
Topadresse	最高の場所	sai·kō no ba·sho

Reservierung & Check-in

予約とチェックイン

Ich würde gern ein Zimmer buchen.
部屋の予約をお願いします。 — he·ya no yo·ya·ku o o·ne·gai shi·mas

Ich habe eine Reservierung.
予約があります。 — yo·ya·ku ga a·ri·mas

Mein Name ist …
私の名前は…です。 — wa·ta·shi no na·ma·e wa … des

Für (drei) Nächte/Wochen.
(3)泊/週間。 — (san)·pa·ku/·shū·kan

Vom (2. Juli) bis (6. Juli).
(7月2日)から(7月6日)まで。 — (shi·chi·ga·tsu fu·tsu·ka) ka·ra (shi·chi·ga·tsu mu·i·ka) ma·de

Muss ich im Voraus bezahlen?
前払いですか? — ma·e·ba·rai des ka

Oft zu hören …

man·shi·tsu	満室	**ausgebucht**
nam·pa·ku des ka	何泊ですか?	**Wie viele Nächte?**
pas·pō·to	パスポート	**Reisepass**

Wie viel kostet es pro …?	…いくらですか?	… i·ku·ra des ka
Nacht	1泊	ip·pa·ku
Person	1人	hi·to·ri
Woche	1週間	is·shū·kan
Kann ich mit … bezahlen?	…で払えますか?	… de ha·ra·e·mas ka
Kreditkarte	クレジットカード	ku·re·jit·to·kā·do
Reisescheck	トラベラーズチェック	to·ra·be·rāz·chek·ku

Weiteres zum Bezahlen im Kapitel **Einkaufen** auf S. 74.

Haben Sie ein …?	…ルームはありますか?	…·rū·mu wa a·ri·mas ka
Doppelzimmer	ダブル	da·bu·ru
Einzelzimmer	シングル	shin·gu·ru
Zweibettzimmer	ツイン	tsu·in

Kann ich es sehen?
見てもいいですか? mi·te mo ī des ka

Ich nehme es.
それをお願いします。 so·re o o·ne·gai shi·mas

Schilder		
空室	kū·shi·tsu	**Zimmer frei**
バスルーム	bas·rū·mu	**Badezimmer**
満室	man·shi·tsu	**Belegt**

Bitten & Nachfragen

依頼と質問

Haben Sie ein/en …?	…がありますか?	… ga a·ri·mas ka
Aufzug	エレベーター	e·re·bē·tā
Safe	金庫	kin·ko
Schwarzes Brett	掲示板	kē·ji·ban
Schwimmbad	プール	pū·ru
Wäscheservice	洗濯サービス	sen·ta·ku·sā·bis

Kann ich die/das … benutzen?	…を使ってもいいですか	… o tsu·kat·te mo ī des ka
Küche (japanische)	台所	dai·do·ko·ro
Küche (westliche)	キッチン	kit·chin
Waschküche	洗濯室	sen·ta·ku·shi·tsu
Telefon	電話	den·wa

Ich hätte gerne …	…をお願いします。	… o o·ne·gai shi·mas
eine Quittung	レシート	re·shī·to
eine extra Decke	スペアの毛布	spair no mō·fu
meinen Schlüssel	鍵	ka·gi

Oft zu hören …

fu·ron·to	フロント	**Rezeption**
ka·gi	鍵	**Schlüssel**
gen·kan	玄関	**Flur für die Schuhe**

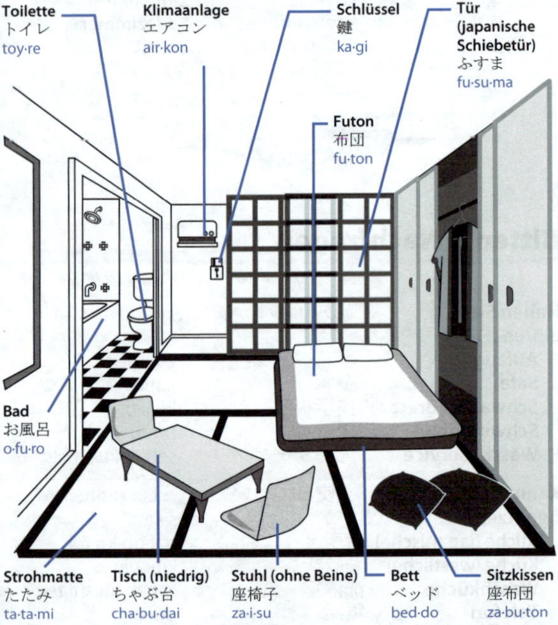

Wann wird das Frühstück serviert?
朝食はいつですか? chō·sho·ku wa i·tsu des ka

Wo wird das Frühstück serviert?
朝食はどこですか? chō·sho·ku wa do·ko des ka

Bitte wecken Sie mich um (sieben) Uhr.
(7)時に起こしてください。 (shi·chi)·ji ni o·ko·shi·te ku·da·sai

Haben Sie eine Nachricht für mich?
伝言はありますか? den·gon wa a·ri·mas ka

Kann ich für jemanden eine Nachricht hinterlassen?
伝言を残したいのですが。 den·gon o no·ko·shi·tai no des ga

Veranstalten Sie Touren?
ここでツアーに申し込めますか? ko·ko de tsu·ā ni mō·shi·ko·me·mas ka

Wechseln Sie hier auch Geld?
ここで換金できますか? ko·ko de kan·kin de·ki·mas ka

Ich habe mich aus meinem Zimmer ausgesperrt.
部屋に鍵を残したまま鍵をかけてしまいました。 he·ya ni ka·gi o no·ko·shi·ta ma·ma ka·gi o ka·ke te shi·mai·mash·ta

Horch, was kommt von draußen rein ...

Wer ist da?	どなたですか?	do·na·ta des ka
Einen Moment bitte.	ちょっと待ってください。	chot·to mat·te ku·da·sai
Herein.	お入りください。	o·hai·ri ku·da·sai
Bitte kommen Sie später wieder	また後できてください	ma·ta a·to de ki·te ku·da·sai

Beschwerden

苦情

Es ist zu …	…すぎます。	… su·gi·mas
dunkel	暗	ku·ra
hell	明る	a·ka·ru
kalt	寒	sa·mu
klein	小さ	chī·sa
laut	うるさ	u·ru·sa

(Der Ventilator) funktioniert nicht.
(扇風機)が壊れています。 — (sem·pū·ki) ga ko·wa·re·te i·mas

Kann ich noch (eine Decke) haben?
(毛布を)もう一つお願いできますか? — (mō·fu o) mō hi·to·tsu o·ne·gai de·ki·mas ka

(Das Kissen) ist nicht sauber.
この(枕)はきれいじゃありません。 — ko·no (ma·ku·ra) wa ki·rē ja a·ri·ma·sen

Check-out

チェックアウト

Um wie viel Uhr muss man auschecken?
チェックアウトは何時ですか? — chek·ku·au·to wa nan·ji des ka

Kann ich später auschecken?
チェックアウトを遅らせたいのですが。 — chek·ku·au·to o o·ku·ra·se·tai no des ga

Können Sie mir ein Taxi rufen?
タクシーを呼んでもらえますか? — tak·shī o yon·de mo·ra·e·mas ka

Ich hätte gern ein Taxi um (11) Uhr.
(11)時にタクシーを呼んでください — (jū·i·chi)·ji ni tak·shī o yon·de ku·da·sai

Ich reise jetzt ab.
今、出発します。 i·ma shup·pa·tsu shi·mas

Kann ich mein Gepäck hierlassen?
ここで荷物を預かってもらえますか? ko·ko de ni·mo·tsu o a·zu·kat·te mo·ra·e·mas ka

In der Rechnung ist ein Fehler.
請求書に間違いがあります。 sē·kyū·sho ni ma·chi·gai ga a·ri·mas

Kann ich bitte meine/n … haben?	…を返していただきたいのですが。	… o ka·e·shi·te i·ta·da·ki·tai no des ga
Kaution	預かり金	a·zu·ka·ri·kin
Reisepass	パスポート	pas·pō·to
Wertsachen	貴重品	ki·chō·hin

Ich bin … zurück.	…もどります	… mo·do·ri·mas
in (drei) Tagen	(3)日後に	(mik)·ka·go ni
am (Dienstag)	(火曜日)に	(ka·yō·bi) ni

Ich hatte einen tollen Aufenthalt.
たいへんくつろげました。 tai·hen ku·tsu·ro·ge·mash·ta

Ich werde es meinen Freunden weiterempfehlen.
友達に薦めます。 to·mo·da·chi ni su·su·me·mas

Camping

キャンピング

Haben Sie …?	…がありますか?	… ga a·ri·mas ka
Duschen	シャワー	sha·wā
einen Stellplatz	キャンプサイト	kyam·pu·sai·to
Strom	電気	den·ki
eine Waschküche	コインランドリー	ko·in·ran·do·rī
Zelte zur Miete	貸しテント	ka·shi·ten·to

Wie viel kostet es pro …?	…いくらですか?	… i·ku·ra des ka
Fahrzeug	車１台	ku·ru·ma i·chi·dai
Person	1人	hi·to·ri
Wohnmobil	キャラバン1台	kya·ra·ban i·chi·dai
Zelt	テント１つ	ten·to hi·to·tsu

Kann ich …?	…してもいいですか?	… shi·te mo ī des ka
hier zelten	ここでキャンプ	ko·ko de kyam·pu
neben meinem Zelt parken	テントのとなりに駐車	ten·to no to·na·ri ni chū·sha

Ist das Wasser trinkbar?
水は飲めますか? mi·zu wa no·me·mas ka

Funktioniert das mit Münzen?
コインを使いますか? ko·in o tsu·kai·mas ka

Wo ist die Verwaltung?
管理事務所はどこですか? kan·ri·ji·mu·sho wa do·ko des ka

Könnte ich mir … borgen?
…を貸してもらえませんか? … o ka·shi·te mo·ra·e·ma·sen ka

Unterkünfte zur Miete

賃貸

Vermieten Sie ein … ?	賃貸のための…がありますか?	chin·tai no ta·me no … ga a·ri·mas ka
Apartment	マンション	man·shon
Apartment auf Monatsbasis	マンスリーマンション	man·su·rī·man·shon
Apartment auf Wochenbasis	ウィークリーマンション	wī·ku·rī·man·shon
Ferienhaus	別荘	bes·sō
Haus	家	i·e
Zimmer	部屋	he·ya

(teil-) möbliert	一部家具付き	(i·chi·bu) ka·gu·tsu·ki
unmöbliert	家具なし	ka·gu·na·shi

In der Fremde zu Hause

Bei einem längeren Aufenthalt in Japan ist ein gai·jin haus (外人ハウス, wörtl. „Fremdenhaus") eine Überlegung wert. Hier können Langzeitbesucher aus dem Ausland preiswert unterkommen.

Übernachten bei Einheimischen

ホームステイ

Kann ich bei Ihnen wohnen?
お宅に泊めて いただけませんか? — o·ta·ku ni to·me·te i·ta·da·ke·ma·sen ka

Kann ich Ihnen irgendwie zur Hand gehen?
何か手伝うことは ありませんか? — na·ni ka te·tsu·dau ko·to wa a·ri·ma·sen ka

Ich habe eine/n eigene/n …	私は…を 持っています。	wa·ta·shi wa … o mot·te i·mas
Schlafmatte	マットレス	mat·to·res
Schlafsack	寝袋	ne·bu·ku·ro

Kann ich …?	…ましょうか?	…ma·shō ka
abwaschen	食器を洗い	shok·ki o a·rai
etwas zu Essen mitbringen	食事を運び	sho·ku·ji o ha·ko·bi
den Müll rausbringen	外にごみを 持っていき	so·to ni go·mi o mot·te i·ki
den Tisch abräumen	テーブルの 片付けをし	tē·bu·ru no ka·ta·zu·ke o shi
den Tisch decken	テーブルの 準備をし	tē·bu·ru no jum·bi o shi

Danke für Ihre Gastfreundschaft.
たいへんお世話に なりました。 — tai·hen o·se·wa ni na·ri·mash·ta

Mehr zum und übers Essen im Kapitel **Essen** auf S. 162.

Schuhe aus!

In Japan ist es üblich, ein kleines Gastgeschenk mitzubringen, wenn man jemanden zu Hause besucht. Mit gängigen Mitbringseln wie Keksen, Konfekt, Obst oder Blumen ist man meist auf der sicheren Seite. Eine Aufmerksamkeit für die Kinder oder aus dem Heimatland ist natürlich der Hit – es muss wirklich nichts Großes sein.

Nach dem Betreten einer japanischen Wohnung oder eines Privathauses ziehen Besucher ihre Schuhe im Flur oder gen·kan（玄関）aus, dem Eingangsbereich, der speziell diesem Zweck dient – vorher sichergehen, dass die Socken keine Löcher haben! Meist stehen für die Besucher Hausschuhe bereit, die in Japan üblichen Strohmatten auf dem Boden, die ta·ta·mi（たたみ）, werden aber nur mit Socken betreten.

Besucher sollten warten, bis der Gastgeber ihnen einen Platz anbietet, und sich nicht einfach irgendwo hinsetzen. Für Frauen ist es am besten, die Beine beim Sitzen auf dem Boden nebeneinander auf eine Seite zu legen, anstatt sie zu überkreuzen. Die sē·za（正座）-Position, bei der man auf angezogenen Knien sitzt, wird nur in sehr förmlichen Situationen verlangt. Wer sich unsicher ist, folgt einfach dem Beispiel der Gastgeber.

Wer über Nacht bleibt, sollte daran denken, dass man sich wäscht, bevor man in die Wanne steigt – zu diesem Zweck gibt es eine Dusche, einen Wasserhahn oder eine andere Wasserquelle.

Ein paar Benimmregeln zum Thema Essen stehen im Kapitel **Essen gehen** auf S. 162.

Auf der Suche nach …

…を探す

Wo gibt es (einen Supermarkt)?
(スーパー)はどこですか? (sū·pā) wa do·ko des ka

Wo kann ich (ein Vorhängeschloss) kaufen?
(鍵)はどこで買えますか? (ka·gi) wa do·ko de ka·e·mas ka

Schilder		
営業中	ē·gyō·chū	**geöffnet**
閉店	hē·ten	**geschlossen**
押す	o·su	**drücken**
引く	hi·ku	**ziehen**

Hilfestellung auf dem Weg zu den Geschäften s. **Orientierung** auf S. 61.

Beim Einkauf

買う

Ich sehe mich nur um.
見ているだけです。 mi·te i·ru da·ke des

Ich würde gern (einen Adapterstecker) kaufen.
(電源プラグ)をください。 (den·gen·pu·ra·gu) o ku·da·sai

Wie viel kostet das?
いくらですか? i·ku·ra des ka

Können Sie den Preis aufschreiben?
値段を書いてもらえますか? ne·dan o kai·te mo·ra·e·mas ka

Ist in dem Preis … enthalten?
この値段に…が含まれますか? ko·no ne·dan ni … ga fu·ku·ma·re·mas ka

Haben Sie noch andere?
ほかに何かありますか? ho·ka ni na·ni ka a·ri·mas ka

Kann ich mir das ansehen?
それを見てもいいですか? so·re o mi·te mo ī des ka

Könnten Sie mir das einpacken?
包んでもらえますか? tsu·tsun·de mo·ra·e·mas ka

Hat das eine Garantie?
保証はありますか? ho·shō wa a·ri·mas ka

Verschicken Sie es ins Ausland?
海外に郵送してもらえますか? kai·gai ni yū·sō shi·te mo·ra·e·mas ka

Können Sie es mir bestellen?
注文してもらえますか? chū·mon shi·te mo·ra·e·mas ka

Kann ich es später abholen?
受け取りは後でできますか? u·ke·to·ri wa a·to de de·ki·mas ka

Es ist defekt.
不良品です。 fu·ryō·hin des

Nehmen Sie …?	…で支払えますか?	… de·shi·ha·ra·e·mas ka
Kreditkarten	クレジットカード	ku·re·jit·to·kā·do
Bankkarten	デビットカード	de·bit·to·kā·do
Reiseschecks	トラベラーズチェック	to·ra·be·rāz·chek·ku

Könnte ich bitte eine … bekommen?	…をください。	… o ku·da·sai
Quittung	レシート	re·shī·to
Tüte	袋	fu·ku·ro

Ich möchte …, bitte.	…をお願いします。	… o o·ne·gai shi·mas
mein Wechselgeld	お釣り	o·tsu·ri
eine Erstattung	払い戻し	ha·rai·mo·do·shi
das hier umtauschen	返品	hem·pin

Handeln

値切る

Das ist zu teuer.
高すぎます。 ta·ka·su·gi·mas

Können Sie mit dem Preis runtergehen?
安くして
もらえませんか? ya·su·ku shi·te
mo·ra·e·ma·sen ka

Haben Sie etwas Billigeres?
もっと安いものが
ありますか? mot·to ya·su·i mo·no ga
a·ri·mas ka

Können Sie mir einen Preisnachlass geben?
ディスカウントできますか? dis·kaun·to de·ki·mas ka

Ich gebe Ihnen (5000 Yen).
(5千円)払います。 (go·sen·en) ha·rai·mas

Slang		
Ausverkauf	セール	sē·ru
Nepp	ばか高い	ba·ka·da·kai
Schnäppchen	バーゲン	bā·gen
Sonderangebote	特売品	to·ku·bai·hin

Kleidung

服

Ich habe Größe …	私のサイズは …です。	wa·ta·shi no sai·zu wa … des
(40)	(40)号	(yon·jū)·gō
L	L	e·ru
M	M	e·mu
S	S	e·su

Kann ich es anprobieren?
試着できますか? shi·cha·ku de·ki·mas ka

Es passt nicht.
体にフィットしません。 ka·ra·da ni fit·to shi·ma·sen

Einzelne Kleidungsstücke s. **Wörterbuch**.

Reparaturen

修理

Kann ich hier mein/e/n … reparieren lassen?	…を直してもらえますか?	… o na·o·shi·te mo·ra·e·mas ka
Wann ist/sind mein/e … fertig?	…はいつできますか?	… wa i·tsu de·ki·mas ka
Brille	眼鏡	me·ga·ne
Kamera	カメラ	ka·me·ra
Rucksack	バックパック	bak·ku·pak·ku
Schuhe	靴	ku·tsu
Sonnenbrille	サングラス	san·gu·ra·su

Beim Friseur

美容室

Ich hätte gern …	…をお願いします。	… o o·ne·gai shi·mas
eine Färbung	カラーリング	ka·rā·rin·gu
eine Föhnwelle	ブロー	bu·rō
einen Haarschnitt	ヘアカット	hea·kat·to
einen Nachschnitt	トリミング	to·ri·min·gu
eine Rasur	シェービング	shē·bin·gu

Bitte nicht zu kurz schneiden.
短く切りすぎないでください。 — mi·ji·ka·ku ki·ri·su·gi·nai de ku·da·sai

Bitte nehmen Sie eine frische Klinge.
新しい刃を使ってください。 — a·ta·ra·shī ha o tsu·kat·te ku·da·sai

Rasieren Sie alles ab!
全部剃り落としてください。 — zem·bu so·ri·o·to·shi·te ku·da·sai

Wär ich bloß nicht hierher gekommen!
あなたに頼まなければよかった! — a·na·ta ni ta·no·ma·na·ke·re·ba yo·kat·ta

Farben s. **Wörterbuch**.

Bücher & Lesen

本と読書

Haben Sie ...?	…はありますか?	... wa a·ri·mas ka
ein Buch von (Yukio Mishima)	(三島由紀夫)の本	(mi·shi·ma yu·ki·o) no hon
ein Veranstaltungs-magazin	エンターテイメントガイド	en·tā·tē·men·to·gai·do
Gibt es eine englische ...?	英語の…はありますか?	ē·go no ... wa a·ri·mas ka
Buchhandlung	本屋	hon·ya
Abteilung	セクション	sek·shon
Ich hätte gern ...	…をください。	... o ku·da·sai
ein Wörterbuch	辞書	ji·sho
eine Zeitung (in Englisch)	(英字)新聞	(ē·ji) shim·bun
ein Notizbuch	ノート	nō·to

Oft zu hören ...

i·ras·shai·ma·se	いらっしゃいませ。	**Kann ich Ihnen helfen?**
ho·ka ni o·sa·ga·shi des ka	ほかにお探しですか?	**Darf es noch etwas sein?**
ī·e a·ri·ma·sen	いいえ、ありません。	**Nein, das haben wir nicht.**

Musik

音楽

Ich hätte gern … …をください。 … o ku·da·sai
eine CD CD shī·dī
eine Leerkassette ブランクテープ bu·ran·ku tē·pu

Ich suche etwas von (Southern Allstars).
(サザンオールスターズ)の曲を探しています。
(sa·zan·ō·ru·stāz) no kyo·ku o sa·ga·shi·te i·mas

Welche ist ihre beste Aufnahme?
どの曲がいちばんですか?
do·no kyo·ku ga i·chi·ban des ka

Kann ich mir das mal anhören?
これを聴いてもいいですか? ko·re o kī·te mo ī des ka

DVD & Video

DVDとビデオ

Hat das eine englische Spracheinstellung?
これには英語設定がありますか?
ko·re ni wa ē·go·set·tē ga a·ri·mas ka

Läuft das auf jedem DVD-Player?
これはどんなDVDプレーヤーでも大丈夫ですか?
ko·re wa don·na dī·vī·dī·pu·rē·yā de·mo dai·jō·bu des ka

Ist das ein (PAL/NTSC) -System?
これは(PAL/NTSC)システムですか?
ko·re wa (pa·ru/e·nu·tī·e·su·shī) shis·te·mu des ka

Ist das das neueste Modell?
これは新製品ですか? ko·re wa shin·sē·hin des ka

Ist das für eine Spannung von (240) Volt?
(240)ボルトですか?
(ni·hya·ku yon·jū) bo·ru·to des ka

Wo kann ich zollfrei Elektrogeräte kaufen?
電気製品の免税品はどこで買えますか?
den·ki·sē·hin no men·zē·hin wa do·ko de ka·e·mas ka

Fotografie

写真

Ich brauche einen … Film für diese Kamera.	このカメラに合う…フィルムをください。	ko·no ka·me·ra ni a·u … fi·ru·mu o ku·da·sai
APS-	APS	ē·pī·es
Dia-	スライド	su·rai·do
Farb-	カラー	ka·rā
Schwarzweiß-	白黒	shi·ro·ku·ro
… ASA-	ISO/ASA…の	ai·es·ō/ā·sā … no
Können Sie …?	…できますか?	… de·ki·mas ka
diesen Film entwickeln	このフィルムを現像	ko·no fi·ru·mu o gen·zō
mir den Film einlegen	フィルムを挿入	fi·ru·mu o sō·nyū
Abzüge v. Digitalbildern machen	デジタル写真を現像	de·ji·ta·ru·sha·shin o gen·zō
die Batterie meiner Digitalkamera aufladen	デジカメの電池を充電	de·ji·ka·me no den·chi o jū·den
Bilder von meiner Kamera auf CD überspielen	デジカメからCDに写真をコピー	de·ji·ka·me ka·ra shī·dī ni sha·shin o ko·pī
Ich hätte die Fotos gern …	写真は…でお願いします。	sha·shin wa … de o·ne·gai shi·mas
glänzend	光沢	kō·ta·ku
matt	無光沢	mu·kō·ta·ku

Wann kann ich sie abholen?
いつ出来上がりますか? i·tsu de·ki·a·ga·ri·mas ka

Ich möchte Passbilder machen lassen.
パスポート用の写真が必要です。 pas·pō·to·yō no sha·shin ga hi·tsu·yō des

Ich bin mit diesen Fotos nicht zufrieden.
この写真の現像に満足していません。 ko·no sha·shin no gen·zō ni man·zo·ku shi·te i·ma·sen

Souvenirs

Antiquitäten (japanische)	骨董品	kot·tō·hin
Baumwoll-Kimono	浴衣	yu·ka·ta
Elektrogeräte	電化製品	den·ka·sē·hin
Fächer (Blattfächer)	うちわ	u·chi·wa
Fächer (Faltfächer)	扇子	sen·su
Mitbringsel, Geschenk	おみやげ	o·mi·ya·ge
Handgeschöpftes Papier	和紙	wa·shi
hochhackige Stiefel	ハイヒールのブーツ	hai·hī·ru no bū·tsu
Holzdrucke	浮世絵	u·ki·yo·e
Holzspielzeug	木のおもちゃ	ki no o·mo·cha
japanische Puppen	日本人形	ni·hon nin·gyō
japanische Schirme:		
Schirm (allgemein)	傘	ka·sa
Sonnenschirm	日傘	hi·ga·sa
Regenschirm	番傘	ban·ga·sa
japanische Schwerter	刀	ka·ta·na
japanischer Tee	日本茶	ni·hon·cha
Keramik	陶芸	tō·gē
Kimono	きもの	ki·mo·no
Küchengeschirr	台所用品	dai·do·ko·ro·yō·hin
Kunstbücher	美術の本	bi·ju·tsu no hon
Lackarbeiten	漆器	shik·ki
Lebensmittel	食品	sho·ku·hin
Möbel	家具	ka·gu
Perlenschmuck	真珠	shin·ju
Rollbilder	掛け軸	ka·ke·ji·ku
Stellschirm	屏風	byō·bu
Stichblatt (eines Schwerts)	鍔	tsu·ba
Teegeschirr	茶器	cha·ki
Textilien	生地	ki·ji
Töpferwaren	陶芸	tō·gē
Windkarpfen	こいのぼり	koi·no·bo·ri

In der Post

郵便局

Ich möchte ... verschicken.	…を送りたいのですが。	… o o·ku·ri·tai no des ga
einen Brief	手紙	te·ga·mi
ein Fax	ファックス	fak·kus
ein Päckchen	小包	ko·zu·tsu·mi
eine Postkarte	はがき	ha·ga·ki
Ich möchte ... kaufen.	…をください。	… o ku·da·sai
ein Aerogramm	エアログラム	ea·ro·gu·ra·mu
eine Briefmarke	切手	kit·te
einen Umschlag	封筒	fū·tō

Briefkasten	ポスト	pos·to
Inland	国内	ko·ku·nai
international	国際	ko·ku·sai
Post	郵便	yū·bin
Postamt	郵便局	yū·bin·kyo·ku
Postleitzahl	郵便番号	yū·bin·ban·gō
zerbrechlich	壊れ物	ko·wa·re·mo·no
Zollinhaltserklärung	関税申告	kan·zē·shin·ko·ku

Schneckenpost

Express(-sendung)	速達	so·ku·ta·tsu
Luftpost	航空便	kō·kū·bin
per Einschreiben	書留	ka·ki·to·me
per Landweg	普通便	fu·tsū·bin
per Seeweg	船便	fu·na·bin

Schicken Sie es bitte per Luftpost nach (Deutschland).
(ドイツ)まで 航空便でお願いします。 — (doi-tsu) ma·de kō·kū·bin de o·ne·gai shi·mas

Schicken Sie es bitte auf dem normalen Beförderungsweg nach (Österreich).
(オーストリア)まで 普通便でお願いします。 — (o·sto·rya) ma·de fu·tsū·bin de o·ne·gai shi·mas

Es enthält (Souvenirs).
(お土産)が入っています。 — (o·mi·ya·ge) ga hait·te i·mas

Wo ist der Schalter für postlagernde Sendungen?
局留め郵便の セクションはどこですか? — kyo·ku·do·me·yū·bin no sek·shon wa do·ko des ka

Ist Post für mich da?
私宛の 郵便物はありますか? — wa·ta·shi·a·te no yū·bin·bu·tsu wa a·ri·mas ka

Telefon

電話

Wie ist Ihre Telefonnummer?
あなたの電話番号は 何番ですか? — a·na·ta no den·wa·ban·gō wa nam·ban des ka

Wo ist das nächste öffentliche Telefon?
いちばん近くの 公衆電話は どこですか? — i·chi·ban chi·ka·ku no kō·shū·den·wa wa do·ko des ka

Kann ich in ein Telefonbuch sehen?
電話帳を見てもいい ですか? — den·wa·chō o mi·te mo ī des ka

Können Sie mir helfen und die Nummer für … finden?
…の電話番号を 見つけてくれませんか? — … no den·wa·ban·gō o mi·tsu·ke·te ku·re·ma·sen ka

Ich möchte …	…たいのですが。	…·tai no des ga
eine Telefonkarte kaufen	テレフォンカードを買い	te·re·fon·kā·do o kai
nach (Singapur) telefonieren	（シンガポール）に電話し	(shin·ga·pō·ru) ni den·wa shi
ein (Orts-) Gespräch führen	（市内）に電話し	(shi·nai) ni den·wa shi
ein R-Gespräch führen	コレクトコールで電話し	ko·re·ku·to·kō·ru de den·wa shi
(drei) Minuten sprechen	（3分間）話し	(sam·pun·kan) ha·na·shi

Wie viel kostet …?	…はいくらですか？	… wa i·ku·ra des ka
die Extra-Minute	1分間の加算料金	ip·pun·kan no ka·san·ryō·kin
ein (Drei)-Minuten-Gespräch	（3）分間の通話料金	(sam)·pun·kan no tsū·wa·ryō·kin

Die Nummer lautet …
電話番号は…です。 den·wa·ban·gō wa … des

Wie lautet die Vorwahl für (Osaka)?
（大阪）の市内局番は何番ですか？ (ō·sa·ka) no shi·nai·kyo·ku·ban wa nam·ban des ka

Wie ist die Landesvorwahl für (die Schweiz)?
（スイス）の国番号は何番ですか？ (su·i·su) no ku·ni·ban·gō wa nam·ban des ka

Es ist besetzt.
お話中です。 o·ha·na·shi·chū des

Die Verbindung wurde unterbrochen.
電話が切れました。 den·wa ga ki·re·mash·ta

Die Verbindung ist schlecht.
電話のかかりが悪いです。 den·wa no ka·ka·ri ga wa·ru·i des

Hallo (nur am Telefon).
もしもし。 mo·shi·mo·shi

Hier ist …
…です。 … des

Kann ich mit … sprechen?
…をお願いします。 … o o·ne·gai shi·mas

Ist … da?
…はいらっしゃいますか? … wa i·ras·shai·mas ka

Bitte sagen Sie ihm/ihr, dass ich angerufen habe.
私が電話したとお伝えください。 wa·ta·shi ga den·wa shi·ta to o·tsu·ta·e ku·da·sai

Kann ich eine Nachricht hinterlassen?
伝言をお願いできますか? den·gon o o·ne·gai de·ki·mas ka

Meine Nummer ist …
私の電話番号は…です。 wa·ta·shi no den·wa·ban·gō wa … des

Ich habe keine Rückrufnummer.
電話番号はありません。 den·wa·ban·gō wa a·ri·ma·sen

Ich rufe später noch einmal an.
また後で電話します。 ma·ta a·to de den·wa shi·mas

Oft zu hören …

chot·to mat·te ku·da·sai
ちょっと待ってください。 **Einen Moment.**

do·na·ta des ka
どなたですか? **Wer ist da bitte?**

do·na·ta ni ka·wa·ri·ma·shō ka
どなたに代わりましょうか? **Mit wem möchten Sie sprechen?**

ka·no·jo wa i·ma·sen
彼女はいません。 **Sie ist nicht da.**

ka·re wa i·ma·sen
彼はいません。 **Er ist nicht da.**

ma·chi·gai·den·wa des
間違い電話です。 **Falsche Nummer.**

Handy

携帯電話

Ich hätte gern …	…をお願いします。	… o o·ne·gai shi·mas
ein Ladegerät für mein Handy	携帯電話の充電器	kē·tai·den·wa no jū·den·ki
ein Miethandy	携帯電話のレンタル	kē·tai·den·wa no ren·ta·ru
ein Prepaid-Handy	プリペイドの携帯電話	pu·ri·pē·do no kē·tai·den·wa
eine SIM-Karte	SIMカード	shi·mu·kā·do

Wie hoch sind die Gebühren?
通話料金はいくらですか?　tsū·wa·ryō·kin wa i·ku·ra des ka

(10) Yen pro (1) Minute.
(1)分間(10)円。　(ip)·pun·kan (jū)·en

Internet

インターネット

Wo gibt es hier ein Internetcafé?
インターネットカフェは どこですか? — in·tā·net·to·ka·fe wa do·ko des ka

Ich würde gern …	…したいのですが。	… shi·tai no des ga
meine E-Mail checken	Eメールを チェック	ī·mē·ru o chek·ku
ins Internet	インターネット にアクセス	in·tā·net·to ni ak·ses
etwas ausdrucken	プリント	prin·to
etwas scannen	スキャン	skyan

Haben Sie …?	…がありますか?	… ga a·ri·mas ka
Macs	マッキントッシュ	mak·kin·tos·shu
PCs	PC	pī·shī
ein Zip-Laufwerk	ジップドライブ	jip·pu·do·rai·bu

Was kostet es …?	…いくらですか?	… i·ku·ra des ka
pro Stunde	1時間	i·chi·ji·kan
pro (fünf) Minuten	(5)分間	(go)·fun·kan
pro Seite	1ページ	i·chi·pē·ji

Wie logge ich mich ein?
どうすればログオン できますか? — dō·su·re ba ro·gu·on de·ki·mas ka

Bitte ändern Sie die Spracheinstellung auf Englisch.
英語のセッティングに してください。 — ē·go no set·tin·gu ni shi·te ku·da·sai

Er ist abgestürzt.
クラッシュしています。 — ku·ras·shu shi·te i·mas

Ich bin fertig.
終わりました。 — o·wa·ri·mash·ta

In der Bank
銀行業

Um wie viel Uhr öffnet die Bank?
銀行は何時に開きますか? — gin·kō wa nan·ji ni hi·ra·ki·mas ka

Wo kann ich Geld abheben?
どこで現金の引き出しができますか? — do·ko de gen·kin no hi·ki·da·shi ga de·ki·mas ka?

Ich möchte Geld abheben.
現金の引き出しをお願いします。 — gen·kin no hi·ki·da·shi o o·ne·gai shi·mas

Wo kann ich …?	どこで…できますか?	do·ko de … de·ki·mas ka
Ich würde gern …	…をお願いします。	… o o·ne·gai shi·mas
einen Scheck einlösen	小切手の現金化	ko·git·te no gen·kin·ka
einen Reisescheck einlösen	トラベラーズチェックの現金化	to·ra·be·rāz·chek·ku no gen·kin·ka
Geld umtauschen	両替	ryō·ga·e
eine Auszahlung auf Kreditkarte bekommen	キャッシュアドバンス	kyas·shu·a·do·ban·su
Wie hoch ist …?	…はいくらですか?	… wa i·ku·ra des ka
die Gebühr dafür	手数料	te·sū·ryō
der Wechselkurs	為替レート	ka·wa·se·rē·to
Wo gibt es …?	…はどこですか?	… wa do·ko des ka
einen Geldautomat	ATM	ē·tī·e·mu
eine Wechselstube	外国為替の窓口	gai·ko·ku·ka·wa·se no ma·do·gu·chi

Der Geldautomat hat meine Karte einbehalten.
ATMにカードを取られてしまいました。 ē·tī·e·mu ni kā·do o to·ra·re·te shi·mai·mash·ta

Ich habe meine Geheimnummer vergessen.
暗証番号を忘れました。 an·shō·ban·gō o wa·su·re·mash·ta

Kann ich mit meiner Kreditkarte Geld abheben?
クレジットカードで現金を引き出せますか? ku·re·jit·to·kā·do de gen·kin o hi·ki·da·se·mas ka

Kann ich kleinere Scheine bekommen?
お金をくずしてもらえませんか? o·ka·ne o ku·zu·shi·te mo·ra·e·ma·sen ka

Ist mein Geld schon angekommen?
お金は届いていますか? o·ka·ne wa to·doi·te i·mas ka

Wie lange wird es dauern, bis es eintrifft?
お金が届くのに時間はどのくらいかかりますか? o·ka·ne ga to·do·ku no ni ji·kan wa do·no ku·rai ka·ka·ri·mas ka

Oft zu hören ...

mi·bun·shō·mē·sho 身分証明書 **Ausweis**
pas·pō·to パスポート **Reisepass**

chot·to mon·dai ga a·ri·mas
ちょっと問題があります。 **Es gibt ein Problem.**

de·ki·ma·sen
できません。 **Das geht leider nicht.**

ko·ko ni sain o o·ne·gai shi·mas
ここにサインをお願いします。 **Unterschreiben Sie hier.**

zan·da·ka ga a·ri·ma·sen
残高がありません。 **Ihr Guthaben ist erschöpft.**

Sightseeing
観光

Ich hätte gern ein/e/n …	…をお願いします	… o o·ne·gai shi·mas
Audioführer	オーディオセット	ō·di·o·set·to
Broschüre	パンフレット	pan·fu·ret·to
Führer	ガイド	gai·do
Reiseführer in Englisch	英語の ガイドブック	ē·go no gai·do·buk·ku
(Orts-) Karte	（市街）地図	(shi·gai) chi·zu

Haben Sie Informationen über… Sehenwürdigkeiten?	…についての案内はありますか?	… ni tsu·i·te no an·nai wa a·ri·mas ka
historische	史跡	shi·se·ki
kulturelle	文化的 見どころ	bun·ka·te·ki mi·do·ko·ro
religiöse	宗教的 見どころ	shū·kyō·te·ki mi·do·ko·ro

Ich würde gern … sehen.
…を見ようと思います。 … o mi·yō to o·moi·mas

Was ist das?
あれは何ですか? a·re wa nan des ka

Wer hat das gemacht?
誰が作りましたか? da·re ga tsu·ku·ri·mash·ta ka

Wie alt ist es?
どのくらい古いですか? do·no ku·rai fu·ru·i des ka

Könnten Sie ein Foto von mir machen?
私の写真を撮ってもらえませんか? wa·ta·shi no sha·shin o tot·te mo·ra·e·ma·sen ka

Darf ich ein Foto (von Ihnen) machen?
(あなたの)写真を 撮ってもいいですか? — (a·na·ta no) sha·shin o tot·te mo ī des ka

Ich schicke Ihnen das Foto.
写真を送ります。 — sha·shin o o·ku·ri·mas

Und jetzt alle mal: Cheeeeeese!

Beim Fotografieren von japanischen Freunden und Bekannten bekommt man die nötige Aufmerksamkeit – und das schönste Lächeln – mit einem hai, chi·zu (ハイ、チーズ), „Sagt mal 'cheese'!"

Eintritt

入場

Wann wird geöffnet?
何時に開きますか? — nan·ji ni a·ki·mas ka

Wann wird geschlossen?
何時に閉まりますか? — nan·ji ni shi·ma·ri·mas ka

Was kostet der Eintritt?
入場料はいくらですか? — nyū·jō·ryō wa i·ku·ra des ka

Gibt es eine Kleiderordnung?
服装規定はありますか? — fu·ku·sō·ki·tē wa a·ri·mas ka

Darf ich fotografieren?
写真を撮ってもいいですか? — sha·shin o tot·temo ī des ka

Gibt es eine Ermäßigung für …?	…割引が ありますか?	…·wa·ri·bi·ki ga a·ri·mas ka
Familien	家族	ka·zo·ku
Gruppen	グループ	gu·rū·pu
Kinder	子供	ko·do·mo
Rentner	年金者	nen·kin·sha
Senioren	高齢者	kō·rē·sha
Studenten	学生	gak·sē

Touren

ツアー

Können Sie eine … empfehlen?	おすすめの…はありますか?	o·su·su·me no … wa a·ri·mas ka
Wann beginnt die nächste …?	次の…はいつですか?	tsu·gi no … wa i·tsu des ka
Bootstour	ボートツアー	bō·to·tsu·ā
Tagestour	1日観光	i·chi·ni·chi kan·kō
Tour	ツアー	tsu·ā
Ist … inklusive?	…は含まれていますか?	… wa fu·ku·ma·re·te i·mas ka
Unterkunft	宿泊料	shu·ku·ha·ku·ryō
Essen	食事代	sho·ku·ji·dai
Transport	交通費	kō·tsū·hi

Der Führer bezahlt.
ガイドが払います。 gai·do ga ha·rai·mas

Der Führer hat bezahlt.
ガイドが払いました。 gai·do ga ha·rai·mash·ta

Wie lange dauert die Tour?
ツアーにかかる時間はどのくらいですか? tsu·ā ni ka·ka·ru ji·kan wa do·no ku·rai des ka

Wann sollen wir zurück sein?
何時に戻ればいいですか? nan·ji ni mo·do·re·ba ī des ka

Ich gehöre zu ihnen/denen.
彼らと一緒です。 ka·re·ra to is·sho des

Ich habe meine Gruppe verloren.
グループからはぐれました。 gu·rū·pu ka·ra ha·gu·re·mash·ta

Schilder

入口	i·ri·gu·chi	**Eingang**
インフォメーション	in·fo·mē·shon	**Information**
営業中	ē·gyō·chū	**Geöffnet (Läden, Restaurants usw.)**
エレベータ	e·re·bē·ta	**Aufzug**
男	o·to·ko	**Herren**
女	on·na	**Damen**
開館	kai·kan	**Geöffnet (Theater, Museen usw.)**
危険	ki·ken	**Vorsicht**
喫煙	ki·tsu·en	**Raucher**
禁煙	kin·en	**Nichtraucher**
さわるな	sa·wa·ru·na	**Nicht berühren**
準備中	jum·bi·chū	**Vorübergehend geschlossen (Restaurants)**
立入り禁止	ta·chī·ri·kin·shi	**Zutritt verboten**
出口	de·gu·chi	**Ausgang**
トイレ	toi·re	**Toiletten**
止まれ	to·ma·re	**Stopp**
入場無料	nyū·jō·mu·ryō	**Freier Eintritt**
非常口	hi·jō·gu·chi	**Notausgang**
閉館	hē·kan	**Geschlossen (Theater, Museen)**
閉店	hē·ten	**Geschlossen (Läden, Restaurants)**

Geschäftlich unterwegs

仕事をする

Ich besuche ein/e/n …	…に出席します。	… ni shus·se·ki shi·mas
Konferenz	会議	kai·gi
Kurs	コース	kōs
Meeting	ミーティング	mī·tin·gu
Messe	展示会	ten·ji·kai
Ich bin mit … hier.	…といっしょです。	… to is·sho des
(Hr. Suzuki)	（鈴木さん）	(su·zu·ki·san)
Kollege(n)	同僚	dō·ryō
(zwei) anderen	ほかの（２人）	ho·ka no (fu·ta·ri)
(UNICEF)	（ユニセフ）	(yu·ni·se·fu)
Hier ist mein/e …	これが私の…です。	ko·re ga wa·ta·shi no … des
Wie ist Ihr/e …?	あなたの…は何ですか?	a·na·ta no … wa nan des ka
Adresse	住所	jū·sho
Büronummer	仕事の電話番号	shi·go·to no den·wa·ban·gō
E-Mail-Adresse	Eメールアドレス	ī·mē·ru·a·do·res
Faxnummer	ファックス番号	fak·kus·ban·gō
Handynummer	携帯番号	kē·tai·ban·gō
Pager-Nummer	ポケベル番号	po·ke·be·ru·ban·gō
Visitenkarte	名刺	mē·shi
Wo ist …?	…はどこですか?	… wa do·ko des ka
das Businesscenter	ビジネスセンター	bi·ji·nes·sen·tā
die Konferenz	会議	kai·gi
das Meeting	ミーティング	mī·tin·gu

Ich brauche …	…が必要です。	… ga hi·tsu·yō des
einen Computer	コンピュータ	kom·pyū·ta
eine Internetverbindung	インターネットの接続	in·tā·net·to no se·tsu·zo·ku
einen Dolmetscher	通訳	tsū·ya·ku
mehr Visitenkarten	もっと名刺	mot·to mē·shi

Ich habe einen Termin bei …
…とアポがあります。 … to a·po ga a·ri·mas

Danke, dass Sie sich Zeit genommen haben.
お時間をどうもありがとうございました。 o·ji·kan o dō·mo a·ri·ga·tō go·zai·mash·ta

Sollen wir etwas trinken gehen?
飲みに行きましょうか? no·mi ni i·ki·ma·shō ka

Sollen wir etwas essen gehen?
食事に行きましょうか? sho·ku·ji ni i·ki·ma·shō ka

Das geht auf mich.
私のおごりです。 wa·ta·shi no o·go·ri des

Alle Karten auf den Tisch

Wer in Japan auf Geschäftsreise ist, sollte die Kunst des korrekten Überreichens von Visitenkarten oder mē·shi (名刺) beherrschen.

Die Karten werden am Beginn eines Geschäftstermins ausgetauscht. Man sollte genügend dabeihaben, damit jeder der Anwesenden eine erhält, und bei der ranghöchsten oder ältesten Person den Anfang machen. Die Karte ist so zu überreichen, dass der Empfänger die Schrift lesen kann, und vorzugsweise übergibt und nimmt man Karten mit beiden Händen.

Eine erhaltene Visitenkarte sollte man sofort lesen und sorgsam behandeln. Etwas auf die Karte zu schreiben, sie zu falten oder einfach liegenzulassen, ist unter keinen Umständen angebracht und gilt als Respektlosigkeit.

Während eines Meetings lässt man die Karte am besten vor sich auf dem Tisch, um alle Angaben griffbereit zu haben.

Auf Jobsuche

求職

Wo werden Stellenangebote veröffentlicht?
求人広告はどこですか? kyū·jin·kō·ko·ku wa do·ko des ka

Ich rufe wegen der ausgeschriebenen Stelle an.
求人広告で見つけた仕事についてお電話しました。 kyū·jin·kō·ko·ku de mi·tsu·ke·ta shi·go·to ni tsu·i·te o·den·wa shi·mash·ta

Ich suche einen Job …	…の仕事を探しています。	… no shi·go·to o sa·ga·shi·te i·mas
als Aushilfe	臨時	rin·ji
in einer Bar	バー	bā
auf dem Bau	建築現場	ken·chi·ku·gem·ba
im Büro	事務	ji·mu
als Englischlehrer	英語教師	ē·go·kyō·shi
als Hostess	ホステス	hos·tes
als Kellner	ウェイター	wē·tā
als Model	モデル	mo·de·ru
als Teilzeitkraft	アルバイト	a·ru·bai·to
als Vollzeitkraft	正社員	sē·shain

Hier ist mein/e …	これが私の…です。	ko·re ga wa·ta·shi no … des
Arbeitserlaubnis	就業許可	shū·gyō·kyo·ka
Lebenslauf	履歴書	ri·re·ki·sho
Visum	ビザ	bi·za

Brauche ich …?	…は必要ですか?	… wa hi·tsu·yō des ka
eine Arbeitserlaubnis	就業許可	shū·gyō·kyo·ka
Berufserfahrung	経験	kē·ken
Dokumente	書類	sho·ru·i
eine Versicherung	保険	ho·ken
eine Adresse	連絡先	ren·ra·ku·sa·ki
eine Uniform	制服	sē·fu·ku

Ich habe Berufserfahrung.		
経験があります。		kē·ken ga a·ri·mas
Wie hoch ist der Arbeitslohn?		
給料はいくらですか?		kyū·ryō wa i·ku·ra des ka
Übernehmen sie meine Transportkosten?		
交通費は支給されますか?		kō·tsū·hi wa shi·kyū sa·re·mas ka
Ich kann … beginnen.	…始められます。	… ha·ji·me·ra·re·mas
um (acht) Uhr	(8)時に	(ha·chi)·ji ni
nächste Woche	次の週から	tsu·gi no shū ka·ra
morgen	明日から	a·shi·ta ka·ra
(Stellen-) Anzeige	広告	kō·ko·ku
Arbeit, Job	仕事	shi·go·to
Arbeitgeber	雇い主	ya·toi·nu·shi
Arbeitnehmer	従業員	jū·gyō·in
Arbeitserfahrung	職業経験	sho·ku·gyō·kē·ken
Vertrag	契約	kē·ya·ku

Der Ton macht das Geschäft

Besuche sollten stets mit ausreichend Vorlauf angekündigt und der Termin mit dem Austausch von Visitenkarten begonnen werden. Ein kleines Geschenk, das typisch für das Heimatland oder das Unternehmen ist, kommt immer gut an.

Die Sitzordnung hängt vom Status ab, daher sollte man warten, bis man einen Platz zugewiesen bekommt, und sich auch nicht setzen (oder aufstehen), bevor der ranghöchste in der Hierarchie dies tut. Niemals die Initiative ergreifen und die Anrede mit Vornamen vorschlagen – diese Entscheidung überlässt man den japanischen Partnern, die allerdings meist die förmlichere Variante vorziehen.

Japanische Geschäftsleute legen Wert auf langfristige Geschäftsbeziehungen, man sollte daher nicht versuchen, auf schnelle Entscheidungen zu drängen. Ein Unterhaltungsprogramm gehört zur Beziehungspflege und sollte nicht abgelehnt werden. Beim Essen übers Geschäft zu reden, ist tabu, und kontroverse Themen meidet man besser.

Reisen mit Handicap

高齢の旅行者と障害をもつ旅行者

Ich habe eine Behinderung.
私は障害者です。 wa·ta·shi wa shō·gai·sha des

Ich benötige Hilfe.
手を貸してください。 te o ka·shi·te ku·da·sai

Welche behindertengerechten Einrichtungen haben Sie?
障害者のために どんな設備が ありますか? shō·gai·sha no ta·me ni don·na se·tsu·bi ga a·ri·mas ka

Gibt es Behindertentoiletten?
障害者用トイレは ありますか? shō·gai·sha·yō·toi·re wa a·ri·mas ka

Gibt es Behindertenparkplätze?
障害者優先の 駐車場はありますか? shō·gai·sha yū·sen no chū·sha·jō wa a·ri·mas ka

Gibt es einen Rollstuhlzugang?
車椅子で入れますか? ku·ru·ma·i·su de hai·re·mas ka

Wie breit ist der Eingang?
入口はどのくらいの 広さですか? i·ri·gu·chi wa do·no ku·rai no hi·ro·sa des ka

Ich bin gehörlos.
私は聴覚障害 があります。 wa·ta·shi wa chō·ka·ku·shō·gai ga a·ri·mas

Ich habe ein Hörgerät.
補聴器をしています。 ho·chō·ki o shi·te i·mas

Sind Blindenhunde gestattet?
盲導犬は入れますか? mō·dō·ken wa hai·re·mas ka

Wie viele Stufen sind es?
段差は何段ありますか? dan·sa wa nan·dan a·ri·mas ka

Gibt es einen Aufzug?
エレベータはありますか? e·re·bē·ta wa a·ri·mas ka

Gibt es Haltegriffe im Bad?

バスルームに手すりは ありますか? bas·rū·mu ni te·su·ri wa a·ri·mas ka

Könnten Sie mir ein Behindertentaxi rufen?

障害者用タクシーを 呼んでもらえますか? shō·gai·sha·yō·tak·shī o yon·de mo·ra·e·mas ka

Gibt es ein Behindertenabteil im Zug?

障害者のための 車両はありますか? shō·gai·sha no ta·me no sha·ryō wa a·ri·mas ka

Könnten Sie mir helfen, die Straße zu überqueren?

道を渡るのを 手伝ってもらえますか? mi·chi o wa·ta·ru no o te·tsu·dat·te mo·ra·e·mas ka

Kann ich mich hier irgendwo hinsetzen?

座れるところは ありますか? su·wa·re·ru to·ko·ro wa a·ri·mas ka

Senior/in	高齢者	kō·rē·sha
Blindenhund	盲導犬	mō·dō·ken
Gehhilfe	歩行車	ho·kō·sha
Gehstock	杖	tsu·e
Person mit einer Behinderung	障害者	shō·gai·sha
Rampe	傾斜路	kē·sha·ro
Rollstuhl	車椅子	ku·ru·ma·i·su
Sitzplatz reserviert für Senioren oder Menschen mit Behinderung	優先席	yū·sen·se·ki

Mit Kindern unterwegs

子供

Gibt es ein/e/n ...?	…はありますか?	... wa a·ri·mas ka
Babysitterservice	託児サービス	ta·ku·ji·sā·bis
Familienticket	家族チケット	ka·zo·ku·chi·ket·to
Kinderermäßigung	子供割引	ko·do·mo·wa·ri·bi·ki
Kinderkrippe	託児所	ta·ku·ji·sho
Kindermenü	子供の メニュー	ko·do·mo no me·nyū
Kinderportion	子供の 分量	ko·do·mo no bun·ryō
Wickelraum	授乳室	ju·nyū·shi·tsu
Ich bräuchte ein/e/n ...	…が必要です。	... ga hi·tsu·yō des
(englischsprachigen) Babysitter	(英語のできる) ベビーシッター	(ē·go no de·ki·ru) be·bī·shit·tā
Babysitz	ベビーシート	be·bī·shī·to
Buggy	ベビーカー	be·bī·kā
Hochstuhl	ベビーチェア	be·bī·chea
Kinderbett	ベビーベッド	be·bī·bed·do
Kindersitz	ジュニアシート	ju·nya·shī·to
Kinderwagen	乳母車	u·ba·gu·ru·ma
Spucktüte	乗り物酔いの の袋	no·ri·mo·no·yoi no fu·ku·ro
Töpfchen	おまる	o·ma·ru
Wo ist der/die/das nächste ...?	この近くの …はどこですか?	ko·no chi·ka·ku no ... wa do·ko des ka
Park	公園	kō·en
Schwimmbad	プール	pū·ru
Spielplatz	遊び場	a·so·bi·ba
Spielzeugladen	おもちゃ屋	o·mo·cha·ya
Themenpark	テーマパーク	tē·ma·pā·ku
Trink-brunnen	水のみ場	mi·zu·no·mi·ba
Wasserhahn	水道	su·i·dō

Verkaufen Sie ...?	…はありますか?	... wa a·ri·mas ka
Feuchttücher für Babys	おしり拭き	o·shi·ri·fu·ki
Papiertücher	ティッシュ	tis·shu
Schmerzmittel für Kinder	子供用の鎮痛剤	ko·do·mo·yō no chin·tsū·zai
Wegwerfwindeln	紙おむつ	ka·mi·o·mu·tsu
Vermieten Sie ...?	…のレンタルはありますか?	... no ren·ta·ru wa a·ri·mas ka
Kinderwagen	乳母車	u·ba·gu·ru·ma
Buggys	ベビーカー	be·bī·kā

Gibt es hier interessante Sehenswürdigkeiten für Kinder?
この近くに子供が喜ぶような所がありますか?
ko·no chi·ka·ku ni ko·do·mo ga yo·ro·ko·bu yō·na to·ko·ro ga a·ri·mas ka

Kann man Kinder mitbringen?
子供は入れますか?
ko·do·mo wa hai·re·mas ka

Wo kann ich eine Windel wechseln?
おむつはどこで換えられますか?
o·mu·tsu wa do·ko de ka·e·ra·re·mas ka

Stört es Sie, wenn ich hier stille?
ここで母乳をあげてもいいですか?
ko·ko de bo·nyū o a·ge·te mo ī des ka

Könnte ich bitte etwas Papier und Stifte bekommen?
紙とエンピツをお願いできますか?
ka·mi to em·pi·tsu o o·ne·gai de·ki·mas ka

Ist das für ... -jährige Kinder geeignet?
これは…歳の子供向きですか?
ko·re wa ...·sai no ko·do·mo·mu·ki des ka

Kennen Sie einen Arzt, der gut mit Kindern umgehen kann?
子供の扱いが上手なお医者さんを知っていますか?
ko·do·mo no a·tsu·kai ga jō·zu na o·i·sha·san o shit·te i·mas ka

Gesundheitsfragen s. **Gesundheit** auf S. 199.

Allgemeines

基本

Ja.	はい。	hai
Nein.	いいえ。	ī·e
Bitte. (Wunsch)	ください	ku·da·sai
Bitte. (Angebot)	どうぞ。	dō·zo
Danke (sehr).	(どうも)ありがとう (ございます)。	(dō·mo) a·ri·ga·tō (go·zai·mas)
Bitteschön.	どういたしまして。	dō i·ta·shi·mash·te
Entschuldigung. (um auf sich aufmerksam zu machen)	すみません。	su·mi·ma·sen
Tut mir leid.	ごめんなさい。	go·men·na·sai

Gradmesser der Höflichkeit

Die in sämtlichen japanischen Beziehungen herrschende Hierarchie, die sich über Faktoren wie Alter, Beruf und Erfahrung, aber auch die Gesprächssituation ergibt, spiegelt sich in der japanischen Sprache in unterschiedlichen Höflichkeitsstufen bzw. in besonderen Wörtern und Verbformen wider. Dieser Sprachführer verwendet die Standardformen ·mas (ます), die für die meisten Situationen passend sind.

Hallo & Auf Wiedersehen

あいさつ

Hallo.	こんにちは。	kon·ni·chi·wa
Guten ...		
Morgen	おはよう (ございます)。	o·ha·yō (go·zai·mas)
Tag	こんにちは。	kon·ni·chi·wa
Abend	こんばんは。	kom·ban·wa

Wie geht es Ihnen?
お元気ですか? o·gen·ki des ka

Gut. Und Ihnen?
はい、元気です。 hai, gen·ki des
あなたは? a·na·ta wa

(Entschuldigung,) Wie heißen Sie?
(失礼ですが、) (shi·tsu·rē des ga)
お名前は何ですか? o·na·ma·e wa nan des ka

Ich heiße …
私の名前は… です。 wa·ta·shi no na·ma·e wa … des

Ich möchte Ihnen gern … vorstellen.
…を紹介します。 … o shō·kai shi·mas

Das ist mein/e … こちらは 私の…です。 ko·chi·ra wa wa·ta·shi no … des

Ehefrau	妻	tsu·ma
Ehemann	主人	shu·jin
Freund/in	友達	to·mo·da·chi
Kind	子供	ko·do·mo
Kollege/in	同僚	dō·ryō
Lebenspartner/in	パートナー	pā·to·nā

Weitere Familienmitglieder s. **Familie** auf S. 108.

Wie ein Reishalm im Wind

Die häufigste Höflichkeitsgeste ist die Verbeugung. Vorstellung, Begrüßung, Dank und Verabschiedung: Alles wird von einer Verbeugung begleitet. Dauer, Ablauf und Haltung bei der Verbeugung sollen ein Spiegel der Aufrichtigkeit, des Respekts und der Reife sein. Eine schöne Verbeugung wird in Japan häufig mit einem Reishalm verglichen, der sich im Wind wiegt – je größer die Reife der Person, umso tiefer wird der Kopf geneigt. Eine unkorrekte Verbeugung wiederum gilt als Zeichen schlechter Erziehung und fehlender Reife.

Von Japanbesuchern wird nicht erwartet, dieses Ritual streng zu befolgen; ein einfaches Kopfnicken genügt. Küsse und Umarmungen zur Begrüßung sind, wenn überhaupt, nur unter engen Freunden und Familienmitgliedern angebracht. Die Entscheidung, ob und wann Hände geschüttelt werden, überlässt man am besten den Einheimischen.

Freut mich, Sie kennenzulernen.	お会いできてうれしいです。	o·ai de·ki·te u·re·shī des
Bis bald.	また会いましょう。	ma·ta ai·ma·shō
Auf Wiedersehen.	さようなら。	sa·yō·na·ra
Tschüss.	じゃ、また。	ja ma·ta
Gute Nacht.	おやすみ(なさい)。	o·ya·su·mi (na·sai)
Gute Reise!	よい旅を！	yoi·ta·bi o

Anrede

話しかける

Herr/Frau	…さん	…·san
Herr/Frau (höfl.)	…さま	…·sama

Jeder ist ein San

Die übliche Form der Anrede in Japan ist der Nachname mit dem Suffix ·san（さん）, z.B. su·zu·ki·san（鈴木さん）– jemanden mit Vornamen anzusprechen ist nicht angebracht, es sei denn, man bekommt es angeboten. Anstelle des Nachnamens wird häufig auch der Titel einer Person für die Anrede verwendet, z.B. sha·chō（社長）für den Chef einer Firma oder sen·sē（先生）für einen Arzt oder Lehrer (wörtl. „Meister"). Bei Kindern oder jungen Frauen benutzen Ältere manchmal das Suffix ·chan（ちゃん）als Form der Verniedlichung.

Die Personalpronomen „du" und „ihr" sollten bei Unterhaltungen komplett vermieden werden, da sie zu persönlich klingen könnten – aus dem Kontext wird ersichtlich, wer angesprochen ist (mehr zu Pronomen im Kapitel **Kleine Grammatik A–Z** auf S. 27).

Unterhaltung

話し掛ける

Die Japaner lieben Plaudereien – nur mit allzu harter Kritik an Aspekten der japanischen Kultur sollte man sich zurückhalten, da dies als persönliche Kritik (miss-)verstanden werden könnte. Niemals sollte man Ärger offen zeigen oder laut werden, da dies einen schlechten Eindruck hinterlässt. Gesprächsthemen s. a. **Politik & Gesellschaft** auf S. 116.

Heute ist es aber (heiß), nicht wahr?
今日は(暑い)ですね。 kyō wa (a·tsu·i) des ne

Was für ein herrlicher Tag.
素晴らしい日ですね。 su·ba·ra·shī hi des ne

(Schönes/Schreckliches/Komisches) Wetter, nicht wahr?
(いい/ひどい/変な) 天気ですね。 (ī/hi·doi/hen·na) ten·ki des ne

Leben Sie hier?
ここに住んでいますか? ko·ko ni sun·de i·mas ka

Wohin fahren Sie?
どこに行きますか? do·ko ni i·ki·mas ka

Was machen Sie?
何をしていますか? na·ni o shi·te i·mas ka

Gefällt es Ihnen hier?
ここが好きですか? ko·ko ga su·ki des ka

Ich finde es herrlich hier.
ここが大好きです。 ko·ko ga dai·su·ki des

Wie nennt man das?
これは何といいますか? ko·re wa nan to ī·mas ka

Darf ich ein Foto (von Ihnen) machen?
(あなたの)写真を撮ってもいいですか? (a·na·ta no) sha·shin o tot·te mo ī des ka

Das ist (schön), oder?
(きれい)ですね。 (ki·rē) des ne

Machen Sie hier Urlaub?
休暇でここに来ましたか? kyū·ka de ko·ko ni ki·mash·ta ka

Slang

Hey! (nur Männer)	おい!	oi
Hey! (um auf sich aufmerksam zu machen)	ちょっと、ちょっと!	chot·to chot·to
Toll!	すごい!	su·goi
Klar.	もちろん。	mo·chi·ron
Vielleicht.	たぶん。	ta·bun
Geht so.	まあまあ。	mā·mā
Niemals!	だめ!	da·me
Augenblick mal.	ちょっと待って。	chot·to mat·te
Das ist okay.	いいよ。	ī·yo
Kein Problem.	だいじょうぶ。	dai·jō·bu
Viel Glück.	がんばって。	gam·bat·te
Absolut!	絶対!	zet·tai
Echt?	マジ?	ma·ji
Ist nur ein Scherz.	冗談です。	jō·dan des
Wirklich?	ほんと?	hon·to
Wie bitte?	なに?	na·ni

Ich bin hier …	…ここに来ました。	… ko·ko ni ki·mash·ta
im Urlaub	休暇で	kyū·ka de
auf Geschäftsreise	仕事で	shi·go·to de
um zu studieren	勉強のために	ben·kyō no ta·me ni

Wie lange bleiben Sie hier?
いつまでここにいますか? i·tsu ma·de ko·ko ni i·mas ka

Ich bleibe (zwei) Wochen.
ここに(2)週間います。 ko·ko ni (ni)·shū·kan i·mas

Ich bleibe (vier) Tage.
ここに(4)日間います。 ko·ko ni (yok)·ka·kan i·mas

Nationalitäten

国籍

Woher kommen Sie?
どちらから来ましたか? — do·chi·ra ka·ra ki·mash·ta ka

Ich komme aus …	…から来ました。	… ka·ra ki·mash·ta
Deutschland	ドイツ	doi·tsu
Österreich	オーストリア	ō·sto·rya
der Schweiz	スイス	su·i·su

Alter

年齢

Früher bot das Thema Alter lockeren Gesprächsstoff, bei Unterhaltungen mit Frauen spart man es aber inzwischen besser aus.

Wie alt sind Sie?
おいくつですか? — oi·ku·tsu des ka

Wie alt ist Ihr/e (Sohn/Tochter)?
(息子/娘)さんは おいくつですか? — (mu·su·ko/mu·su·me)·san wa oi·ku·tsu des ka

Ich bin … Jahre alt.
私は…歳です。 — wa·ta·shi wa …·sai des

Er ist … Jahre alt.
彼は…歳です。 — ka·re wa …·sai des

Sie ist … Jahre alt.
彼女は…歳です。 — ka·no·jo wa …·sai des

Zu alt!
もう歳です。 — mō to·shi des

Ich bin jünger als ich aussehe.
私は見た目より 若いです。 — wa·ta·shi wa mi·ta·me yo·ri wa·kai des

Um das eigene Alter zu nennen s. **Zahlen & Mengen** auf S. 35.

Beruf & Studium

職業と勉強

Was machen Sie beruflich?
お仕事は何ですか？ — o·shi·go·to wa nan des ka

Ich arbeite (im Vertrieb & Marketing).
私は（営業）の
仕事をしています。 — wa·ta·shi wa (ē·gyō) no
shi·go·to o shi·te i·mas

Ich bin …	私は…です。	wa·ta·shi wa … des
Geschäftsmann/ Geschäftsfrau	ビジネスマン	bi·ji·nes·man
Koch/Köchin	シェフ	she·fu
Angestellte/r	会社員	kai·sha·in
Landwirt/in	農民	nō·min
Fischer/in	漁師	ryō·shi
Hausmann/ Hausfrau	主夫/主婦	shu·fu/shu·fu
Journalist/in	ジャーナリスト	jā·na·ris·to
Beamter/Beamtin	公務員	kō·mu·in
Lehrer/in	教師	kyō·shi

Ich bin …	私は…です。	wa·ta·shi wa … des
pensioniert	退職者	tai·sho·ku·sha
selbstständig	自営業者	ji·ē·gyō·sha
arbeitslos	失業者	shi·tsu·gyō·sha

Was studieren Sie?
何を勉強していますか？ — na·ni o ben·kyō shi·te i·mas ka

Ich studiere (Naturwissenschaften).
私は
（自然科学）を
勉強しています。 — wa·ta·shi wa
(shi·zen·ka·ga·ku) o
ben·kyō shi·te i·mas

Familie

家族

Das Japanische verwendet je nach Situation und Beziehung zwischen Sprecher und Angesprochenem unterschiedliche Wörter und Verben. Eine solche Wortkategorie sind die Verwandtschaftsbezeichnungen, die je nachdem, ob man über die eigene Familie oder die des Zuhörers spricht, variieren. Die Wörter in der Spalte „mein/e“ bezeichnen Mitglieder der eigenen Familie, die Wörter in der Spalte „Ihr/e“ die Verwandten einer anderen Person.

	mein/e		Ihr/e	
Bruder	兄弟	kyō·dai	ご兄弟	go·kyō·dai
Ehefrau	妻	tsu·ma	奥さん	o·ku·san
Ehemann	夫	ot·to	ご主人	go·shu·jin
Enkel	孫	ma·go	お孫さん	o·ma·go·san
Enkelin	孫娘	ma·go·mu·su·me	孫娘さん	ma·go·mu·su·me·san
Familie	家族	ka·zo·ku	ご家族	go·ka·zo·ku
Großmutter	祖母	so·bo	おばあさん	o·bā·san
Großvater	祖父	so·fu	おじいさん	o·jī·san
Mutter	母	ha·ha	お母さん	o·kā·san
Partner	パートナー	pā·to·nā	パートナー	pā·to·nā
Schwester	姉妹	shi·mai	ご姉妹	go·shi·mai
Sohn	息子	mu·su·ko	息子さん	mu·su·ko·san
Tochter	娘	mu·su·me	娘さん	mu·su·me·san
Vater	父	chi·chi	お父さん	o·tō·san

Haben Sie eine/n (Bruder)?
(ご兄弟)がいますか? (go·kyō·dai) ga i·mas ka

Ich habe eine/n (Tochter).
(娘)がいます。 (mu·su·me) ga i·mas

Ich habe keine/n (Partner).
(パートナー)がいません。 (pā·to·nā) ga i·ma·sen

Sind Sie verheiratet?
結婚していますか? kek·kon shi·te i·mas ka

Ich lebe mit jemand zusammen.
同棲しています。 dō·sē shi·te i·mas

Ich bin …	私は…	wa·ta·shi wa …
geschieden	離婚しました	ri·kon shi·mash·ta
single	独身です	do·ku·shin des
verheiratet	結婚しています	kek·kon shi·te i·mas

Kinderplaudereien

Wann hast du Geburtstag?
お誕生日はいつ? o·tan·jō·bi wa i·tsu

Gehst du (zur Schule/in den Kindergarten)?
(学校/幼稚園)に行っているの? (gak·kō/yō·chi·en) ni it·te i·ru no

In welcher Klasse bist du?
何年生? nan·nen·sē

Magst du …?	…は好き?	…wa su·ki
deine/n Lehrer/in	先生	sen·sē
die Schule	学校	gak·kō
Sport	スポーツ	spōts

Was treibst du nach der Schule?
放課後は何をするの? hō·ka·go wa na·ni o su·ru no

Lernst du Englisch?
英語を勉強してる? ē·go o ben·kyō shi·te·ru

Ich komme von ganz weit weg.
私はとても遠くからきたの。 wa·ta·shi wa to·te·mo tō·ku ka·ra ki·ta no

Hast du dich verlaufen?
迷子になっちゃったの? mai·go ni nat·chat·ta no

Abschied

別れ

Morgen ist mein letzter Tag hier.
明日がここにいる
最後の日です。
a·shi·ta ga ko·ko ni i·ru
sai·go no hi des

Hier ist meine …	これが私の…です。	ko·re ga wa·ta·shi no … des
Wie ist Ihre …?	あなたの…は何ですか?	a·na·ta no … wa nan des ka
Adresse	住所	jū·sho
E-Mail-Adresse	Eメールアドレス	ī·mē·ru·a·do·res
Telefonnummer	電話番号	den·wa·ban·gō

Lassen Sie uns in Kontakt bleiben!
連絡をとりましょう。
ren·ra·ku o to·ri·ma·shō

Es war sehr schön, Sie kennenzulernen.
あなたに会えてとてもよかったです。
a·na·ta ni a·e·te to·te·mo yo·kat·ta des

Beste Wünsche

Gute Reise!	よい旅を!	yoi ta·bi o
Herzlichen Glückwunsch!	おめでとう(ございます)。	o·me·de·tō (go·zai·mas)
Viel Glück!	がんばって!	gam·bat·te
Alles Gute zum Geburtstag!	お誕生日おめでとう(ございます)。	o·tan·jō·bi o·me·de·tō (go·zai·mas)
Frohes neues Jahr!	明けましておめでとう(ございます)。	a·ke·mash·te o·me·de·tō (go·zai·mas)
Hurra!	万歳!	ban·zai
Frohe Weihnachten!	メリークリスマス!	me·rī·ku·ri·su·mas
Passen Sie auf sich auf. (zu einem Kranken)	お大事に。	o·dai·ji ni

In förmlichen Situationen kann an einige dieser Wünsche das höfliche go·zai·mas (ございます) angehängt werden.

Gemeinsame Interessen

共通の趣味

Was machen Sie in Ihrer Freizeit?
ひまなとき何をしますか? hi·ma na to·ki na·ni o shi·mas ka

Mögen Sie …?	…が好きですか?	… ga su·ki des ka
Ich mag …	…が好きです。	… ga su·ki des
Ich mache mir nichts aus …	…が好きじゃありません。	… ga su·ki ja a·ri·ma·sen
Billard	ビリヤード	bi·ri·yā·do
Computerspiele/n	コンピュータゲーム	kom·pyū·ta·gē·mu
Einkaufen	買い物	kai·mo·no
Fernsehen	テレビ	te·re·bi
Fotografie	写真	sha·shin
Gartenarbeit	庭仕事	ni·wa·shi·go·to
Kalligrafie	書道	sho·dō
Kino	映画	ē·ga
Kochen	料理	ryō·ri
Lesen	読書	do·ku·sho
Malerei	絵画	kai·ga
Musik	音楽	on·ga·ku
Plaudereien	おしゃべり	o·sha·be·ri
Reisen	旅行	ryo·kō
Sport	スポーツ	spō·tsu
Surfen im Internet	インターネットサーフィン	in·tā·net·to·sā·fin
Tanzen	ダンス	dan·su
Wandern	ハイキング	hai·kin·gu
Zeichnen	スケッチ	sket·chi

Sportliche Aktivitäten s. **Sport** auf S. 139.

Zeitvertreib auf Japanisch

Wer schon einmal im Land ist, kann sich an folgenden, typisch japanischen Freizeitbeschäftigungen versuchen:

***Bonsai* (Minibäume)**	盆栽	bon·sai
***Go* (Brettspiel)**	碁	go
***Ikebana* (Blumenstecken)**		
***Manga* (Comics)**	漫画	man·ga
***Origami* (Papierfalten)**	折り紙	o·ri·ga·mi
***Pachinko* (japanisches Flipperspiel)**	パチンコ	pa·chin·ko
***Shogi* (Japanisches Schach)**	将棋	shō·gi

Musik

音楽

… Sie gern …?	…ますか?	…·mas ka
Tanzen	ダンスをし	dan·su o shi
Gehen … in Konzerte	コンサートに行き	kon·sā·to ni i·ki
Hören … Musik	音楽を聴き	on·ga·ku o ki·ki
Spielen … ein Instrument	楽器を演奏し	gak·ki o en·sō shi
Singen	歌い	u·tai
Welche … mögen Sie?	どんな…が好きですか?	don·na … ga su·ki des ka
Bands	バンド	ban·do
Musik	音楽	on·ga·ku
Sänger/in	歌手	ka·shu

Blues	ブルース	bu·rū·su
elektronische Musik	エレクトロニック ミュージック	e·re·ku·to·ro·nik·ku· myū·jik·ku
Enka **(japanische Schlager)**	演歌	en·ka
ethnische Musik	民族音楽	min·zo·ku·on·ga·ku
Folk	フォーク	fō·ku
Hip-Hop	ヒップホップ	hip·pu·hop·pu
japanische Volksmusik	民謡	min·yō
japanischer Pop (bis späte 80er)	歌謡曲	ka·yō·kyo·ku
japanischer Pop (ab den 90ern)	J-ポップ	jē·pop·pu
Jazz	ジャズ	ja·zu
klassische Musik	クラシック	ku·ra·shik·ku
„Noise" (-Musik)	ノイズ	noyz
Pop	ポップ	pop·pu
Rock	ロック	rok·ku
traditionelle japanische Musik	邦楽	hō·ga·ku
Weltmusik	ワールド ミュージック	wā·ru·do· myū·jik·ku

Konzertbesuch geplant? S. **Ausgehen** auf S. 123.

Kino & Theater

映画と演劇

Ich möchte ein/e/n … sehen.	…に行こうと思います。	… ni i·kō to o·moi·mas
Hat Ihnen das/der … gefallen?	…はよかったですか?	… wa yo·kat·ta des ka
Ballett	バレエ	ba·rē
Film	映画	ē·ga
Stück	劇	ge·ki

Was gibt's heute Abend im …?	今晩はどんな…がありますか?	kom·ban wa don·na … ga a·ri·mas ka
Kino	映画	ē·ga
Theater	舞台	bu·tai

Ist es auf Englisch?
英語ですか? — ē·go des ka

Gibt es (englische) Untertitel?
(英語の)字幕がありますか? — (ē·go no) ji·ma·ku ga a·ri·mas ka

Ist dieser Platz besetzt?
この席は空いていますか? — ko·no se·ki wa ai·te i·mas ka

Haben Sie schon … gesehen?
…をもう観ましたか? — … o mō mi·mash·ta ka

Wer spielt da mit?
だれが演じていますか? — da·re ga en·ji·te i·mas ka

Das ist mit …
主役は…です。 — shu·ya·ku wa … des

Ich fand es …	…と思います。	… to o·moi·mas
ausgezeichnet	素晴らしかった	su·ba·ra·shi·kat·ta
zu lang	長すぎた	na·ga·su·gi·ta
okay	まあまあだった	mā·mā dat·ta

Ich mag …	…は好きです。	… wa su·ki des
Ich mag kein/e …	…は好きじゃありません。	… wa su·ki ja a·ri·ma·sen
Actionfilme	アクションムービー	a·ku·shon·mū·bī
Anime-Filme	アニメ	a·ni·me
Dokumentarfilme	ドキュメンタリー	do·kyu·men·ta·rī
Dramen	ドラマ	do·ra·ma
Horrorfilme	ホラー映画	ho·rā·ē·ga
japanisches Kino	日本映画	ni·hon·ē·ga
Komödien	コメディ	ko·me·di
Kriegsfilme	戦争映画	sen·sō·ē·ga
Kung-Fu-Filme	カンフー映画	kan·fū·ē·ga
Kurzfilme	短編映画	tam·pen·ē·ga
Samurai-Filme	時代劇	ji·dai·ge·ki
Sciencefiction-Filme	SF	e·su·e·fu
Thriller	スリラー	su·ri·rā
Yakuza-Filme	ヤクザ映画	ya·ku·za·ē·ga

Gefühle

感情

Sind Sie/Ist Ihnen …?	あなたは…か?	a·na·ta wa … ka
Ich bin/Mir ist …	私は…	wa·ta·shi wa …
besorgt	心配して います	shim·pai shi·te i·mas
durstig	のどが 渇きました	no·do ga ka·wa·ki·mash·ta
enttäuscht	がっかり しました	gak·ka·ri shi·mash·ta
glücklich	幸せです	shi·a·wa·se des
heiß	暑いです	a·tsu·i des
hungrig	お腹が すきました	o·na·ka ga su·ki·mash·ta
in Eile	急いでいます	i·so·i·de i·mas
kalt	寒いです	sa·mu·i des
müde	疲れました	tsu·ka·re·mash·ta
traurig	悲しいです	ka·na·shī des
verlegen	恥ずかしいです	ha·zu·ka·shī des

Unwohlsein s. **Gesundheit auf S. 199.**

Gemischte Gefühle

ein bisschen	ちょっと	chot·to
Ich bin ein bisschen traurig.	ちょっと悲しいです。	chot·to ka·na·shī des
total	本当に	hon·tō ni
Es tut mir total leid.	本当にすみません。	hon·tō ni su·mi·ma·sen
sehr	とても	to·te·mo
Ich bin sehr froh.	とても運が良かったと思います。	to·te·mo un ga yo·kat·ta to o·moi·mas

Meinungen

意見

Hat es Ihnen gefallen?
好きですか? su·ki des ka

Was halten Sie davon?
どう思いますか? dō o·moi·mas ka

Ich finde, es war …	…と思いました。	… to o·moi·mash·ta
Es ist …	…です。	… des
furchtbar	ひどい	hi·doi
interessant	面白い	o·mo·shi·roi
langweilig	つまらない	tsu·ma·ra·nai
okay	まあまあ	mā·mā
schön	美しい	u·tsu·ku·shī
seltsam	変	hen
toll	素晴らしい	su·ba·ra·shī
zu teuer	高すぎる	ta·ka·su·gi·ru

Politik & Gesellschaft

政治と社会情勢

Japaner diskutieren im Allgemeinen nicht offen über Politik und sprechen auch nicht gerne darüber, welcher Partei sie gewogen sind. Gewagte Äußerungen über Japan und die japanische Kultur werden nicht selten persönlich genommen und sollten daher ganz vermieden werden.

Welche Partei wählen Sie?
だれに投票しますか? da·re ni tō·hyō shi·mas ka

Ich unterstütze die Partei der …	私は…党を支持します。	wa·ta·shi wa …·tō o shi·ji shi·mas
Ich bin Mitglied der Partei der …	私は…党員です。	wa·ta·shi wa …·tō·in des
Demokraten	民主	min·shu
Grünen	緑の	mi·do·ri no
Kommunisten	共産	kyō·san
Konservativen	保守	ho·shu
Liberaldemokraten	自民	ji·min
Liberalen	自由	ji·yū
Sozialdemokraten	社会民主	sha·kai·min·shu
Sozialisten	社会	sha·kai

Politische Landschaft

DPJ (Demokratische Partei Japans)	民主党	min·shu·tō
KPJ (Kommunistische Partei Japans)	共産党	kyō·san·tō
LDP (Liberaldemokratische Partei)	自民党	ji·min·tō
Neue Komeito	新公明党	shin·kō·mē·tō
SDP (Sozialdemokratische Partei)	社民党	sha·min·tō

Haben Sie von … gehört?
…について聞きましたか? — … ni tsu·i·te ki·ki·mash·ta ka

Stimmen Sie dem zu?
それに賛成しますか? — so·re ni san·sē shi·mas ka

Ich bin einverstanden mit …
…に賛成します。 — … ni san·sē shi·mas

Ich bin nicht einverstanden mit …
…に賛成しません。 — … ni san·sē shi·ma·sen

Was halten die Menschen von …?
みんなは…についてどう思っていますか? — min·na wa … ni tsu·i·te dō o·mot·te i·mas ka

Abtreibung	避妊	hi·nin
Arbeitslosigkeit	失業問題	shi·tsu·gyō·mon·dai
Bildung	教育	kyō·iku
Diskriminierung	差別	sa·be·tsu
Drogen	麻薬	ma·ya·ku
Euthanasie	安楽死	an·ra·ku·shi
Gleichberechtigung	機会均等	ki·kai·kin·tō
Globalisierung	グローバル化	gu·rō·ba·ru·ka
Korruption	汚職	o·sho·ku
Krieg in …	…戦争	…·sen·sō
Menschenrechte	人権	jin·ken
Nordkorea-Problematik	北朝鮮問題	ki·ta·chō·sen·mon·dai
Parteipolitik	政党政治	sē·tō·sē·ji
Privatisierung	民営化	min·ē·ka
Rassismus	人種差別	jin·shu·sa·be·tsu
Selbstmord	自殺問題	ji·sa·tsu·mon·dai
Sexismus	性差別	sē·sa·be·tsu
sozialer Wohlstand	社会福祉	sha·kai·fu·ku·shi
Terrorismus	テロリズム	te·ro·ri·zu·mu
Tierschutz	動物の権利	dō·bu·tsu no ken·ri
Umwelt	環境	kan·kyō
Ungleichheit	不平等	fu·byō·dō
Ureinwohnerfragen	先住民問題	sen·jū·min·mon·dai
US-Stützpunkte	アメリカ軍基地	a·me·ri·ka·gun·ki·chi
Verbrechen	犯罪	han·zai
Wirtschaft	経済	kē·zai
Zuwanderung	移民	i·min

Umwelt

環境

Gibt es hier ein Problem mit …?
ここには…の問題がありますか? — ko·ko ni wa … no mon·dai ga a·ri·mas ka

Was sollte man in der Frage … tun?
…について何をしなければなりませんか? — … ni tsu·i·te na·ni o shi·na·ke·re·ba na·ri·ma·sen ka

Abholzung	森林伐採	shin·rin·bas·sai
Armut	貧困	hin·kon
Atomenergie	原子力	gen·shi·ryo·ku
Atomtests	核実験	ka·ku·jik·ken
bedrohte Arten	絶滅に瀕している生物	ze·tsu·me·tsu ni hin·shi·te i·ru sē·bu·tsu
Bewässerung	灌漑	kan·gai
Dioxin	ダイオキシン	dai·o·ki·shin
Dürre	干害	kan·gai
genmanipulierte Lebensmittel	遺伝子組み換え食品	i·den·shi ku·mi·ka·e sho·ku·hin
Giftmüll	有害廃棄物	yū·gai·hai·ki·bu·tsu
Jagd	狩猟	shu·ryō
Ökosysteme	エコシステム	e·ko·shi·su·te·mu
Ozonschicht	オゾン層	o·zon·sō
Pestizide	殺虫剤	sat·chū·zai
Recycling	リサイクル	ri·sai·ku·ru
Umweltschutz	自然保護	shi·zen·ho·go
Umweltverschmutzung	公害	kō·gai
Walfang	捕鯨	ho·gē
Wasserkraftwerke	水力発電	su·i·ryo·ku·ha·tsu·den
Wasserversorgung	水資源	mi·zu·shi·gen

Ist das ein/eine geschützte/r …?	これは保護されている…ですか?	ko·re wa ho·go sa·re·te i·ru … des ka
Art	生物	sē·bu·tsu
Park	公園	kō·en
Wald	森	mo·ri

Schulterklopfen

Wer ein wenig über das Land weiß oder ein paar Brocken Japanisch beherrscht, wird schnell die Sympathien der Japaner gewinnen. Einige wenige Wörter auf Japanisch reichen schon aus, um weit zu kommen – selbst wer nur radebrechen kann, wird mit Komplimenten ob des Sprachtalents überhäuft werden. Wer dann noch in der Lage ist, natürlich in typisch japanischer Bescheidenheit, auf solch ein Lob zu antworten, wird unweigerlich noch mehr beeindrucken. Eine passende Erwiderung auf die Bemerkung:

Ihr Japanisch ist hervorragend.
日本語がお上手ですね。 ni·hon·go ga o·jō·zu des ne

wäre:

Das ist doch nicht der Rede wert..
それほどでも。 so·re·ho·do de·mo

Auch beim Überreichen oder Entgegennehmen von Geschenken werden als Zeichen guten Benehmens ein paar nette Worte ausgetauscht. Der glückliche Beschenkte könnte an ein einfaches „Vielen Dank", dō·mo a·ri·ga·tō go·zai·mas (どうもありがとうございます) noch folgenden Satz anhängen:

Das wäre doch wirklich nicht nötig gewesen.
そんなに気を son·na ni ki o
使わなくて tsu·ka·wa·na·ku·te
もよかったのに。 mo yo·kat·ta no ni

worauf der Schenkende antworten könnte:

Es ist mir ein Vergnügen.
どういたしまして。 dō i·ta·shi mash·te

Das ist doch nicht der Rede wert.
つまらないものですが。 tsu·ma·ra·nai mo·no des ga

Wohin ausgehen?

どこに行く

Japaner gehen gerne essen und trinken, in Karaokebars, ins Theater und in Clubs. Große Publikumsmagnete sind außerdem Veranstaltungen wie Baseballspiele und Sumo-Wettkämpfe. Egal für welche Form der Unterhaltung sie sich entscheiden, richten Städter ihr Programm meist nach der Verfügbarkeit von Zügen aus, die gegen 0.30 Uhr den Betrieb einstellen.

Was kann man abends unternehmen?
夜は何ができますか？ yo·ru wa na·ni ga de·ki·mas ka

Was ist …	…は何が	… wa na·ni ga
hier so los?	ありますか？	a·ri·mas ka
dieses Wochenende	今週の 週末	kon·shū no shū·ma·tsu
hier	近所に	kin·jo ni
heute	今日	kyō
heute Abend	今夜	kon·ya

Wo finde ich …?	どこに行けば …がありますか？	do·ko ni i·ke·ba … ga a·ri·mas ka
Clubs	クラブ	ku·ra·bu
Schwulenkneipen	ゲイの場所	gē no ba·sho
japanische Kneipen	居酒屋	i·za·ka·ya
Esslokale	食事が できる所	sho·ku·ji ga de·ki·ru to·ko·ro
Kneipen	パブ	pa·bu

Gibt es ein örtliches … Magazin?	地元の…ガイドはありますか?	ji·mo·to no …gai·do wa a·ri·mas ka
Film-	映画	ē·ga
Musik-	音楽	on·ga·ku
Schwulen-	ゲイ	gē
Veranstaltungs-	エンターテイメント	en·tā·tē·men·to

Komm, sing mit mir

Das überall auf der Welt immens populäre Phänomen Karaoke ist eine rein japanische Erfindung. Der Begriff ist eine Zusammensetzung aus den Wörtern ka·ra (空), „leer", und der verkürzten Form von ō·kes·to·ra (オーケストラ), „Orchester", und bedeutet wörtl. „leeres Orchester".

Bei Lust auf Karaoke steht zunächst die Wahl der Lokalität für den eigenen Auftritt an. Am teuersten ist die „Hostess Bar", einfach bā (バー) genannt, in der das umsorgende Personal Getränke serviert, bei der Auswahl der Musik hilft und manchmal sogar mitsingt. Sehr beliebt sind Karaokekabinen, ka·ra·o·ke·bok·kus (カラオケボックス) – Räume, die stundenweise gemietet werden können. Getränke und Musik gibt's dort in Selbstbedienung. Eine weitere Option ist die Karaokebar, ka·ra·o·ke (カラオケ), einfach eine Bar mit einer Bühne und einer Karaokeanlage.

Folgende Sätze können hilfreich sein:

Lass uns zusammen singen.
いっしょに歌いましょう。 is·sho ni u·tai·ma·shō

Gibt es englische Songs?
英語の曲がありますか? ē·go no kyo·ku ga a·ri·mas ka

Ich kenne diesen Song nicht.
この曲は知りません。 ko·no kyo·ku wa shi·ri·ma·sen

Ich kann nicht gut singen.
歌は上手じゃありません。 u·ta wa jō·zu ja a·ri·ma·sen

Nur wenn Sie mit mir singen.
いっしょに歌ってくれれば歌います。 is·sho ni u·tat·te ku·re·re·ba u·tai·mas

Ich geniere mich.
恥ずかしいです。 ha·zu·ka·shī des

Ich hätte Lust … zu gehen	…に行きたい気分です。	… ni i·ki·tai ki·bun des
ins Ballett	バレエ	ba·rē
in eine Bar	バー	bā
in ein Café	カフェ	ka·fe
in einen Club	ナイトクラブ	nai·to·ku·ra·bu
in einen Film	映画	ē·ga
in eine Karaokebar	カラオケ	ka·ra·o·ke
in eine Kneipe	パブ	pa·bu
in ein Konzert	コンサート	kon·sā·to
auf eine Party	パーティー	pā·tī
zu einer Performance	パフォーマンス	pa·fō·man·su
in ein Theaterstück	劇	ge·ki
in ein Restaurant	レストラン	res·to·ran

Mehr zum Thema Bars und Getränke s. **Essen gehen** auf S. 164.

Einladungen

招待

Was machen Sie …?	…何をする予定ですか?	… na·ni o su·ru yo·tē des ka
jetzt	これから	ko·re·ka·ra
heute Abend	今夜	kon·ya
dieses Wochenende	今週の週末	kon·shū no shū·ma·tsu
Hätten Sie Lust … zu gehen?	…に行きませんか?	… ni i·ki·ma·sen ka
Ich hätte Lust … zu gehen.	…に行きたい気分です。	… ni i·ki·tai ki·bun des
etwas essen	食事	sho·ku·ji
etwas trinken	飲み	no·mi
Kaffee trinken	コーヒー	kō·hī
irgendwohin aus-spazieren	どこか外散歩	do·ko ka so·to sam·po
tanzen	ダンス	dan·su

Die Runde geht auf mich.
私の番です。 wa·ta·shi no ban des

Kennen Sie ein gutes Restaurant?
いいレストランを知っていますか? ī res·to·ran o shit·te i·mas ka

Möchten Sie mich in das Konzert begleiten?
いっしょにコンサートに行きませんか? is·sho ni kon·sā·to ni i·ki·ma·sen ka

Wir machen eine Party.
パーティーをします。 pā·tī o shi·mas

Kommen Sie doch auch.
来てください。 ki·te ku·da·sai

Einladungen annehmen & ablehnen

招待への返事

Klar!
もちろん! mo·chi·ron

Ja, sehr gerne.
はい、ぜひとも。 hai, ze·hi to·mo

Das ist sehr freundlich von Ihnen.
親切にありがとう。 shin·se·tsu ni a·ri·ga·tō

Wo wollen wir hingehen?
どこに行きましょうか? do·ko ni i·ki·ma·shō ka

Nein, ich kann leider nicht.
すみませんが、ちょっと都合が悪いんです。 su·mi·ma·sen ga, chot·to tsu·gō ga wa·ru·in des

Wie wäre es morgen?
明日はどうですか? a·shi·ta wa dō des ka

Tut mir leid, ごめんなさい、 go·men·na·sai,
Ich kann nicht … …ないんです。 …nain des
tanzen 踊れ o·do·re
singen 歌え u·ta·e

Verabredungen

待ち合わせ

Um wie viel Uhr treffen wir uns?
何時に会いましょうか? nan·ji ni ai·ma·shō ka

Wo treffen wir uns?
どこで会いましょうか? do·ko de ai·ma·shō ka

Treffen wir uns …	…会いましょう。	… ai·ma·shō
um (acht) Uhr	(8)時に	(ha·chi)·ji ni
am (Eingang)	(入口)で	(i·ri·gu·chi) de

Ich hole Sie ab.
迎えに行きます。 mu·ka·e ni i·ki·mas

Sind Sie so weit?
準備はいいですか? jum·bi wa ī des ka

Ich bin so weit.
準備はいいです。 jum·bi wa ī des

Ich komme später.
遅れて行きます。 o·ku·re·te i·ki·mas

Wo finde ich Sie?
どこにいますか? do·ko ni i·mas ka

Wenn ich bis (neun) nicht da bin, warten Sie nicht länger.
(9)時までに私が (ku)·ji ma·de ni wa·ta·shi ga
行かなかったら i·ka·na·kat·ta·ra
待たないでください。 ma·ta·nai de ku·da·sai

Okay!
OK! ō·kē

Bis dann.
じゃ、そこで会いましょう。 ja, so·ko de ai·ma·shō

Bis später.
あとで会いましょう。 a·to de ai·ma·shō

Bis morgen.
明日会いましょう。 a·shi·ta ai·ma·shō

Ich freue mich darauf.
楽しみにしています。 ta·no·shi·mi ni shi·te i·mas

Tut mir leid, dass ich mich verspätet habe.
遅れてすみません。 o·ku·re·te su·mi·ma·sen

Macht nichts.
だいじょうぶです。 dai·jō·bu des

Drogen

麻薬

Ich nehme keine Drogen.
麻薬はやりません。 ma·ya·ku wa ya·ri·ma·sen

Ich nehme gelegentlich …
ときどき … をやります。 to·ki·do·ki … o ya·ri·mas

Möchten Sie was rauchen?
吸いたいですか? su·i·tai des ka

Haben Sie Feuer?
火はありますか? hi wa a·ri·mas ka

Ich bin high.
ぶっとんでます。 but·ton·de·mas

Zusammen ausgehen

デートに誘う

Haben Sie Lust, (morgen) etwas zu unternehmen?
(明日)何か
しませんか?
(a·shi·ta) na·ni ka
shi·ma·sen ka

Wo möchten Sie (heute Abend) hingehen?
(今晩)どこに行きたい
ですか?
(kom·ban) do·ko ni i·ki·tai
des ka

Ja, sehr gerne.
はい、ぜひとも。
hai, ze·hi to·mo

Tut mir leid, ich kann nicht.
すみません、
行けません。
su·mi·ma·sen,
i·ke·ma·sen

Slang

Er ist (ein) ...	彼は…です。	ka·re wa ... des
cool	かっこいい	kak·ko·ī
Mistkerl	ひどいやつ	hi·doi ya·tsu
hübsch	ハンサム	han·sa·mu
sexy	セクシー	sek·shī
süß	かわいい	ka·wa·ī
Sie ist (eine) ...	彼女は…です。	ka·no·jo wa ... des
hübsch	美人	bi·jin
Schlampe	悪い	wa·ru·i
schön	きれい	ki·rē
sexy	セクシー	sek·shī
süß	かわいい	ka·wa·ī

Anmache

ナンパ表現

Möchten Sie was trinken?
何か飲みませんか? na·ni ka no·mi·ma·sen ka

Sie sehen wie jemand aus, den ich kenne.
私の知っている人に wa·ta·shi no shit·te i·ru hi·to ni
よく似ています。 yo·ku ni·te i·mas

Sie tanzen fantastisch.
踊りがすごく o·do·ri ga su·go·ku
うまいですね。 u·mai des ne

Wie wäre es mit einem Tee?
お茶しませんか? o·cha shi·ma·sen ka

Möchtest du mit zu mir kommen?
うちに来ない? u·chi ni ko·nai

Darf ich ...?	…もいいですか?	... mo ī des ka
mit Ihnen tanzen	いっしょに踊って	is·sho ni o·dot·te
mich hier hinsetzen	ここに座って	ko·ko ni su·wat·te
Sie nach Hause bringen	お宅まで送って	o·ta·ku ma·de o·kut·te

Abfuhr

断る

Ich bin mit meinem Freund hier.
彼氏と一緒なんです。 ka·re·shi to is·sho nan des

Ich bin mit meiner Freundin hier.
彼女と一緒なんです。 ka·no·jo to is·sho nan des

Tut mir leid, ich muss jetzt gehen.
すみませんが、もう su·mi·ma·sen ga, mō
行かなくてはなりません。 i·ka·na·ku·te wa na·ri·ma·sen

Nein, danke.
いいえ、けっこうです。 ī·e, kek·kō des

Ich will nicht!
やだ! ya da

Slang

Bitte lassen Sie mich in Ruhe.
独りにしておいてください。 hi·to·ri ni shi·te oi·te ku·da·sai

Ich bin schon vergeben.
連れがいますので。 tsu·re ga i·mas no·de

Hau ab!	あっちへ行け！	at·chi e i·ke
Vergiss es!	うざい！	u·zai
Du nervst!	しつこい！	shi·tsu·koi
Verzieh dich!	ほっといて！	hot·toi·te
Nicht im Traum!	まさか！	ma·sa·ka
Hör auf!	やめて！	ya·me·te

Wenn man sich näherkommt

親密になる

Ich habe dich sehr gern.
あなたがとても好き。 a·na·ta ga to·te·mo su·ki

Du bist toll.
すごい。 su·goi

Darf ich dich küssen?
キスしてもいい？ ki·su shi·te mo ī

Möchtest du einen Moment mit hereinkommen?
ちょっと、うちに寄っていきませんか？ chot·to u·chi ni yot·te i·ki·ma·sen ka

Möchtest du eine Massage?
マッサージしましょうか？ mas·sā·ji shi·ma·shō ka

Darf ich über Nacht bleiben?
泊まってもいいですか？ to·mat·te mo ī des ka

Sex

セックス

Küss mich.
キスして。 ki·su shi·te

Ich will dich.
あなたが欲しい。 a·na·ta ga ho·shī

Lass uns ins Bett gehen.
ベッドに行きましょう。 bed·do ni i·ki·ma·shō

Berühr mich hier.
ここを触って。 ko·ko o sa·wat·te

Magst du das?
これは好き？ ko·re wa su·ki

Ich mag das.
それは好きです。 ko·re wa su·ki des

Ich mag das nicht.
それは好きじゃありません。 ko·re wa su·ki ja a·ri·ma·sen

Ich glaube, wir sollten jetzt aufhören.
これ以上はやめましょう。 ko·re i·jō wa ya·me·ma·shō

Hast du (ein Kondom)?
（コンドーム）はありますか？ (kon·dō·mu) wa a·ri·mas ka

Lass uns (ein Kondom) benutzen.
（コンドーム）を使いましょう。 (kon·dō·mu) o tsu·kai·ma·shō

Ohne Verhütungsschutz mache ich es nicht.
避妊具なしでは しません。 hi·nin·gu na·shi de wa shi·ma·sen

Macht nichts, ich mach's mir selbst.
だいじょうぶ、自分でやるから。 dai·jō·bu, ji·bun de ya·ru ka·ra

Das ist mein erstes Mal.
初めてです。 ha·ji·me·te des

Lass uns locker bleiben.
肩の力を抜いて やろうよ。 ka·ta no chi·ka·ra o nu·i·te ya·rō yo

Wow!	すごい!	su·goi
Das ist super!	素晴らしい!	su·ba·ra·shī
Nicht so schnell!	ちょっと待って!	chot·to mat·te

Das war …		
unglaublich	すばらしかったです。	su·ba·ra·shi·kat·ta des
romantisch	ロマンチックでした。	ro·man·chik·ku desh·ta
Wahnsinn	ワイルドでした。	wai·ru·do desh·ta

Liebe

ラブ

Ich liebe dich.
愛しています。 ai shi·te i·mas

Ich finde, wir passen prima zusammen.
いいカップルだと思います。 ī kap·pu·ru da to o·moi·mas

Möchtest du …?	…ませんか?	…·ma·sen ka
mit mir gehen	付き合い	tsu·ki·ai
mich heiraten	結婚し	kek·kon shi
meine Eltern kennenlernen	私の親に会い	wa·ta·shi no o·ya ni ai

Lieb und teuer

Japaner gehen mit Emotionen im Allgemeinen reservierter um als viele andere Kulturen, sodass Kosenamen weit seltener vergeben werden.

Einige Paare verwenden immerhin liebevolle Spitznamen, die aus den Vornamen abgeleitet sind. Hierfür verkürzen sie z.B. den jeweiligen Vornamen und hängen das Suffix ·chan (ちゃん) als Ausdruck ihrer Zuneigung an: ta·ke·chan (たけちゃん) für ta·ke·shi (たけし) oder ha·na·chan (はなちゃん) für ha·na·ko (はなこ).

Beziehungskiste

トラブル

Triffst du dich mit jemand anderem?
他の人と付き合っていますか?
ho·ka no hi·to to tsu·ki·at·te i·mas ka

Er ist nur ein Freund.
彼はただの友達です。
ka·re wa ta·da no to·mo·da·chi des

Sie ist nur eine Freundin.
彼女はただの友達です。
ka·no·jo wa ta·da no to·mo·da·chi des

Du willst nur Sex mit mir.
私をセックスのためだけに使っています。
wa·ta·shi o sek·kus no ta·me da·ke ni tsu·kat·te i·mas

Ich glaube, das mit uns klappt nicht.
もう、うまくいかないと思います。
mō u·ma·ku i·ka·nai to o·moi·mas

Wir finden schon eine Lösung.
どうにかしましょう。
dō ni ka shi·ma·shō

Ich will dich nie mehr wiedersehen.
もう2度と会いたくないです。
mō ni·do to ai·ta·ku nai des

Abschied

別れ

Ich muss (morgen) abreisen.
(明日)別れなければなりません。
(a·shi·ta) wa·ka·re·na·ke·re·ba na·ri·ma·sen

Ich komme dich besuchen.
あなたに会いに来ます。
a·na·ta ni ai ni ki·mas

Ich bleibe in Kontakt.
連絡します。
ren·ra·ku shi·mas

Ich werde dich vermissen.
さびしくなります。
sa·bi·shi·ku na·ri·mas

Religion

宗教

Welcher Religion gehören Sie an?
あなたの宗教は何ですか?
a·na·ta no shū·kyō wa nan des ka

Ich bin nicht religiös.
私はあまり宗教的ではありません。
wa·ta·shi wa a·ma·ri shū·kyō·te·ki de wa a·ri·ma·sen

Ich bin …	私は…です。	wa·ta·shi wa … des
Agnostiker	不可知論者	fu·ka·chi·ron·ja
Atheist	無神論者	mu·shin·ron·ja
Buddhist	仏教徒	buk·kyō·to
Christ	キリスト教徒	ki·ri·su·to·kyō·to
Hindu	ヒンドゥー教徒	hin·dū·kyō·to
Jude	ユダヤ教徒	yu·da·ya·kyō·to
Katholik	カトリック教徒	ka·to·rik·ku·kyō·to
Muslim	イスラム教徒	i·su·ra·mu·kyō·to
Shintoist	神道の信者	shin·tō no shin·ja

Ich glaube an …	…を信じています。	… o shin·ji·te i·mas
Ich glaube nicht an …	…を信じていません。	… o shin·ji·te i·ma·sen
Astrologie	星占い	ho·shi·u·ra·nai
Gott	神	ka·mi
Schicksal	運命	um·me

Wo kann ich …?	どこで…できますか?	do·ko de … de·ki·mas ka
beten	お祈り	o·i·no·ri
eine Andacht besuchen	礼拝に参加	rē·hai ni san·ka
meditieren	瞑想	mē·sō
meine Andacht verrichten	礼拝	rē·hai

Kulturelle Unterschiede

文化の違い

Ist das ein örtlicher oder ein landesweiter Brauch?

これは地元の習慣ですか、それとも全国的な習慣ですか? — ko·re wa ji·mo·to no shū·kan des ka, so·re·to·mo zen·ko·ku·te·ki na shū·kan des ka

Ich möchte Sie nicht beleidigen.

不愉快な思いをさせたくありません。 — fu·yu·kai na o·moi o sa·se·ta·ku a·ri·ma·sen

Ich wollte nichts Falsches tun.

悪意でやったわけではありません。 — a·ku·i de yat·ta wa·ke de wa a·ri·ma·sen

Das ist ungewohnt für mich.

これに慣れていません。 — ko·re ni na·re·te i·ma·sen

Ich möchte lieber nicht mitmachen.

参加を辞退したいと思います。 — san·ka o ji·tai shi·tai to o·moi·mas

Ich versuche es.

やってみます。 — yat·te mi·mas

Tut mir leid, das verstößt gegen meine …	すみませんが、それは私の…に反します。	su·mi·ma·sen ga so·re wa wa·ta·shi no … ni han·shi·mas
Religion	宗教	shū·kyō
Überzeugungen	信仰	shin·kō
Das ist …	これは…	ko·re wa …
ungewohnt	変わっています	ka·wat·te i·mas
interessant	おもしろいです	o·mo·shi·roi des
unterhaltsam	楽しいです	ta·no·shī des

Wann öffnet …?	…はいつ開きますか?	wa i·tsu … hi·ra·ki·mas ka
die Galerie	ギャラリー	gya·ra·rī
das Museum	美術館	bi·ju·tsu·kan

Für welche Art von Kunst interessieren Sie sich?
どんな芸術に興味がありますか? — don·na gē·ju·tsu ni kyō·mi ga a·ri·mas ka

Was gibt es alles in der Sammlung?
所蔵品には何がありますか? — sho·zō·hin ni wa na·ni ga a·ri·mas ka

Was halten Sie von (Takashi Murakami)?
(村上隆)をどう思いますか? — (mu·ra·ka·mi ta·ka·shi) o dō o·moi·mas ka

Es ist eine … -Ausstellung.
…の展覧会です。 — … no ten·ran·kai des

Ich interessiere mich für …
…に興味があります。 — … ni kyō·mi ga a·ri·mas

Mir gefallen die Werke von …
…の作品が好きです。 — … no sa·ku·hin ga su·ki des

… Kunst	…アート	… ā·to
Edo-	江戸	e·do
grafische	グラフィック	gu·ra·fik·ku
impressionistische	印象派	in·shō·ha
moderne	モダン	mo·dan
Momoyama-	桃山	mo·mo·ya·ma
Performance-	パフォーマンス	pa·fō·man·su
Renaissance-	ルネッサンス	ru·nes·san·su

Antiquitäten (europäische)	アンティーク	an·tī·ku
Antiquitäten (japanische)	骨董品	kot·tō·hin
Architektur	建築	ken·chi·ku
Atelier	スタジオ	sta·ji·o
Ausstellungssaal	展覧会場	ten·ran·kai·jō
Bildhauer	彫刻家	chō·ko·ku·ka
Design	デザイン	de·zain
Druck	印刷	in·sa·tsu
Epos (japanisches)	物語	mo·no·ga·ta·ri
Eröffnung	オープニング	ō·pu·nin·gu
Exponat	展覧	ten·ran
Film	映画	ē·ga
Gartengestaltung	造園	zō·en
Gemälde	絵	e
handgeschöpftes japanisches Papier	和紙	wa·shi
***Haiku* (17-silbiges Gedicht)**	俳句	hai·ku
Holzschnitt	版画	han·ga
Installationskunst	インスタレーション	in·sta·rē·shon
japanische Puppen	日本人形	ni·hon nin·gyō
Kalligrafie	書道	sho·dō
Keramik	陶芸	tō·gē
Kunstwerk	芸術作品	gē·ju·tsu·sa·ku·hin
Kunst des Blumenarrangierens	生け花	i·ke·ba·na
Kurator	キュレーター	kyu·rē·tā
Lackarbeiten	漆器	shik·ki
Literatur	文学	bun·ga·ku
Maler	画家	ga·ka
Malerei	絵画	kai·ga
Manga	漫画	man·ga
Periode	時代	ji·dai
Radierung	エッチング	et·chin·gu
Skulptur	彫刻	chō·ko·ku

ständige Sammlung	平常陳列	hē·jō·chin·re·tsu
Statue	像	zō
Stil	スタイル	stai·ru
Tätowierkunst	刺青	i·re·zu·mi
Technik	技術	gi·ju·tsu
Teezeremonie	茶道	sa·dō
Textilien	生地	ki·ji
Theater	演劇	en·ge·ki
Tuschezeichnung	水墨画	su·i·bo·ku·ga
***Ukiyo-e*-Druck (Form des Holzschnitts)**	浮世絵	u·ki·yo·e
Volkskunst	民芸	min·gē
***Waka* (31-silbiges Gedicht)**	和歌	wa·ka
***Yamato-e* (japanischer Malereistil)**	大和絵	ya·ma·to·e

Vorhang auf!

Wer Lust auf einen Abend im Theater hat, kann aus einer Vielzahl moderner und klassischer Theaterformen wählen:

Bunraku 文楽 bun·ra·ku
Japans traditionelles Figurentheater bringt große Puppen auf die Bühne, die von bis zu drei stummen Puppenspielern geführt werden – ein Erzähler trägt die Handlung vor und verleiht auch den Puppen ihre Stimmen.

Buto 舞踏 bu·tō
Diese moderne Form des Tanztheaters greift häufig Tabuthemen wie Sexualität und Tod auf. Der Körper der Tänzer (mitunter nackt oder halb nackt) ist Ausdrucksmittel für expressive Gefühlswelten – oft haben die Stücke einen alternativeren Charakter als die herkömmlichen Theaterformen.

Kabuki 歌舞伎 ka·bu·ki
Die tradtionelle Kunstform Kabuki ist eine reine Männerdomäne – on·na·ga·ta（女形）oder o·ya·ma（女形）sind *Kabuki*-Darsteller, die auch Frauenrollen spielen. Sie kombiniert Tanz und Schauspiel in einer sprachmelodisch festgelegten Vortragsform.

Kyogen 狂言 kyō·gen
Kurze satirische oder parodistische Szenen in Alltagssprache und mit Figuren aus dem ganz normalen Leben; werden zwischen nō（能）-Vorstellungen gezeigt.

No 能 nō
Zen-beeinflusstes klassisches Maskenspiel, begleitet von einem Chor, Trommeln und einer Flöte.

Manzai 漫才 man·zai
Komödiantischer Dialog, der aktuelle Themen aus dem Alltag mit geistreichem Witz unter die Lupe nimmt.

Rakugo 落語 ra·ku·go
Tradtionelle Form des komischen Monologs (wörtl. bedeutet *Rakugo* „gefallene Wörter"), der seinen Ursprung im frühen 17. Jahrhundert hat und in einer Pointe endet.

Sportarten

スポーツへの関心

Dank des Erfolgs japanischer Spieler in der US-Liga steht Baseball unangefochten an erster Stelle der beliebtesten Sportarten, die in Japan gespielt und verfolgt werden. Seit Japan Mitausrichter der Weltmeisterschaft 2002 war, hat auch das Interesse an Fußball zugenommen. Golf, Wandern und natürlich Sumo folgen auf der japanischen Beliebtheitsskala.

Welche Sportart treiben Sie?
どんなスポーツをしますか？ don·na spō·tsu o shi·mas ka

Welche Sportart interessiert Sie?
どのスポーツのファンですか？ do·no spō·tsu no fan des ka

Ich spiele/treibe ...	…をします。	… o shi·mas
Mich interessiert ...	…のファンです。	… no fan des
Aikido	合気道	ai·ki·dō
Baseball	野球	ya·kyū
Basketball	バスケット	bas·ket·to
Fußball	サッカー	sak·kā
japanisches Bogenschießen	弓道	kyū·dō
Judo	柔道	jū·dō
Kampfkunst	武道	bu·dō
Karate	空手	ka·ra·te
Kendo	剣道	ken·dō
Leichtathletik	陸上	ri·ku·jō
Ninjutsu	忍術	nin·ju·tsu
Sumo	相撲	su·mō
Tennis	テニス	te·nis
Tischtennis	卓球	tak·kyū
Volleyball	バレー	ba·rē

Ich …	…をします。	… o shi·mas
fahre Rad	サイクリング	sai·ku·rin·gu
jogge	ジョギング	jo·gin·gu
laufe	散歩	sam·po

Mögen Sie (Sumo)?
(相撲)が好きですか? (su·mō) ga su·ki des ka

Ja, sehr.
はい、とても好きです。 hai, to·te·mo su·ki des

Nicht wirklich.
あまり好きじゃありません。 a·ma·ri su·ki ja a·ri·ma·sen

Ich sehe es mir gerne an.
観るのが好きです。 mi·ru no ga su·ki des

Haben Sie ein/e Lieblings-…?	どの…がいちばん好きですか?	do·no … ga i·chi·ban su·ki des ka
Mannschaft	チーム	chī·mu
Sportler/in	選手	sen·shu

Alles Sumo …

ba·sho	場所	**Turnier**
do·hyō	土俵	**Kampfring**
do·hyō·i·ri	土俵入り	**Eröffnungszeremonie**
gum·bai	軍配	**Fächer des Kampfrichters**
gyō·ji	行司	**Kampfrichter**
he·ya	部屋	**Sumo-Trainingslager**
hi·ga·shi	東	**Östliches (Ring-) Ende**
hi·ki·o·to·shi	引き落とし	**durch Ziehen zu Fall bringen**
mat·ta	まった!	**„Halt!"**
ma·wa·shi	まわし	**Lendentuch**
ni·shi	西	**Westliches (Ring-) Ende**
o·shi·da·shi	押し出し	**den Gegner aus dem Ring schieben**
o·shi·tao·shi	押し倒し	**den Gegner auf den Boden stoßen oder werfen**
ri·ki·shi	力士	**Ringer**
shi·ko	四股	**Stampfen**
tsu·ri·da·shi	つり出し	**den Gegner aus dem Ring tragen**
yo·ri·ki·ri	寄り切り	**den Gegner aus dem Ring drücken**

Zuschauersport

試合に行く

Hätten Sie Lust, zu einem Spiel zu gehen?
試合に行きたいですか? shi·ai ni i·ki·tai des ka

Für wen sind Sie?
だれを応援していますか? da·re o ō·en shi·te i·mas ka

Wie steht es?
スコアはどうですか? sko·a wa dō des ka

Wer ...?	だれが…か?	da·re ga ... ka
spielt	プレーしています	pu·rē shi·te i·mas
gewinnt	勝っています	kat·te i·mas

Das war ein ... Spiel!	…試合でしたね!	... shi·ai desh·ta ne
langweiliges	つまらない	tsu·ma·ra·nai
schlechtes	悪い	wa·ru·i
tolles	素晴らしい	su·ba·ra·shī

Sport treiben

スポーツをする

Möchten Sie mitspielen?
プレーしたいですか? pu·rē shi·tai des ka

Kann ich mitmachen?
いっしょにやってもいいですか? is·sho ni yat·te mo ī des ka

Das wäre super.
それはいいですね。 so·re wa ī des ne

Ich kann nicht.
できません。 de·ki·ma·sen

Ihr Punkt.
あなたの点。 a·na·ta no ten

Mein Punkt.
私の点。 wa·ta·shi no ten

Schieß zu mir!
こっちにキック！ kot·chi ni kik·ku

Gib ab zu mir!
こっちにパス！ kot·chi ni pas

Sie spielen sehr gut.
うまいですね。 u·mai des ne

Danke für das Spiel.
試合、ありがとう。 shi·ai, a·ri·ga·tō

Wo ist der/das nächste …?	いちばん近い…はどこですか?	i·chi·ban chi·kai … wa do·ko des ka
Fitnesscenter	ジム	ji·mu
Golfplatz	ゴルフ場	go·ru·fu·jō
Schwimmbad	プール	pū·ru
Tennisplatz	テニスコート	te·nis kō·to

Wie viel kostet es pro …?	…の料金はいくらですか?	… no ryō·kin wa i·ku·ra des ka
Besuch	1回	ik·kai
Spiel	1ゲーム	i·chi·gē·mu
Stunde	1時間	i·chi·ji·kan
Tag	1日	i·chi·ni·chi

Sportfieber

Was für ein/e …!	すごい…!	su·goi …
Tor	ゴール	gō·ru
Treffer	ヒット	hit·to
Schuss	キック	kik·ku
Pass	パス	pas
Leistung	パフォーマンス	pa·fō·man·su

Kann ich ein/e/n … mieten?	…を貸して もらえませんか?	… o ka·shi·te mo·ra·e·ma·sen ka
Ball	ボール	bō·ru
Fahrrad	自転車	ji·ten·sha
Platz	コート	kō·to
Racket	ラケット	ra·ket·to
Schläger	バット	bat·to
Tischtennisplatte	卓球台	tak·kyū·dai

Wo sind die …?	…はどこですか?	… wa do·ko des ka
Duschen	シャワー	sha·wā
Umkleiden	更衣室	kō·i·shi·tsu

Kann ich Unterricht nehmen?
レッスンを受けられますか? res·sun o u·ke·ra·re·mas ka

Kann ich eine Unterrichtsstunde buchen?
レッスンの予約が できますか? res·sun no yo·ya·ku ga de·ki·mas ka

Muss ich Mitglied sein, um teilnehmen zu dürfen?
メンバーじゃないと参加 できませんか? mem·bā ja nai to san·ka de·ki·ma·sen ka

Muss ich etwas zahlen?
お金を 払わなければ なりませんか? o·ka·ne o ha·ra·wa·na·ke·re·ba na·ri·ma·sen ka

Gibt es Zeiten nur für Frauen?
女性だけのセッションは ありますか? jo·sē da·ke no ses·shon wa a·ri·mas ka

Ist die Ausrüstung sicher?
道具は安全ですか? dō·gu wa an·zen des ka

Baseball

野球

Base	塁	ru·i
Baseball	野球	ya·kyū
Batter	バッター	bat·tā
Central League	セリーグ	se·rī·gu
Curveball	カーブ	kā·bu
Dugout	ベンチ	ben·chi
Fastball	速球	sok·kyū
Grand Slam	満塁ホームラン	man·ru·i·hō·mu·ran
Home Plate	ホームベース	hō·mu·bē·su
Home Run	ホームラン	hō·mu·ran
Infielder	内野手	nai·ya·shu
Inning	イニング	i·nin·gu
Out	アウト	au·to
Outfielder	外野手	gai·ya·shu
Pacific League	パリーグ	pa·rī·gu
Pitcher	ピッチャー	pit·chā
Run	ラン	ran
Safe	セーフ	sē·fu
Strike	ストライク	sto·rai·ku

Fußball

サッカー

Wer spielt für (die Urawa Reds)?
だれが(浦和レッズ)でプレーしていますか?
da·re ga (u·ra·wa rez·zu) de pu·rē shi·te i·mas ka

Welche Mannschaft führt in der Tabelle?
どのチームがリーグのトップですか?
do·no chī·mu ga rī·gu no top·pu des ka

Abseits	オフサイド	of·sai·do
Ecke	コーナー	kō·nā
Einwurf	スローイン	srō·in
Elfmeter	ペナルティ	pe·na·ru·tī

Foul	ファウル	fow·ru
Freistoß	フリーキック	fu·rī·kik·ku
Gelbe Karte	イエローカード	ye·rō·kā·do
J-League (japanische Oberliga)	Jリーグ	jē·rī·gu
Rote Karte	レッドカード	red·do·kā·do
Schiedsrichter	審判	shim·pan
Spieler	プレーヤー	pu·rē·yā
Tor	ゴール	gō·ru
Torwart	ゴールキーパー	gō·ru·kī·pā

Ein … Team!	…チームだ!	… chī·mu da
großartiges	素晴らしい	su·ba·ra·shī
schlechtes	だめな	da·me na

Golf

ゴルフ

Wie viel kostet/kosten …?	…はいくらですか?	… wa i·ku·ra des ka
eine Runde	1ラウンド	i·chi·raun·do
9 Löcher	9ホール	nain·hō·ru
18 Löcher	18ホール	jū·ha·chi·hō·ru

Muss ich einen … mieten?	…をつけないといけませんか?	… o tsu·ke·nai to i·ke·ma·sen ka
Caddie (Person)	キャディー	kya·dī
Caddie Cart	キャディーカート	kya·dī·kā·to
Golfcart	乗用カート	jō·yō kā·to

Kann ich Golfschläger mieten?
クラブはレンタルできますか? ku·ra·bu wa ren·ta·ru de·ki·mas ka

Gibt es eine Kleiderordnung?
ドレスコードはなんですか? do·re·su·kō·do wa nan des ka

Brauche ich Golfschuhe?
ゴルフシューズは必要ですか? — go·ru·fu·shū·zu wa hi·tsu·yō des ka

Softspikes oder Metallspikes?
スパイクはソフトですか、ハードですか? — spai·ku wa so·fu·to des ka, hā·do des ka

Abschlagplatz	ティーグラウンド	tī·gu·raun·do
Bunker	バンカー	ban·kā
Eisen	アイアン	ai·an
Fahne	フラッグ	fu·rag·gu
Golfball	ゴルフボール	go·ru·fu·bō·ru
Golfparcours	ゴルフコース	go·ru·fu·kō·su
Grün	グリーン	gu·rīn
Holz	ウッド	ud·do
Loch	ホール	hō·ru
Putter	パター	pa·tā
Tee	ティー	tī
Vorsicht! (Fore!)	フォア!	fo·a

Skifahren

スキー

Ich möchte … mieten	…を借りたいのですが。	… o ka·ri·tai no des ga
Handschuhe	手袋	te·bu·ku·ro
einen Skianzug	スキースーツ	skī·sū·tsu
eine Skibrille	ゴーグル	gō·gu·ru
Skier	スキー	skī
Skischuhe	ブーツ	bū·tsu
Stöcke	ストック	stok·ku

Ist hier … möglich?	…に行けますか?	… ni i·ke·mas ka
alpines Skifahren	アルペンスキー	a·ru·pen·skī
Langlauf	クロスカントリー	ku·ros·kan·to·rī
Schlittenfahren	そり	so·ri
Snowboarden	スノーボード	su·nō·bō·do

Wie viel kostet ein Skipass?
券はいくらですか？ ken wa i·ku·ra des ka

Wie sind die Bedingungen (in Niseko)?
（ニセコの）コンディション はどうですか？ (ni·se·ko no) kon·di·shon wa dō des ka

Welche Einstufung hat dieser Hang?
このゲレンデはどの レベルですか？ ko·no ge·ren·de wa do·no re·be·ru des ka

Wo sind die Hänge für …?	…レベルの ゲレンデはどこ ですか？	… re·be·ru no ge·ren·de wa do·ko des ka
Anfänger	初級	sho·kyū
Fortgeschrittene	中級	chū·kyū
Könner	上級	jō·kyū

Schlitten	そり	so·ri
Seilbahn	ケーブルカー	kē·bu·ru·kā
Sessellift	リフト	ri·fu·to
Skilehrer	インストラクター	in·sto·rak·tā
Skilift	リフト	ri·fu·to
Skiort	リゾート	ri·zō·to

Tauchen

ダイビング

Wo gibt es ein gutes Tauchrevier?
いいダイビングスポットは どこですか？ ī dai·bin·gu·spot·to wa do·ko des ka

Ist die Sicht gut?
視界はいいですか？ shi·kai wa ī des ka

Wie tief geht der Tauchgang?
深さはどの くらいですか？ fu·ka·sa wa do·no ku·rai des ka

Gibt es Strömungen?
海流がありますか? kai·ryū ga a·ri·mas ka

Gibt es dort …?	…がいますか?	… ga i·mas ka
Delphine	イルカ	i·ru·ka
Haie	サメ	sa·me
Wale	クジラ	ku·ji·ra
Wird … getaucht?	…ダイビングですか?	…·dai·bin·gu des ka
vom Boot	ボート	bō·to
von Land	岸	ki·shi
Ich würde gern …	…したいのですが。	… shi·tai no des ga
höhlentauchen	ケーブを探検	kē·bu o tan·ken
nachttauchen	ナイトダイビングを	nai·to·dai·bin·gu o
schnorcheln	シュノーケリングを	shu·nō·ke·rin·gu o
tauchen	スキューバダイビングを	skyū·ba·dai·bin·gu o
tauchen lernen	ダイビングを修得	dai·bin·gu o shū·to·ku
eine Tauchtour machen	ダイビングのツアーに参加	dai·bin·gu no tsu·ā ni san·ka
wracktauchen	沈没船を探検	chim·bo·tsu·sen o tan·ken
Ich würde gern (eine/n) … mieten	…をレンタルしたいのですが。	… o ren·ta·ru shi·tai no des ga
Atemregler	レギュレーター	re·gyu·rē·tā
Bleigurt	ウェイトベルト	wē·to·be·ru·to
Druckluftflasche	タンク	tan·ku
Flossen	フィン	fin
Maske	マスク	mas·ku
Neoprenanzug	ウェットスーツ	wet·to·sū·tsu
Schnorchel	シュノーケル	shu·nō·ke·ru
Tarierweste	BCD	bī·shī·dī
Tauchausrüstung	ダイビング用具	dai·bin·gu·yō·gu

Ich bräuchte eine Luftfüllung.
タンク充填が必要です。 tan·ku·jū·ten ga hi·tsu·yō des

Tennis & Tischtennis

テニスと卓球

Ich würde gern Tennis spielen.
テニスをしたいのですが。 te·nis o shi·tai no des ga

Können wir abends spielen?
夜、プレーできますか? yo·ru pu·rē de·ki·mas ka

Haben Sie eine Tischtennisplatte?
卓球台はありますか? tak·kyū·dai wa a·ri·mas ka

Kann ich eine Platte reservieren?
卓球台を予約したいのですが。 tak·kyū·dai o yo·ya·ku shi·tai no des ga

Ass	エース	ē·su
Aufschlag	サーブ	sā·bu
Doppel spielen	ダブルスをします	da·bu·ru·su o shi·mas
Fehler	フォルト	fo·ru·to
Grasplatz	グラス	gu·ra·su
Hartplatz	ハードコート	hā·do·kō·to
Netz	ネット	net·to
Racket	ラケット	ra·ket·to
Sandplatz	クレイ	ku·rē
Schläger (Tischtennis)	バット	bat·to
Tennisball	テニスボール	te·nis·bō·ru
Tischtennisball	ピンポン球	pim·pon·da·ma
Tischtennisplatte	卓球台	tak·kyū·dai

Wandern

ハイキング

Praktisches für Wanderer s. **Unter freiem Himmel** auf S. 151.

Wassersport

ウォータースポーツ

Kann ich ... mieten?	…をレンタルしたいのですが。	... o ren·ta·ru shi·tai no des ga
ein Boot	ボート	bō·to
ein Kanu	カヌー	ka·nū
ein Kajak	カヤック	ka·yak·ku
einen Neoprenanzug	ウェットスーツ	wet·to·sū·tsu
eine Rettungsweste	救命胴衣	kyū·mē·dō·i
Schnorchelausrüstung	シュノーケル用具	shu·nō·ke·ru·yō·gu
Wasserskier	水上スキー	su·i·jō·skī

Gibt es irgendwelche ... ?	…がありますか?	... ga a·ri·mas ka
Riffe	リーフ	rī·fu
Rippströmungen	リップ	rip·pu
Risiken im Wasser	危険水域	ki·ken·su·ī·ki

Führer	ガイド	gai·do
Motorboot	モーターボート	mō·tā·bō·to
Ruder	オール	ō·ru
Segelboot	帆船	han·sen
Surfbrett	サーフボード	sā·fu·bō·do
Welle	波	na·mi
Wellenreiten	サーフィン	sā·fin
Windsurfen	ウィンドサーフィン	win·do·sā·fin

Wandern

ハイキング

Wo kann ich …?	どこで…ますか?	do·ko·de …·mas ka
Proviant kaufen	食料が買え	sho·ku·ryō ga ka·e
jemanden finden, der sich in dieser Gegend auskennt	この地域を良く知っている人が見つかり	ko·no chī·ki o yo·ku shit·te i·ru hi·to ga mi·tsu·ka·ri
eine Karte bekommen	地図が手に入り	chi·zu ga te ni hai·ri
Wanderausrüstung mieten	登山用品が買え	to·zan·yō·hin ga ka·e

Wie …?	どのくらい…がありますか?	do·no·ku·rai … ga a·ri·mas ka
hoch geht es hinauf	高度差	kō·do·sa
lang ist der Weg	距離	kyo·ri

Müssen wir … mitnehmen?	…を持っていく必要がありますか?	… o mot·te i·ku hi·tsu·yō ga a·ri·mas ka
Bettzeug	シーツ	shī·tsu
Essen	食料	sho·ku·ryō
Wasser	水	mi·zu

Brauchen wir einen Führer?
ガイドが必要ですか? gai·do ga hi·tsu·yō des ka

Gibt es geführte Wanderungen?
ガイドが同行してくれるルートがありますか? gai·do ga dō·kō shi·te ku·re·ru rū·to ga a·ri·mas ka

Ist es ungefährlich?
安全ですか? an·zen des ka

Gibt es eine Hütte?
山小屋がありますか? ya·ma·go·ya ga a·ri·mas ka

Ist der Weg ...?	山道は…か?	ya·ma·mi·chi wa … ka
(gut) markiert	標識が（きちんと）あります	hyō·shi·ki ga (ki·chin·to) a·ri·mas
offen	開通しています	kai·tsū shi·te i·mas
schön	眺めがいいです	na·ga·me ga ī des
Welches ist die ... Route?	どのルートが…ですか?	do·no rū·to ga … des ka
kürzeste	いちばん短い	i·chi·ban mi·ji·kai
leichteste	いちばん簡単	i·chi·ban kan·tan
Wo kann ich... finden?	…はどこにありますか?	… wa do·ko ni a·ri·mas ka
den Campingplatz	キャンプ場	kyam·pu·jō
die Duschen	シャワー	sha·wā
die Toiletten	トイレ	toi·re

Führt dieser Weg nach ...?
この道は…に行きますか? — ko·no mi·chi wa … ni i·ki·mas ka

Kann ich hier durchgehen?
ここを通り抜けできますか? — ko·ko o tō·ri·nu·ke de·ki·mas ka

Kann man das Wasser trinken?
水を飲んでもだいじょうぶですか? — mi·zu o non·de mo dai·jō·bu des ka

Ich habe mich verlaufen.
道に迷いました。 — mi·chi ni ma·yoi·mash·ta

Am Strand

ビーチ

Wo ist der ... Strand?	…ビーチはどこですか?	… bī·chi wa do·ko des ka
beste	いちばんいい	i·chi·ban ī
nächste	いちばん近い	i·chi·ban chi·kai
öffentliche	公共の	kō·kyō no

Kann man hier gefahrlos …?	ここは安全に…ますか?	ko·ko wa an·zen ni …·mas ka
schwimmen	泳げ	o·yo·ge
reinspringen	飛び込め	to·bi·ko·me
Um wie viel Uhr ist …?	…は何時ですか?	… wa nan·ji des ka
Ebbe	干潮	kan·chō
Flut	満潮	man·chō
Wie viel kostet …?	…はいくらですか?	… wa i·ku·ra des ka
eine Hütte	小屋	ko·ya
ein Liegestuhl	いす	i·su
ein Sonnenschirm	パラソル	pa·ra·so·ru

Schilder

遊泳禁止	yū·ē·kin·shi	**Schwimmen verboten**
飛び込み禁止	to·bi·ko·mi·kin·shi	**Hineinspringen verboten**

Wetter

天気

Wie ist das Wetter?
天気はどうですか? ten·ki wa dō des ka

Wie wird das Wetter morgen?
明日の天気はどうですか? a·shi·ta no ten·ki wa dō des ka

Es ist …	…です。	… des
bewölkt	曇り	ku·mo·ri
heiß	暑い	a·tsu·i
kalt	寒い	sa·mu·i
regnerisch	雨	a·me
schwül	蒸し暑い	mu·shi·a·tsu·i
sonnig	晴れ	ha·re
warm	暖かい	a·ta·ta·kai
windig	風が強い	ka·ze ga tsu·yoi

Erdbeben	地震	ji·shin
Regenzeit	雨季	u·ki
Taifun	台風	tai·fū
Vulkan	火山	ka·zan
Vulkanausbruch	噴火	fun·ka

Flora & Fauna

動物と植物

Was für ein/eine … ist das?	あれはなんと言う…ですか?	a·re wa nan to yū … des ka
Baum	木	ki
Pflanze	植物	sho·ku·bu·tsu
Tier	動物	dō·bu·tsu

Ist er/sie/es …?		
vom Aussterben bedroht	絶滅しそうですか?	ze·tsu·me·tsu shi·sō des ka
gefährlich	危険ですか?	ki·ken des ka
geschützt	保護されていますか?	ho·go sa·re·te i·mas ka
verbreitet	普通に見られますか?	fu·tsū ni mi·ra·re·mas ka

Der Ruf der Wildnis

Bambus	竹	ta·ke
Bär	クマ	ku·ma
Braunbär	ヒグマ	hi·gu·ma
Chrysantheme	菊	ki·ku
Japanische Alpen	アルプス	a·ru·pus
Japanische Zeder	杉	su·gi
Japanischer Flussotter	カワウソ	ka·wa·u·so
Katze	ネコ	ne·ko
Kiefer	松	ma·tsu
Kirschblüte	桜	sa·ku·ra
Kranich	鶴	tsu·ru
Makake	ニホンザル	ni·hon·za·ru
Pflaumenbaum	梅	u·me

Das Wichtigste

基本の言葉

Frühstück*	朝食/朝ごはん	chō·sho·ku/a·sa·go·han
Mittagessen*	昼食/昼ごはん	chū·sho·ku/hi·ru·go·han
Abendessen*	夕食/晩ごはん	yū·sho·ku/ban·go·han
Imbiss*	間食/スナック	kan·sho·ku/su·nak·ku
essen	食べます	ta·be·mas
trinken	飲みます	no·mi·mas
Ich hätte gern …	…をください。	… o·ku·da·sai
Ich bin am Verhungern!	お腹がすいた。	o·na·ka ga su·i·ta

* alternative Begriffe werden häufig verwendet, die genannten sind eher formell.

Der Mix macht's

Das traditionelle japanische Frühstück besteht meist aus Reis go·han (ご飯), Misosuppe mi·so·shi·ru (味噌汁), rohen Eiern na·ma·ta·ma·go (生卵), getrocknetem Fisch hi·mo·no (干物), fermentierten Sojabohnen nat·tō (納豆), getrockneten Algen no·ri (海苔) und eingelegtem Gemüse tsu·ke·mo·no (漬物). Aber auch westliches Frühstück ist verbreitet.

Mittagsgerichte, oft in einer Schachtel ben·tō (弁当) angeboten, sind beliebt und umfassen häufig Reis, Suppe sū·pu (スープ), eingelegtes Gemüse, ein Hauptgericht und Obst ku·da·mo·no (くだもの). Nudeln – so·ba (そば), sō·men (そうめん), rā·men (ラーメン) oder u·don (うどん) – werden ebenfalls gern mittags gegessen.

Das Abendessen ist die Hauptmahlzeit des Tages und hat als Bestandteile – ob zu Hause oder im Restaurant gegessen – Reis, Suppe und eine Beilage o·ka·zu (おかず).

Mehr Gerichte und Zutaten im **Kulinarischen Glossar**, S. 175.

Wohin zum Essen?

レストランを見つける

Können Sie … empfehlen?	どこかいい…を知っていますか?	do·ko ka ī … o shit·te i·mas ka
eine Bar	バー	bā
ein Café	カフェ	ka·fe
ein Restaurant	レストラン	res·to·ran
Wohin würden Sie für … gehen?	…ならどこに行きますか?	… na·ra do·ko ni i·ki·mas ka
eine Feier	お祝いをする	oi·wai o su·ru
eine preiswerte Mahlzeit	安い食事をする	ya·su·i sho·ku·ji o su·ru
lokale Spezialitäten	名物を食べる	mē·bu·tsu o ta·be·ru
Ich möchte einen Tisch reservieren …	…の予約をお願いします。	… no yo·ya·ku o o·ne·gai shi·mas
für eine Person/ zwei Personen	1人/2人	hi·to·ri/fu·ta·ri
für (acht) Uhr	(8)時	(ha·chi)·ji

Oft zu hören …

hē·ten des 閉店です。	**Wir haben geschlossen.**
man·se·ki des 満席です。	**Wir haben keinen Tisch frei.**
nan·mē·sa·ma 何名様?	**Wie viele Personen?**
shō·shō o·ma·chi ku·da·sai 少々お待ちください。	**Einen Moment, bitte.**
do·chi·ra no o·se·ki ga yo·ro·shī de·shō ka どちらのお席がよろしいでしょうか?	**Wo möchten Sie sitzen?**
o·ki·ma·ri de·shō ka お決まりでしょうか?	**Was darf ich Ihnen bringen?**
dō·zo どうぞ。	**Bitte sehr!**

Ich hätte gern …	…をお願いします。	… o o·ne·gai shi·mas
die Getränkekarte	飲み物の メニュー	no·mi·mo·no no me·nyū
eine halbe Portion	半人前	han·nim·ma·e
ein Kindermenü	子供の メニュー	ko·do·mo no me·nyū
einen Platz für Nichtraucher	禁煙席	kin·en·se·ki
einen Platz für Raucher	喫煙席	ki·tsu·en·se·ki
die Speisekarte	メニュー	me·nyū
eine Speisekarte auf Englisch	英語のメニュー	ē·go no me·nyū
einen Tisch für (fünf Personen)	(5)人分の テーブル	(go)·nim·bun no tē·bu·ru

Tischvergabe auf Japanisch

Wer für mehr als drei Personen reserviert, erhält automatisch einen Tisch. Bei weniger Personen muss dies gesagt werden, sonst landet man eventuell am Tresen.

Einen Tisch für eine Person, bitte.
1人、テーブルで お願いします。 — hi·to·ri, tē·bu·ru de o·ne·gai shi·mas

Einen Tisch für zwei Personen, bitte.
2人、テーブルで お願いします。 — fu·ta·ri, tē·bu·ru de o·ne·gai shi·mas

Servieren Sie noch Essen?
まだ食事ができますか? — ma·da sho·ku·ji ga de·ki·mas ka

Wie lange wird es dauern?
どのくらい待ちますか? — do·no ku·rai ma·chi·mas ka

Ran an den Speck!

Viele Lokale sind auf die Zubereitung eines besonderen Gerichts spezialisiert. Zu erkennen sind sie an dem ·ya (屋) hinter dem Namen des Gerichts.

So sind ton·ka·tsu·ya (とんかつ屋) auf ton·ka·tsu (Schweinekotelett) spezialisiert, sha·bu·sha·bu·ya (しゃぶしゃぶ屋) auf sha·bu·sha·bu (Brühefondue), so·ba·ya (そば屋) auf so·ba (Buchweizennudeln) und su·shi·ya (すし屋) auf su·shi, um nur ein paar zu nennen. Beliebte Alternativen sind ro·ba·ta·ya·ki (ろばた焼き), wo die Speisen gegrillt werden, ya·ki·to·ri (焼き鳥)-Restaurants, die Hühnchenteile am Spieß in etlichen Varianten anbieten, und o·den (おでん)-Lokale, in denen es alle möglichen Eintöpfe gibt.

Für einen schnellen Imbiss und etwas zu trinken sind die relativ preiswerten, Kneipen vergleichbaren i·za·ka·ya (居酒屋) nicht schlecht oder die caféähnlichen kis·sa·ten (喫茶店). Weitere Möglichkeiten sind sho·ku·dō (食堂), preiswerte Lokale oder Kantinen, sowie kai·ten·zu·shi (回転ずし), wo es su·shi vom Band gibt. Anspruchsvoller sind kap·pō (割烹), meist kleine, aber teure und schicke i·za·ka·ya-Varianten, und die edlen ryō·tē (料亭), kostspielige Gourmettempel, die exquisite traditionelle Küche servieren.

Im Restaurant

レストランで

Was können Sie empfehlen?
なにがおすすめですか? na·ni ga o·su·su·me des ka

Was für Zutaten sind in diesem Gericht?
あの料理に何が入っていますか? a·no ryō·ri ni na·ni ga hait·te i·mas ka

Das nehme ich.
あれをください。 a·re o ku·da·sai

Bitte entscheiden Sie für mich.
おまかせします。 o·ma·ka·se shi·mas

Dauert die Zubereitung lange?
料理に時間が
かかりますか?
ryō·ri ni ji·kan ga
ka·ka·ri·mas ka

Ist hier Selbstbedienung?
セルフサービスですか?
se·ru·fu·sā·bis des ka

Ist die Bedienung im Preis enthalten?
サービス料込みですか?
sā·bis·ryō ko·mi des ka

Ist das gratis?
これはただですか?
ko·re wa ta·da des ka

Ich hätte gern …	…をお願いします。	… o o·ne·gai shi·mas
das Huhn	鶏肉	to·ri·ni·ku
eine Spezialität aus der Region	地元の名物	ji·mo·to no mē·bu·tsu
eine große Portion	大盛	ō·mo·ri

Haben Sie …?
…がありますか?
… ga a·ri·mas ka

Ich hätte es gern mit …
…を付けてお願いします。
… o tsu·ke·te o·ne·gai shi·mas

Ich hätte es gern ohne …
…を抜きでお願いします。
… o nu·ki de o·ne·gai shi·mas

Oft zu hören …

… wa o·su·ki des ka
…はお好きですか?
Mögen Sie …?

… o o·su·su·me shi·mas
…をおすすめします。
Ich empfehle …

do·no yō ni ryō·ri i·ta·shi·ma·shō ka
どのように料理
いたしましょうか?
Wie hätten Sie es gerne zubereitet?

Algen	のり	no·ri
Chili	唐辛子	tō·ga·ra·shi
Frühlingszwiebeln	ネギ	ne·gi
Ingwer	ショウガ	shō·ga
Knoblauch	ニンニク	nin·ni·ku
Meerrettich (grün)	わさび	wa·sa·bi
Sauce	ソース	sō·su
Sesam	ゴマ	go·ma
Sieben-Gewürze-Pulver	七味唐辛子	shi·chi·mi·tō·ga·ra·shi
Sojasauce	しょう油	shō·yu

Mehr zu besonderen Wünschen bei der Zubereitung von Gerichten s. **Vegetarier & Co** auf S. 173.

Auf der Speisekarte

前菜	zen·sai	**Vorspeisen**
スープ	sū·pu	**Suppen**
アントレー	an·to·rē	**Zwischengerichte**
サラダ	sa·ra·da	**Salate**
メインコース	mēn·kō·su	**Hauptgerichte**
デザート	de·zā·to	**Desserts**
一品料理	ip·pin·ryō·ri	**à la carte**
麺	men	**Nudeln**
鍋	na·be	**Eintopf**
食前酒	sho·ku·zen·shu	**Aperitifs**
飲み物	no·mi·mo·no	**Getränke**
ソフトドリンク	so·fu·to·do·rin·ku	**Alkoholfreies**
スピリット	spi·rit·to	**Schnaps**
ビール	bī·ru	**Bier**
スパークリングワイン	spā·ku·rin·gu·wain	**Schaumweine**
白ワイン	shi·ro·wain	**Weißweine**
赤ワイン	a·ka·wain	**Rotweine**
デザートワイン	de·zā·to·wain	**Dessertweine**
食後酒	sho·ku·go·shu	**Digestifs**

Mehr Speisekartenvokabular steht im **Kulinarischen Glossar** auf S. 175.

Am Tisch

テーブルで

Bitte bringen Sie …	…をください。	… o ku·da·sai
einen Aschenbecher	灰皿	hai·za·ra
eine Gabel	フォーク	fō·ku
ein Glas	グラス	gu·ra·su
einen Lappen	フキン	fu·kin
einen Löffel	スプーン	spūn
ein Messer	ナイフ	nai·fu
die Rechnung	お勘定	o·kan·jō
eine Serviette	ナプキン	na·pu·kin
ein Weinglas	ワイングラス	wain·gu·ra·su

Das ist …	これは…です	ko·re wa … des
ausgezeichnet	素晴らしい	su·ba·ra·shī
kalt	冷たい	tsu·me·tai
scharf	スパイシー	spai·shī

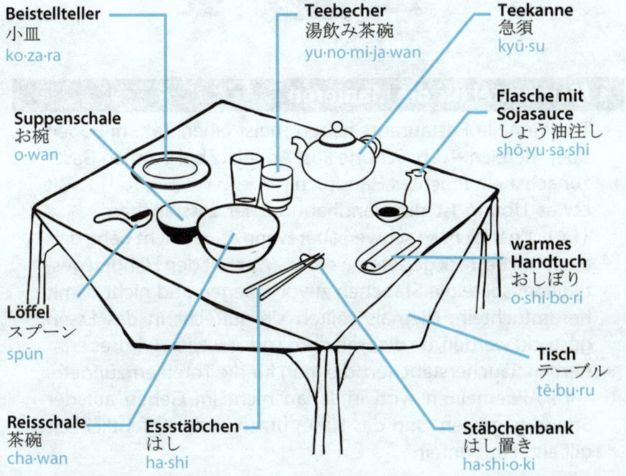

Übers Essen reden

料理の話題

Ich liebe dieses Gericht.
この料理が大好きです。 ko·no ryō·ri ga dai·su·ki des

Ich liebe die regionale Küche.
地元料理が大好きです。 ji·mo·to·ryō·ri ga dai·su·ki des

Das war köstlich!
おいしかった。 oi·shi·kat·ta

Mein Kompliment an den Koch.
シェフにおいしかったと伝えてください。 she·fu ni oi·shi·kat·ta to tsu·ta·e·te ku·da·sai

Das war ein wahres Festmahl.
ごちそうさま go·chi·sō·sa·ma

Ich bin satt.
お腹がいっぱいです。 o·na·ka ga ip·pai des

Merkzettel für die Manieren

Traditionelle Restaurants haben meist einen Tatami-Boden oder -Bereich – d. h. Schuhe aus! Am Platz bekommen Gäste zunächst ein feuchtes Handtuch o·shi·bo·ri (おしぼり). Mit etwas Übung ist die Handhabung der Essstäbchen ha·shi (はし) gar nicht so schwer, aber wenn es gar nicht geht, darf auch um Besteck gebeten werden. Wer mit den Händen gestikuliert, sollte die Stäbchen zuvor ablegen und nicht damit herumfuchteln. Niemals sollten sie aufrecht in das Essen gesteckt werden, da dies mit dem Tod assoziiert wird; es erinnert an Räucherstäbchen, die man für die Toten entzündet.

Im Allgemeinen wird in Japan nicht im Gehen auf der Straße gegessen, und das Naseputzen in der Öffentlichkeit gilt als etwas unfein.

Zubereitungsarten

Ich hätte es gern …	…ください。	… ku·da·sai
aufgewärmt	温めなおして	a·ta·ta·me·nao·shi·te
frittiert	揚げて	a·ge·te
gebraten	炒めて	i·ta·me·te
gedämpft	蒸して	mu·shi·te
gegrillt	あぶって	a·but·te
gegrillt	グリルして	gu·ri·ru shi·te
gekocht (in Brühe)	煮て	ni·te
gekocht (in heißem Wasser)	ゆでて	yu·de·te
gut durchgebraten	ウェルダンにして	we·ru·dan ni shi·te
halb durch	ミディアムにして	mi·dia·mu ni shi·te
leicht angebraten	レアにして	rea ni shi·te
mit dem Dressing extra	ドレッシングを別にして	do·res·shin·gu o be·tsu ni shi·te
zerstampft	つぶして	tsu·bu·shi·te
ohne …	…抜きにして	…·nu·ki ni shi·te
Ich möchte es nicht …	…ください。	… ku·da·sai
aufgewärmt	温めなおさないで	a·ta·ta·me·n<o·sa·nai·de
frittiert	揚げないで	a·ge·nai·de
gebraten	炒めないで	i·ta·me·nai·de

Oft zu hören …

i·ta·da·ki·mas	いただきます	**Guten Appetit! (wörtl.: Ich erhalte)**

In der Bar

バーで

Entschuldigung.
すみません。 — su·mi·ma·sen

Ich bin als Nächstes dran.
次は私です。 — tsu·gi wa wa·ta·shi des

Ich nehme …
…をお願いします。 — … o o·ne·gai shi·mas

Dasselbe noch mal, bitte.
同じのをお願いします。 — o·na·ji no o o·ne·gai shi·mas

Bitte ohne Eis!
氷なしでお願いします。 — kō·ri·na·shi de o·ne·gai shi·mas

Ich gebe Ihnen einen aus.
1杯おごります。 — ip·pai o·go·ri·mas

Was hätten Sie gern?
何を飲みますか? — na·ni o no·mi·mas ka

Die Runde geht auf mich.
次は私の番です。 — tsu·gi wa wa·ta·shi no ban des

Gibt es hier auch Essen?
食事はできますか? — sho·ku·ji wa de·ki·mas ka

Oft zu hören …

nan ni shi·mas ka
何にしますか? — **Was möchten Sie?**

mō jū·bun de shō
もうじゅうぶんでしょう。 — **Ich denke, Sie haben genug.**

ras·to·ō·dā des
ラストオーダーです。 — **Letzte Runde.**

Alkoholfreie Getränke

ノンアルコール飲料

Mineralwasser …	…ミネラルウォーター	…·mi·ne·ra·ru·wō·tā
mit Kohlensäure	炭酸	tan·san
ohne Kohlensäure	炭酸なしの	tan·san·na·shi no

heißes Wasser	お湯	o·yu
Limonade	レモネード	re·mo·nē·do
Milch	ミルク	mi·ru·ku
Orangensaft	オレンジジュース	o·ren·ji·jū·su
Softdrink	ソフトドリンク	so·fu·to·do·rin·ku
Wasser	水	mi·zu

(Tasse) schwarzer Tee …	…紅茶(1杯)	… kō·cha (ip·pai)
(Tasse) Kaffee …	…コーヒー(1杯)	… kō·hī (ip·pai)
mit (Milch)	(ミルク)入り	(mi·ru·ku)·i·ri
ohne (Zucker)	(砂糖)なし	(sa·tō)·na·shi

Kaffee

Cappuccino	カプチーノ	ka·pu·chī·no
Espresso	エスプレッソ	es·pres·so
Milchkaffee	カフェラテ	ka·fe·ra·te
eisgekühlt	アイス	ai·su
entkoffeiniert	デカフェ	de·ka·fe
schwach	薄い	u·su·i
schwarz	ブラック	bu·rak·ku
stark	濃い	koi
weiß	ホワイト	ho·wai·to

Alkoholische Getränke

アルコール飲料

Awamori (Okinawas Schnapsspezialität)	泡盛	a·wa·mo·ri
Bier	ビール	bī·ru
Cocktail	カクテル	ka·ku·te·ru
gekühlter *Sake*	冷酒	rē·shu
Ginjo-Sake	吟醸	gin·jō
Pflaumenwein	梅酒	u·me·shu
Sake	酒	sa·ke
Sake aus der Region	地酒	ji·za·ke
Sekt	シャンペン	sham·pen
Shochu-Mixgetränk	酎ハイ	chū·hai
Shochu-Schnaps	焼酎	shō·chū
warmer *Sake*	お燗	o·kan
Weinbrand	ブランデー	bu·ran·dē
ein Glas ...	…をワンショット	... o wan·shot·to
Rum	ラム	ra·mu
Whisky	ウィスキー	wis·kī
Wodka	ウォッカ	wok·ka
eine Flasche	…ワインを	...·wain o
... -Wein	ボトルで	bo·to·ru de
ein Glas	…ワインを	...·wain o
... -Wein	グラスで	gu·ra·su de
Dessert-	デザート	de·zā·to
Rosé-	ロゼ	ro·ze
Rot-	赤	a·ka
Schaum-	スパークリング	spā·ku·rin·gu
Weiß-	白	shi·ro
ein/e/n ... Bier	ビールを…で	bī·ru o ... de
Glas	グラス	gu·ra·su
große Flasche	大ビン	ō·bin
großer Krug	大ジョッキ	dai·jok·ki
kleine Flasche	中ビン	chū·bin
Krug	ジャグ	ja·gu

Hoch die Tassen!

呑む

Prost!
乾杯！ kam·pai

Das haut rein.
お腹に染みます。 o·na·ka ni shi·mi·mas

Ich fühle mich fantastisch!
気分がいいです。 ki·bun ga i des

Ich glaube, ich hatte einen zu viel.
ちょっと飲みすぎました。 chot·to no·mi·su·gi·mash·ta

Ich glaube, ich bin betrunken.
酔いました。 yoi·mash·ta

Ich bin breit.
酔っ払った。 yop·pa·rat·ta

Mir ist schlecht.
気分が悪いです。 ki·bun ga wa·ru·i des

Kleiner Durst oder großer Durst?

Bei Getränkebestellungen sollte man die gewünschte Menge mit angeben, deshalb hier die in Japan gängigen Flüssigkeitsmaße:

für *Sake* and *Shochu*:

1 Schale (180 ml)	1合	i·chi·gō
2 Schalen (360 ml)	2合	ni·gō
große Flasche (1,8 l)	1升	is·shō

für Flaschenbiere:

mittelgroße Flasche (500 ml)	中ビン	chū·bin
große Flasche (633 ml)	大ビン	ō·bin

für gezapfte Biere – kann aber je nach Lokal abweichen:

kleines Glas (400 ml)	小ジョッキ	shō·jok·ki
mittelgroßes Glas (500 ml)	中ジョッキ	chū·jok·ki
großes Glas (700 ml)	大ジョッキ	dai·jok·ki

Wo ist die Toilette?
トイレはどこですか?　toi·re wa do·ko des ka

Ich bin müde, ich gehe besser nach Hause.
疲れました、うちに帰ります。　tsu·ka·re·mash·ta, u·chi ni ka·e·ri·mas

Können Sie mir ein Taxi rufen?
タクシーを呼んでくれますか?　tak·shī o yon·de ku·re·mas ka

Ich glaube, ich sollte mich besser nicht ans Steuer setzen.
運転しないほうがいいと思います。　un·ten shi·nai hō ga ī to o·moi·mas

Knabbereien

Wer beim Trinken Lust auf einen Happen zwischendurch bekommt, sollte sich schlau machen, welche Barsnacks o·tsu·ma·mi (おつまみ) im Angebot sind.

Lebensmittel einkaufen

食料を買う

Was ist die lokale Spezialität?
地元料理は何がありますか? — ji·mo·to·ryō·ri wa na·ni ga a·ri·mas ka

Was ist das?
それは何ですか? — so·re wa nan des ka

Kann ich das probieren?
味見してもいいですか? — a·ji·mi shi·te mo ī des ka

Kann ich bitte eine Tüte haben?
1袋ください。 — hi·to·fu·ku·ro ku·da·sai

Wie viel kostet ein Kilo (Reis)?
(米)1キロいくらですか? — (ko·me) i·chi·ki·ro i·ku·ra des ka

Was kostet das?
いくら? — i·ku·ra

Und all das gibt's ...

frisch	新鮮	shin·sen
tiefgefroren	冷凍	rē·tō
gekocht	火が通った	hi ga tōt·ta
gepökelt	保存	ho·zon
geräuchert	燻製	kun·sē
getrocknet	乾燥	kan·sō
roh	なま	na·ma

Ich hätte gern ...	…ください。	... ku·da·sai
(200) Gramm	(200)グラム	(ni·hya·ku)·gu·ra·mu
ein halbes Dutzend	半ダース	han·dās
ein Dutzend	1ダース	i·chi·dās
ein halbes Kilo	500グラム	go·hya·ku·gu·ra·mu
ein Kilo	1キロ	i·chi·ki·ro
(zwei) Kilo	(2)キロ	(ni)·ki·ro
eine Flasche	ビン1本	bin ip·pon
ein Glas	ジャー1つ	jā hi·to·tsu
eine Packung	1パック	hi·to·pak·ku
ein Stück	1個	ik·ko
(drei) Stücke	(3)個	(san)·ko
eine Scheibe	1枚	i·chi·mai
(sechs) Scheiben	(6)枚	(ro·ku)·mai
eine Dose	1缶	hi·to·kan
(nur) ein bisschen	(ほんの)少し	(hon·no) su·ko·shi
mehr	もっと	mot·to
etwas ...	…をいくらか	... o i·ku·ra ka
das da	あれを	a·re o
das hier	これを	ko·re o

Weniger.	少なく。	su·ku·na·ku
Etwas mehr.	もうちょっと多く。	mō chot·to ō·ku
Danke, das reicht.	充分です。	jū·bun des

Oft zu hören ...

i·ras·shai·ma·se いらっしゃいませ。	**Willkommen!**
na·ni o o·sa·ga·shi des ka なにをお探しですか?	**Was hätten Sie gern?**
ho·ka ni na·ni ka o·sa·ga·shi des ka 他に何かお探しですか?	**Darf es noch etwas sein?**
go·zai·ma·sen ございません。	**Das haben wir nicht.**
(go·sen·en) des (5千円)です。	**Das macht (5000 Yen).**

Haben Sie ... ?	…がありますか?	… ga a·ri·mas ka
etwas Billigeres	安いもの	ya·su·i mo·no
noch andere Sorten	他のもの	ho·ka no mo·no
Wo finde ich die Abteilung für …?	…のコーナーはどこですか?	… no kō·nā wa do·ko des ka
Fisch	魚	sa·ka·na
Fleisch	肉	ni·ku
Geflügel	鳥肉	to·ri·ni·ku
Milchprodukte	乳製品	nyū·sē·hin
Obst und Gemüse	果物と野菜	ku·da·mo·no to ya·sai
Tiefkühlkost	冷凍食品	rē·tō·sho·ku·hin

Küchengeräte

料理の道具

Könnte ich bitte (einen Flaschenöffner) ausleihen?
(栓抜き)を貸してもらえませんか? — (sen·nu·ki) o ka·shi·te mo·ra·e·ma·sen ka

Ich bräuchte einen (Dosenöffner).
(缶切り)が必要です。 — (kan·ki·ri) ga hi·tsu·yō des

Selbstversorger

Hackmesser	包丁	hō·chō
Korkenzieher	コーク スクリュー	kō·ku· sku·ryū
Misosuppenschale	お椀	o·wan
ein Paar Essstäbchen	箸	ha·shi
ein Paar Einweg-Essstäbchen	割り箸	wa·ri·ba·shi
Reiskocher	炊飯器	su·i·han·ki
Schüssel	ボール	bō·ru
Wok	中華鍋	chū·ka·na·be

Mehr Küchengeräte im **Wörterbuch**.

Die Kunst des Teetrinkens

Sha·no·yu（茶の湯）oder sa·do（茶道）, wie es häufiger genannt wird, findet in traditionellen Teehäusern statt und ist eine Teezeremonie, die jahrhundertealten Regeln und einem bestimmten Ablauf folgt. Von Ausländern wird nicht erwartet, dass sie das Teeritual bis ins Detail beherrschen – wer das Glück hat und daran teilnehmen darf, sollte beobachten, sich entspannen und mittragen lassen, dann wird es zu einem unvergesslichen Erlebnis. Gereicht wird grüner Pulvertee in einer Teeschale, die größer und aufwendiger als herkömmliche Schalen und oftmals schon ein Kunstwerk für sich ist. Beim Trinken zeigt die „Vorderseite" der Schale vom Mund weg, und die Schale wird in drei oder vier kräftigen Zügen ganz geleert. Schlürfen ist bei heißem Tee übrigens erlaubt. Zum Tee werden japanische Süßigkeiten gereicht.

In Restaurants wird Tee häufig kostenlos serviert. Zu den beliebtesten Sorten gehören:

Gerstentee	麦茶	mu·gi·cha
gerösteter Tee	焙じ茶	hō·ji·cha
japanischer grüner Tee (Überbegriff)	緑茶	ryo·ku·cha
Oolong	ウーロン茶	ū·ron·cha
pulverisierter grüner Tee	抹茶	mat·cha
Sencha	煎茶	sen·cha
Tee mit gerösteten Reiskörnern	玄米茶	gem·mai·cha

Vegetarier & Co

ベジタリアンと特殊な料理

Essen bestellen

食事の注文

Halal und koscheres Essen ist selbst im Großstadtdschungel schwer zu bekommen, aber fragen kostet nichts:

Gibt es ein …	この近くに…	ko·no chi·ka·ku ni …
Restaurant	レストランは	res·to·ran wa
hier in der Nähe?	ありますか?	a·ri·mas ka
halal	イスラム教徒の	i·su·ra·mu·kyō·to no
	ためのハラル	ta·me no ha·ra·ru
koscheres	ユダヤ教徒の	yu·da·ya·kyō·to no
	ためのコーシャー	ta·me no kō·shā
vegetarisches	ベジタリアン	be·ji·ta·ri·an

Ich esse kein/e/n …	…は食べません。	… wa ta·be·ma·sen
Könnten Sie etwas	…抜きの料理を	… nu·ki no ryō·ri o
ohne … zubereiten?	お願いできますか?	o·ne·gai shi·mas ka
Butter	バター	ba·tā
Eier	卵	ta·ma·go
Fisch	魚	sa·ka·na
Fischbrühe	魚のだし	sa·ka·na no da·shi
Fleischbrühe	肉のだし	ni·ku no da·shi
Geflügel	鳥肉	to·ri·ni·ku
Öl	油	a·bu·ra
rotes Fleisch	赤身の肉	a·ka·mi no ni·ku
Schweinefleisch	豚肉	bu·ta·ni·ku

Ist das (frei von tierischen Produkten)?

これは(動物性	ko·re wa (dō·bu·tsu·sē
成分抜きの)	sē·bun·nu·ki no)
食品ですか?	sho·ku·hin des ka

aus ökologischem Anbau	オーガニックの	ō·ga·nik·ku no
fettarm	脂肪分が低い	shi·bō·bun ga hi·ku·i
genmanipuliert	遺伝子組み替えの	i·den·shi· ku·mi·ka·e no
glutenfrei	グルテン抜きの	gu·ru·ten·nu·ki no
ohne Salz	塩分抜きの	em·bun·nu·ki no
von frei laufenden Tieren	放し飼いの	ha·na·shi·gai no
zuckerarm	糖分が低い	tō·bun ga hi·ku·i

Spezielle Kost & Allergien

特殊な食餌制限とアレルギー

Ich esse nur spezielle Kost.
私は特殊な食餌制限をしています。
wa·ta·shi wa to·ku·shu na sho·ku·ji·sē·gen o shi·te i·mas

Ich bin ...	私は…です。	wa·ta·shi wa ... des
Buddhist/in	仏教徒	buk·kyō·to
Hindu	ヒンズー教徒	hin·zū·kyō·to
Jude/Jüdin	ユダヤ教徒	yu·da·ya·kyō·to
Muslim/a	イスラム教徒	i·su·ra·mu·kyō·to
Veganer/in	厳格な菜食主義者	gen·ka·ku na sai·sho·ku·shu·gi·sha
Vegetarier/in	ベジタリアン	be·ji·ta·ri·an

Ich bin allergisch gegen ...	私は…にアレルギーがあります。	wa·ta·shi wa ... ni a·re·ru·gī ga a·ri·mas
Eier	卵	ta·ma·go
Gelatine	ゼラチン	ze·ra·chin
Gluten	グルテン	gu·ru·ten
Honig	蜂蜜	ha·chi·mi·tsu
Glutamat	グルタミン酸ソーダ	gu·ru·ta·min· san·sō·da
Meeresfrüchte	海産物	kai·sam·bu·tsu
Milchprodukte	乳製品	nyū·sē·hin
Nüsse	ナッツ類	nat·tsu·ru·i

Die japanischen Gerichte und Zutaten sind hier alphabetisch nach Aussprache aufgelistet: So können die Benutzer leicht feststellen, was im Angebot ist, und bestellen, was ihnen den Mund wässrig macht. Ein ausführlicheres kulinarisches Glossar findet sich im Lonely Planet World Food Japan.

A

a·ba·ra あばら *Rippen*
a·be·ka·wa·mo·chi 安倍川もち *mit Sojabohnenmehl & Zucker bestreuter Reiskuchen (Präfektur Shizuoka)*
a·bo·ga·do アボガド *Avocado*
a·bu·ra 油 *Öl*
a·bu·ra·a·ge 油揚げ *dünn geschnittener und frittierter Tofu*
… a·e …和え *mit … garnierte Gerichte, z. B.* go·ma·a·e *(mit Sesamsamen bestreutes Gericht)*
a·e·mo·no 和え物 *mit einem Dressing vermischtes Gericht*
…·a·ge …揚げ *gebratene/r/s …*
a·ge·da·shi·dō·fu 揚げだし豆腐 *frittierter Tofu in Fischbrühe*
a·ge·mo·no 揚げ物 *Frittiertes*
a·hi·ru アヒル *Ente*
ai·ga·mo 合鴨 *Japanische Ente*
ai·na·me あいなめ *Grünling • Lengdorsch*
ais·ku·rī·mu アイスクリーム *Eiscreme*
a·ji アジ *Stachelmakrele*
a·ka·a·ma·dai 赤アマダイ *roter* a·ma·dai
a·ka·chi·ko·rī 赤チコリー *Radicchio*
a·ka·gai 赤貝 *Archenmuschel*
a·ka·ga·rē アカガレイ *Scholle*
a·ka·in·gen 赤インゲン *Kidneybohne*
a·ka·ji·so 赤じそ *rote* shi·so
a·ka·kya·be·tsu 赤キャベツ *Rotkohl*
a·ka·ren·zu·ma·me 赤レンズマメ *rote Linsen*
a·ka·ta·ma·ne·gi 赤たまねぎ *rote Zwiebeln*
a·ka·wain 赤ワイン *Rotwein*
a·ka·za·ke 赤酒 *rötlicher Wein aus Reis, Gerste und/oder Weizen, mit Holzasche gewürzt (Präfektur Kumamoto)*
a·ki·a·ji 秋味 *s.* a·ra·ma·ki·za·ke
a·ki·ta·gai アキタ貝 *nordjapanisches Wort für Jakobsmuschel*
a·ma·dai アマダイ *Torpedobarsch • Ziegelfisch (auch* gu·ji *genannt)*
a·ma·e·bi 甘エビ *Tiefseegarnele*
a·mai 甘い *süß (Geschmack)*
a·ma·nat·tō 甘納豆 *mit Zucker überzogene, in Sirup gekochte Bohnen*
a·ma·za·ke 甘酒 *süßer, warmer Sake*
a·ma·zu 甘酢 *mit Zucker gesüßter Essig*
am·bai 塩梅 *wörtl. „Salzpflaume"; in der übertragenen Bedeutung „Ausgewogenheit" wird der Begriff von der älteren Generation verwendet, um den Geschmack von Essen zu beschreiben*
a·me 飴 *Bonbon • Lutscher*
a·mi·ga·sa·ta·ke アミガサタケ *Speisemorchel*
a·mi·ya·ki 網焼き *auf einer Grillplatte gegart*
am·mi·tsu あんみつ *Süßspeise aus Obst, gekochten roten Erbsen, gewürfelter japanischer Gelatine &* an·ko*, mit Sirup übergossen*
am·pan アンパン *Brötchen mit* an·ko*-Füllung*
an あん *süße Bohnenpaste*
a·na·kyū アナキュウ*in* no·ri *eingerolltes Sushi mit Congeraal & Gurke*
a·na·go アナゴ *Congeraal*
an·cho·bi アンチョビ *Sardelle*
an·ka·ke あんかけ *Gerichte, auf die eine mit Maisstärke angedickte Sauce gegeben wird*
an·ko 餡子 *mit Zucker gekochte Azuki-Bohnen*
an·kō アンコウ *Seeteufel*
an·ko·ro·mo·chi あんころ餅 *Reiskuchen, gefüllt mit gesüßten Azuki-Bohnen*

an·zu あんず *Aprikose*
an·zu·ta·ke アンズタケ *Pfifferling*
a·o·ji·so 青じそ *grüne Perilla*
a·o·no·ri あおのり *geschmacksintensive grüne Art von* no ri*-Seetang, die in Flockenform auf* o ko no mi ya ki *&* ya ki so ba *gestreut wird*
a·o·to あおと *grüne Pfefferschoten*
a·o·ya·gi あおやぎ *Trogmuschel*
a·o·yu あおゆ *grüne* yu zu
a·ra アラ *Zackenbarsch von bis zu 1 m Länge*
a·ra あら *Fischabfälle – Kopf, Gräten & Innereien –, die für Eintöpfe, Suppen & Fischbrühe verwendet werden*
a·rai あらい *eine Art von Sashimi, für das roher, weißfleischiger Fisch dünn geschnitten & in kaltem Wasser gewaschen wird, damit das Fleisch fest bleibt*
a·ra·ma·ki·za·ke 新巻鮭 *gesalzener ganzer Lachs*
a·ra·na·be アラ鍋 *Eintopf mit Sägebarsch (Insel Kyūshū)*
a·ra·re あられ *gebackener Cracker aus* mo chi
a·sa no mi 麻の実 *Hanfsamen*
a·sa·ri あさり *junge Klaffmuschel*
a·sa·tsu·ki あさつき *sehr dünne Frühlingszwiebel*
a·sa·zu·ke 浅漬け *leicht gesalzenes eingelegtes Gemüse*
as·sa·ri あっさり *allgemeiner Begriff für „leicht" (nicht fettig)*
a·ta·ma·ryō·ri 頭料理 *„Kopfküche" mit Fischinnereien (Stadt Taketa)*
ā·ti·chō·ku アーティチョーク *Artischocke*
a·tsu·a·ge 厚揚げ *gebratener Tofu*
a·wa アワ *Italienische Hirse (Reisersatz)*
a·wa·bi あわび *Abalone*
a·wa·bi no ka·su·zu·ke あわびの粕漬け *in* sa ke ka su *eingelegte Abalone (Präfektur Iwate)*
a·wa·mo·ri 泡盛 *ein Reis-Branntwein (Präfektur Okinawa)*
a·yu アユ *Süßwasserlachs • Stint*
a·yu·ryō·ri アユ料理 *Stint-Küche*
a·zu·ki 小豆 *rote Bohne – Grundzutat einer süßen Paste, mit der viele japanische Kuchen & Süßspeisen gefüllt werden*

B

bai·gai バイ貝 *Blutkrabbe*
ba·ka·gai バカ貝 *s.* a·o·ya·gi
ban·cha 番茶 *Alltagstee aus der zweiten Teeernte*
ba·ni·ra バニラ *Vanille*
ba·ni·ku 馬肉 *Pferdefleisch*
ba·ra no mi·cha バラの実茶 *Hagebuttentee*
bas バス *Barsch • Seebarsch*
ba·sa·shi 馬刺し *Sashimi aus Pferdefleisch (Präfektur Nagano)*
ba·tā バター *Butter*
ba·tā·mi·ru·ku バターミルク *Buttermilch*
bat·te·ra·zu·shi バッテラずし *in Essig marinierter Fisch auf gepresstem Sushi*
be·bī·kōn ベビーコーン *Maiskölbchen*
bē·kon ベーコン *Speck*
bē·ku·do·po·te·to ベークドポテト *Backartoffeln*
be·ni·ba·na·in·gen ベニバナインゲン *Stangenbohne*
be·ni·shō·ga 紅しょうが *eingelegter roter Ingwer*
be·ni·ta·de 紅たで *Wasserpfeffer, eine dunkelrote, pfeffrige Garnierung*
ben·tō 弁当 *Lunchbox, die normalerweise Reis mit verschiedenem Gemüse, Fleisch, Fisch & manchmal auch Obst enthält*
be·ra べら *Lippfisch*
be·rī ベリー *Beeren*
bet·ta·ra·zu·ke べったらづけ *eingelegter* dai·kon
bi·fu ビーフ *Rindfleisch*
bī·fu·jā·ki ビーフジャーキー *getrocknetes Rindfleisch*
bī·fu·ka·tsu ビーフカツ *Rinderkotelett*
bi·fu·te·ki ビフテキ *Rindersteak*
bin·na·ga ビンナガ *Langflossenthun*
bī·ru ビール *Bier*
bī·to·rū·to ビートルート *Rote Bete*
bi·wa びわ *Loquat (kleine, gelbe, pflaumenähnliche Frucht)*
bo·ra ボラ *Meeräsche • Meerbarbe*
bo·ta·mo·chi 牡丹もち *Reiskuchen aus Klebreis & normalem Reis*
bu·chi·in·gem·ma·me ブチインゲンマメ *Pintobohne • Wachtelbohne*
bu·dō ブドウ *Weintrauben*

bu·na·shi·me·ji ぶなしめじ *kleine, gelbe Pilzart*
bu·rak·ku·be·rī ブラックベリー *Brombeere*
bu·rak·ku·pu·din·gu ブラックプディング *Blutwurst*
bu·ri ブリ *Bernsteinmakrele • Gelbschwanzmakrele*
bu·ri·ko ブリコ ha·ta·ha·ta*-Eier (Präfektur Akita)*
bu·rok·ko·rī ブロッコリー *Brokkoli*
bu·rū·be·rī ブルーベリー *Blaubeere*
bu·ta·ni·ku 豚肉 *Schweinefleisch*
bu·ta·ni·ku no shi·o·zu·ke 豚肉の塩漬け *gesalzenes Schweinefleisch*
bu·ta no shō·ga·ya·ki 豚の生姜焼き *in Ingwer &* shō·yu *sautiertes Schweinefleisch*
bu·tsu·ji 仏事 *buddhistisches Totenmahl*

C

chā·han チャーハン *gebratener Reis*
chai·bu チャイブ *Schnittlauch*
cha·kai·se·ki 茶懐石 *Tee-*kai·se·ki
cham·pon チャンポン *Nudelsuppe*
chan·ko·na·be ちゃんこ鍋 *Sumoringer-Eintopf mit Fleisch & Gemüse*
cha no yu 茶の湯 *Teezeremonie*
chā·shū·men チャーシュー麺 rā·men *mit gebratenen Schweinefleischstreifen*
cha·sō·men 茶そうめん *Grüntee-Nudeln*
chau·dā チャウダー *Meeresfrüchte-Suppe*
cha·wan·mu·shi 茶碗蒸 *herzhafte, gedämpfte Cremespeise, die Fischbrühe, Hühnchen & Gingkonüsse enthält*
che·rī·to·ma·to チェリートマト *Kirschtomaten • Cocktailtomaten*
chi·dai チダイ *„Blut-Tai"-Fisch (kleiner als* ma·dai*)*
chi·kin チキン *Huhn*
chi·ko·rī チコリー *Chicorée*
chi·ku·wa ちくわ *Wurst aus zerkleinertem Fischfleisch*
chi·ku·zen·ni 筑前煮 *Huhn, Taro, Karotten,* go·bō*, Lotoswurzel,* kon·nya·ku*,* shī·ta·ke*-Trockenpilze & Zuckererbsen, in einer Brühe aus Zucker,* shō·yu *&* mi·rin *geschmort*

chi·ma·ki ちまき *in große Blätter gewickelter Reiskuchen aus nicht klebendem Reis*
chim·pi 陳皮 *Zitrusschale*
chin·gen·sai チンゲンサイ *Pok Choi*
chip·pu チップ *Chips*
chi·ra·shi·zu·shi ちらしずし su·shi·me·shi *mit Belag aus rohem Fisch,* a·bu·ra·a·ge *& Gemüse*
chi·ri(·na·be) ちり（鍋） *Eintopf mit Weißfisch & Gemüse*
chi·ri·sō·su チリソース *Chilisauce*
chī·zu チーズ *Käse*
chō·ji チョウジ *Gewürznelke*
cho·ko·rē·to チョコレート *Schokolade*
chō·mi·ryō 調味料 *Würze*
chop·pu チョップ *Koteletts*
chō·za·me チョウザメ *Stör*
chū·go·ku·cha 中国茶 *chinesischer Tee*
chū·hai 酎ハイ *Mixgetränke aus* shō·chū *& verschiedenen Softdrinks*
chū·ka·so·ba 中華そば *veraltete Bezeichnung für* rā·men *– bezeichnet heute meist* rā·men *in einer leichteren* da·shi*, die hauptsächlich aus* shō·yu *besteht*

D

da·ga·shi 駄菓子 *„nichtsnutzige" Süßigkeiten – billig und ok, aber kulinarisch eher minderwertig*
dai·fu·ku·mo·chi 大福もち *Reiskuchen mit* an·ko*-Füllung*
dai·gin·jō·shu 大吟醸酒 *Sake der Spitzenqualität – fruchtiger als* gin·jō·shu
dai·kon 大根 *Chinesischer Rettich*
dai·kon·o·ro·shi 大根おろし *geraspelter* dai·kon
dai·ō ダイオウ *Rhabarber*
dai·to·ku·ji·nat·tō 大徳寺納豆 *mit Hefe vergorene Sojabohnen*
dai·zu 大豆 *Sojabohne*
dan·go だんご *runde Bällchen aus Reis & Mehl*
dan·sha·ku·i·mo 男爵芋 *Kartoffelsorte, hauptsächlich von der Insel Hokkaidō*
da·ru·ma·ka·re·i ダルマカレイ *Steinbutt*
da·shi だし *Brühe, normalerweise aus* ka·tsu·o·bu·shi *oder* kom·bu

da·shi·ji·ru だし汁 *Bouillon*
da·te·ma·ki だて巻 *süßes Omelettröllchen, wird oft zu Neujahr serviert*
de·be·ra でべら *getrocknete Zimtflunder (Präfektur Hiroshima)*
de·ka·fe no kō·cha デカフェの紅茶 *entkoffeinierter Tee*
dem·bu でんぶ *gekochter & gebratener Schnapper oder Kabeljau, mit Zucker &* shō·yu *gewürzt & zu rosa Flocken verarbeitet, die in Sushi-Röllchen verwendet werden*
den·ga·ku 田楽 *Gerichte aus gegrilltem Fisch, Gemüse & Tofu mit* mi·so*-Sauce*
…·don …丼 *Reis mit herzhaften Zutaten*
do·jō ドジョウ *ostasiatischer Schlammpeitzger (Fischart)*
do·rai·bī·ru ドライビール *„Trockenes Bier" – mit höherem Alkoholgehalt & mehr Kohlensäure als das normale Bier*
do·rai·fu·rū·tsu ドライフルーツ *Trockenobst*
do·ra·ya·ki どら焼き *zwei Pfannkuchen mit süßer Azuki-Bohnenpaste dazwischen*
do·te·na·be 土手鍋 *Eintopf aus* mi·so*-Brühe mit Gemüse & Meeresfrüchten*

E

e·bi エビ *allgemeiner Oberbegriff für Garnelen, Krabben, Hummer & Krebse*
e·bi·fu·rai エビフライ *Garnele im Teigmantel*
e·bi·sō·men エビそうめん *Garnelen-*sō·men
e·da·ma·me 枝豆 *junge Sojabohnen – beliebter Snack zum Bier*
e·do·mi·so 江戸味噌 *dunkles, feuerrotes, süßliches* mi·so *aus Tokio*
e·i エイ *Rochen*
e·i·hi·re エイヒレ *getrocknete Stachelrochen-Flosse, die gegrillt als Snack zum Sake serviert wird*
e·ki·ben 駅弁 *Lunchbox-Gericht, das auf Bahnhöfen angeboten wird*
en·dai·bu エンダイブ *Endivie*
en·dō エンドウ *Felderbse (grüne Erbsenart)*
en·ga·wa えんがわ *Ansatz der Rückenflosse von Flunder & Meerzunge*
e·no·ki·da·ke えのきだけ *Enokitake (Speisepilz)*
e·ra えら *Kieme*
ē·ru エール *Bier*

F

fen·ne·ru フェンネル *Fenchel*
fu 麩 *Suppeneinlage aus Glutenmehl*
fu·cha·ryō·ri 普茶料理 *chinesische Zen-Küche*
fu·e·dai フエダイ *Schnapper (Fischart)*
fu·gu フグ *Kugelfisch. Die berühmt-berüchtigte Fischart, die das tödliche Nervengift Tetrodotoxin enthält – das Fleisch wird als* ū·su·zu·ku·ri *oder in* fu·gu·chi·ri *verzehrt & die „Milch" (Samenflüssigkeit) gilt als Delikatesse*
fu·gu·chi·ri フグチリ *Eintopf mit* fu·gu
fu·gu·shi·ra·ko フグ白子 *„Milch" (Samenflüssigkeit) des* fu·gu
fu·ka·ga·wa·na·be 深川鍋 *Eintopf mit Klaffmuscheln & Frühlingszwiebeln*
fu·ka·hi·re フカヒレ *Haifischflosse*
fu·ki フキ *Japanische Pestwurz (ein Gemüse)*
fu·ki·no·tō フキノトウ *Blütenknospe der* fu·ki*-Pflanze, die den Frühlingsbeginn symbolisiert*
fu·ku·ro·ta·ke ふくろたけ *Reisstrohpilz • Scheidling*
fu·na フナ *Karausche (Süßwasserfisch) – wird als* kan·ro·ni, tsu·ku·da·ni *oder* a·rai *verzehrt*
fu·na·zu·shi フナずし *weibliche Karausche mit Eiern, die eingesalzen & im Ganzen in gekochtem Reis fermentiert wird (Präfektur Shiga)*
fu·ri·ka·ke ふりかけ *trockener Belag für Reis*
fu·rū·tsu·jū·su フルーツジュース *Obstsaft*
fu·rū·tsu·kē·ki フルーツケーキ *Obstkuchen*
fu·rū·tsu·pan·chi フルーツパンチ *Obstpunsch*
fu·su·ma ふすま *Kleie*
fu·to·ma·ki 太巻き *verschiedene Zutaten, in* no·ri*-Blätter eingerollt (große Sushi-Rollen)*

G

ga·chō ガチョウ *Gans*
gai·mai 外米 *Reis ausländischer Herkunft*
gam·mo·do·ki がんもどき *zerkleinerter & mit fein gehacktem Gemüse & Seetang gebratener Tofu – wird in Eintöpfen verwendet*
gan ガン *Wildgans*
ga·ri がり *eingelegter, rosaroter Ingwer, meist als Beilage zu Sushi gereicht*
gek·kē·ju 月桂樹 *Lorbeer*
gem·mai 玄米 *Naturreis*
gem·mai·cha 玄米茶 *gerösteter Tee mit geröstetem Puffreis*
ge·so げそ *Kalmar-Tentakel*
gī ギー *Ghee (indisches Butterschmalz)*
gin·jō 吟醸 *Sake aus Reis, der auf 60 % seines Volumens poliert, dann eingeweicht & gedämpft wird*
gin·jō·shu 吟醸酒 *Sakesorte mit frischem, fruchtigem Aroma*
gin·nan ぎんなん *Gingkonuss*
go·bō ごぼう *Klettenwurzel*
go·bu·zu·ki 五分づき *Mischung aus 50 % weißem und 50 % Naturreis*
go·ham·mo·no ご飯もの *Reisgerichte*
go·han ご飯 *gegarter Reis • allgemeine Bezeichnung für eine „Mahlzeit"*
go·ma ごま *Sesamsamen*
go·ma·a·bu·ra ごま油 *Sesamöl*
go·ma·a·e ごま和え *Gerichte mit einer Sesam-, Salz- & Zuckersauce*
go·ma·da·re ごまだれ *Sesamsauce*
go·ma·dō·fu ごま豆腐 *tofuähnliches Produkt aus gemahlenen weißen Sesamsamen & Stärke*
go·ma·me ゴマメ *eine kleine Sardine, in* shō·yu *& Zucker gegart*
go·mo·ku·so·ba 五目そば ra·men *mit Gemüse, Meeresfrüchten & Fleisch*
go·ri·ryō·ri 鮴料理 *Gerichte mit* ka·ji·ka *(einer Fischart) – eine Spezialität der Präfektur Kanazawa*
gu 具 *Füllung • Belag*
gu·a·va グアヴァ *Guave*
gu·ji ぐじ *s.* a·ma·dai
gu·rap·pa グラッパ *Grappa*
gu·rē·pu·fu·rū·tsu グレープフルーツ *Grapefruit*
gu·rīn·o·rī·bu グリーンオリーブ *grüne Olive*
gu·ru·ta·min·san·sō·da グルタミン酸ソーダ *Glutamat*
gyo·ku·ro 玉露 *japanischer Grüntee der höchsten Qualitätsstufe*
gyō·nyū 凝乳 *Quark*
gyo·shō 魚醤 *Fischsauce*
gyō·za ギョウザ *Teigtaschen nach chinesischer Art, meist mit Füllung aus Schweinehack, Kohl, Knoblauch, Ingwer & Schnitt-Knoblauch*
gyū·don 牛丼 *dünne Rindfleischstreifen, in gesüßter* shō·yu *gegart & auf Reis serviert*
gyū·ni·ku 牛肉 *Rindfleisch*
gyū·nyū 牛乳 *Milch*
gyū·tan 牛タン *Rindszunge*

H

ha 葉 *Blatt*
hā·bu·tī ハーブティー *Kräutertee*
ha·dok·ku ハドック *Schellfisch*
hak·ka ハッカ *Minze • Pfefferminze*
ha·ku·mai 白米 *einfacher, weißer Reis*
ha·ku·sai 白菜 *Chinakohl*
ha·ma·chi ハマチ *Gelbschwanzmakrele • junge Bernsteinmakrele (s.* bu·ri*)*
ha·ma·gu·ri ハマグリ *Venusmuschel*
ha·mo ハモ *Congeraal*
ham·pen はんぺん *schwammiger Fischkuchen aus zerkleinertem Haifleisch, geraspelter Yamswurzel & Reismehl*
ha·mu ハム *Schinken*
ha·na·dai·kon ハナダイコン *Rauke • Rucola*
ha·na·ma·me 花豆 *Feuerbohne • Blumenbohne*
ha·na·sa·ki·ga·ni 花咲ガニ *eine Art der Königskrabben • „blütenöffnende" Krabbe, die sich öffnet, wenn sie in heißes Wasser getaucht wird*
hap·pa 葉っぱ *Blatt*
hap·pō·sai 八宝菜 *Pfannenrührgericht mit verschiedenem Gemüse, Fleisch & Meeresfrüchten, mit einer Sauce nach chinesischer Art*
ha·ra·pe·nyo ハラペニョ *Jalapeño-Chili*
ha·ra·wa·ta はらわた *Magen • Innereien*

ha·ru·sa·me はるさめ *Glasnudeln aus Bohnenstärke*
ha·sa·mi はさみ *Krebsscheren*
ha·ta ハタ *Sägebarsch • Zackenbarsch*
ha·ta·ha·ta ハタハタ *japanischer Sandfisch, der zur Zubereitung einer vergorenen Fischsauce namens* shot·tsu·ru *dient (Präfektur Akita)*
ha·ta·ha·ta·zu·shi ハタハタずし *eingelegter* ha·ta·ha·ta
hat·chō·mi·so 八丁味噌 *dunkles* mi·so*, ursprünglich eine Spezialität aus Okazaki*
ha·to 鳩 *Taube*
ha·ya·shi·rai·su ハヤシライス *geschmortes Fleisch & Gemüse mit Reis*
ha·ya·to·u·ri ハヤトウリ *Chayote • Stachelgurke (Frucht einer tropischen Kletterpflanze)*
ha·ze ハゼ *Grundel (Fischart)*
hē·ku ヘイク *Seehecht*
hē·ze·ru·nat·tsu ヘーゼルナッツ *Haselnuss*
hi·bo·shi·to·ma·to 日干しトマト *sonnengetrocknete Tomaten*
hi·da·ra 干ダラ *getrockneter Kabeljau*
hi·ga·shi 干菓子 *trockene Süßigkeiten, die bei der Teezeremonie verzehrt werden*
hi·ji·ki ひじき *eine Seetangart*
hi·ji·ki no ni·mo·no ひじきの煮物 hi·ji·ki*, mit* shō·yu*, Zucker, gebratenem Tofu & gekochten Sojabohnen gegart*
hi·ki·ni·ku ひき肉 *Hackfleisch*
hi·ki·wa·ri·mu·gi 挽き割り麦 *Weizenschrot*
hi·ki·wa·ri·tō·mo·ro·ko·shi 挽き割りトウモロコシ *gekochter Maisbrei*
hī·ku·do·ri 肥育鶏 *Kapaun (kastrierter, gemästeter Hahn)*
hi·me·ma·su ヒメマス *s.* ka·wa·ma·su
hi·mo·no 干物 *Trockenfisch*
hi·ra·ki ひらき *ganz geöffneter* ma·tsu·ta·ke*-Pilz*
hi·ra·ma·sa ヒラマサ *Gelbschwanzmakrele • Bernsteinmakrele • Königsmakrele*
hi·ra·me ヒラメ *Heilbutt • Glattbutt • Plattfisch • Flunder • Scholle • Steinbutt*
hi·ra·ta·ke ヒラタケ *Austernpilz*
hi·re·ka·tsu ヒレカツ *gebratenes Schweinefilet*
hi·to·ku·chi·to·ma·to 一口トマト *Kirschtomaten • Cocktailtomaten*
hi·tsu·ji 羊 *Schaf • Lamm*
hi·ya·mu·gi 冷麦 *kalte Nudeln mit kalter Dipsauce*
hi·ya·shi·chū·ka 冷やし中華 *kalte Nudeln in süßsaurer Suppe mit Gurke, Huhn & Ei*
hi·ya·shi·u·don 冷やしうどん *einfache, kalte* u·don
hi·ya·yak·ko 冷奴 *kalter Tofu*
hi·yo·ko·ma·me ヒヨコマメ *Kichererbsen*
hi·za·ni·ku ひざ肉 *Haxe*
hō·bō ホウボウ *Knurrhahn (Fischart)*
hō·ji·cha ほうじ茶 *Getrockneter* ban·cha
hok·kai·dō·ryō·ri 北海道料理 *Hokkaidō-Küche*
hok·ke ホッケ *Aatka-Grünling (Meeresfisch)*
hok·ki·gai ホッキ貝 *Trogmuschel (auch* u·ba·gai *genannt)*
ho·ko·ri·ta·ke ホコリタケ *eine Ständerpilzart (Speisepilz)*
hom·mi·rin 本みりん mi·rin *von guter Qualität*
hon·jō·zō·shu 本醸造酒 *japanischer Reiswein aus auf 70 % seines Volumens poliertem Reis, mit Alkohol & Wasser versetzt*
hon·shi·me·ji 本しめじ *Pilzart*
hō·ren·sō ホウレンソウ *Spinat*
ho·shi·en·dō 干しエンドウ *grüne Spalterbse*
ho·shi·ga·ki 干し柿 *getrocknete Persimone*
ho·so·ma·ki 細まき *dünnes Sushi-Röllchen*
ho·ta·ru·i·ka ホタルイカ *Leuchtkalmar*
ho·ta·te(·gai) ホタテ(貝) *Jakobsmuschel*
ho·ta·te·ryō·ri ホタテ料理 *Jakobsmuschel-Küche*
ho·ya ホヤ *Seescheide, mit Gurke & Essig gemischt & roh verzehrt*
ho·zon·ryō 保存料 *Konservierungsstoff*
hya·ku·hi·ro 百尋 *gekochte Walinnereien (Stadt Hakata)*

I

i·chi·go イチゴ *Erdbeere*
i·chi·ji·ku イチジク *Feige*
ī·da·ko いいだこ *„Reis-Oktopus" – kleiner Tintenfisch mit vielen Eiern im Inneren, die wie Reis aussehen*
i·gai 貽貝 *Miesmuschel (auch* mū·ru·gai *genannt)*
i·ka イカ *Kalmar • Tintenfisch*
i·ki·zu·ku·ri 活き作り *Zubereitungsmethode für Fisch & Hummer, bei der diese lebend serviert werden*
i·ku·ra イクラ *gesalzener Lachsrogen*
i·na·go イナゴ *Reis-Heuschrecke; Heuschreckenart, die oft als* tsu·ku·da·ni *verzehrt wird*
i·na·ka·ryō·ri 田舎料理 *ländlich-rustikale Küche*
i·na·man·jū いな饅頭 *ausgenommene Meerbarbe mit einer Füllung aus* mi·so-*Paste (Präfektur Nagoya) – s. auch* bo·ra
i·na·ri·zu·shi 稲荷ずし *Essigreis in einer Tasche aus gebratenem Tofu*
in·gem·ma·me インゲンマメ *Kidneybohne*
i·non·do イノンド *Dill*
i·no·shi·shi いのしし *Keiler (Wildschwein)*
i·ri·do·ri 煎り鳥 *kurz gebratenes Hühnchenfleisch, getrocknete* shī·ta·ke, go·bō, ta·ro, kon·nya·ku, *Lotoswurzeln, Karotten & Bambussprossen, in* shō·yu *&* mi·rin *geschmort*
i·ri·ko いりこ *Seegurke • getrocknete Seegurke • getrocknete Sardine*
i·se·e·bi イセエビ *Japanische Languste*
i·shi·ka·ri·na·be 石狩鍋 *Hokkaidō-Eintopf mit Lachs & Gemüse*
i·so·be·ma·ki 磯辺巻き *gegrillte Reiskuchen, in* shō·yu *getunkt & in* no·ri *gewickelt*
… i·ta·me …炒め *pfannengerührte/r/s …*
i·ta·me·mo·no 炒め物 *pfannengerührte Gerichte*
i·ta·ya·gai いたや貝 *kleine Jakobsmuschel (auch* sha·ku·shi·gai *genannt)*
i·to·kon·nya·ku 糸こんにゃく *dünn geschnittene* kon·nya·ku
i·to·na 糸菜 *Senfpflanze, die als grünes Blattgemüse verwendet wird*
i·to·sō·men 糸そうめん *dünnste Art von* sō·men
i·wa·na イワナ *Saibling*
i·wa·shi いわし *Sardine*

J

ja·ga·ba·tā ジャガバター *Gebackene Kartoffeln mit Butter*
ja·ga·i·mo ジャガイモ *Kartoffeln*
ja·po·ni·ka·mai ジャポニカ米 *Kurzkornreis*
jin·jā ジンジャー *Ingwer*
…ji·ru …汁 *… -saft • … -suppe*
ji·za·ke 地酒 *örtliche Sakespezialität*
jō·ryū·shu 蒸留酒 *Spirituosen*
jū·bu·zu·ki 十分づき *einfacher weißer Reis*
jum·mai·shu 純米酒 *japanischer Reiswein aus Reis, der auf 70 % seines ursprünglichen Volumens poliert wird*
jun·sai じゅんさい *Haarnixe (kleine Wasserpflanze)*

K

ka·ba·ya·ki 蒲焼 *gegrillter Fisch oder Aal, in eine* shō·yu-*Sauce getunkt, z. B.* u·na·gi no ka·ba·ya·ki
ka·bo·cha かぼちゃ *japanischer Kürbis*
ka·bu かぶ *Rübe*
ka·bu·na·me·ko かぶなめこ *etwas größere Wildart des* na·me·ko-*Pilzes*
ka·bu·to·mu·shi かぶと蒸し *gedämpfter Kopf großer Fischarten*
ka·bu·to·ni かぶと煮 *geschmorter Kopf großer Fischarten*
ka·e·ru カエル *Frosch*
ka·e·ru no a·shi カエルの足 *Froschschenkel*
kai(·ru·i) 貝(類) *Muscheln*
kai·sam·bu·tsu 海産物 *Meeresfrüchte*
kai·se·ki 懐石 *s.* kai·se·ki·ryō·ri
kai·se·ki·ryō·ri 懐石料理 *mehrgängiges Menü aus vielen kleinen Gerichten – auch* kai·se·ki *genannt*

kai·so 海藻 *Oberbegriff für essbare Seetangarten und Meeresgemüse*
kai·wa·re·dai·kon 貝割れ大根 *würzige Salatsprossen aus der Senffamilie*
kai·zo·ku·ryō·ri 海賊料理 *„Piratenkost" – Meeresfrüchte, die lebend auf dem Grill gegart werden (Präfektur Tokushima)*
ka·ji·ka カジカ *ähnlich wie Grundel (Süßwasserfisch) – Gerichte mit* ka·ji·ka *werden* go·ri·ryō·ri *genannt & sind eine Spezialität der Präfektur Kanazawa*
ka·ji·ki カジキ *Schwertfisch*
ka·ke·so·ba かけそば *Buchweizennudeln in Bouillon*
ka·ke·u·don かけうどん *Weizennudeln in Bouillon*
ka·ki 柿 *Persimone*
ka·ki カキ *Auster*
ka·ki·a·ge かき揚げ *fein gehackte Meeresfrüchte & Gemüse, in* tem·pu·ra*-Teig ausgebacken*
ka·ki·me·shi かき飯 *Austernreis*
ka·ki·mo·chi かきもち *s.* a·ra·re
ka·ki·na·be カキ鍋 *Austerneintopf (Präfektur Hiroshima)*
ka·ma·bo·ko かまぼこ *zerkleinertes Weißfischfleisch, das gedämpft & in Blöcken verkauft wird*
ka·ma·su カマス *Barrakuda • Pfeilhecht*
ka·mi·re·ru·cha カミレル茶 *Kamillentee*
ka·mo 鴨 *Ente*
kam·pa·chi カンパチ *Bernsteinmakrele (Fischart, die im Sommer am besten ist)*
kam·pyō かんぴょう *getrocknete Frucht des Flaschenkürbis, mit* shō·yu *aromatisiert*
kam·pyō·ma·ki かんぴょう巻き *Sushi-Röllchen mit* kam·pyō
ka·ni カニ *Krabbe*
ka·ni·ba·sa·mi カニばさみ *s.* ha·sa·mi
ka·ni·mi·so カニ味噌 *Fortpflanzungsorgane von Krabben, oft als Vorspeise verzehrt*
kan·ki·tsu·ru·i 柑橘類 *Zitrusfrucht*
kan·ko·ku·ryō·ri 韓国料理 *koreanische Küche*
kan·zō カンゾウ *Süßholz • Lakritze*
kan·ro·ni 甘露煮 *kleiner Fisch, in süßer* shō·yu *&* mi·rin *gekocht• in Sirup gegarte Kastanien*
kan·to·da·ki かんと炊き *in der Kansai-Region gebräuchliche Bezeichnung für* o·den
kap·pa·ma·ki かっぱ巻き *Gurken-Sushi, in* no·ri*-Blätter eingerollt*
ka·ra 殻 *Schale*
ka·ra·a·ge から揚げ *Fleisch oder Fisch, in Mehl gewendet & frittiert*
ka·ra·me·ru カラメル *Karamell*
ka·ra·mi·mo·chi からみもち *Reiskuchen mit geraspeltem* dai·kon
ka·ra·shi からし *Senf*
ka·ra·shi· men·tai·ko 辛子明太子 *gesalzener, in Chili eingelegter Kabeljaurogen (Kyūshū) – auch nur* men·tai·ko
ka·ra·shi·na からし菜 *brauner Senf*
ka·ra·shi·zu·ke からし漬け *eingelegtes Senfgemüse*
ka·ra·su·mi からすみ *getrockneter Meerbarbenrogen (Nagasaki & Kyūshū) – s. auch* bo·ra
ka·rē カレー *Curry*
ka·re·i カレイ *Kliesche • Plattfisch • Flunder*
ka·rē·nam·ban カレー南蛮 *Buchweizennudeln mit Hühnchen- oder Schweinefleischcurry*
ka·rē·rai·su カレーライス *Curry & Reis nach japanischer Art*
ka·rē·u·don カレーうどん u·don*-Nudeln mit Currysauce auf Fett-Mehl-Basis (ähnlich wie Mehlschwitze)*
ka·ri·fu·ra·wā カリフラワー *Blumenkohl*
ka·rin かりん *Chinesische Quitte*
ka·rin·tō かりんとう *Süßspeise aus Mehl & Backpulver, die frittiert & mit braunem Zucker überzogen wird*
ka·ru·da·mon カルダモン *Kardamom*
ka·ru·don カルドン *Wilde Artischocke (Kardone)*
ka·ru·kan かるかん *Konfekt aus* ya·ma·i·mo*, Reispuder & Zucker (Kagoshima)*
ka·shi·wa·mo·chi 柏もち *in Eichenblätter gewickelter Reiskuchen – wird traditionell zum Kindertag am 5. Mai verzehrt*
ka·su 粕 *Bodensatz (Sediment) des Sake*
ka·su·ji·ru 粕汁 *dickflüssige Sauce, aromatisiert mit Sake-Bodensatz (Sediment)*
ka·su·te·ra カステラ *gelber Biskuitkuchen (Präfektur Nagasaki)*

ka·su·zu·ke 粕漬け in Sake-Bodensatz (Sediment) eingelegtes Gemüse
ka·ta·ku·chi·i·wa·shi カタクチイワシ Sardelle • Japanische Sardelle
ka·ta·ku·ri·ko 片栗粉 Pfeilwurzmehl
ka·ta·ya·ki·so·ba 固焼きそば knusprig gebratene Nudeln mit Gemüse
ka·ta·yu·de·ta·ma·go 固ゆで卵 hart gekochtes Ei
ka·tsu カツ Schnitzel
ka·tsu·don カツ丼 paniertes Schweineschnitzel & Ei auf Reis
ka·tsu·o カツオ Bonito (Thunfischart)
ka·tsu·o·bu·shi カツオ節 getrocknete Bonito-Flocken (Fischflocken)
ka·wa·ha·gi カワハギ Feilenfisch
ka·wa·hi·me·ma·su カワヒメマス Äsche (Lachsfisch)
ka·wa·ma·su 川マス Bachsaibling • Hecht
ka·wa·za·ka·na 川魚 Flussfisch • Süßwasserfisch
ka·zu·no·ko かずのこ getrockneter Heringsrogen (s. auch o·se·chi·ryō·ri)
ke·chap·pu ケチャップ Ketchup
ke·ga·ni 毛がに Haarkrabbe (am besten im Winter)
kē·ki ケーキ Kuchen
ke·shi no mi ケシの実 Mohnsamen
kē·sho·ku 軽食 Snacks
ki·dai キダイ Gelbe Meerbrasse, ein billiger Fisch, der als shi·o·ya·ki serviert wird
ki·en·dō 黄エンドウ gelbe Spalterbse
ki·ha·da キハダ Gelbflossen-Thun
ki·i·chi·go キイチゴ Himbeere
ki·ji 雉 Fasan
ki·ku·i·mo キクイモ Topinambur
ki·ku·ko きくこ Kabeljau-„Milch" (Samenflüssigkeit) zur Verwendung in Eintöpfen
ki·ku·ra·ge きくらげ Judasohr • Wolkenohrpilz • Mu-Err-Pilz
ki·mi·sō·men 黄身そうめん Nudeln mit Eigelb
kim·ma キンマ Betelpalme (Pflanze mit essbaren Blättern und Nüssen)
kim·me(·dai) キンメ(ダイ) Kaiserbarsch • Alfonsino
kim·pi·ra·go·bō きんぴらごぼう dünn geschnittene go·bō, meist mit shō·yu aromatisiert
ki·na·ko きなこ Sojabohnenmehl
ki·na·ko·mo·chi きなこもち in gesüßtem Sojabohnenmehl gewälzter Reiskuchen
kin·kan キンカン Kumquat (Frucht)
kin·ko きんこ getrocknete Seegurke
ki no mi 木の実 Beeren
ki·no·ko きのこ Speisepilz
kin·to·ki 金時 große rote Bohne
ki·nu·go·shi·dō·fu 絹ごし豆腐 weicher Tofu (s. auch mo·men·dō·fu)
ki·ri·mi 切り Fisch- oder Fleischfilet
ki·shi·men きしめん Bandnudeln (Nagoya)
ki·su キス Wittling (Fischart)
ki·tsu·ne·so·ba きつねそば Buchweizennudeln mit gebratenem Tofu
ki·tsu·ne·u·don きつねうどん Weizennudeln mit gebratenem Tofu
ki·yu·zu 黄ゆず gelbe yu·zu
kō·be·gyū 神戸牛 das hoch geschätzte, fettmarmorierte Fleisch der berühmten Kobe-Rinder
ko·bu·cha 昆布茶 Tee aus kom·bu-Seetang (auch kom·bu·cha genannt)
ko·bu·da·shi 昆布だし Seetangbrühe
ko·bu·ma·ki 昆布巻き kleiner Fisch oder go·bō, in kom·bu gewickelt & gekocht
kō·cha 紅茶 (schwarzer) Tee
ko·chi·jan コチジャン koreanische süßscharfe Pfeffer-mi·so-Paste
ko·e·bi 小エビ Garnele
ko·en·do·ro コエンドロ Koriandergrün
ko·ha·da こはだ Fadenflossige Alse • Gefleckter Pazifikhering (Heringsfische, die auch ko·no·shi·ro genannt werden)
kō·hī コーヒー Kaffee
ko·hi·tsu·ji 子羊 Lamm
koi コイ Karpfen, der für mi·so-Suppe oder a·rai verwendet wird
koi·cha 濃茶 starker Tee
koi·ku·chi·shō·yu 濃い口しょう油 dunkle shō·yu
ko·ko·a ココア Kakao
ko·ko·na·tsu ココナツ Kokosnuss
ko·ma·tsu·na 小松菜 Senfspinat (grünes Blattgemüse)
kom·bu 昆布 eine Seetangart
kom·bu·cha 昆布茶 s. ko·bu·cha
ko·me 米 ungekochter Reis
ko·me·mi·so 米味噌 mi·so aus Reis

kōm·mī·ru コーンミール *Maismehl*
ko·mu·gi 小麦 *Weizen*
ko·mu·gi·ba·ku·ga 小麦麦芽 *Weizenkeim*
kō·na·go こうなご *Sandaal*
ko·na·za·tō 粉砂糖 *Puderzucker*
kon·nya·ku こんにゃく *Titanenwurz – Wurzelgemüse, aus dem eine gelatinöse Paste zur Verwendung in Eintöpfen & Schmorgerichten bereitet wird (Präfekturen Gunma, Tochigi & Fukushima)*
ko·no·ko このこ *getrockneter Seegurken-Rogen, der als Snack zum Sake verzehrt wird (Präfektur Ishikawa)*
kō no mo·no 香の物 *eingelegtes Gemüse, das zum* cha·kai·se·ki *gereicht wird*
ko·no·shi·ro コノシロ *s.* ko·ha·da
ko no wa·ta コノワタ *gesalzene Seegurken-Innereien*
kon·sai 根菜 *Wurzelgemüse*
ko·ri·an·da コリアンダ *Koriander*
kō·ri·dō·fu 凍り豆腐 *gefriergetrockneter Tofu zur Verwendung in Schmorgerichten*
kō·ri·mi·zu 氷水 *Eiswasser*
ko·ro ころ *junger, noch vollständig geschlossener* ma·tsu·ta·ke
ko·ro·ha コロハ *Bockshornklee*
ko·rok·ke コロッケ *Krokette*
ko·ro·mo ころも *Backteig zum Frittieren*
kō·ryō·kyō コウリョウキョウ *Galgant*
ko·shi·ni·ku 腰肉 *Lende*
kō·shin·ryō 香辛料 *Gewürze*
ko·shō 胡椒 *Pfeffer*
ko·shō·sō コショウソウ *Kresse*
ko·tsu·zu·i 骨髄 *Mark*
kot·te·ri こってり *allgemeiner Begriff für „fett" oder „dick" (s. auch* as·sa·ri*)*
ko·u·shi no ni·ku 仔牛の肉 *Kalbfleisch*
kō·ya·dō·fu こうや豆腐 *s.* kō·ri·dō·fu
ku·chi·ko クチコ *gesalzener Seegurken-Rogen*
ku·da·mo·no くだもの *Frucht*
ku·ji·ra くじら *Wal*
ku·mi·a·ge·dō·fu くみ上げ豆腐 *frisch zubereiteter Tofu*
ku·min クミン *Kreuzkümmel*
kun·sē 燻製 *geräuchert*
kun·sē·sa·ke 燻製サケ *Räucherhering*
ku·ra·ge クラゲ *Qualle*
ku·rak·kā クラッカー *Cracker*
ku·res クレス *Kresse*
ku·re·son クレソン *Wasserkresse*
ku·ri 栗 *Kastanie*
ku·ri·jō·chū 栗焼酎 shō·chū *aus Kastanien*
ku·ri·kin·ton 栗きんとん *in Sirup gekochte & mit Süßkartoffelpüree überzogene Kastanien*
ku·ro·a·na·go クロアナゴ *schwarzer Congeraal*
ku·rō·bu クローブ *Gewürznelke*
ku·ro·dai クロダイ *Schwarze Meerbrasse*
ku·ro·go·ma 黒ごま *schwarze Sesamsamen*
ku·ro·ma·gu·ro クロマグロ *Blauflossen-Thun*
ku·ro·ma·me 黒豆 *schwarze Sojabohne*
ku·ro·o·rī·bu 黒オリーブ *schwarze Olive*
ku·ro·was·san クロワッサン *Croissant*
ku·ru·ma·ba·sō クルマバソウ *Waldmeister*
ku·ru·ma·e·bi 車えび *Kuruma-Garnele • Tigergarnele • Scampi*
ku·ru·mi クルミ *Walnuss*
ku·ru·zet·to クルゼット *Zucchini*
ku·sa·mo·chi 草もち *grüner Reiskuchen mit Beifuß*
ku·sa·ya くさや *geruchsintensiver Trockenfisch (Insel Niijima & Izu-Archipel)*
kū·sū 古酒 *oder* クースー *gereifter* a·wa·mo·ri*-Branntwein*
ku·wai クワイ *Pfeilkraut (Wasserpflanze)*
ku·wa no mi くわの実 *Maulbeere*
ku·zu 葛 *Stärke aus der Kudzu-Wurzel*
ku·zu·ki·ri 葛きり *Fadennudeln aus* ku·zu
kya·be·tsu キャベツ *(Weiß-)Kohl*
kya·bia キャビア *Kaviar*
kya·ra·wē キャラウェー *Kümmelsamen*
kyō·do·ryō·ri 郷土料理 *regionale Spezialitätenküche*
kyō·na 京菜 *Senfpflanze, die als grünes Blattgemüse verwendet wird*
kyō·ri·ki·ko 強力粉 *kräftiges Weizenmehl*
kyō·ryō·ri 京料理 *Kyoto-Küche*
kyō·to·shi·ro·mi·so 京都白味噌 *weiches, süßes, weißes* mi·so *der* kyō·ryō·ri
kyū·ri キュウリ *Gurke*
kyū·ri·mo·mi キュウリもみ *dünne Gurkenscheiben, mit Salz angemacht*
kyū·ri no pi·ku·ru·su キュウリのピクルス *Essiggurke*
kyū·shū·ryō·ri 九州料理 *Kyūshū-Küche*
kyū·tē·ryō·ri 宮廷料理 *Palastküche*

M

ma·a·ji マアジ *Stachelmakrele • Pferdemakrele*
ma·a·na·go マアナゴ *Congeraal*
ma·dai マダイ *Rote Meerbrasse • Silberbrasse • Schnapper*
ma·ga·mo マガモ *Stockente*
ma·gu·ro マグロ *Thunfisch – vorwiegend aus nicht-japanischen Gewässern*
mai·ta·ke まいたけ *Klapperschwamm (Speisepilz)*
ma·i·wa·shi まいわし *Sardine*
ma·ki·zu·shi 巻きずし *Oberbegriff für mit* no·ri *gerolltes Sushi*
ma·me 豆 *Bohnen (der Begriff umfasst auch Erbsen & Sojabohnen)*
ma·me·mi·so 豆味噌 mi·so *aus Sojabohnen*
ma·me·ru·i 豆類 *Hülsenfrucht*
man·gō マンゴー *Mango*
man·jū 饅頭 *Dampfbrötchen mit Füllung aus süßen Azuki-Bohnen*
ma·ri·ne マリネ *Marinade*
ma·ru·me·ro マルメロ *Quitte*
mas·shu·po·te·to マッシュポテト *Kartoffelbrei*
mas·tā·do マスタード *Senf*
ma·su マス *rosa Lachs • Oberbegriff für Forellenfische*
mat·cha 抹茶 *Grüntee-Pulver*
mat·cha·ai·su 抹茶アイス *Grüntee-Eiscreme*
mat·cha·shi·o 抹茶塩 *Salz & Grüntee-Pulver, als Dip für* tem·pu·ra
ma·tō·dai マトウダイ *Heringskönig • Petersfisch*
ma·ton マトン *Hammel*
ma·tsu·ka·wa·zu·ku·ri 松皮づくり *Sashimi aus nicht enthäutetem Tai – die schmackhafte Haut sieht wie Kiefernrinde aus*
ma·tsu no mi 松の実 *Pinienkern*
ma·tsu·ta·ke マツタケ *teure & sehr aromatische Pilzart*
ma·yo·nē·zu マヨネーズ *Mayonnaise*
me·ba·chi メバチ *Großaugen-Thun*
me·ba·ru メバル *eine Rotbarschart*
me·bō·ki メボウキ *süßes Basilikum*
me·da·ma·ya·ki 目玉焼き *Spiegelei*
men 麺 *Nudeln*
men·chi·ka·tsu メンチカツ *panierte & gebratene Frikadelle*
men·ru·i 麺類 *Oberbegriff für Nudeln*
men·tai·ko 明太子 *s.* ka·ra·shi·men·tai·ko
me·ron メロン *Melone • Zuckermelone*
mēs メース *Mazis • Muskatblüte*
mi 身 *Oberbegriff für das Fleisch von Fisch & Meeresfrüchten*
mi·ga·ki·ni·shin 身欠きにしん *getrockneter Hering*
mi·kan みかん *Mandarine*
mi·na·mi·ma·gu·ro ミナミマグロ *Südlicher Blauflossen-Thun*
min·to ミント *Minze*
mi·rin みりん *süßer Reiswein, der zum Kochen verwendet wird*
mi·ru·gai みる貝 *Elefantenrüsselmuschel • Königsmuschel*
mi·ru·ku ミルク *Milch*
mi·ru·ku·tī ミルクティー *Milchtee*
mi·so 味噌 *vergorene Sojabohnenpaste – kann auch aus Reis oder Gerste zubereitet werden*
mi·so·ni 味噌煮 *in* mi·so*-Brühe gegarter Fisch*
mi·so·rā·men 味噌ラーメン rā·men *mit* mi·so*-Brühe*
mi·so·shi·ru 味噌汁 *Suppe aus* mi·so*-Paste und Fischbrühe – oft mit Gemüse, Tofu &* wa·ka·me
mi·so·zu·ke 味噌漬 *in* mi·so *eingelegte Fleisch-, Fisch- & Gemüsesorten*
mi·tsu·ba みつば *japanischer wilder Kerbel, als Gewürz in Eintöpfen,* cha·wan·mu·shi *&* o·ya·ko·don
mi·tsu·ma·me みつまめ *japanisches Dessert aus gekochten roten Erbsen, gewürfeltem Agar-Agar & Obst, mit Sirup übergossen – ähnlich wie* am·mi·tsu, *aber ohne* an·ko
mi·zu 水 *Wasser*
mi·zu·na ミズナ *eine Senfpflanze, die als grünes Blattgemüse verwendet wird*
mi·zu·ta·ki 水炊き *Eintopf aus Huhn & Gemüse, in der eigenen Brühe gekocht – wird mit einer Dipsauce aus* shō·yu *&* pon·zu *verzehrt*
mi·zu·yō·kan 水羊羹 *mildes, süßes* yō·kan*-Gelee*
mo·chi もち *Reiskuchen aus Klebreis*

mo·chi·go·me もち米 *Klebreis, der zur Bereitung von* mo·chi *verwendet wird*
mo·dan·ya·ki モダン焼き *herzhafter Pfannkuchen mit Nudeln nach japanischer Art*
mo·men·dō·fu 木綿豆腐 *grober, fester Tofu (s. auch* ki·nu·go·shi·dō·fu*)*
mo·mi·ji·o·ro·shi もみじおろし *Saucen-Beilage aus geraspeltem* dai·kon *& Chili*
mo·mo 桃 *Pfirsich*
mo·na·ka 最中 *Süßspeise aus* an·ko *in einer dünnen Waffelhülle*
mo·ri·so·ba もりそば *kalte Buchweizennudeln, die in einem Bambus-Dämpfkorb serviert & vor dem Verzehr in kalte Sauce gedippt werden*
mo·tsu モツ *Innereien von Huhn, Schwein oder Rind*
mo·tsu·na·be モツ鍋 *Eintopf aus Hühner-, Schweine- oder Rinderinnereien*
mo·tsu·ni モツ煮 *Gekochte Hühner-, Schweine- oder Rinderinnereien*
mo·ya·shi モヤシ *Bohnensprossen*
mo·zu·ku モズク *mit Essig angemachter Seetang*
mo·zu·ku·ga·ni モズクガニ *kleiner Süßwasserkrebs*
mu·gi 麦 *Oberbegriff für Weizen, Hafer, Gerste & Roggen*
mu·gi·cha 麦茶 *eine Art kalter Tee aus gerösteter Gerste*
mu·gi·jō·chū 麦焼酎 shō·chū *aus Weizen (Präfektur Oita)*
mu·gi·mi·so 麦味噌 *auf der Insel Kyūshū beliebtes Gersten-*mi·so
mu·gi·to·ro 麦とろ *gekochter Reis & Weizen, mit geraspelter Yamswurzel bestreut*
mu·ne·ni·ku 胸肉 *Brustfleisch (von vierbeinigen Tieren, insbesondere Rind)*
mu·ni·e·ru ムニエル *Müllerinart (in Mehl gewendet und kurz in Butter gebraten)*
mū·ru·gai ムール貝 *Miesmuschel (auch* i·gai *genannt)*
mu·shi·gyō·za 蒸しギョウザ *gedämpfte* gyō·za*-Teigtasche*
mu·shi·mo·no 蒸し物 *gedämpfte Gerichte*
mu·tsu·go·rō ムツゴロウ *eine Art Grundel*
myō·ga ミョウガ *Japanischer Ingwer*
myū·zu·ri ミューズリー *Müsli*

N

na 菜 *Blattgemüse (s. auch* nap·pa*)*
…·na·be …鍋 *Eintopf aus …*
na·be(·mo·no) 鍋(物) *Oberbegriff für Eintopf – der Gast wählt die rohen Zutaten selbst aus & kocht sie im* na·be*-Topf*
na·be·ya·ki·u·don 鍋焼きうどん u·don*-Nudeln, Meeresfrüchte, Fleisch & Gemüse, in einem kleinen Topf gegart*
na·ma·ga·shi 生菓子 *ungegarte Süßspeisen mit roter* an*-Füllung*
na·ma·ko ナマコ *Seegurke*
na·ma·su なます *dünn geschnittene rohe Meeresfrüchte oder rohes Gemüse, in Essig eingelegt*
na·ma·ta·ma·go 生卵 *rohes Ei*
na·ma·za·ke 生酒 *unpasteurisierter Sake*
na·ma·zu ナマズ *Wels*
na·me·ko なめこ *kleiner, goldbrauner, mit dem* ma·tsu·ta·ke *verwandter Pilz*
nam·ban·zu·ke 南蛮漬け *gebratener, mit Zwiebelringen & Chili in Essig marinierter Fisch*
na·no·ha·na·zu·ke 菜の花漬け *eingelegte Rapssprossen (Kyoto)*
nap·pa 菜っ葉 *Blattgemüse (s. auch* na*)*
na·re·zu·shi なれずし *gesalzener, in Essig eingelegter* a·yu *mit gekochtem Reis*
na·ru·to·ma·ki なると巻き *dünn geschnittene Fischküchlein, mit Nudeln wie* rā·men *&* u·don *– serviert; die Zutaten sind die gleichen wie bei* ka·ma·bo·ko
na·shi ナシ *Nashi-Birne • Japanische Birne*
na·su ナス *Aubergine*
na·ta·ne 菜種 *Rapssamen*
na·ta·ne·fu·gu 菜種フグ fu·gu *am Saisonende – besonders schmackhaft & giftig*
na·tsu·me なつめ *Dattel*
na·tsu·me·gu ナツメグ *Muskat*
na·tsu·me·ya·shi ナツメヤシ *Dattel (Frucht)*
nat·tō 納豆 *klebrig vergorene Sojabohnen*
ne·gi ねぎ *Frühlingszwiebel • Winterzwiebel*
ne·gi·ma ねぎま *Thunfisch & Frühlingszwiebeln, als Eintopf geschmort (Tokio) • Grillspießchen mit Frühlingszwiebeln & Hühnerfleisch, die in* ya·ki·to·ri*-Restaurants serviert werden*

ne·ku·ta·rin ネクタリン *Nektarine*
ni·bo·shi 煮干 *getrocknete Sardellen, aus denen Brühe bereitet wird*
ni·ga·u·ri にがうり *Balsambirne • Bittergurke*
ni·gi·ri·zu·shi にぎりずし *handgepresstes Sushi*
ni·go·ri·za·ke にごり酒 *trüber Sake*
ni·hon·cha 日本茶 *japanischer Tee*
ni·hon·ryō·ri 日本料理 *japanische Küche*
ni·hon·shu 日本酒 *anderes Wort für Sake*
ni·ji·ma·su ニジマス *s.* ka·wa·ma·su
ni·ki·ri·mi·rin 煮きりみりん mi·rin, *der vor Verwendung erhitzt wird, sodass der Alkohol verfliegt*
nik·kē 肉桂 *s.* nik·ki
nik·ki ニッキ *Zimt*
nik·ko·ro·ga·shi 煮っころがし *Kartoffeln oder* ta·ro, *in* shō·yu-*Brühe geschmort*
ni·ku 肉 *Fleisch*
ni·ku·dan·go 肉団子 *Fleischbällchen*
ni·ku·ja·ga 肉じゃが *Kartoffel-Fleisch-Eintopf*
ni·ku·ji·ru 肉汁 *Bratensauce*
ni·ku·zu·ku ニクズク *Muskat*
ni·mai·gai 二枚貝 *Venusmuschel*
ni·mo·no 煮物 *gekochte Gerichte*
nin·jin ニンジン *Karotte*
nin·ni·ku ニンニク *Knoblauch*
ni·ra にら *Schnitt-Knoblauch*
ni·shin にしん *Hering (am besten im Frühjahr)*
ni·tsu·ke 煮つけ *Fisch oder Gemüse, in herzhafter Brühe gedünstet, bis fast alle Flüssigkeit verkocht ist*
ni·wa·to·ri にわとり *Huhn*
no·bu·ta 野豚 *Keiler (Wildschwein)*
no·mi·ya 飲み屋 *typisch japanische Bar*
no·ri 海苔 *Seetangart, die zu Blättern verarbeitet wird, in die man Sushi einrollt*
no·ri·ma·ki 海苔巻 *in Tang gerolltes Sushi*
no·shi·i·ka のしいか *getrockneter, von Hand gerollter Tintenfisch*
no·u·sa·gi 野ウサギ *Hase*
nu·ka 糠 *(Reis-)Kleie*
nu·ka·mi·so 糠味噌 *vergorene Reiskleie als Marinade für eingelegtes Gemüse usw.*
nu·ka·zu·ke 糠漬け *in* nu·ka·mi·so *eingelegtes Gemüse*
nu·ta ぬた *Venusmuscheln oder Thunfisch mit Frühlingszwiebeln in Essig-*mi·so
nyū·men にゅうめん sō·men-*Nudeln in heißer Suppe*

O

o·a·ge おあげ *dünn geschnittener & in Sesamöl gebratener Tofu*
o·ben·tō お弁当 *s.* ben·tō
o·cha お茶 *japanischer Grüntee*
o·cha·zu·ke お茶漬け *weißer Reis, mit Grüntee übergossen*
o·den おでん *Eintopf mit Tofu,* kon·nya·ku, *Fischkuchen, Fleischbällchen & Kartoffeln, in Brühe gegart*
o·do·ri·gu·i おどり食い *Garnelen oder Fischchen, die in Essig oder* shō·yu *getunkt & lebendig verzehrt werden*
ō·gi·gai 扇貝 *Jakobsmuschel*
o·ha·gi おはぎ *s.* bo·ta·mo·chi
o·hi·ta·shi おひたし *gekochtes grünes Blattgemüse, kalt mit* shō·yu *serviert*
o·kan お燗 *warmer Sake*
o·ka·ra おから *Bodensatz (Sediment) von Sojamilch, mit fein gehacktem, gekochtem Gemüse verzehrt*
o·ka·shi お菓子 *Süßigkeiten*
o·ka·shi·ra·tsu·ki 尾頭付き *Gericht aus einem ganzen Fisch*
o·ka·yu おかゆ *Reisschleim (aus gekochtem Reis und Wasser)*
o·ka·zu おかず *Beilagengericht zu Reis,* mi·so, *Suppe & eingelegtem Gemüse*
o·ko·no·mi·ya·ki お好み焼き *Herzhafte Pfannkuchen nach japanischer Art*
o·ku·ra オクラ *Okra*
ō·mu·gi 大麦 *Gerste*
o·mu·rai·su オムライス *Omelett & Reis*
o·mu·re·tsu オムレツ *Omelett*
o·ni·ga·ra·ya·ki 鬼殻焼き *ungeschälte Garnelen, auf heißen Kohlen gegrillt*
o·ni·gi·ri おにぎり *Reisbällchen*
on·sen·ta·ma·go 温泉たまご *In einer heißen Quelle gekochtes Ei*
o·re·ga·no オレガノ *Oregano*
o·ren·ji オレンジ *Orange*
o·rī·bu オリーブ *Olive*
o·rī·bu·oi·ru オリーブオイル *Olivenöl*
...·o·ro·shi …おろし *geraspelte/r/s ...*

o·ro·shi·shō·ga おろししょうが *geraspelter Ingwer*
ō·ru·spais オールスパイス *Piment*
o·se·chi·ryō·ri おせち料理 *verschiedene eingemachte Gerichte, die in Lackholzbehältern verwahrt & bei Neujahrsfesten serviert werden*
o·sa·ke お酒 *japanischer Wein (s. auch* sa·ke*)*
o·shi·ru·ko お汁粉 *gegrillter Reiskuchen, der mit süßen, geschmorten Azuki-Bohnen serviert wird*
o·shi·zus·hi 押しずし *Sushi, zu dessen Zubereitung Essigreis in einen quadratischen Kasten gepresst & mit Sushi-Zutaten belegt wird (Region Kansai)*
ō·to·mī·ru オートミール *Hafermehl*
o·ya·ko·don 親子丼 *Huhn & Ei auf Reis*

P

pā·chi パーチ *Flussbarsch*
pai パイ *Pastete*
pai·nap·pu·ru パイナップル *Ananas*
pan パン *Brot • Brötchen*
pan·ga·ta パン型 *Brotlaib*
pan·ko パン粉 *Brotkrumen*
pa·pa·i·ya パパイヤ *Papaya*
pa·pu·ri·ka パプリカ *Paprika*
pa·se·ri パセリ *Petersilie*
pās·nip·pu パースニップ *Pastinake*
pas·ta パスタ *Pasta*
pas·to·ra·mi パストラミ *Pastrami (geräuchertes & gewürztes Rindfleisch)*
pe·kan ペカン *Pekannuss*
pe·pā·min·to ペパーミント *Pfefferminze*
pe·pā·min·to·tī ペパーミントティー *Pfefferminztee*
pe·pa·rō·ni ペパローニ *Peperoni*
pes·to·rī ペストリー *Teig • Gebäck*
pī·man ピーマン *kleine Paprikaschote (normalerweise grün)*
pī·nats ピーナツ *Erdnuss*
pis·ta·chi·o ピスタチオ *Pistazie*
pō·chi·do·eg·gu ポーチド·エッグ *pochiertes Ei*
pō·ku ポーク *Schweinefleisch (auch* bu·ta·ni·ku *genannt)*
pō·ku·sō·sē·ji ポークソーセージ *Wurst aus Schweinefleisch*
pō·ku·so·tē ポークソテー *kurz gebratenes Schweinefleisch*
pon·kan ポンカン *eine große Zitrusfrucht*
pon·zu ポン酢 *Saft aus Zitrusfrüchten • eine Mischung aus* shō·yu, da·shi*, Zitrussäften & auch Essig, die als Dipsauce & für Salatdressings verwendet wird*
pop·pu·kōn ポップコーン *Popcorn*
po·te·to ポテト *Kartoffeln*
po·te·to·fu·rai ポテトフライ *Pommes frites*
pō·to·wain ポートワイン *Portwein*
pu·ra·mu·to·ma·to プラムトマト *Eiertomaten*
pu·rūn プルーン *Dörrpflaume*

R

ra·dis·shu ラディッシュ *Radieschen*
rā·do ラード *Schweineschmalz*
ra·gā·bī·ru ラガービール *Lagerbier*
rak·kyō ラッキョウ *japanische Lauchzwiebel*
rā·men ラーメン *gelbe Weizennudeln*
ra·mu ラム *Lamm*
rā·yu ラー油 *Chiliöl*
re·ba·sa·shi レバ刺し *Leber-Sashimi*
re·mon レモン *Zitrone*
re·mon·tī レモンティー *Zitronentee*
ren·kon れんこん *Lotoswurzel*
ren·zu·ma·me レンズマメ *Linse*
rē·shi レイシ *Lychee • Litschi*
rē·shu 冷酒 *eisgekühlter Sake*
re·tas レタス *grüner Salat*
rē·tō 冷凍 *gefroren*
rē·zun レーズン *Rosine • Sultana*
ri·kyū·ru リキュール *Likör*
rin·go りんご *Apfel*
ro·bus·tā ロブスター *Hummer*
rō·ru·do·ō·to ロールドオート *Haferflocken*
rō·ru·kya·be·tsu ロールキャベツ *Kohlrouladen*
rō·ru·pan ロールパン *Brötchen*
rōs(·to) ロース(ト) *Braten*
rōz·ma·rī ローズマリー *Rosmarin*
ryō·chō 猟鳥 *Federwild*
ryō·jū 猟獣 *Wild*
ryo·ku·cha 緑茶 *Grüntee*
(...) ryō·ri (…)料理*) Küche (nach ... Art)*

S

sa·ba サバ *Spanische Makrele • Japanische Makrele*
sa·ba no mi·so·ni サバの味噌煮 *mit* mi·so *gedünstete Makrele*
sa·ba no ni·tsu·ke サバの煮付け *mit* shō·yu *gedünstete Makrele*
sa·dō 茶道 *Teezeremonie*
sa·fu·ran サフラン *Safran*
sa·go サゴ *Sago*
sa·ka·na 魚 *Fisch*
sa·ka·na no pē·sto 魚のペースト *Fischpaste*
sa·ka·na no ta·ma·go 魚の卵 *Fischrogen*
sa·ke 酒 *Alkohol, der durch Vergären von Getreide gewonnen wird (im Westen als Reiswein bekannt) • allgemeiner Begriff für alkoholische Getränke (auch* o·sa·ke *&* ni·hon·shu *genannt)*
sa·ke 鮭 *Lachs • Hundslachs • Keta-Lachs (auch* sha·ke *genannt)*
sa·ke·a·te 酒あて *Snacks zu* sa·ke *& Bier*
sa·ke·ka·su 酒粕 *Bodensatz (Sediment) des Reisweins*
sa·ku·ra·ma·su 桜マス/琵琶マス *Masu-Lachs*
sa·ku·ra·mo·chi 桜もち *in ein Kirschblatt gehüllter rosa Reiskuchen*
sa·ku·ram·bo さくらんぼ *Kirsche*
sa·ku·ra·ni·ku さくら肉 *Pferdefleisch*
sam·ma さんま *Fische aus der Familie der Makrelenhechte*
san·do·rai·to·ma·to サンドライトマト *sonnengetrocknete Tomaten*
san·jin·ryō·ri 山人料理 *„Gebirgskost" (Präfektur Fukushima & Region Tohoku)*
san·sai 山菜 *essbare, wilde Gebirgskräuter*
san·sai·ryō·ri 山菜料理 *Gebirgskräuterküche*
san·shō 山椒 *Japanischer Pfeffer (aus der Samenkapsel einer Stacheleschenart) • Sichuanpfeffer*
sa·ra·shi·ne·gi さらしねぎ *Winterzwiebel, in Wasser eingeweicht, abgetropft & in dünne Scheiben geschnitten*
sā·ro·in サーロイン *Lendenstück vom Rind*
sa·sa·ge ささげ *Augenbohnen*
sa·shi·mi 刺身 *roher Fisch oder rohes Fleisch*
sa·tō 砂糖 *Zucker*
sa·to·i·mo サトイモ *Taro (stärkehaltige Knolle der Zehrwurz)*
sa·tsu·ma·a·ge さつま揚げ *zerkleinertes Fischfleisch, mit fein gehacktem Gemüse gemischt & in Sesamöl gebraten – wird in* ni·mo·no *&* o·den *verwendet*
sa·tsu·ma·i·mo サツマイモ *Süßkartoffel*
sa·wa·chi·ryō·ri 皿鉢料理 *festliche Mahlzeit, zu der Gemüse, Meeresfrüchte,* ni·mo·no *&* a·ge·mo·no *auf eine große Servierplatte gehäuft werden (Präfektur Kōchi & Insel Shikoku)*
sa·wa·ga·ni 沢がに *Süßwasserkrebs, der oft frittiert als* ka·ra·a·ge *serviert wird*
sa·wā·ku·rī·mu サワークリーム *saure Sahne*
sa·wa·ra さわら *Gefleckte Königsmakrele • Spanische Makrele*
sa·ya·en·dō サヤエンドウ *Zuckererbse*
sa·ya·in·gen サヤインゲン *grüne Bohnen*
sa·yo·ri サヨリ *Halbschnäbler • Seehecht*
sa·za·e サザエ *Wellhornschnecke*
sa·za·e no tsu·bo·ya·ki サザエのつぼ焼き *im Gehäuse gegrillte Wellhornschnecke*
sē·ji セージ *Salbei*
se·ki·han 赤飯 *„Roter Reis" mit Azuki-Bohnen*
sem·bē せんべい *Reiscracker*
sem·mai·zu·ke 千枚漬け *große Rüben, in süßem Essig eingelegt (Kyoto)*
sen·cha 煎茶 *ein japanischer Grüntee*
sen·dai·mi·so 仙台味噌 *salzige* mi·so *(Präfektur Miyagi)*
sen·gi·ri 千切 *in feine Längsstreifen geschnittenes Gemüse • Julienne*
se·ri せり *Wasserfenchel – wird in* su·ki·ya·ki*, Suppen & Salaten verwendet*
se·ro·ri セロリ *Sellerie*
sē·shu 清酒 sa·ke *• allgemeiner Begriff für klaren Reiswein*
sha·bu·sha·bu しゃぶしゃぶ *dünne Rindfleischstreifen, die in kochende Brühe & dann in Sesam- oder* pon·zu-*Sauce getaucht werden*
sha·ko しゃこ *Fangschreckenkrebse*
sha·ku·shi·gai 杓子貝 *s.* i·ta·ya·gai
sham·pen シャンペン *Sekt*
shan·dī シャンディー *Biermixgetränk*
she·rī シェリー *Sherry*

shi·ba·e·bi 芝エビ *Shiba-Garnele*
shi·bō 脂肪 *Fett*
shi·bo·ri·ta·te jū·su しぼりたて ジュース *frischer Saft*
shi·chi·bu·zu·ki 七分づき *Mischung aus 70 % weißem & 30 % Naturreis*
shi·chi·men·chō 七面鳥 *Truthahn • Puter*
shi·chi·mi·tō·ga·ra·shi 七味唐辛子 *Sieben-Gewürz-Mischung für Nudelgerichte &* na·be·mo·no
shi·chū シチュー *Schmortopf*
shī·fū·do シーフード *Meeresfrüchte*
shi·ka 鹿 *Hirsch • Reh*
shi·ka·ni·ku 鹿肉 *Hirschfleisch • Rehfleisch*
shi·ki·mi シキミ *Sternanis*
shi·ma·a·ji シマアジ *Pferde-Stachelmakrele*
shi·ma·dō·fu しまどうふ *fester, bratgeeigneter Tofu (Präfektur Okinawa)*
shi·me·ji しめじ *ein Speisepilz*
shi·me·sa·ba しめサバ *Essigmakrele*
shi·mo·fu·ri(·gyū·ni·ku) 霜降り（牛肉） *durchwachsen • fettmarmoriert (Rindfleisch)*
shi·na·chi·ku シナチク *eingelegte chinesische Bambussprossen*
shi·na·mon シナモン *Zimt*
shin·cha 新茶 *Grüntee der neuen Saison – meist im Frühsommer erhältlich*
shin·shū·mi·so 信州味噌 mi·so *aus der Präfektur Nagano*
shi·o 塩 *Salz*
shi·o·bo·shi·wa·ka·me 塩干しワカメ wa·ka·me*, in Salzwasser gewaschen & getrocknet*
shi·o·ka·ra 塩辛 *in Salz eingelegte Meeresfrüchte*
shi·o·nu·ki·wa·ka·me 塩抜きワカメ wa·ka·me*, in ungesalzenem Wasser gewaschen & getrocknet*
shi·o·ya·ki 塩焼き *gesalzene & gegrillte Nahrungsmittel*
shi·o·zu·ke 塩漬け *in Salz eingelegtes Gemüse, Fleisch oder Meeresfrüchte*
ship·po·ku·ryō·ri 卓袱料理 *raffinierte Festküche aus der Präfektur Nagasaki*
shi·ra·ko 白子 *Fischmilch (Samenflüssigkeit)*
shi·ra·shi·me·yu 白絞め油 *Salatöl, normalerweise Rapsöl*
shi·ra·su シラス *Jungfischchen*
shi·ra·su·bo·shi しらす干し *gekochte & getrocknete junge Sardellen oder Sardinen*
shi·ra·ta·ki しらたき kon·nya·ku *in Nudelform*
shi·ra·u·o しらうお *„Nudelfisch", eine Fischart, die lebend verzehrt wird (Präfektur Fukuoka)*
shi·ri·ni·ku 尻肉 *Fleisch aus der Keule*
shi·ro·a·e 白和え *Gemüse mit einer Sauce aus Tofu*
shi·ro·a·ma·dai 白アマダイ *weißer* a·ma·dai
shi·ro·go·ma 白ごま *weiße Sesamsamen*
shi·ro·ke·shi no mi 白ケシの実 *weiße Mohnsamen*
shi·ro·mi·so 白味噌 *weißes* mi·so
shi·ro·mi·za·ka·na 白身魚 *weißfleischiger Fisch*
shi·ro·wain 白ワイン *Weißwein*
shi·ro·za·ke 白酒 *weißer, trüber Reiswein*
shi·rya·ru シリアル *Zerealien*
shi·sha·mo ししゃも *Kapelan • Lodde (Fischart)*
shi·so しそ *Perilla (mit der Minze verwandte Pflanze). Wird als Gewürz, Farbstoff und zum Einlegen verwendet.*
shi·ta 舌 *Zunge*
shi·ta·bi·ra·me シタビラメ *Seezunge*
shī·ta·ke しいたけ *Shiitake-Pilz*
shō·chū 焼酎 *Branntwein aus Süßkartoffeln, Reis, Hirse oder Sake-Bodensatz*
shō·ga しょうが *Ingwer*
shō·ga·su しょうが酢 *Ingweressig*
shō·ga·ya·ki しょうが焼き *Grillfleisch oder -fisch, mit Ingwer &* shō·yu *gewürzt*
shō·ga·yu しょうが湯 *Ingwer & heißes Wasser – ein traditionelles Heilmittel*
shō·jin·a·ge 精進揚げ *vegetarisches* tem·pu·ra
shō·jin·ryō·ri 精進料理 *traditionelle vegetarische Kost (buddh. Mönche)*
sho·ku·bu·tsu·yu 植物油 *Pflanzenöl*
sho·ku·pan 食パン *quadratischer Brotlaib*
sho·ku·ryō 食料 *Vorrat (Lebensmittel-)*
shop·pai しょっぱい *salzig*
shot·tsu·ru しょっつる *vergorene Fischsauce aus* ha·ta·ha·ta *(Präfektur Akita)*
shō·yu しょう油 *Sojasauce aus vergorenen Sojabohnen & Weizen*
shō·yu·ya·ki しょう油焼き *mit* shō·yu *gegrillt*

shō·yu·zu·ke しょう油漬け *in* shō·yu *eingelegtes Gemüse*
shū·mai シュウマイ *Gedämpfte chinesische Klöße*
shun·gi·ku 春菊 *Kronen-Wucherblume – als* o·hi·ta·shi, a·e·mo·no *&* na·be *verzehrt*
shu·tō 酒盗 *gesalzene & vergorene* ka·tsu·o*-Innereien – beliebt als Snack zum Sake*
skam·pi スカンピ *Scampi*
skas·shu スカッシュ *Kürbis*
skā·to スカート *Rindfleisch vom Unterbauch*
snak·ku スナック *Snacks*
so·ba そば *Buchweizen • Nudeln aus Buchweizenmehl*
so·ba·cha そば茶 *Buchweizentee*
so·ba·ga·ki そばがき *Teig aus Buchweizenmehl und kochendem Wasser*
sō·da ソーダ *Sodawasser*
sō·men そうめん *dünne Weizennudeln, in Sauce gedippt & kalt verzehrt*
so·ra·ma·me そら豆 *Dicke Bohne*
sō·sē·ji ソーセージ *Wurst*
sō·su ソース *Sauce • Worcestersauce*
so·tē ソテー *sautiert*
su 酢 *Essig*
su·ga·ta·mu·shi 姿蒸し *gedämpfter ganzer Fisch*
su·gu·ki 酢茎 *eingelegte Rüben (Präfektur Kyoto)*
su·gu·ri スグリ *Johannisbeere • Stachelbeere*
spā·ku·rin·gu·wain スパークリングワイン *Schaumwein*
spear·ri·bu スペアリブ *Rippchen*
su·i·ka すいか *Wassermelone*
su·i·ku·chi 吸い口 *Garnierung für klare Suppe*
su·i·mo·no 吸い物 *klare japanische Suppe aus Fischbrühe (auch* su·ma·shi *oder* su·ma·shi·ji·ru *genannt)*
su·i·to·kōn スウィートコーン *Mais*
su·i·to·ba·ji·ru スウィートバジル *süßes Basilikum*
su·i·ton すいとん *Weizenmehl-Klößchen, mit Gemüse in Suppen gekocht*
su·ji スジ *Sehne • Flechse vom Schwein oder Rind (Begriff, der in* ya·ki·to·ri*-Restaurants verwendet wird)*
su·ji·ko すじこ *gesalzener Lachsrogen*
su·ki·ya·ki すき焼き *Rindfleisch, Tofu, Gemüse &* shi·ra·ta·ki*, in einer Eisenpfanne mit* shō·yu*, Zucker & Sake gegart & mit einem Dip aus rohen Eiern serviert*
su·ma·shi(·ji·ru) 澄まし(汁) *s.* su·i·mo·no
su·me·shi 酢飯 *Essigreis für Sushi*
su·mi·bi·ya·ki 炭火焼き *auf Holzkohle Gegrilltes*
su·mi·so 酢味噌 *Sauce aus Essig &* mi·so
su·mo·mo スモモ *Pflaume*
su·ne·ni·ku すね肉 *Haxe*
su·no·mo·no 酢の物 *Gerichte mit Essig*
sup·pon スッポン *Schnappschildkröte*
sup·pon·na·be スッポン鍋 *Eintopf aus* sup·pon
sup·pon·ryō·ri スッポン料理 *Schnappschildkröte, die als* na·be·mo·no, sa·shi·mi *oder frittiert serviert wird*
sū·pu スープ *Suppe*
su·ri·ba·chi すり鉢 *Mörser*
su·ri·go·ma すりごま *gemahlener Sesam*
su·ru·me スルメ *getrockneter Tintenfisch*
su·shi すし *Zutaten, die auf Essigreis oder in Essigreis eingerollt serviert werden*
su·shi·da·ne すし種 *Sushi-Belag*
su·shi·me·shi すし飯 *Essigreis für Sushi*
su·ya·ki 素焼き *einfach & ohne Salz gegrillt*
su·zu·ke 酢漬け *in Essig Eingelegtes*
su·zu·ki スズキ *Wolfsbarsch • Japanischer Barsch*
su·zu·ki no hō·sho·ya·ki スズキの奉書焼 *gegrillter Seebarsch, der in einer Umhüllung aus traditionellem Japanpapier serviert wird (Stadt Matsue & Präfektur Shimane)*
su·zu·me すずめ *Sperling • Spatz – wird in* ya·ki·to·ri*-Restaurants serviert*

T

ta·chi·u·o タチウオ *Haarschwanz (Fischart)*
tai タイ *Schnapper • Meerbrasse*
tai·mu タイム *Thymian*
tai·ra·gai タイラ貝 *Seefeder (Korallentier)*
tai·ra·gi タイラギ *s.* tai·ra·gai
tai·ryō·ri 鯛料理 *Meerbrassenküche*

tai·shō·e·bi 大正エビ *fleischige Garnele*
ta·ka·na 高菜 *breitblättriger Senf*
ta·ka·na·zu·ke 高菜漬け *eingelegte Senfblätter*
ta·ka no tsu·me 鷹の爪 *scharfe rote Pfefferschoten*
ta·ke·no·ko タケノコ *Bambussprossen*
ta·ki·ko·mi·go·han 炊き込み御飯 *mit Gemüse & Gewürzen gegarter Reis*
ta·ko タコ *Tintenfisch Oktopus*
ta·ko·ya·ki タコ焼き *Mehlklöße mit Tintenfischfüllung (Osaka)*
ta·ku·an たくあん *eingelegter* dai·kon
ta·ma·go 卵 *Ei*
ta·ma·go·to·ji 卵とじ *gegartes Gemüse oder Fleisch mit verquirltem Ei obenauf*
ta·ma·go·ya·ki 卵焼き *gebratenes Ei nach japanischer Art • Omelett*
ta·ma·ne·gi たまねぎ *Zwiebel*
ta·ma·ne·gi no su·zu·ke たまねぎの酢漬け *Perlzwiebel*
ta·ma·ri·dō·fu たまりどうふ *in Ei getränkter Tofu*
ta·ma·ri·jō·yu たまりじょう油 shō·yu *ohne Weizen*
tan タン *Zunge*
ta·ra タラ *Kabeljau • Pazifischer Kabeljau*
ta·ra·ba·ga·ni タラバガニ *Königskrabbe*
ta·ra·gon タラゴン *Estragon*
ta·ra·ko タラコ *gesalzener Rogen vom Kabeljau oder Alaska-Seelachs*
ta·ra·no·me タラノメ *Angelikabaum-Sprossen (nur zu Frühjahrsbeginn erhältlich)*
ta·re たれ *Sauce – normalerweise aus* shō·yu, mi·rin *& Zucker*
ta·ro·i·mo タロイモ *Taro (stärkehaltige Knolle der Zehrwurz)*
ta·ta·ki たたき *zerkleinertes rohes Fischfleisch • Fleisch oder Fisch, kurz angebraten & in Scheiben serviert*
ta·tsu·ta·a·ge 竜田揚げ *Fleisch oder Fisch, in* shō·yu *& Mehl gewendet & frittiert*
te·ki·ra テキーラ *Tequila*
tek·ka·don 鉄火丼 *Thunfisch-Sashimi auf großer Schüssel mit gedämpftem Reis*
tek·ka·ma·ki 鉄火巻き *Thunfisch-Sushi-Röllchen*
te·ma·ki·zu·shi 手巻きずし *Sushi zum Selberrollen*
tem·pu·ra てんぷら *Fleisch, Gemüse & Meeresfrüchte, in leichtem Teigmantel frittiert & vor Verzehr in eine leichte Sauce mit Ingwer & geriebenem* dai·kon *getunkt*
tem·pu·ra·so·ba てんぷらそばん *Buchweizennudeln in Bouillon, mit* tem·pu·ra*-Häppchen obenauf*
tem·pu·ra·u·don てんぷらうどん *Weizennudeln in Bouillon, mit* tem·pu·ra*-Häppchen bestreut*
ten·don 天丼 *Garnelen in Backteig auf Reis*
te·ri·ya·ki 照り焼き *Fleisch oder Fisch, mit einer Marinade aus* shō·yu, mi·rin *& Zucker bestrichen & gegrillt*
tē·sho·ku 定食 *Menü*
tes·sa てっさ fu·gu sa·shi·mi
te·u·chi·so·ba 手打ちそば *traditionelle, handgemachte* so·ba
to·bi·u·o トビウオ *Fliegender Fisch*
tō·fu とうふ *Sojabohnen-„Quark“ • Tofu*
tō·ga·ra·shi とうがらし *roter Chili • Cayennepfeffer*
to·ki·shi·ra·zu ときしらず *s.* a·ra·ma·ki·za·ke
to·ma·to トマト *Tomate*
to·ma·to·sō·su トマトソース *Tomatensauce*
tō·mo·ro·ko·shi トウモロコシ *Mais*
ton·ko·tsu とんこつ *Schweinefleischbrühe*
ton·ko·tsu·rā·men とんこつラーメン rā·men *in heller Schweinefleischbrühe*
ton·ka·tsu·sō·su とんかつソース *Sauce zu* ton·ka·tsu *(Schweineschnitzel)*
to·nik·ku トニック *Tonicwasser*
tō·nyū 豆乳 *Sojamilch*
top·pin·gu トッピング *Belag • Garnierung*
to·ra·fu·gu トラフグ *Tiger-*fu·gu
to·rai·pu トライプ *Innereien*
to·ra·ma·me とら豆 *Tigerbohnen*
to·ri·ni·ku 鶏肉 *Hühnerfleisch*
to·ri·ni·ku 鳥肉 *Geflügel*
to·ro とろ *das fetteste (angeblich auch schmackhafteste) Fleisch vom* ma·gu·ro
to·ro·ro とろろ *geraspelte Yamswurzel*
to·ro·ro·ji·ru とろろ汁 *geraspelte Yamswurzel in Brühe*
to·ryu·fu トリュフ *Trüffel*
to·shō·shi·yu 杜松子油 *Wacholderbeerenöl*
tōs·to トースト *Toast*

tsu·ba·me·u·o ツバメ魚 *Langflossen-Fledermausfisch*
tsu·bo·ya·ki つぼ焼き *Schalentiere (normalerweise Wellhornschnecken), im eigenen Gehäuse gegrillt*
tsu·ke·mo·no 漬物 *Eingelegtes*
tsu·ke·a·wa·se 付け合せ *Garnierung*
tsu·ki·mi·so·ba 月見そば *Buchweizennudeln in Bouillon mit einem rohen Ei*
tsu·ki·mi·u·don 月見うどん *Weizennudeln in Bouillon mit einem rohen Ei*
tsu·ku·da·ni 佃煮 *Meeresfrüchte oder Gemüse, in einer dickflüssigen Sauce aus Salz, Zucker &* shō·yu *gegart, bis die Flüssigkeit vollständig eingekocht ist*
tsu·ku·ne つくね *Fisch- oder Hühnerfleischklößchen, gebraten oder gekocht*
tsu·ku·ri 造り *rohe Fischscheiben, ein anderes Wort für Sashimi*
tsu·ma つま *Garnierung*
tsu·me·mo·no 詰め物 *Füllung*
tsu·mi·re つみれ *Fischkuchen-Bällchen – zur Verwendung in* o·den *& Eintopf*
tsu·no·ga·rē ツノガレイ *Scholle*
tsu·yu つゆ *Dipsauce*

U

u·ba·gai ウバ貝 *Trogmuschel*
u·do ウド *Gebirgsgemüse, das frisch, gedünstet oder eingelegt verzehrt wird*
u·don うどん *dicke Nudeln aus Weizenmehl*
u·kon ウコン *Kurkuma*
u·me 梅 *Japanische Pflaume*
u·me·bo·shi 梅干 *getrocknete & eingelegte Japanische Pflaume*
u·me·zu 梅酢 *Sauerpflaumen-Essig*
u·mi·u·o 海魚 *Meeresfisch*
u·na·don うな丼 *gegrillter Aal auf Reis*
u·na·gi うなぎ *Aal*
u·na·gi no ka·ba·ya·ki うなぎの蒲焼 *gegrillter Aal mit Sojasauce*
u·na·jū うな重 *gegrillter Aal, auf Reis in einer Lackholzschachtel serviert*
u·ni ウニ *Seeigel*
u·no·ha·na 卯の花 *s.* o·ka·ra
u·ro·ko うろこ *Fischschuppen*
ū·ron·cha 烏龍茶 *Oolong-Tee*
u·ru·chi·mai うるち米 *nicht klebender Reis*
u·ru·ka ウルカ *gesalzene Innereien des* a·yu
u·ru·me·i·wa·shi ウルメイワシ *Japanische Sardine*
u·shi no o 牛の尾 *Ochsenschwanz*
u·shi·o·ji·ru うしお汁 *dezent gewürzte, klare Suppe aus Fisch & Meeresfrüchten*
u·su·a·ji 薄味 *mit leichtem Geschmack oder leicht gewürzt*
u·su·cha 薄茶 *dünnerer Tee als* koi·cha
u·su·ku·chi·shō·yu 薄口しょう油 *leichte* shō·yu
u·su·zu·ku·ri 薄作り *rohes, dünn geschnittenes* fu·gu*-Fleisch*
u·zu·ra ウズラ *Wachtel*
u·zu·ra no ta·ma·go ウズラの卵 *Wachtelei*

W

wa·ga·shi 和菓子 *japanische Süßigkeiten*
wa·gyū 和牛 *Japanisches Rindfleisch*
wai·ru·do·rai·su ワイルドライス *Wildreis*
wa·ka·me ワカメ *Seetangart*
wa·ka·sa·gi わかさぎ *Teichschmelz • Japanischer Teichstint (Süßwasserfisch)*
wa·ke·gi ワケギ *Schalotten*
wa·ni ワニ *Haifischfleisch (Region Chūgoku) • Krokodil*
wan·tan·men ワンタン麺 rā·men*-Nudeln in Bouillon mit Fleischklößchen*
wa·ra·bi 蕨 *Farnart mit zarten, essbaren Jungsprossen*
wa·ra·ma·ki·bu·ri 藁巻きブリ *gesalzene & getrocknete* bu·ri*, in Stroh gerollt (Präfektur Toyama)*
wa·ri·shi·ta 割り下 *Sauce für* su·ki·ya·ki *aus* shō·yu, mi·rin *& Zucker*
wa·sa·bi ワサビ *japanischer Meerrettich*
wa·sa·bi·ma·ki ワサビ巻き *Sushi-Röllchen mit Wasabi*
wa·sa·bi·zu·ke ワサビ漬け *mit Wasabi eingelegtes Gemüse*
wa·ta わた *s.* ha·ra·wa·ta
wa·ta·ri·ga·ni ワタリガニ *Blaue Schwimmkrabbe*
wi·kyō ウイキョウ *Fenchel*
wi·kyō no mi ウイキョウの実 *Fenchelsamen*
wi·rō ういろう *gedämpfte Süßspeise aus Reismehl & Pfeilwurz (Nagoya)*

Y

…·ya …屋 … *-Laden • … -Restaurant, z. B.* su·shi·ya, sha·bu·sha·bu·ya
ya·e·na·ri ヤエナリ *Mungbohne*
…·ya·ki/ya·ki … …焼き/焼き *geröstete, gebackene, gegrillte oder gebratene …*
ya·ki·dō·fu 焼き豆腐 *gegrillter Tofu als Eintopfzutat*
ya·ki·gyō·za 焼きギョウザ *gegrillte* gyō·za*-Teigtasche*
ya·ki·me·shi 焼き飯 *gebratener Reis*
ya·ki·mo·chi 焼きもち *gerösteter Reiskuchen*
ya·ki·mo·no 焼きもの *Gegrilltes oder Gebratenes*
ya·ki·na·su 焼きナス *geröstete Aubergine*
ya·ki·ni·ku 焼肉 *Barbecue nach koreanischer Art zum Selbergrillen*
ya·ki·no·ri 焼き海苔 *leicht geröstete* no·ri
ya·ki·o·ni·gi·ri 焼きおにぎり *geröstetes Reisbällchen*
ya·ki·so·ba 焼きそば *gebratene Nudeln mit Gemüse & Fleisch*
ya·ki·to·ri 焼きとり *Grillfleischspieße, die mit* ta·re *oder Salz serviert werden*
ya·ki·za·ka·na 焼き魚 *gegrillter Fisch*
ya·ku·mi 薬味 *Gewürz • Relish*
ya·ma·i·mo 山芋 *Yamswurzel*
ya·ma·ka·ke 山かけ *geraspelte Yamswurzel mit Würze*
ya·ma·ku·ji·ra 山鯨 *„Gebirgswal" – anderer Name für* i·no·shi·shi *(Wildschwein)*
ya·ma·me ヤマメ *ein Forellenfisch*
ya·ma no mo·no 山のもの *Gebirgskost*
ya·na·ga·wa·na·be 柳川鍋 *gekochter Schlammpeitzger (Fisch) mit Ei*
ya·sai 野菜 *Gemüse*
ya·sai·i·ta·me 野菜炒め *gebratenes Gemüse*
ya·sē 野生 *wild*
ya·sō 野草 *Wildkräuter*
ya·tsu·ga·shi·ra 八ッ頭 *begehrteste Taro-Sorte*
ya·tsu·ha·shi 八橋 *süße Zimt-Cracker (Präfektur Kyoto)*
yō·kan ようかん *süßes Gelee aus gemahlenen Azuki-Bohnen*
yo·mo·gi コモギ *Beifuß*
yō·na·shi 洋ナシ *Birne*
yo·se·na·be 寄せ鍋 *Eintopf aus Meeresfrüchten, Huhn & Gemüse in Brühe*
yō·sho·ku 洋食 *japanische Versionen westlicher Gerichte*
yu·ba ゆば *dünne Schichten der von gekochter Sojamilch abgeschöpften Haut*
yu·de·gyō·za ゆでギョウザ *gekochte* gyō·za*-Teigtasche*
yu·de·ta·ma·go ゆで卵 *gekochte Eier*
yu·dō·fu 湯豆腐 *in* kom·bu*-Brühe gekochter Tofu*
yū·ga·o ユウガオ *Flaschenkürbis*
yū·han 夕飯 *Abendessen*
yu·shi·dō·fu ゆし豆腐 *weiche Tofu-Sorte aus Okinawa*
yu·zu ゆず *eine Zitrusfruchtart*

Z

zak·ko·ku 雑穀 *Hirse*
za·ku·ro ざくろ *Granatapfel*
za·ru·gai ザルガイ *Herzmuschel*
za·ru·so·ba ざるそば *kalte Buchweizennudeln, mit* no·ri*, Frühlingszwiebeln & Wasabi serviert*
zem·mai ゼンマイ *Königsfarn (Gebirgsgemüse)*
zen·ryū·ko·mu·gi 全粒小麦 *Vollkornweizen*
zen·ryū·ko·mu·gi·ko 全粒小麦粉 *Weizenvollkornmehl*
zen·zai ぜんざい *süße Azuki-Bohnensuppe mit Reiskuchen*
ze·ra·chin ゼラチン *Gelatine*
ze·rī ゼリー *Gelee*
zo·me·ki·ryō·ri ぞめき料理 *Küche mit heimischem Gemüse & Meeresfrüchten aus der Präfektur Tokushima*
zō·mo·tsu 臓物 *Innereien*
zō·ni 雑煮 *Reiskuchen in Suppe*
zō·su·i 雑炊 *Reisschleim • Suppe mit Gemüse & Meeresfrüchten, mit* mi·so *oder* shō·yu *gewürzt*
zu·i·ki ずいき *Taro-Strunk*
zu·wai·ga·ni ズワイガニ *Schneekrabbe*

Notfälle

緊急

Hilfe!	たすけて!	tas·ke·te
Halt!	止まれ!	to·ma·re
Gehen Sie weg!	離れろ!	ha·na·re·ro
Diebe!	どろぼう!	do·ro·bō
Feuer!	火事だ!	ka·ji da
Vorsicht!	危ない!	a·bu·nai
Aufpassen!	気をつけて!	ki o tsu·ke·te

Schilder

病院	byō·in	Krankenhaus
警察	kē·sa·tsu	Polizei
警察署	kē·sa·tsu·sho	Polizeirevier
交番	kō·ban	Polizeistation
救急	kyū·kyū	Unfallstation

Das ist ein Notfall.
緊急です。 kin·kyū des

Es hat einen Unfall gegeben.
事故です。 ji·ko des

Rufen Sie die Polizei.
警察を呼んで。 kē·sa·tsu o yon·de

Rufen Sie einen Arzt.
医者を呼んで。 i·sha o yon·de

Rufen Sie einen Krankenwagen.
救急車を呼んで。 kyū·kyū·sha o yon·de

Würden Sie bitte helfen?
たすけてください。 tas·ke·te ku·da·sai

Kann ich Ihr Telefon benutzen?
電話を貸して くれませんか? — den·wa o ka·shi·te ku·re·ma·sen ka

Ich habe mich verirrt.
迷いました。 — ma·yoi·mash·ta

Wo sind die Toiletten?
トイレはどこですか? — toi·re wa do·ko des ka

Ist es … ungefährlich?	…安全ですか?	… an·zen des ka
allein	独りで	hi·to·ri de
nachts	夜は	yo·ru wa
für Frauen	女性にとって	jo·sē ni tot·te
für Reisende	旅行者にとって	ryo·kō·sha ni tot·te
für Schwule	ゲイにとって	gē ni tot·te

Polizei

警察

Wo ist das Polizeirevier?
警察署はどこですか? — kē·sa·tsu·sho wa do·ko des ka

Wo ist eine Polizeistation?
交番はどこですか? — kō·ban wa do·ko des ka

Ich möchte eine Straftat melden.
犯罪を報告したいのですが。 — han·zai o hō·ko·ku shi·tai no des ga

Ich bin versichert.
保険に賭けてあります。 — ho·ken ni ka·ke·te a·ri·mas

Ich wurde …	私は …ました。	wa·ta·shi wa … mash·ta
beraubt	強盗に遭い	gō·tō ni ai
überfallen	暴行を受け	bō·kō o u·ke
vergewaltigt	レイプされ	rē·pu sa·re

Er hat versucht, mich zu …	彼は私を…しようとしました。	ka·re wa wa·ta·shi o … shi·yō to shi·mash·ta
Sie hat versucht, mich zu …	彼女は私を…しようとしました。	ka·no·jo wa wa·ta·shi o … shi·yō to shi·mash·ta
berauben	強盗	gō·tō
überfallen	暴行	bō·kō
vergewaltigen	レイプ	rē·pu
Man hat mir mein/e/n … gestohlen.	私の…が盗まれました。	wa·ta·shi no … ga nu·su·ma·re·mash·ta
Ich habe mein/e/n … verloren	…をなくしました。	… o na·ku·shi·mash·ta
Brieftasche	財布	sai·fu
Geld	お金	o·ka·ne
Gepäck	バッグ	bag·gu
Handtasche	ハンドバッグ	han·do·bag·gu
Kreditkarte	クレジットカード	ku·re·jit·to·kā·do
Papiere	書類	sho·ru·i
Pass	パスポート	pas·pō·to
Schmuck	宝石	hō·se·ki
Reiseschecks	トラベラーズチェック	to·ra·be·rāz·chek·ku
Rucksack	バックパック	bak·ku·pak·ku
… hat es getan.	やったのは…です。	yat·ta no wa … des
Er	彼	ka·re
Sie	彼女	ka·no·jo

Was wird mir vorgeworfen?
どんな理由で告訴されるのですか? — don·na ri·yū de ko·ku·so sa·re·ru no des ka

Es tut mir leid.
ごめんなさい。 — go·men·na·sai

Ich habe nicht gewusst, dass ich etwas Unrechtes tue.
違法行為をしているつもりはありませんでした。 — i·hō·kōi o shi·te i·ru tsu·mo·ri wa a·ri·ma·sen desh·ta

Ich habe es nicht getan.
私はやっていません。 — wa·ta·shi wa yat·te i·ma·sen

Kann ich hier und jetzt eine Geldbuße zahlen?
この場で罰金を払う
ことができますか? ko·no ba de bak·kin o ha·ra·u
ko·to ga de·ki·mas ka

Kann ich jemanden anrufen?
電話をかけてもいいですか? den·wa o ka·ke·te mo ī des ka

Ich hätte gern einen Anwalt (der Englisch spricht).
(英語ができる)弁護士を
お願いします。 (ē·go ga de·ki·ru) ben·go·shi o
o·ne·gai shi·mas

Ich habe ein Rezept für dieses Medikament.
この薬の処方箋を
持っています。 ko·no ku·su·ri no sho·hō·sen o
mot·te i·mas

Ich möchte mein/e … kontaktieren	…に連絡したいです。	… ni ren·ra·ku shi·tai des
Botschaft	大使館	tai·shi·kan
Konsulat	領事館	ryō·ji·kan

Die Polizei sagt vielleicht …

Ihnen wird … vorgeworfen	あなたは…で告発されます。	a·na·ta wa … de ko·ku·ha·tsu sa·re·mas
Besitz (illegaler Substanzen)	(不法物)所持	(fu·hō·bu·tsu·) sho·ji
Diebstahl	盗難	tō·nan
Einreise ohne Visum	ビザなし	bi·za·na·shi
Ladendiebstahl	万引き	mam·bi·ki
Störung des öffentlichen Friedens	治安妨害	chian·bō·gai
Überfall	暴行	bō·kō
Überziehung Ihres Visums	不法滞在	fu·hō·tai·zai

Das ist ein Bußgeld für …	これは…の罰金です。	ko·re wa … no bak·kin des
Falschparken	駐車違反	chū·sha·i·han
zu schnelles Fahren	速度違反	so·ku·do·i·han

Ärztliche Versorgung

医者

Wo ist der/die/das nächste ...?	この近くの…はどこですか?	ko·no chi·ka·ku no ... wa do·ko des ka
(Nacht-) Apotheke	(24時間営業の)薬局	(ni·jū·yo·ji·kan ē·gyō no) yak·kyo·ku
Klinik	クリニック	ku·ri·nik·ku
Zahnarzt	歯医者	ha·i·sha
Arzt	医者	i·sha
Notaufnahme	救急病院	kyū·kyū·byō·in
Krankenhaus	病院	byō·in
Gesundheitszentrum	メディカルセンター	me·di·ka·ru·sen·tā
Optiker	検眼医	ken·gan·i

Ich brauche einen Arzt (der Englisch spricht).
(英語ができる)お医者さんが必要です。 (ē·go ga de·ki·ru) o i·sha·san ga hi·tsu·yō des

Kann ich von einer Ärztin behandelt werden?
女性のお医者さんをお願いできますか? jo·sē no o·i·sha·san o o·ne·gai de·ki·mas ka

Könnte der Arzt hierher kommen?
お医者さんはこちらに来ることができますか? o·i·sha·san wa ko·chi·ra ni ku·ru·ko·to ga de·ki·mas ka

Gibt es eine Notfallnummer?
時間外救急の電話番号はありますか? ji·kan·gai·kyū·kyū no den·wa·ban·gō wa a·ri·mas ka

Ich habe keine Medikamente mehr.
薬が切れました。 ku·su·ri ga ki·re·mash·ta

Nomalerweise nehme ich dieses Medikament.
これがいつも使っている薬です。 ko·re ga i·tsu·mo tsu·kat·te i·ru ku·su·ri des

Wie wird das richtig dosiert?
正しい薬の量は何ですか? ta·da·shī ku·su·ri·no ryō wa nan des ka

Ich möchte keine Bluttransfusion.
輸血はしたくないです。 yu·ke·tsu wa shi·ta·ku·nai des

Bitte nehmen Sie eine neue Spritze.
新しい注射器を使ってください。 a·ta·ra·shī chū·sha·ki o tsu·kat·te ku·da·sai

Ich habe meine eigene Spritze.
自分の注射器があります。 ji·bun no chū·sha·ki ga a·ri·mas

Ich bin gegen (Tetanus) geimpft.
私は(破傷風)の予防注射をしました。 wa·ta·shi wa (ha·shō·fū) no yo·bō·chū·sha o shi·mash·ta

Er ist gegen (Typhus) geimpft.
彼は(チフス)の予防注射をしました。 ka·re wa (chi·fu·su) no yo·bō·chū·sha o shi·mash·ta

Sie ist gegen (Hepatitis A/B/C) geimpft.
彼女は(A/B/C型肝炎)の予防注射をしました。 ka·no·jo wa (ē/bī/shī·ga·ta·kan·en) no yo·bō·chū·sha o shi·mash·ta

Ich brauche neue Kontaktlinsen.
新しいコンタクトレンズが必要です。 a·ta·ra·shī kon·ta·ku·to·ren·zu ga hi·tsu·yō des

Ich brauche eine neue Brille.
新しい眼鏡が必要です。 a·ta·ra·shī me·ga·ne ga hi·tsu·yō des

Ich bin versichert.
保険に賭けてあります。 ho·ken ni ka·ke·te a·ri·mas

Kann ich eine Quittung für meine Versicherung haben?
保険のためのレシートをもらえますか? ho·ken no ta·me no re·shī·to o mo·ra·e·mas ka

Der Arzt sagt vielleicht …

Was haben Sie?
どうしましたか? dō shi·mash·ta ka

Wo haben Sie Schmerzen?
どこが痛いですか? do·ko ga i·tai des ka

Haben Sie Fieber?
熱がありますか? ne·tsu ga a·ri·mas ka

Wie lange haben Sie das schon?
いつからこのような状態ですか? i·tsu ka·ra ko·no yō·na jō·tai des ka

Hatten Sie das früher schon mal?
前にもなったことがありますか? ma·e ni mo nat·ta ko·to ga a·ri·mas ka

Sind Sie sexuell aktiv?
最近、性交渉がありましたか? sai·kin sē·kō·shō ga a·ri·mash·ta ka

Hatten Sie ungeschützten Geschlechtsverkehr?
コンドームなしの性交渉がありましたか? kon·dō·mu·na·shi no sē·kō·shō ga a·ri·mash·ta ka

… Sie …?	…ますか?	…·mas ka
Trinken	お酒を飲み	o·sa·ke o no·mi
Rauchen	タバコを吸い	ta·ba·ko o su·i
Nehmen … Drogen	麻薬を使用していい	ma·ya·ku o shi·yō shi·te i

Sind Sie gegen irgendetwas allergisch?
アレルギーがありますか? a·re·ru·gī ga a·ri·mas ka

Nehmen Sie Medikamente?
薬を使用していますか? ku·su·ri o shi·yō shi·te i·mas ka

Wie lange werden Sie noch unterwegs sein?
これからどのくらいの期間、旅行するつもりですか? ko·re·ka·ra do·no ku·rai no ki·kan ryo·kō su·ru tsu·mo·ri des ka

Sie müssen ins Krankenhaus.
入院する必要があります。 nyū·in su·ru hi·tsu·yō ga a·ri·mas

Sie sollten nach Hause fahren, um das behandeln zu lassen.
治療のために帰国したほうがいいです。 chi·ryō no ta·me ni ki·ko·ku shi·ta hō ga ī des

Symptome & allgemeines Befinden

症状と病状

Ich bin krank.	私は病気です。	wa·ta·shi wa byō·ki des
Mein/e Freund/in ist (sehr) krank.	友達は(ひどい)病気です。	to·mo·da·chi wa (hi·doi) byō·ki des
Mein Kind ist (sehr) krank.	子供は(ひどい)病気です。	ko·do·mo wa (hi·doi) byō·ki des
Er hat eine/n …	彼は…を起こしています	ka·re·wa … o o·ko·shi·te i·mas
Sie hat eine/n …	彼女は…を起こしています	ka·no·jo·wa … o o·ko·shi·te i·mas
allergische Reaktion	アレルギー反応	a·re·ru·gī·han·nō
Asthmaanfall	喘息発作	zen·so·ku·hos·sa
epileptischen Anfall	てんかん発作	ten·kan·hos·sa
Herzanfall	心臓発作	shin·zō·hos·sa
Ich fühle mich/ Mir ist …	私は…	wa·ta·shi wa …
besser	良くなりました	yo·ku na·ri·mash·ta
deprimiert	憂うつです	yū·utsu des
heiß und kalt	暑くなったり寒くなったりします	a·tsu·ku nat·ta·ri sa·mu·ku nat·ta·ri shi·mas
komisch	変な気分です	hen·na ki·bun des
schlechter	悪くなっています	wa·ru·ku nat·te i·mas
schwach	ちからがありません	chi·ka·ra ga a·ri·ma·sen
schwindelig	めまいがします	me·mai ga shi·mas
übel	吐き気がします	ha·ki·ke ga shi·mas
unruhig	不安です	fu·an des
zittrig	寒気がします	sa·mu·ke ga shi·mas

Ich habe mich… 私は… wa·ta·shi wa …
verletzt けがをしています ke·ga o shi·te i·mas
übergeben もどしました mo·do·shi·mash ta

Es tut hier weh.
ここが痛いです。 ko·ko ga i·tai des

Ich bin dehydriert.
脱水症状です。 das·su·i·shō·jō des

Ich kann nicht schlafen.
眠れません。 ne·mu·re·ma·sen

Ich glaube, es liegt am Medikament, das ich nehme.
今飲んでいる薬のせいだと思います。 i·ma non·de i·ru ku·su·ri no sē da to o·moi·mas

Ich nehme Medikamente gegen …
…の薬を飲んでいます。 … no ku·su·ri o non·de i·mas

Ich habe (ein/e/n) …
私は…があります。 wa·ta·shi wa … ga a·ri·mas

Er hat …
彼は…があります。 ka·re wa … ga a·ri·mas

Sie hat …
彼女は…があります。 ka·no·jo wa … ga a·ri·mas

Ich hatte vor kurzem …
私は最近…がありました。 wa·ta·shi wa sai·kin … ga a·ri·mash·ta

Asthma	喘息	zen·so·ku
Durchfall	下痢	ge·ri
eine Erkältung	風邪	ka·ze
Fieber	熱	ne·tsu
Halsschmerzen	のどの痛み	no·do no i·ta·mi
Husten	咳	se·ki
Kopfschmerzen	頭痛	zu·tsū
Schmerzen	痛み	i·ta·mi
Übelkeit	吐き気	ha·ki·ke
Verstopfung	便秘	bem·pi

Frauen & Gesundheit

女性の健康

(Ich glaube) Ich bin schwanger.
私は妊娠して
い(ると思い)ます。
wa·ta·shi wa nin·shin shi·te
i(·ru to o·moi)·mas

Ich nehme die Pille.
ピルを飲んでいます。
pi·ru o non·de i·mas

Ich habe meine Periode seit (sechs) Wochen nicht.
(6)週間月経が
ありません。
(ro·ku)·shū·kan gek·kē ga
a·ri·ma·sen

Ich habe hier einen Knoten.
ここにしこりがあります。
ko·ko ni shi·ko·ri ga a·ri·mas

Der Arzt sagt vielleicht ...

Nehmen Sie Verhütungsmittel?
避妊はしていますか?
hi·nin wa shi·te i·mas ka

Haben Sie Ihre Periode?
月経がありますか?
gek·kē ga a·ri·mas ka

Sind Sie schwanger?
妊娠していますか?
nin·shin shi·te i·mas ka

Wann hatten Sie das letzte Mal Ihre Periode?
最後に月経があった
のはいつですか?
sai·go ni gek·kē ga at·ta
no wa i·tsu des ka

Sie sind schwanger.
妊娠しています。
nin·shin shi·te i·mas

Ich bräuchte ...	…をお願いします。	... o o·ne·gai shi·mas
ein Verhütungsmittel	避妊薬	hi·nin·ya·ku
die Pille danach	モーニングアフターピル	mō·nin·gu·af·tā·pi·ru
einen Schwangerschaftstest	妊娠テスト	nin·shin·tes·to

Allergien

アレルギー

Ich bin allergisch gegen …	私は…アレルギーです。	wa·ta·shi wa … a·re·ru·gī des
Er/Sie ist allergisch gegen …	…アレルギーです。	… a·re·ru·gī des
Antibiotika	抗生物質	kō·sē·bus·shi·tsu
Aspirin	アスピリン	as·pi·rin
Bienen	蜂	ha·chi
Entzündungshemmer	抗炎症薬	kō·en·shō·ya·ku
Kodein	コデイン	ko·de·in
Penicillin	ペニシリン	pe·ni·shi·rin
Pollen	花粉	ka·fun

Ich habe eine Hautallergie.
皮膚アレルギーです。 hi·fu·a·re·ru·gī des

Lebensmittelallergien s. **Vegetarier & Co.** auf S. 174.

Alternative Heilmethoden

非西洋療法

Ich nutze keine (westliche Medizin).
(西洋医療)は使いません。 (sē·yō·i·ryō) wa tsu·kai·ma·sen

Gibt es hier jemand, der … praktiziert?	…をする人に診てもらいたいのですが。	… o su·ru hi·to ni mi·te mo·rai·tai no des ga
Akupunktur	鍼	ha·ri
Aromatherapie	アロマテラピー	a·ro·ma·te·ra·pī
japanische Physiotherapie	整体	sē·tai
Naturheilkunde	自然療法	shi·zen·ryō·hō
Reflexzonenmassage	リフレクソロジー	ri·fu·re·ku·so·ro·jī
Reiki	霊気	rē·ki
Shiatsu	指圧	shi·a·tsu

Der Körper

身体部分

Mein/e … tut weh.
…が痛いです。 … ga i·tai des

Ich kann mein/e … nicht bewegen.
…を動かせません。 … o u·go·ka·se·ma·sen

Ich habe einen Krampf in meinem/n/r …
…がつりました。 … ga tsu·ri·mash·ta

Mein/e … ist geschwollen.
…が腫れています。 … ga ha·re·te i·mas

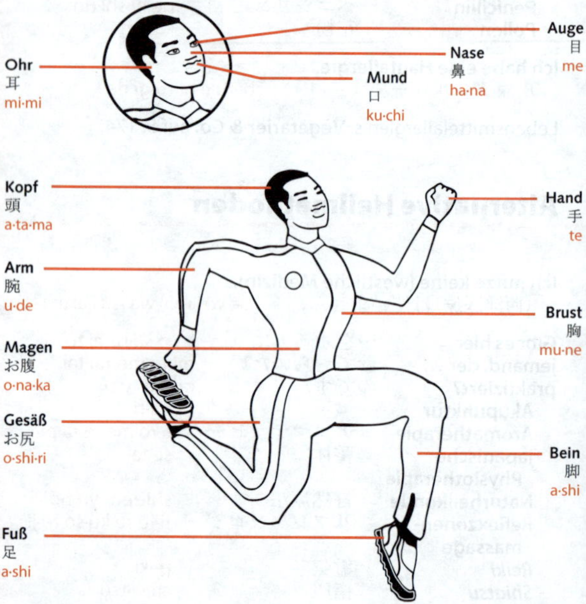

In der Apotheke

薬局

Ich bräuchte etwas gegen (Kopfschmerzen).
なにか(頭痛)に
効くものが必要です。
na·ni ka (zu·tsū) ni
ki·ku·mo·no ga hi·tsu·yō des

Brauche ich ein Rezept für (ein Antihistaminikum)?
(抗ヒスタミン剤)の
処方箋が必要
ですか?
(kō·his·ta·min·sai) no
sho·hō·sen ga hi·tsu·yō
des ka

Ich habe ein Rezept.
処方箋があります。
sho·hō·sen ga a·ri·mas

Wie oft am Tag?
1日何回ですか?
i·chi·ni·chi nan·kai des ka

Macht es müde?
眠くなりますか?
ne·mu·ku na·ri·mas ka

Antiseptikum	消毒液	shō·do·ku·e·ki
Elektrolytlösung	経口補水塩	kē·kō·ho·sui·en
Schmerzmittel	鎮痛剤	chin·tsū·zai
Thermometer	体温計	tai·on·kē
Verhütungsmittel	避妊具	hi·nin·gu

Oft zu hören …

i·chi·ni·chi ni·kai (sho·ku·ji·do·ki)
1日2回(食事時)。
Zweimal täglich (mit den Mahlzeiten).

ko·re o tsu·kat·ta ko·to ga a·ri·mas ka
これを使ったことが
ありますか?
Haben Sie das schon mal eingenommen?

zem·bu tsu·kai·kit·te ku·da·sai
全部使い切ってください。
Sie dürfen die Behandlung nicht vorher abbrechen.

Beim Zahnarzt

歯医者

Ich habe einen kaputten Zahn.
歯が折れました。 ha ga o·re·mash·ta

Ich habe ein Loch im Zahn.
虫歯があります。 mu·shi·ba ga a·ri·mas

Ich habe Zahnschmerzen.
歯が痛いです。 ha ga i·tai des

Ich habe eine Füllung verloren.
歯の詰め物がとれました。 ha no tsu·me·mo·no ga to·re·mash·ta

Mein/e Krone/Brücke/Prothese ist kaputt.
入れ歯がこわれました。 i·re·ba ga ko·wa·re·mash·ta

Mein Zahnfleisch tut weh.
歯茎が痛いです。 ha·gu·ki ga i·tai des

Ich möchte ihn nicht ziehen lassen.
抜かないでください。 nu·ka·nai·de ku·da·sai

Au!
痛い！ i·tai

Ich brauche …	…をしてください。	… o shi·te ku·da·sai
eine Betäubung	麻酔	ma·su·i
eine Füllung	詰め物	tsu·me·mo·no

Oft zu hören …

ō·ki·ku hi·rai·te
大きく開いて。 **Weit aufmachen.**

i·ta·ku·nai des yo
痛くないですよ。 **Das tut gar nicht weh.**

kan·de ku·da·sai
噛んでください。 **Hier draufbeißen.**

u·gai o shi·te ku·da·sai
うがいをしてください。 **Ausspülen!**

ma·da o·wat·te i·ma·sen, ma·ta ki·te ku·da·sai
まだ終わっていません、また来てください。 **Kommen Sie bitte wieder, ich bin noch nicht fertig.**

In diesem Wörterbuch sind die Verben in der ·mas (ます) -Form wiedergegeben (Näheres hierzu s. **Kleine Grammatik A–Z** auf S. 25). Allgemeine Begriffe zum Thema Essen wurden aufgenommen – eine ausführlichere Auflistung von Speisen und Zutaten s. **Kulinarisches Glossar**.

A

Aal うなぎ u·na·gi
abbiegen 曲がります ma·ga·ri·mas
Abend 晩 ban
Abendessen 夕食・晩ごはん yū·sho·ku • ban·go·han
Abenteuer 冒険 bō·ken
aber しかし shi·ka·shi
Aberglaube 迷信 mē·shin
abfahren 出発します shup·pa·tsu shi·mas
Abfahrt 出発 shup·pa·tsu
Abfall ごみ go·mi
Abführmittel 下剤 ge·zai
Abholzung 森林伐採 shin·rin·bas·sai
Abtreibung 中絶 chū·ze·tsu
Adapter アダプター a·da·pu·tā
Adresse 住所 jū·sho
Aerobic エアロビクス ea·ro·bi·kus
Afrika アフリカ a·fu·ri·ka
Aftershave アフターシェーブ af·tā·shē·bu
aggressiv 攻撃的な kō·ge·ki·te·ki na
Aids エイズ ē·zu
Airline 航空 kō·kū
Aktentasche ブリーフケース bu·rī·fu·kēs
Aktuelles • Tagespolitik 時事問題 ji·ji·mon·dai
Akupunktur 鍼 ha·ri
Algen 海藻 kai·sō
Alkohol アルコール a·ru·kō·ru
alle みんな min·na
alleine ひとりで hi·to·ri de
Allergie アレルギー a·re·ru·gī
alles 全部 zem·bu
alt 古い fu·ru·i
Altar 祭壇 sai·dan
Alter 年齢 nen·rē
am größten いちばん大きい i·chi·ban ō·kī
am kleinsten いちばん小さい i·chi·ban chī·sai
Ameise アリ a·ri
Amerika アメリカ a·me·ri·ka
Ampel 信号 shin·gō
amüsieren (sich) 楽しみます ta·no·shi·mi·mas
an der See 辺 u·mi·be
Anämie 貧血 hin·ke·tsu
Ananas パイナップル pai·nap·pu·ru
Anästhesie 麻酔 ma·su·i
Anchovis アンチョビ・カタクチイワシ an·cho·bi • ka·ta·ku·chi·i·wa·shi
andere ほかの ho·ka no
Anfall 発作 hos·sa
Angeln 釣り tsu·ri
Angestellter 従業員 jū·gyō·in
Anhänger (Fan) ファン fan
ankommen 到着します tō·cha·ku shi·mas
Ankunft 到着 tō·cha·ku
Anruf •Telefon 電話 den·wa
anrufen 電話します den·wa shi·mas
Anschluss 接続 se·tsu·zo·ku
ansehen 見ます mi·mas
Ansicht • Meinung 意見 i·ken
Antiatom … 反核の han·ka·ku no
Antibiotika 抗生剤 kō·sē·zai
Antihistaminika 抗ヒスタミン剤 kō·hi·su·ta·min·zai
antik アンティーク an·tī·ku
Antwort 答 ko·ta·e

Anwalt 弁護士 ben·go·shi
Anzeige • Annonce 広告 kō·ko·ku
Anzeigetafel スコアボード sko·a·bō·do
Apartment(haus) マンション man·shon
Aperitif 食前酒 sho·ku·zen·shu
Apfel りんご rin·go
Apotheke 薬局 yak·kyo·ku
Apotheker 薬剤師 ya·ku·zai·shi
Aprikose あんず an·zu
Arbeit 仕事 shi·go·to
arbeiten 働きます ha·ta·ra·ki·mas
Arbeiter 労働者 rō·dō·sha
Arbeitgeber 雇用者 ko·yō·sha
Arbeitserlaubnis 就労許可 shū·rō·kyo·ka
arbeitslos 失業した shi·tsu·gyō shi·ta
Arbeitslosengeld 失業手当 shi·tsu·gyō·te·a·te
archäologisch 考古学的な kō·ko·ga·ku·te·ki na
Architekt 建築家 ken·chi·ku·ka
Architektur 建築 ken·chi·ku
ärgern (sich) 怒ります o·ko·ri·mas
Arm 腕 u·de
arm 貧しい ma·zu·shī
Armbanduhr 腕時計 u·de·do·kē
Armee 軍 gun
Armut 貧困 hin·kon
Aromatherapie アロマテラピー a·ro·ma·te·ra·pī
Art (Sorte) 種類 shu·ru·i
Art タイプ tai·pu
Arznei 薬 ku·su·ri
Arzt 医者 i·sha
Aschenbecher 灰皿 hai·za·ra
Asien アジア a·jya
Aspirin アスピリン as·pi·rin
Asthma 喘息 zen·so·ku
Atelier スタジオ sta·ji·o
atmen 息をします i·ki o shi·mas
Atmosphäre 雰囲気 fun·i·ki
Atomenergie 核エネルギー ka·ku·e·ne·ru·gī
Atommüll 核廃棄物 ka·ku·hai·ki·bu·tsu
Aubergine ナス na·su
auf Drogen sein ラリった ra·rit·ta
auf 上に u·e ni
aufhören 辞めます ya·me·mas
Aufnahme (Musik) レコーディング re·kō·din·gu
aufwecken 起こします o·ko·shi·mas
aufzeichnen • aufnehmen 記録します ki·ro·ku shi·mas
Auge 目 me
Augenoptiker 検眼医 ken·gan·i
Augentropfen 目薬 me·gu·su·ri
Ausbilder インストラクター in·sto·rak·tā
Ausgang 出口 de·gu·chi
ausgebucht 満席 man·se·ki
ausgebucht (Zimmer) 満室 man·shi·tsu
ausgehen 出かけます de·ka·ke·mas
ausgezeichnet 素晴らしい su·ba·ra·shī
Ausland 海外 kai·gai
ausländisch 外国の gai·ko·ku no
ausleihen 借ります ka·ri·mas
Auspuff 排気 hai·ki
ausrauben 強盗します gō·tō shi·mas
ausruhen 休みます ya·su·mi·mas
Aussichtspunkt 見晴台 mi·ha·ra·shi·dai
Ausschlag 発疹 has·shin
Außenseite 外側の so·to·ga·wa no
außer Betrieb 故障中 ko·shō·chū
außerdem また ma·ta
aussteigen (Zug, Fahrstuhl usw.) 降ります o·ri·mas
Ausstellung 展覧会 ten·ran·kai
Austausch 交換 kō·kan
austauschen 交換します kō·kan shi·mas
Auster カキ ka·ki
Australien オーストラリア ō·sto·ra·rya
auswählen 選びます e·ra·bi·mas
Ausweis 身分証明 mi·bun·shō·mē
Auto 自動車 ji·dō·sha
Autobahn 高速道路 kō·so·ku·dō·ro
Autobatterie バッテリー bat·te·rī
automatisch オートマチック ō·to·ma·chik·ku
Autopapiere 自動車所有権 ji·dō·sha·sho·yū·ken
Autor 作家 sak·ka
Autoscheinwerfer ヘッドライト hed·do·rai·to
Avocado アボガド a·bo·ga·do

B

Baby 赤ちゃん a·ka·chan
Babynahrung 離乳食 ri·nyū·sho·ku
Babypuder ベビーパウダー be·bī·pow·dā
Babysitten 子守り ko·mo·ri
Babysitter ベビーシッター be·bī·shit·tā
Babystuhl ベビーチェア be·bī·che·a
Bäckerei パン屋 pan·ya
Backpflaume プルーン pu·rūn
Bad 風呂 fu·ro
Badeanzug 水着 mi·zu·gi
Bademantel (jap.) 浴衣 yu·ka·ta
Badezimmer 風呂場 fu·ro·ba
Bahnhof 駅 e·ki
Bahnsteig プラットフォーム pu·rat·to·fō·mu
bald すぐに su·gu ni
Balkon バルコニー ba·ru·ko·nī
Ball ボール bō·ru
Ballett バレエ ba·rē
Banane バナナ ba·na·na
Band (Video) テープ tē·pu
Band バンド ban·do
Bank 銀行 gin·kō
Bankkonto 銀行口座 gin·kō·kō·za
Banknote 紙幣 shi·hē
Bankscheck 小切 ko·git·te
Bar バー bā
Bär クマ ku·ma
Bargeld 現金 gen·kin
Barkeeper バーテンダー bā·ten·dā
Baseball 野球 ya·kyū
Basketball バスケット(ボール) bas·ket·to(·bōru)
Batterie 電池 den·chi
Bauchschmerzen 腹痛 fu·ku·tsū
Bauer 農民 nō·min
Bauernhof 農場 nō·jō
Baum 木 ki
Baumwolle 綿 men
Beachvolleyball ビーチバレー bī·chi·ba·rē
beenden 終わります o·wa·ri·mas
Beeren 木の実・ベリー ki·no·mi • be·rī
Befehl 命令 mē·rē
befehlen 命令します mē·rē shi·mas
Begleiter コンパニオン kom·pa·ni·on
Begräbnis 葬式 sō·shi·ki
behaglich 心地よい ko·ko·chi·yoi
behindert sein 障害をもつ shō·gai o mo·tsu
bei で de
beide 両方 ryō·hō
Bein 脚 a·shi
Beispiel 例 rē
Bekleidung 衣類 i·ru·i
Belästigung いやがらせ i·ya·ga·ra·se
Belgien ベルギー be·ru·gī
Belichtungsmesser 照度計 shō·do·kē
beliebt 人気がある nin·ki ga a·ru
Benzin ガソリン ga·so·rin
bereit sein 準備ができた jum·bi ga de·ki·ta
Berg 山 ya·ma
bergab 下り坂の ku·da·ri·za·ka no
bergauf 上り坂の no·bo·ri·za·ka no
Berggipfel 峰 mi·ne
Bergkette 山脈 sam·mya·ku
Bergsteigen 登山 to·zan
Bergweg 登山道 to·zan·dō
Beruf 職業 sho·ku·gyō
Berufslaufbahn 職歴 sho·ku·re·ki
berühmt 有名な yū·mē na
berühren 触ります sa·wa·ri·mas
beschäftigt 忙しい i·so·ga·shī
beschützen 保護します ho·go shi·mas
Beschwerde 苦情 ku·jō
Besen ブラシ bu·ra·shi
besetzt (Telefon) お話中 o·ha·na·shi·chū
besichtigen 点検します ten·ken shi·mas
Besitzer 所持者 sho·ji·sha
besser als より良い yo·ri yoi
bestätigen (Buchung) コンファームします kon·fā·mu shi·mas
Bestätigung 確認 ka·ku·nin
Bestechung わいろ wai·ro
Besteck (Ess-) ナイフとフォーク nai·fu to fō·ku
besteigen 登ります no·bo·ri·mas
besuchen 訪問します hō·mon shi·mas
betreten 入ります hai·ri·mas
betreuen 面倒を見ます men·dō o mi·mas
Betriebsanleitung マニュアル ma·nyu·a·ru

Betrug ぼられること bo·ra·re·ru ko·to
betrunken 酔った yot·ta
Bett ベッド bed·do
Bettdecke 掛け布団 ka·ke·bu·ton
Bettler 乞食 ko·ji·ki
Betttuch シーツ shī·tsu
Bettwäsche リネン ri·nen
Bettzeug 寝具 shin·gu
Beule (Schwellung) こぶ ko·bu
bevorzugen … …のほうがすきです … no hō ga su·ki·des
Bewerbungsgespräch 面接 men·se·tsu
bewölkt 曇りの ku·mo·ri·no
bezahlen 払います ha·rai·mas
Bezahlung 支払い shi·ha·rai
Beziehung 関係 kan·kē
BH ブラジャー bu·ra·jā
Biene 蜂 ha·chi
Bier ビール bī·ru
Billard ビリヤード bi·ri·yā·do
billig 安い ya·su·i
Bindehautentzündung 結膜炎 ke·tsu·ma·ku·en
Birne 洋ナシ yō·na·shi
bis (Zeit) まで ma·de
Biskuit ビスケット bis·ket·to
Bisswunde かみ傷 ka·mi·ki·zu
bitten たのみます ta·no·mi·mas
bitter 苦い ni·gai
Blase 膀胱 bō·kō
Blase (am Fuß) 水疱 su·i·hō
Blasenentzündung ぼうこう炎 bō·kō·en
Blatt (Baum) 葉 ha
blau 青い a·oi
blauer Fleck あざ a·za
bleiben (an einem Ort) 滞在します tai·zai shi·mas
Bleistift エンピツ em·pi·tsu
Blick 眺め na·ga·me
blind sein 目が見えない me ga mi·e·nai
Blinddarm 盲腸 mō·chō
Blindenhund 盲導犬 mō·dō·ken
Blindenschrift ブレール式点字 bu·rē·ru·shi·ki·ten·ji
blockiert sein (verstopft) つまります tsu·ma·ri·mas
Blume 花 ha·na
Blumensteckkunst 生け花 i·ke·ba·na
Blumenhändler 花屋 ha·na·ya
Blumenkohl カリフラワー ka·ri·fu·ra·wā
Blut 血 chi
Blutdruck 血圧 ke·tsu·a·tsu
Blutgruppe 血液型 ke·tsu·e·ki·ga·ta
Blutuntersuchung 血液検査 ke·tsu·e·ki·ken·sa
Boden 床 yu·ka
Bohnen 豆 ma·me
Bok Choy チンゲンサイ chin·gen·sai
Bonbon • Süßigkeit キャンディー kyan·dī
Boot 船 fu·ne
Bootstour ボートツアー bō·to·tsu·ā
Bordkarte 搭乗券 tō·jō·ken
Botanischer Garten 植物園 sho·ku·bu·tsu·en
Botschaft 大使館 tai·shi·kan
Botschafter 大使 tai·shi
Boxen ボクシング bo·ku·shin·gu
Brandwunde やけど ya·ke·do
Brandy ブランデー bu·ran·dē
braten 揚げます a·ge·mas
Bratpfanne フライパン fu·rai·pan
Brauch 習慣 shū·kan
brauchen 必要があります hi·tsu·yō ga a·ri·mas
braun 茶色い chai·roi
Bräunungslotion 日焼けローション hi·ya·ke·rō·shon
Brei おかゆ o·ka·yu
Bremsen ブレーキ bu·rē·ki
Brief 手紙 te·ga·mi
Briefkasten 郵便ポスト yū·bin·pos·to
Briefmarke 切 kit·te
Briefumschlag 封筒 fū·tō
Brille 眼鏡 me·ga·ne
Bronchitis 気管支炎 ki·kan·shi·en
Broschüre パンフレット pan·fu·ret·to
Brot パン pan
Brötchen ロール rō·ru
Brötchen ロールパン rō·ru·pan
Brücke 橋 ha·shi
Bruder 兄弟 kyō·dai
Brühe (klare) だし汁 da·shi·ji·ru
Brust 胸 mu·ne
Buch 本 hon
Bücherei 図書館 to·sho·kan
Buchhandlung 本屋 hon·ya
Buddhist 仏教徒 buk·kyō·to
Budget 予算 yo·san

Buffet (Essen) ビュッフェ byuf·fe
Bügeleisen アイロン ai·ron
Bundesstraße 幹線道路 kan·sen·dō·ro
Bürgerrecht 市民権 shi·min·ken
Büro 事務所 ji·mu·sho
Büroangestellte(r) 事務員 ji·mu·in
Büroangestellter サラリーマン sa·ra·rī·man
Bus バス bas
Bus (Stadt) (市)バス (shi·)bas
Busbahnhof バスターミナル bas·tā·mi·na·ru
Busen 乳房 chi·bu·sa
Bushaltestelle バス停 bas·tē
Business Class ビジネスクラス bi·ji·nes·ku·ras
Butter バター ba·tā

C

Café カフェ ka·fe
Callcenter テレフォンセンター te·re·fon·sen·tā
Campingladenキャンプ用品店 kyam·pu·yō·hin·ten
Campingplatz キャンプ場 kyam·pu·jō
Cashewnuss カシューナッツ ka·shū·nat·tsu
Casino カジノ ka·ji·no
CD CD shī·dī
CD-ROM CD-ROM shī·dī·ro·mu
Champagner シャンペン sham·pen
charmant チャーミングな chā·min·gu·na
Chaussee 大通り ō·dō·ri
Chefkoch シェフ she·fu
Chili 唐辛子 tō·ga·ra·shi
Chiliöl ラー油 rā·yu
Chilisoße チリソース chi·ri·sō·su
China 中国 chū·go·ku
Chinakohl 白菜 ha·ku·sai
chinesisch 中国の chū·go·ku no
chinesischer Tee 中国茶 chū·go·ku·cha
chinesisches Essen 中華料理 chū·ka·ryō·ri
Chips チップ chip·pu
Chiropraktiker カイロプラクター kai·ro·pu·ra·ku·tā
Christ キリスト教徒 ki·ri·su·to·kyō·to
Cidre サイダー sai·dā
Coach (Trainer) コーチ kō·chi
Cocktail カクテル ka·ku·te·ru
College カレッジ ka·rej·ji
Comic 漫画 man·ga
Computer コンピュータ kom·pyū·ta
Computerspiel コンピュータゲーム kom·pyū·ta·gē·mu
Cornflakes コーンフレーク kōn·fu·rē·ku
Coupon クーポン kū·pon
Courgette (Zucchini) クルゼット ku·ru·zet·to
Cracker クラッカー ku·rak·kā
Curry カレー ka·rē

D

da そこに so·ko ni
Damenbinde 生理用ナプキン sē·ri·yō·na·pu·kin
Dänemark デンマーク dem·mā·ku
dankbar sein 感謝している kan·sha shi·te i·ru
danken 感謝します kan·sha shi·mas
das (dort) あれ a·re
das Letzte 最後の sai·go no
das nächste ... いちばん近くの i·chi·ban chi·ka·ku no
das Vorige 前の ma·e no
Dattel ナツメヤシ na·tsu·me·ya·shi
Datum 日付 hi·zu·ke
Deck 甲板 kam·pan
Decke 毛布 mō·fu
defekt 故障した ko·shō·shi·ta
Defekt 間違い ma·chi·gai
dein あなたの a·na·ta no
Delikatessen デリカテッセン de·ri·ka·tes·sen
Demokratie 民主主義 min·shu·shu·gi
Demonstration (Protest) デモ de·mo
Denkmal 記念碑 ki·nen·hi
Deodorant 消臭剤 shō·shū·zai
der Beste 最高の sai·kō no
der erste ... 最初の sai·sho no
der vorige ... 前の ma·e no
Design デザイン de·za·in
Desinfektionsmittel 消毒剤 shō·do·ku·zai
Dessert デザート de·zā·to
Deutschland ドイツ doi·tsu
Devisen 為替 ka·wa·se

Dia スライド su·rai·do
Diabetes 糖尿病 tō·nyō·byō
Diaphragma 腹膜 fu·ku·ma·ku
Diät ダイエット dai·et·to
dick (Sache) 厚い a·tsu·i
Dieb どろぼう do·ro·bō
diese Woche 今週 kon·shū
Diesel ディーゼル dī·ze·ru
dieser これ ko·re
dieser Monat 今月 kon·ge·tsu
dieses Jahr 今年 ko·to·shi
digital デジタルの de·ji·ta·ru no
direkt 直接に cho·ku·se·tsu ni
direkte Verbindung 直通 cho·ku·tsū
Direktor ディレクター di·re·ku·tā
Diskette (Floppy) フロッピー fu·rop·pī
Diskriminierung 差別 sa·be·tsu
Dokumentation ドキュメンタリー do·kyu·men·ta·rī
Dokumente 書類 sho·ru·i
Dollar ドル do·ru
Dolmetscher 通訳 tsū·ya·ku
Doppelbett ダブルベッド da·bu·ru·bed·do
doppelt 2倍の ni·bai no
Doppelzimmer ダブルルーム da·bu·ru·rū·mu
Dorf 村 mu·ra
dort drüben 向うに mu·kō ni
Dose 缶 kan
Dosenöffner 缶切 kan·ki·ri
Drama ドラマ do·ra·ma
dringend 緊急の kin·kyū no
drinnen 室内の shi·tsu·nai no
Dritter 3番の sam·ban no
Droge 麻薬 ma·ya·ku
Drogendealer 麻薬の密売人 ma·ya·ku no mi·tsu·bai·nin
Drogenhandel 麻薬の輸送 ma·ya·ku no yu·sō
Drogenkonsument 麻薬使用者 ma·ya·ku·shi·yō·sha
Drogensucht 麻薬中毒 ma·ya·ku·chū·do·ku
Drucker (Computer) プリンタ prin·ta
Drüsenfieber 腺熱 sen·ne·tsu
du あなた a·na·ta
dumm ばかな ba·ka na
dunkel 暗い ku·rai
dünn 薄い u·su·i
Durchfall 下痢 ge·ri
dürfen してもいいです shi·te·mo ī des
durstig sein のどが渇いた no·do ga ka·wai·ta
Dusche シャワー sha·wā
Duty-free-Shop 免税店 men·zē·ten
Dutzend ダース dās
DVD DVD dī·bi·dī

E

Ecke 角 ka·do
Economy Class エコノミークラス e·ko·no·mī·ku·ras
Ecstasy (Droge) エクスタシー e·kus·ta·shī
Edelstein 宝石 hō·se·ki
Ehefrau 妻 tsu·ma
Ehemann 夫 ot·to
Ei 卵 ta·ma·go
Eidechse トカゲ to·ka·ge
Eierstock 卵巣 ran·sō
eifersüchtig 嫉妬深い shit·to·bu·kai
Eilsendung 速達 so·ku·ta·tsu
Eimer バケツ ba·ke·tsu
ein bisschen いくらか i·ku·ra·ka
ein paar (2–3) 2、3の ni, san no
ein paar (mehr als 2 oder 3) いくつかの i·ku·tsu·ka no
eine Nacht 一晩 hi·to·ban
eine Woche lang 1週間 is·shū·kan
einfach 単純な tan·jun na
einfach • leicht 簡単な kan·tan na
eingeschlossen 含んで fu·kun·de
einige いくらかの i·ku·ra ka no
Einkäufe 買い物 kai·mo·no
einkaufen gehen 買い物をします kai·mo·no o shi·mas
Einkaufszentrum ショッピングセンター shop·pin·gu·sen·tā
Einkommenssteuer 所得税 sho·to·ku·zē
einladen 招待します shō·tai shi·mas
einlösen (e. Scheck) 現金化します gen·kin·ka shi·mas
einmal 1度 i·chi·do
eins 1 i·chi
Einschreiben 書留 ka·ki·to·me
Eintopf 鍋・鍋もの na·be • na·be·mo·no
Eintritt 入場 nyū·jō
Eintrittskarte 切 kip·pu

Eintrittspreis 入場料 nyū·jō·ryō
Einweg… 使い捨ての tsu·kai·su·te no
Einwegstäbchen 割り箸 wa·ri·ba·shi
Einzelheiten 詳細 shō·sai
Einzelzimmer シングルルーム shin·gu·ru·rū·mu
Eis 氷 kō·ri
Eiscreme アイスクリーム ais·ku·rī·mu
Eisenwarenladen ホームセンター hō·mu·sen·tā
Eishockey アイスホッケー ais·hok·kē
Eispickel ピッケル pik·ke·ru
Eisschrank 冷蔵庫 rē·zō·ko
Ekzem 湿疹 shis·shin
elektrischer Strom 電流 den·ryū
Elektrogeschäft 電化製品店 den·ka·sē·hin·ten
Elektroingenieur 電気技師 den·ki·gi·shi
Eltern 両親 ryō·shin
E-Mail Eメール ī·mē·ru
emotional 感情的な kan·jō·te·ki na
empfehlen 勧めます su·su·me·mas
Ende おわり o·wa·ri
eng きつい ki·tsu·i
England イギリス i·gi·ri·su
Englisch 英語 ē·go
Enkelkind 孫 ma·go
Ente アヒル a·hi·ru
entkoffeiniert デカフェ de·ka·fe
entscheiden 決めます ki·me·mas
entspannen リラックスします ri·rak·ku·su shi·mas
Entzündung 発火 hak·ka
Epilepsie てんかん ten·kan
er 彼は ka·re wa
Erbsen サヤエンドウ sa·ya·en·dō
Erdbeben 地震 ji·shin
Erdbeere イチゴ i·chi·go
Erdnuss ピーナツ pī·na·tsu
Erdöl 石油 se·ki·yu
Erfahrung 経験 kē·ken
erhitzt sein 熱くなった a·tsu·ku nat·ta
erkältet sein 風邪を引いています ka·ze o hī·te i·mas
Erkältung • Wind 風邪 ka·ze
Erlaubnis 許可 kyo·ka
ernsthaft まじめな ma·ji·me na
Erschließung 開発 kai·ha·tsu
erschöpft 疲れた tsu·ka·re·ta
Erste Klasse ファーストクラス fā·sto·ku·ras
Erste-Hilfe-Set 救急箱 kyū·kyū·ba·ko
Erwachsener 大人 o·to·na
Erziehung 教育 kyōi·ku
es それ so·re
essen 食べます ta·be·mas
Essen 食べ物 ta·be·mo·no
Essig 酢 su
Essstäbchen (Einweg) 割り箸 wa·ri·ba·shi
Essstäbchen 箸 ha·shi
Essstäbchenbank はし置き ha·shi·o·ki
Esstisch (jap.) ちゃぶ台 cha·bu·dai
etwas 何か na·ni ka
etwas (ein wenig) 少し su·ko·shi
Euro ユーロ yū·ro
Europa ヨーロッパ yō·rop·pa

F

Fabrik 工場 kō·jō
Fabrikarbeiter 工員 kō·in
Fächer 扇子 sen·su
Faden 糸 i·to
Fahne 旗 ha·ta
Fähre フェリー fe·rī
fahren (mit Bahn, Flugzeug, Schiff) 乗ります no·ri·mas
fahren (lenken) 運転します un·ten shi·mas
Fahrer 運転手 un·ten·shu
Fahrkartenautomat 切符販売 kip·pu·ham·bai·ki
Fahrplan 時刻表 ji·ko·ku·hyō
Fahrradfahren サイクリング sai·ku·rin·gu
Fahrrad 自転車 ji·ten·sha
Fahrradfahrer サイクリスト sai·ku·ris·to
Fahrradgeschäft 自転車屋 ji·ten·sha·ya
Fahrradkette 自転車のチェーン ji·ten·sha no chēn
Fahrradschlauch チューブ chū·bu
Fahrradschloss 自転車の鍵 ji·ten·sha no ka·gi
Fahrradweg 自転車道 ji·ten·sha·dō
Fahrstuhl エレベータ e·re·bē·ta
Fahrzeugzulassung 自動車登録 ji·dō·sha·tō·ro·ku
falsch 間違った ma·chi·gat·ta

Familie 家族 ka·zo·ku
Familienname 名字 myō·ji
Familienstand 配偶関係 hai·gū·kan·kē
Familienticket 家族チケット ka·zo·ku·chi·ket·to
Fan ファン fan
Farbe 色 i·ro
fast ganz ほとんど ho·ton·do
faul 怠け者の na·ma·ke·mo·no no
Fax ファックス fak·kus
Faxgerät ファックス fak·kus
Fechten フェンシング fen·shin·gu
Feder (mech.) スプリング sprin·gu
Fehler 間違い ma·chi·gai
fehlerhaft 欠点のある ket·ten no a·ru
Fehlgeburt 流産 ryū·zan
Feier お祝い oi·wai
Feiertag 休日 kyū·ji·tsu
Feige イチジク i·chi·ji·ku
fein (gut) いい ī
Fels 岩 i·wa
Felsvorsprung 岩礁 gan·shō
Fenster 窓 ma·do
Ferien 休暇 kyū·ka
fern • weit 遠い tōi
Fernbedienung リモコン ri·mo·kon
Fernglas 双眼鏡 sō·gan·kyō
Fernseher テレビ te·re·bi
Fest 祭 ma·tsu·ri
festnehmen 逮捕します tai·ho shi·mas
fett (geworden) 太った fu·tot·ta
Feuer 火 hi
Feuerholz 薪 ma·ki
Feuerzeug ライター rai·tā
Fieber 熱 ne·tsu
Filet フィレ fi·re
Film (für Kamera) フィルム fi·ru·mu
Film (Kino) 映画 ē·ga
finden 見つけます mi·tsu·ke·mas
Finger 指 yu·bi
Finnland フィンランド fin·ran·do
Fisch 魚 sa·ka·na
Fischladen 魚屋 sa·ka·na·ya
Fischpaste 魚のペースト sa·ka·na no pē·sto
Fischsauce 魚醤 gyo·shō
flach 平らな tai·ra na
Flanell フランネル fu·ran·ne·ru
Flasche ビン bin
Flaschenöffner 栓抜き sen·nu·ki
Fleisch 肉 ni·ku
Fleischerei 肉屋 ni·ku·ya
Fliege ハエ ha·e
fliegen 飛びます to·bi·mas
Flipperautomat ピンボール pin·bō·ru
Flitterwochen ハネムーン ha·ne·mūn
Floh 蚤 no·mi
Flohmarkt フリーマーケット fu·rī·mā·ket·to
Flüchtling 難民 nam·min
Flug 航空便 kō·kū·bin
Flügel 翼 tsu·ba·sa
Flughafen 空港 kū·kō
Flughafensteuer 空港税 kū·kō·zē
Flugsteig (Abflug) 出発ゲート shup·pa·tsu·gē·to
Flugzeug 飛行機 hi·kō·ki
Fluss 川 ka·wa
folgen ついていきます tsu·i·te i·ki·mas
Form 形 ka·ta·chi
Foto 写真 sha·shin
Fotograf 写真家 sha·shin·ka
fotografieren 写真を撮ります sha·shin o to·ri·mas
Fotoladen カメラ屋 ka·me·ra·ya
Foul ファウル fau·ru
Foyer ロビー ro·bī
Frage 質問 shi·tsu·mon
fragen たずねます ta·zu·ne·mas
Frankreich フランス fu·ran·su
frei 自由に ji·yū ni
Freiluft-Onsen 露天風呂 ro·tem·bu·ro
Fremder よそ者 yo·so·mo·no
Freund (Partner) ボーイフレンド bōi·fu·ren·do
Freund/in 友達 to·mo·da·chi
Freundin (Partnerin) ガールフレンド gā·ru·fu·ren·do
Frieden 平和 hē·wa
Friedhof 墓地 bo·chi
frieren (zu Eis) 凍ります kō·ri·mas
frisch 新鮮な shin·sen na
Friseur (Damen-) 美容師 bi·yō·shi
Friseur (Herren-) 床屋 to·ko·ya
frittiert 揚げて a·ge·te
Frosch カエル ka·e·ru
Frost 霜 shi·mo
Frucht 果物 ku·da·mo·no
Fruchtsaft フルーツジュース fu·rū·tsu·jū·su

früh 早く ha·ya·ku
Frühling 春 ha·ru
Frühlingszwiebel ねぎ ne·gi
Frühstück 朝食・朝ごはん chō·sho·ku • a·sa·go·han
Fühlen • Empfinden 感情 kan·jō
Führer リーダー rī·dā
Führer (Audio) 案内 an·nai
Führer (Person) ガイド gai·do
Führerschein 運転免許証 un·ten·men·kyo·shō
füllen いっぱいにします ip·pai ni shi·mas
Fundbüro 遺失物取扱所 i·shi·tsu·bu·tsu·to·ri·a·tsu·kai·jo
für immer 永遠に ē·en ni
furchtbar ひどい hi·doi
Fuß 足 a·shi
Fußball サッカー sak·kā
Fußgänger 歩行者 ho·kō·sha
Fußgängerüberweg 横断歩道 ō·dan·ho·dō
Fußspur 足跡 a·shi·a·to
Futon ふとん fu·ton
füttern 餌をやります e·sa o ya·ri·mas

G

Gabel フォーク fō·ku
Gang (Zug, Bus) 通路 tsū·ro
Gänge (Fahrrad) ギア gia
gar 火が通った hi ga tōt·ta
Garage ガレージ ga·rē·ji
garantiert werden 保証された ho·shō sa·re·ta
Garderobe クローク ku·rō·ku
Garnele 小エビ ko·e·bi
Garten 庭 ni·wa
Gartenarbeit 庭仕事 ni·wa·shi·go·to
Gas ガス gas
Gaskartusche ガスカートリッジ gas·kā·to·rij·ji
Gastfreundschaft もてなし mo·te·na·shi
Gasthaus ゲストハウス ges·to·hau·su
Gate (Flugsteig) ゲート gē·to
Gaze ガーゼ gā·ze
Gebäck ペストリー pes·to·rī
Gebäude 建物 ta·te·mo·no
geben あげます a·ge·mas
Gebet 祈り i·no·ri
Gebirgspass 山道 ya·ma·mi·chi
gebraten 揚げた a·ge·ta
gebratene Nudeln 焼きそば ya·ki·so·ba
gebratener Reis チャーハン・焼き飯 chā·han • ya·ki·me·shi
gebratenes Gemüse 野菜炒め ya·sai·i·ta·me
Gebühr 手数料 te·sū·ryō
Gebühr 料金 ryō·kin
Geburtsort 出身地 shus·shin·chi
Geburtstag 誕生日 tan·jō·bi
Geburtsurkunde 出生証明書 shus·sē·shō·mē·sho
Gedeck (Preis) カバーチャージ ka·bā·chā·ji
gedünstet 蒸して mu·shi·te
gefährlich 危ない a·bu·nai
Gefangener 囚人 shū·jin
Gefängnis 牢屋 rō·ya
gefiltert フィルターを通した fi·ru·tā o tō·shi·ta
Geflügel 鳥肉 to·ri·ni·ku
gefroren 凍った kōt·ta
geführte Tourガイド付きツアー gai·do·tsu·ki·tsu·ā
Gegenteil 反対の han·tai no
Gegenwart 現在 gen·zai
gegrillt グリルして gu·ri·ru shi·te
Gehalt 賃金 chin·gin
gehen 行きます i·ki·mas
Gehirnerschütterung 脳しんとう nō·shin·tō
Gehweg 歩道 ho·dō
Geisha 芸者 gē·sha
Geisteswissenschaften 人文科学 jim·bun·ka·ga·ku
gekochtes Ei ゆで卵 yu·de·ta·ma·go
gelb 黄色い kī·roi
Geld お金 o·ka·ne
Geldautomat ATM ē·tī·e·mu
Geldbeutel 財布 sai·fu
Geldschrank • Safe 金庫 kin·ko
Geldstrafe 罰金 bak·kin
Geliebte/r 恋人 koi·bi·to
Gemälde 絵 e
Gemüse 野菜 ya·sai
Gemüse (gebraten) 野菜炒め ya·sai·i·ta·me
Gemüseladen 八百屋 ya·o·ya
genau ちょうど chō·do

Genehmigung 許可証 kyo·ka·shō
genießen • sich vergnügen 楽しみます ta·no·shi·mi·mas
genug 充分な jū·bun na
Gepäckausgabe バッゲージクレーム bag·gē·ji·ku·rē·mu
Gepäcksammelstelle 手荷物預かり所 te·ni·mo·tsu·a·zu·ka·ri·sho
Gepäckschein 手荷物札 te·ni·mo·tsu·fu·da
gerade まっすぐな mas·su·gu na
geräuchert (Essen) 燻製の kun·sē·no
Gerichtshof 裁判所 sai·ban·sho
gering 小さい chī·sai
Geruch におい ni·oi
Gesamtsumme 総計 sō·kē
Gesäß お尻 o·shi·ri
Geschäft ビジネス bi·ji·nes
Geschäftsfrau ビジネスウーマン bi·ji·nes·ū·man
Geschäftsführer マネージャー ma·nē·jā
Geschäftsmann ビジネスマン bi·ji·nes·man
Geschäftsreise 出張 shut·chō
Geschenk 贈物 o·ku·ri·mo·no
Geschichte 話 ha·na·shi
Geschichte (hist.) 歴史 re·ki·shi
geschieden 離婚した ri·kon shi·ta
Geschirrschrank 食器棚 shok·ki·da·na
Geschirrtuch フキン fu·kin
Geschlechtskrankheit 性病 sē·byō
geschlossen (Laden) 閉店した hē·ten·shi·ta
geschlossen sein 閉まった shi·mat·ta
geschützt (Tierart) 保護された(生物) ho·go sa·re·ta (sē·bu·tsu)
geschwind すばやい su·ba·yai
Geschwindigkeit スピード spī·do
Geschwindigkeitsbegrenzung 制限速度 sē·gen·so·ku·do
Gesicht 顔 ka·o
gestern きのう ki·nō
gestohlen 盗まれた nu·su·ma·re·ta
gesund 元気な gen·ki na
Gesundheit 健康 ken·kō
Getränk 飲み物 no·mi·mo·no
Getränk (alkoholisch) 酒・アルコール sa·ke • a·ru·kō·ru
Getreideflocken シリアル shi·ri·a·ru
getrocknet 乾いた ka·wai·ta
Gewalttat 暴行 bō·kō
Gewicht 重さ o·mo·sa
gewinnen 勝ちます ka·chi·mas
Gewinner 受賞者 ju·shō·sha
Gewitter 嵐 a·ra·shi
Geysir 間欠泉 kan·kets·sen
Gezeiten 潮 shi·o
giftig 毒の do·ku no
Giftmüll 有害廃棄物 yū·gai·hai·ki·bu·tsu
Gig ギグ gi·gu
Gin ジン jin
Gitarre ギター gi·tā
Glas グラス gu·ra·su
gleich 同じ o·na·ji
Gleichheit 平等 byō·dō
Glück haben 幸運な kō·un na
glücklich 幸せな shi·a·wa·se na
Glühbirne 電球 den·kyū
Glutamat グルタミン酸ソーダ gu·ru·ta·min·san·sō·da
Gold 金 kin
Golfball ゴルフボール go·ru·fu·bō·ru
Golfplatz ゴルフコース go·ru·fu·kō·su
Gott 神 ka·mi
Grab 墓 ha·ka
Grad (Temperatur) 度 do
Gramm グラム gu·ra·mu
Grapefruit グレープフルーツ gu·rē·pu·fu·rū·tsu
Gras 草 ku·sa
gratis 無料の mu·ryō no
Grau 灰色の hai·ro no
Grenze 境界 kyō·kai
Grippe インフルエンザ in·fu·ru·en·za
groß 大きい ō·kī
groß (hoch) 高い ta·kai
großartig 素晴らしい su·ba·ra·shī
Größe (Kleidung) サイズ sai·zu
größer als より大きい yo·ri ō·kī
Großmutter おばあさん o·bā·san
Großvater おじいさん o·jī·san
grün 緑の mi·do·ri no
Grünes Gemüse 野菜 ya·sai
Grund 理由 ri·yū
Grundbesitzer 地主 ji·nu·shi
Gruppe グループ gu·rū·pu
Gurke キュウリ kyū·ri
Gürtel 帯 o·bi

Gürtelrose 帯状疱疹 tai·jō·hō·shin
Gürteltasche ウエストポーチ wes·to·pō·chi
gut いい ī
gut (adv.) よく yo·ku
Gymnastik 体操 tai·sō
Gynäkologe 婦人科医 fu·jin·ka·i

H

Haar 毛 ke
Haarbürste ヘアブラシ hair·bu·ra·shi
Haarschnitt ヘアカット hair·kat·to
Haarspülung コンディショナー kon·di·sho·nā
haben 持っています mot·te i·mas
Hackfleisch ひき肉 hi·ki·ni·ku
Hafen 港 mi·na·to
Hafer オート麦 ō·to·mu·gi
Haftanstalt 牢屋 rō·ya
halal ハラルの ha·ra·ru no
Hälfte 半分 ham·bun
Halluzination 幻覚 gen·ka·ku
Hals 首 ku·bi
halten 止まります to·ma·ri·mas
Haltestelle 停留所 tē·ryū·jo
Hammer ハンマー ham·mā
Hand 手 te
Handball ハンドボール han·do·bō·ru
Handel 貿易 bō·e·ki
handgefertigte Ware 手芸品 shu·gē·hin
Handgelenk 手首 te·ku·bi
handgemacht 手作りの te·zu·ku·ri no
Handgepäck 手荷物 te·ni·mo·tsu
Handgepäck 機内持込の手荷物 ki·nai·mo·chi·ko·mi no te·ni·mo·tsu
Händler 貿易商 bō·e·ki·shō
Handschuhe 手袋 te·bu·ku·ro
Handtasche ハンドバッグ han·do·bag·gu
Handtuch タオル tao·ru
Handtuch (klein) 洗面タオル sen·men·tao·ru
Handy 携帯電話 kē·tai·den·wa
Hängematte ハンモック ham·mok·ku
Harnröhrenentzündung 尿道炎 nyō·dō·en
hart かたい ka·tai
hart gekocht 固ゆでの ka·ta·yu·de no
hart gekochtes Ei 固ゆで卵 ka·ta·yu·de·ta·ma·go
Hasch マリファナ ma·ri·fa·na
Hase • Kaninchen ウサギ u·sa·gi
Haselnuss ヘーゼルナッツ hē·ze·ru·nat·tsu
hässlich みにくい mi·ni·ku·i
Haupt... 主な o·mo na
Hauptgericht メインコース mēn·kō·su
Haus 家 i·e
Hausarbeit 家事 ka·ji
Hausfrau 主婦 shu·fu
Hausherrin 女主人 on·na·shu·jin
Hausmann 主夫 shu·fu
Haut 皮膚 hi·fu
Hefepilzinfektion 口腔カンジダ症 kō·kū·kan·ji·da·shō
Heilige/r 聖人 sē·jin
Heim うち u·chi
heimisch 国内 ko·ku·nai
heiraten 結婚します kek·kon shi·mas
heiß 熱い a·tsu·i
heiße Quellen 温泉 on·sen
heißes Wasser お湯 o·yu
heiter • sonnig 晴れた ha·re·ta
Heizung ヒーター hī·tā
helfen たすけます tas·ke·mas
hell 明るい a·ka·ru·i
Helm ヘルメット he·ru·met·to
Hemd シャツ sha·tsu
Hepatitis 肝炎 kan·en
Herbst 秋 a·ki
hergestellt aus (Baumwolle) (コットン)製の (kot·ton)·sē no
Hering (Zelt) ペグ pe·gu
Heroin ヘロイン he·roin
Herr/Frau さん ·san
herstellen 作ります tsu·ku·ri·mas
herunterfallen 倒れます tao·re·mas
Herz (med.) 心臓 shin·zō
Herzbeschwerden 心臓病 shin·zō·byō
Herzinfarkt 心臓麻痺 shin·zō·ma·hi
Herzschrittmacher ペースメーカー pēs·mē·kā
Herzstillstand 心拍停止 shim·pa·ku·tē·shi
Heuschnupfen 花粉症 ka·fun·shō
heute 今日 kyō

heute Abend 今夜 kon·ya
(heute) Nachmittag (今日の)午後
(kyō no) go·go
hier ここで ko·ko de
Hilfe たすけ tas·ke
Hilfsarbeit 臨時の仕事
rin·ji no shi·go·to
Himbeere ラズベリー ra·zu·be·rī
Himmel 空 so·ra
Hin- und Rückfahrkarte 往復切符
ō·fu·ku·kip·pu
Hinduismus ヒンズー教 hin·zū·kyō
Hinfahrkarte 片道(切符)
ka·ta·mi·chi(·kip·pu)
hinlegen (sich) 横になります
yo·ko ni na·ri·mas
hinter • nach うしろ u·shi·ro
Hintern • Po お尻 o·shi·ri
hinunter 下へ shi·ta e
historisch 歴史的な re·ki·shi·te·ki na
HIV HIV et·chi·ai·vī
Hobby 趣味 shu·mi
hoch • teuer 高い ta·kai
Hochwasser 洪水 kō·zu·i
Hochzeitsfeier 結婚式
kek·kon·shi·ki
Hockey ホッケー hok·kē
Höhe 標高 hyō·kō
Höhle 洞窟 dō·ku·tsu
Holland オランダ o·ran·da
Holz 木 ki
Holzschnitt 浮世絵 u·ki·yo·e
Homöopathie ホメオパシー
ho·me·o·pa·shī
homosexuell ホモ ho·mo
Honig 蜂蜜 ha·chi·mi·tsu
hören 聞きます ki·ki·mas
Hörgerät 補聴器 ho·chō·ki
Horoskop 星占い ho·shi·u·ra·nai
Hose ズボン zu·bon
Hosentasche ポケット po·ket·to
Hotel ホテル ho·te·ru
Hotel (traditionell japanisch) 旅館
ryo·kan
hübsch (Mann) ハンサムな
han·sa·mu na
Hügel 丘 o·ka
Huhn にわとり ni·wa·to·ri
Hühnerfleisch 鶏肉 to·ri·ni·ku
Hülsenfrüchte 豆類 ma·me·ru·i
Hummer ロブスター ro·bus·tā
Hund 犬 i·nu
Hundert 百 hya·ku
hungrig (sein) お腹がすいた
o·na·ka ga su·i·ta
Hustensaft せき止め se·ki·do·me
husten せきが出ます se·ki ga de·mas
Hut 帽子 bō·shi

I

ich 私は wa·ta·shi wa
Idiot ばか ba·ka
ihn • ihm 彼を ka·re o
ihr (besitzanzeigend) 彼女の ka·no·jo no
ihr (pl.) あなたたち a·na·ta·ta·chi
ihr (besitzanzeigend pl.) 彼らの
ka·re·ra no
illegal 違法の i·hō no
immer いつも i·tsu·mo
Immigration 移民 i·min
Immobilienbüro 不動産屋 fu·dō·san·ya
Immobilienmakler 不動産屋
fu·dō·san·ya
in die Finger kriegen 手に入れます
te ni i·re·mas
in Eile 急いで i·soi de
in Eile sein 急ぎます i·so·gi·mas
in Kraft setzen 有効にします
yū·kō ni shi·mas
in なか na·ka
Indien インド in·do
individuell • persönlich 個人的な
ko·jin·te·ki na
Industrie 産業 san·gyō
Infektion 感染 kan·sen
Influenza インフルエンザ in·fu·ru·en·za
Information 情報 jō·hō
Informationsbüro 案内所 an·nai·jo
Ingenieur 技術者 gi·ju·tsu·sha
Ingenieurwissenschaft 工学 kō·ga·ku
Ingwer しょうが・ジンジャー
shō·ga • jin·jā
Inhalator 吸入器 kyū·nyū·ki
Injektion 注射 chū·sha
Inlineskaten ローラーブレード
rō·rā·bu·rē·do
Innenseite 内部 nai·bu
innerhalb (einer Stunde) (1時間)内に
(i·chi·ji·kan) nai ni

Insekt 虫 mu·shi
Insel 島 shi·ma
interessant おもしろい o·mo·shi·roi
international 国際的な ko·ku·sai·te·ki na
Internet インターネット in·tā·net·to
Internetcafé インターネットカフェ in·tā·net·to·ka·fe
Irland アイルランド ai·ru·ran·do
Israel イスラエル i·su·ra·e·ru
IT IT ai·tī
Italien イタリア i·ta·ria

J

ja はい hai
Jacke ジャケット ja·ket·to
Jagd 猟 ryō
Jahr 年 nen
Jahreszeit 季節 ki·se·tsu
jährlich 年一回の nen·ik·kai no
Japan 日本 ni·hon • nip·pon
japanisch 日本の ni·hon no
japanische Puppe 日本人形 ni·hon·nin·gyō
japanischer Garten 日本庭園 ni·hon·tē·en
japanisches Essen 和食 wa·sho·ku
Japonika-Reis ジャポニカ米 ja·po·ni·ka·mai
Jeans ジーンズ jīn·zu
jede/r/s それぞれ so·re·zo·re
jede/r/s 毎 mai
Jeep ジープ jī·pu
jemand 誰か da·re ka
Jetlag 時差ぼけ ji·sa·bo·ke
jetzt 今 i·ma
Joggen ジョギング jo·gin·gu
Jogurt ヨーグルト yō·gu·ru·to
Journalist ジャーナリスト jā·na·ris·to
jucken かゆみ ka·yu·mi
jüdisch ユダヤ教の yu·da·ya·kyō no
Judo 柔道 jū·dō
Jugendherberge ユースホステル yū·su·ho·su·te·ru
jung 若い wa·kai
Junge 男の子 o·to·ko no ko
Jura 法学 hō·ga·ku

K

Kabine 船室 sen·shi·tsu
Kaffee コーヒー kō·hī
Kaiser (japanisch) 天皇 ten·nō
Kaiser (nicht-japanisch) 皇帝 kō·tē
Kaiserin 皇后 kō·gō
Kakao ココア ko·ko·a
Kakerlake ゴキブリ go·ki·bu·ri
Kaki 柿 ka·ki
Kalbfleisch 子牛 ko·u·shi
Kalender カレンダー ka·ren·dā
Kalligrafie 書道 sho·dō
kalt (Temperatur) 寒い sa·m·u·i
Kamera カメラ ka·me·ra
Kamm くし ku·shi
Kammmuschel ホタテ ho·ta·te
Kampf 戦い ta·ta·kai
Kampfkunst • Kriegskunst 武道 bu·dō
Kanada カナダ ka·na·da
Kanne ポット pot·to
Kapselhotel カプセルホテル ka·pu·se·ru·ho·te·ru
kaputt gehen 壊れます ko·wa·re·mas
kaputt 壊れた ko·wa·re·ta
Karotte ニンジン nin·jin
Karte (geogr.) 地図 chi·zu
Kartenschalter 切符売り kip·pu·u·ri·ba
Kartoffel ジャガイモ ja·ga·i·mo
Karton カートン kā·ton
Karussell ロータリー rō·ta·rī
Käse チーズ chī·zu
Kasse レジ re·ji
Kassenzettel レシート re·shī·to
Kassette カセット ka·set·to
Kastanie 栗 ku·ri
Kathedrale 大聖堂 dai·sē·dō
katholisch カトリック ka·to·rik·ku
Katze ネコ ne·ko
kaufen 買います kai·mas
Kaufhaus デパート de·pā·to
Kaugummi チューインガム chū·in·ga·mu
Kaviar キャビア kya·bia
Kehle のど no·do
Keilriemen ファンベルト fan·be·ru·to
Keks クッキー kuk·kī
Kellner ウェイター wē·tā
Keramik セラミックス se·ra·mik·ku·su

Kerze ろうそく rō·so·ku
Ketchup ケチャップ ke·chap·pu
Kette 鎖 ku·sa·ri
Keyboard キーボード kī·bō·do
Kfz-Kennzeichen ナンバープレート nam·bā·pu·rē·to
Kichererbsen ヒヨコマメ hi·yo·ko·ma·me
Kiefer (Knochen) あご a·go
Kilogramm キロ(グラム) ki·ro(·gu·ra·mu)
Kilometer キロメートル ki·ro·mē·to·ru
Kind 子供 ko·do·mo
Kindergarten 幼稚園 yō·chi·en
Kindersitz チャイルドシート chai·ru·do·shī·to
Kindertagesstätte 託児所 ta·ku·ji·sho
Kinderwagen ベビーカー be·bī·kā
Kino 映画館 ē·ga·kan
Kinofilm 映画 ē·ga
Kiosk キヨスク ki·yos·ku
Kirche 教会 kyō·kai
Kirschblüte 桜 sa·ku·ra
Kirsche さくらんぼ sa·ku·ram·bo
Kiwi キウィ ki·wi
Klasse (sozial) 階級 kai·kyū
klassisch クラシックの ku·ra·shik·ku no
klassische Künste 古典芸術 ko·ten·gē·ju·tsu
klassische Musik クラシック音楽 ku·ra·shik·ku·on·ga·ku
klassisches Theater 古典演劇 ko·ten·en·ge·ki
Klebstoff 糊 no·ri
Kleid ドレス do·res
Kleidergeschäft 衣料店 i·ryō·ten
Kleidung 衣類 i·ru·i
klein 小さい chī·sai
klein (niedrig) 低い hi·ku·i
kleiner als より小さい yo·ri chī·sai
Kleingeld 小銭 ko·ze·ni
Klettern ロッククライミング rok·ku·ku·rai·min·gu
Klimaanlageエアコン ea·kon
klimatisiert エアコン付きの ea·kon·tsu·ki no
Klingelton ダイアルトーン dai·a·ru·tōn
Klippe がけ ga·ke
Kloster 修道院 shū·dō·in
Kneipe パブ pa·bu
Knie ひざ hi·za
Knoblauch ニンニク nin·ni·ku
Knöchel 足首 a·shi·ku·bi
Knochen 骨 ho·ne
Knopf ボタン bo·tan
Koch コック kok·ku
kochen 料理します ryō·ri shi·mas
Kochen 料理 ryō·ri
kochen (in Wasser) ゆでます yu·de·mas
kochen (zubereiten) 煮ます ni·mas
Kochherd • Ofen ストーブ stō·bu
Koffer スーツケース sūts·kēs
Kohl キャベツ kya·be·tsu
Kokain コカイン ko·kain
Kokosnuss ココナツ ko·ko·na·tsu
Kollege 同僚 dō·ryō
kommen 来ます ki·mas
Kommode たんす tan·su
Kommunist 共産主義者 kyō·san·shu·gi·sha
Komödie コメディー ko·me·dī
Kompass 方位磁石 hō·i·ji·sha·ku
Konditorei ケーキ屋 kē·ki·ya
Kondom コンドーム kon·dō·mu
Konferenz コンファレンス kon·fa·ren·su
Konfitüre ジャム ja·mu
König 王 ō
Königin 女王 jō
können できます de·ki·mas
konservativ 保守的な ho·shu·teki·na
Konservenglas ジャー jā
Konsulat 領事館 ryō·ji·kan
Kontaktlinsen コンタクトレンズ kon·ta·ku·to·ren·zu
Kontaktlinsenlösung コンタクトレンズの洗浄液 kon·ta·ku·to·ren·zu no sen·jō·e·ki
Konto 口座 kō·za
Kontrollpunkt チェックポイント chek·ku·poyn·to
Konzert コンサート kon·sā·to
Kopf 頭 a·ta·ma
Kopfhaut 頭皮 tō·hi
Kopfkissen 枕 ma·ku·ra
Kopfkissenbezug 枕カバー ma·ku·ra·ka·bā
Kopfsalat レタス re·tas
Kopfweh 頭痛 zu·tsū
Korkenzieher コークスクリュー kō·ku·sku·ryū

Körper 体 ka·ra·da
korrupt 腐敗した fu·hai shi·ta
koscher コーシャー kō·shā
kosten 費用がかかります hi·yō ga ka·ka·ri·mas
kostenlos 無料の mu·ryō no
Kotztüte 乗り物酔いの袋 no·ri·mo·no·yoy no fu·ku·ro
Krabbe カニ ka·ni
Kraft 力 chi·ka·ra
Krake タコ ta·ko
krank 病気の byō·ki no
Krankenhaus 病院 byō·in
Krankenschwester 看護婦 kan·go·fu
Krankenwagen 救急車 kyū·kyū·sha
Krankheit 病気 byō·ki
Kräuter ハーブ hā·bu
Kräuterspezialist ハーバリスト hā·ba·ris·to
Krebs (Krankheit) 癌 gan
Kreditkarte クレジットカード ku·re·jit·to·kā·do
Kreuzung 交差点 kō·sa·ten
Krieg 戦争 sen·sō
Küche 台所 dai·do·ko·ro
Kuchen ケーキ kē·ki
Kuchen • Pastete パイ pai
Küchenmesser 包丁 hō·chō
Kugelfisch フグ fu·gu
Kugelschreiber ペン pen
Kuh 牛 u·shi
kühl 冷たい tsu·me·ta·i
kühl (Temperatur) 涼しい su·zu·shī
Kühlschrank 冷蔵庫 rē·zō·ko
kümmern (sich um jmd.) 面倒を見ます men·dō o mi·mas
Kunde 顧客 ko·kya·ku
Kunst 美術 bi·ju·tsu
Kunstgewerbeartikel 工芸品 kō·gē·hin
Künstler 芸術家 gē·ju·tsu·ka
Kunstmuseum 美術館 bi·ju·tsu·kan
Kupplung クラッチ ku·rat·chi
Kürbis カボチャ ka·bo·cha
Kurs (Klasse) コース kōs
kurz 短い mi·ji·kai
kurze Hosen 半ズボン han·zu·bon
Kuss キス kis
küssen キスします kis shi·mas
Küste 海岸 kai·gan

L

lächelndes Gesicht 笑顔 e·ga·o
lachen 笑います wa·rai·mas
Lachs サケ sa·ke
Lackwaren 漆器 shik·ki
Laden 店 mi·se
Lamm 子羊 ko·hi·tsu·ji
Land 陸 ri·ku
Land (Nation) 国 ku·ni
ländliches Gebiet 田舎 i·na·ka
Landwirtschaft 農業 nō·gyō
lang 長い na·gai
langsam ゆっくり yuk·ku·ri
langweilig 退屈な tai·ku·tsu na
Laptop ラップトップ rap·pu·top·pu
Lastwagen トラック to·rak·ku
laufen • gehen 歩きます a·ru·ki·mas
Laufen (Sport) ランニング ran·nin·gu
Läuse 虱 shi·ra·mi
laut うるさい u·ru·sai
Leben 命 i·no·chi
Lebenslauf 履歴書 ri·re·ki·sho
Lebensmittel 食料品 sho·ku·ryō·hin
Lebensmittelvergiftung 食中毒 sho·ku·chū·do·ku
Leber 肝臓 kan·zō
Leck リーキ rī·ki
lecker おいしい oi·shī
Leder • Haut 皮 ka·wa
leer 空の ka·ra no
leer stehen 空いている ai·te i·ru
legal 法的な hō·te·ki na
Lehrer 教師 kyō·shi
leicht (nicht schwer) 軽い ka·ru·i
leicht • einfach 簡単な kan·tan na
Leichtathletik トラック競技 to·rak·ku·kyō·gi
leichte Mahlzeit 軽食 kē·sho·ku
Leihwagen レンタカー ren·ta·kā
Leinen リンネル rin·ne·ru
Leitungswasser 水道水 su·i·dō·su·i
Lenker ハンドル han·do·ru
lernen 習います na·rai·mas
Lesbe レズ re·zu
lesen 読みます yo·mi·mas
letzte (Woche) 先（週） sen(·shū)
letzter 最後 sai·go

Licht • Strom 電気 den·ki
Lichtempfindlichkeit フィルムの感度 fi·ru·mu no kan·do
Liebe 愛 ai
lieben 愛します ai shi·mas
Lied 歌 u·ta
liefern 配達します hai·ta·tsu shi·mas
Lift エレベータ e·re·bē·ta
Limonade レモネード re·mo·nē·do
Limone ライム rai·mu
links (pol.) 左翼の sa·yo·ku no
links 左 hi·da·ri
Linsen (Frucht) レンズマメ ren·zu·ma·me
Linse (optisch) レンズ ren·zu
Lippen 唇 ku·chi·bi·ru
Lippenbalsam リップクリーム rip·pu·ku·rī·mu
Lippenstift 紅 ku·chi·be·ni
Liste リスト ris·to
Liter リットル rit·to·ru
Litschi レイシ rē·shi
Lizenz ライセンス rai·sen·su
Löffel スプーン spūn
Lohn (Gehalt) サラリー sa·ra·rī
lokal 地元 ji·mo·to
lose 緩んだ yu·run·da
Love Hotel ラブホテル ra·bu·ho·te·ru
Luft 空気 kū·ki
Luftbefeuchter 保湿剤 ho·shi·tsu·zai
Luftpost 航空便 kō·kū·bin
Lügner うそつき u·so·tsu·ki
Lunge 肺 hai
lustig おかしい o·ka·shī
Lutscher キャンデー kyan·dē
luxuriös 豪華な gō·ka na

M

machen • tun します shi·mas
Mädchen 女の子 on·na no ko
Mafia マフィア ma·fya
Mafia (jap.) ヤクザ ya·ku·za
Magen 胃 i
Magen-Darm-Katarrh 胃腸炎 i·chō·en
Magermilch スキムミルク ski·mu·mi·ru·ku
Magnetbahn モノレール mo·no·rē·ru
Mahlzeit 食事 sho·ku·ji
Mais とうもろこし tō·mo·ro·ko·shi
Make-up メーキャップ mē·kyap·pu
Maler (Kunst) 画家 ga·ka
Malerei 絵画 kai·ga
Mammografie マンモグラム mam·mo·gu·ra·mu
Manager 支配人 shi·hai·nin
manchmal ときどき to·ki·do·ki
Mandarin (Chinesisch) マンダリン man·da·rin
Mandel アーモンド ā·mon·do
Mangel 不足 fu·so·ku
Mango マンゴー man·gō
Mann 男の人 o·to·ko no hi·to
Mantel コート kō·to
Margarine マーガリン mā·ga·rin
Marihuana マリファナ ma·ri·fa·na
Markt 市場 i·chi·ba
Marmelade マーマレード mā·ma·rē·do
Marmor 大理石 dai·ri·se·ki
Maschine 機械 ki·kai
Masern はしか ha·shi·ka
Massage マッサージ mas·sā·ji
Masseur マッサージ師 mas·sā·ji·shi
Masseuse マッサージ師 mas·sā·ji·shi
Match (Sport) 試合 shi·ai
Matratze マットレス mat·to·res
Matsch 泥 do·ro
Matte マット mat·to
Maus ネズミ ne·zu·mi
Mautgebühr 通行料 tsū·kō·ryō
Maximalgewicht (Gepäck) 手荷物許容量 te·ni·mo·tsu·kyo·yō·ryō
Mayonnaise マヨネーズ ma·yo·nē·zu
Mechaniker • Monteur 機械工 ki·kai·kō
Medien メディア me·dya
Meditation 瞑想 mē·sō
Medizin (Arznei) 薬 ku·su·ri
Medizin (Wissenschaft 医学 i·ga·ku
Meer 海 u·mi
Meeresfrüchte 海産物・シーフード kai·sam·bu·tsu • shī·fū·do
Meerespflanzen 海藻 kai·sō
Meerrettich わさび wa·sa·bi
Meeting • Besprechung ミーティング mī·tin·gu

Mehl 小麦粉 ko·mu·gi·ko
mehr もっと mot·to
mehrere いくつかの i·ku·tsu·ka no
Mehrwertsteuer 消費税 shō·hi·zē
mein/e 私の wa·ta·shi no
meinen 思います o·moi·mas
Meinung 意見 i·ken
Meisterschaft 選手権 sen·shu·ken
Melodie チューン chūn
Melone メロン me·ron
Mensch 人 hi·to
Menschen 人びと hi·to·bi·to
Menschenrechte 人権 jin·ken
Menstruation 月経 gek·kē
Menstruationsbeschwerden 生理痛 sē·ri·tsū
Messe (katholisch) ミサ mi·sa
Messer ナイフ nai·fu
Metall 金属 kin·zo·ku
Meter メートル mē·to·ru
Miesmuschel ムール貝 mū·ru·gai
Migräne 偏頭痛 hen·zu·tsū
Mikrowelle 電子レンジ den·shi·ren·ji
Milch ミルク mi·ru·ku
Milchprodukt 乳製品 nyū·sē·hin
Militärdienst 軍役 gun·e·ki
Millimeter ミリ（メートル） mi·ri(·mē·to·ru)
Million 百万 hya·ku·man
Mineralwasser ミネラルウォーター mi·ne·ra·ru·wō·tā
Minibar ミニバー mi·ni·bā
Minute 分 fun
mir 私を wa·ta·shi o
Misosuppe 味噌汁 mi·so·shi·ru
mitbringen 持ってきます mot·te·ki·mas
Mitglied メンバー mem·bā
Mittag 正午 shō·go
Mittag (Essenszeit) 昼 hi·ru
Mittagessen 昼食・昼ごはん chū·sho·ku · hi·ru·go·han
Mitternacht 真夜中 ma·yo·na·ka
Möbel 家具 ka·gu
Mobiltelefon 携帯電話 kē·tai·den·wa
Mode ファッション fas·shon
Modem モデム mo·de·mu
modern モダンな mo·dan na
mogeln ずる zu·ru
mögen • gern haben 好きです su·ki des
mögen (haben wollen) 欲しいです ho·shī des
möglich 可能な ka·nō na
Monat 月 ga·tsu
Mönch 僧 sō
Mond 月 tsu·ki
Mononatriumglutamat グルタミン酸ソーダ gu·ru·ta·min·san·sō·da
Mörder 殺人 sa·tsu·jin
morgen 明日 a·shi·ta
Morgen 朝 a·sa
morgen Abend 明日の夜 a·shi·ta no yo·ru
morgen früh 明日の朝 a·shi·ta no a·sa
morgen Nachmittag 明日の午後 a·shi·ta no go·go
Morgendämmerung 夜明け yo·a·ke
morgendliche Übelkeit つわり tsu·wa·ri
Moschee モスク mos·ku
Moskito 蚊 ka
Moskitonetz 蚊帳 ka·ya
Motel モーテル mō·te·ru
Motor エンジン en·jin
Motorboot モーターボート mō·tā·bō·to
Motorrad オートバイ ō·to·bai
Motorroller スクーター skū·tā
Mountainbike マウンテンバイク ma·un·ten·bai·ku
müde 眠い ne·mu·i
Müll ごみ go·mi
Mülltonne ごみ箱 go·mi·ba·ko
Mumps おたふく風邪 o·ta·fu·ku·ka·ze
Mund 口 ku·chi
Münzen コイン ko·in
Muschel 貝 kai
Museum 博物館 ha·ku·bu·tsu·kan
Musik 音楽 on·ga·ku
Musiker 音楽家 on·gak·ka
Muskel 筋肉 kin·ni·ku
Müsli ミューズリー myū·zu·rī
Muslim イスラム教徒 i·su·ra·mu·kyō·to
mutig 勇敢な yū·kan na
Mutter お母さん o·kā·san
Myom 卵巣のう腫 ran·sō·nō·shu

N

nach (zeitl.) あと a·to
nach • zu へ e
nachher あとで a·to de
Nachmittag 午後 go·go
(heute) Nachmittag (今日の)午後 (kyō no) go·go
Nachname 名字 myō·ji
Nachricht 伝言 den·gon
Nachrichten ニュース nyū·su
Nachrichtenagentur 通信社 tsū·shin·sha
nächste/r/s つぎ tsu·gi
nächsten (Monat) 来(月) rai(·ge·tsu)
Nacht 夜 yo·ru
Nachtklub ナイトクラブ nai·to·ku·ra·bu
Nacken • Hals 首 ku·bi
Nadel (Spritze) 注射針 chū·sha·ba·ri
Nagelschere 爪切 tsu·me·ki·ri
nahe 近く chi·ka·ku
nahe bei 近くの chi·ka·ku no
nähen 縫います nu·i·mas
Nähnadel 針 ha·ri
Nahrungsmittel 食料 sho·ku·ryō
Nahverkehrszug 各駅停車 ka·ku·e·ki·tē·sha
Nase 鼻 ha·na
nass sein 濡れている nu·re·te i·ru
national 国の ku·ni no
nationaler Feiertag 祭日 sai·ji·tsu
Nationalität 国籍 ko·ku·se·ki
Nationalpark 国立公園 ko·ku·ri·tsu·kō·en
Natur 自然 shi·zen
Naturheilkunde 自然療法 shi·zen·ryō·hō
Naturreis 玄米 gem·mai
neben 横 yo·ko
nebenan となり to·na·ri
Nebenjob アルバイト a·ru·bai·to
neblig 霧がかかった ki·ri ga ka·kat·ta
negativ 否定的な hi·tē·te·ki na
nehmen 取ります to·ri·mas
nein いいえ ī·e
Nektarine ネクタリン ne·ku·ta·rin
nett 親切 shin·se·tsu na
Netz 網 a·mi
neu 新しい a·ta·ra·shī
Neujahrstag 元旦 gan·tan
neulich 最近 sai·kin
Neuseeland ニュージーランド nyū·jī·ran·do
nicht eingeschlossen 抜きで nu·ki de
nicht sicher 安全じゃない an·zen ja nai
nicht ない nai
Nichtraucher 禁煙の kin·en no
nichts 何もない na·ni·mo nai
niedrig 低い hi·ku·i
niemals 決してない kes·shi·te nai
Niere 腎臓 jin·zō
noch ein もう一つの mō·hi·to·tsu no
noch nicht まだ ma·da
Nonne 修道女 shū·dō·jo
Norden 北 ki·ta
normal 普通の fu·tsū no
Norwegen ノルウェー no·ru·wē
Notfall 救急 kyū·kyū
Notizbuch ノート nō·to
notwendig 必要な hi·tsu·yō na
Nudeln 麺類 men·ru·i
Nukleartest 核実験 ka·ku·jik·ken
Nummernschild ナンバープレート nam·bā·pu·rē·to
nur たったの tat·ta no
Nuss ナッツ nat·tsu
nützlich 便利な ben·ri na

O

obdachlos ホームレス hō·mu·res
Oberschule 高校 kō·kō
oder または ma·ta wa
Ofen オーブン ō·bun
offen sein 開いている hi·rai·te i·ru
offensichtlich 明白な mē·ha·ku na
öffentliche Toilette 公衆トイレ kō·shū·toi·re
öffentliche Wohlfahrt 社会福祉 sha·kai·fu·ku·shi
öffentlicher Park 公園 kō·en
öffentliches Bad 銭湯 sen·tō
öffentliches Telefon 公衆電話 kō·shū·den·wa
öffnen 開きます hi·ra·ki·mas
Öffnungszeiten 開店時間 kai·ten·ji·kan
öfters しばしば shi·ba·shi·ba
ohne なしで na·shi de
Ohr 耳 mi·mi

Ohrstöpsel 耳栓 mi·mi·sen
Ohrringe イヤリング i·ya·rin·gu
Olive オリーブ o·rī·bu
Olivenöl オリーブオイル o·rī·bu·oi·ru
Olympische Spiele オリンピック o·rim·pik·ku
Omelette オムレツ o·mu·re·tsu
Oper オペラ o·pe·ra
Operation (med.) 手術 shu·ju·tsu
Opernhaus オペラ劇場 o·pe·ra·ge·ki·jō
Orange オレンジ o·ren·ji
Orangensaft オレンジジュース o·ren·ji·jū·su
Orchester オーケストラ ō·kes·to·ra
Orgasmus オーガズム ō·ga·zu·mu
original オリジナルの o·ri·ji·na·ru no
Osten 東 hi·ga·shi
Ostern イースター ī·stā
Österreich オーストリア ō·sutoria
Ozonschicht オゾン層 o·zon·sō

P

Paar ペア pear
Päckchen 小包 ko·zu·tsu·mi
Paket 包み tsu·tsu·mi
Palast 宮殿 kyū·den
Pap-Abstrich 子宮癌塗抹検査 shi·kyū·gan·to·ma·tsu·ken·sa
Papier 紙 ka·mi
Papierschiebetür 障子 shō·ji
Papiertaschentücher ティッシュ tis·shu
Paprika ピーマン pī·man
Parfum 香水 kō·su·i
Park 公園 kō·en
parken 駐車します chū·sha shi·mas
Parkplatz 駐車場 chū·sha·jō
Parlament 国会 kok·kai
Partei 党 tō
Partner パートナー pā·to·nā
Party パーティー pā·tī
Pass (Sport) パス pas
Passage 通路 tsū·ro
Passagier 乗客 jō·kya·ku
passieren 通過します tsū·ka shi·mas
Passionsfrucht パッションフルーツ pas·shon·fu·rū·tsu
Pasta パスタ pas·ta
Pedal ペダル pe·da·ru
Penis ペニス pe·nis
Penizillin ペニシリン pe·ni·shi·rin
Pension 下宿屋 ge·shu·ku·ya
Pensionär 年金者 nen·kin·sha
pensioniert sein 退職した tai·sho·ku shi·ta
per Anhalter fahren ヒッチハイク hit·chi·hai·ku
perfekt 完璧な kam·pe·ki na
Performance パフォーマンス pa·fō·man·su
Periode • Zeitalter 時代 ji·dai
Periode (Menstruation) 月経 gek·kē
permanent 永久の ē·kyū no
Person 人 hi·to
Personal 人的資源 jin·te·ki·shi·gen
Personalausweis 身分証明書 mi·bun·shō·mē·sho
Petition 嘆願書 tan·gan·sho
Pfad 小道 ko·mi·chi
Pfanne 鍋 na·be
Pfeffer コショウ koshō
Pferd 馬 u·ma
Pfirsich 桃 mo·mo
Pflanze 植物 sho·ku·bu·tsu
Pflaster バンドエイド ban·do·ēdo
Pflaume スモモ su·mo·mo
Pflock ペグ pe·gu
Pfund (Geld, Gewicht) ポンド pon·do
Picknick ピクニック pi·ku·nik·ku
Pille ピル pi·ru
Pilz キノコ ki·no·ko
pink ピンクの pin·ku no
Pinzette 毛抜き ke·nu·ki
Pistazie ピスタチオ pis·ta·chi·o
Pistole • Gewehr 銃 jū
Planet 惑星 wa·ku·sē
Plastik プラスチックの pu·ras·chik·ku no
Plateau 高原 kō·gen
Plattenladen レコード店 re·kō·do·ten
Platz (Areal) 広場 hi·ro·ba
Platz (Tennis-) コート kō·to
Platz • Ort 場所 ba·sho
Platz • Raum スペース spēs
PMS 月経前緊張症 gek·kē·zen·kin·chō·shō
pochiert ポーチした pō·chi shi·ta
pochiertes Ei ポーチドエッグ pō·chi·do·eg·gu
Poesie 詩 shi

Politik 政治 sē·ji
Politiker 政治家 sē·ji·ka
Polizei 警察 kē·sa·tsu
Polizeibox 交番 kō·ban
Polizeirevier 警察署 kē·sa·tsu·sho
Polizist 警官 kē·kan
Pollen 花粉 ka·fun
Pommes frites チップ chip·pu
Portemonnaie 財布 sai·fu
Portion • Teil 部分 bu·bun
Porto 郵送料 yū·sō·ryō
positiv 積極的な sek·kyo·ku·te·ki na
Post 郵便 yū·bin
Post (normal) 普通便 fu·tsū·bin
Post (Seeweg) 船便 fu·na·bin
Postamt 郵便局 yū·bin·kyo·ku
Poster ポスター pos·tā
Postkarte はがき ha·ga·ki
postlagernd 局留め kyo·ku·do·me
Postleitzahl 郵便番号 yū·bin·ban·gō
Postversand 郵送 yū·sō
Präsent プレゼント pu·re·zen·to
Präsident 大統領 dai·tō·ryō
Preis 値段 ne·dan
Premierminister 総理大臣 sō·ri·dai·jin
Priester (christl.) 牧師 bo·ku·shi
Priester (shinto) 神主 kan·nu·shi
Prinz 王子 ō·ji
Prinzessin 姫 hi·me
Prinzip 方針 hō·shin
privat 個人的な ko·jin·te·ki na
pro (Tag z. B.) 毎 mai
produzieren 生産します sē·san shi·mas
Profit 利益 ri·e·ki
Programm プログラム pu·ro·gu·ra·mu
Projektor 映写機 ē·sha·ki
Prostitution 売春 bai·shun
Protest 反対 han·tai
Prozent パーセント pā·sen·to
Pullover セーター sē·tā
Pulver • Mehl 粉 ko·na
Pumpe ポンプ pom·pu
Punkt 点 ten
punkten 得点します to·ku·ten shi·mas
pünktlich 時間どおり ji·kan·dō·ri
Puppe 人形 nin·gyō
Puppentheater 人形劇 nin·gyō·ge·ki
pur 純粋な jun·su·i na
purpur 紫の mu·ra·sa·ki no
putzen 掃除をします sō·ji o shi·mas

Q

Qualifikation 資格 shi·ka·ku
Qualität 品質 hin·shi·tsu
Quantität 量 ryō
Quarantäne 検疫 ken·e·ki
Querschnittsgelähmte/r 下半身不随 ka·han·shin·fu·zu·i

R

Rabatt 割引 wa·ri·bi·ki
Rad 車輪 sha·rin
Radieschen ラディッシュ ra·dis·shu
Radio ラジオ ra·ji·o
Rasierer 剃刀 ka·mi·so·ri
Rasierklinge 剃刀の刃 ka·mi·so·ri no ha
Rasiercreme シェービングクリーム shē·bin·gu·ku·rī·mu
Rassismus 人種差別 jin·shu·sa·be·tsu
Rasur シェービング shē·bin·gu
raten 言い当てます ī·a·te·mas
Ratte ネズミ ne·zu·mi
Raub 強奪 gō·da·tsu
rauchen タバコを吸います ta·ba·ko o su·i·mas
Raucher 喫煙 kits·en
Räucherstäbchen 香 kō
Räucherstäbchen gegen Mücken 蚊取り線香 ka·to·ri·sen·kō
Rave レイブ rē·bu
Rechnung (Restaurant) 勘定 kan·jō
Recht 法律 hō·ri·tsu
rechts 右 mi·gi
rechts (pol.) 右翼 u·yo·ku
recyceln リサイクルします ri·sai·ku·ru shi·mas
recycelbar リサイクルできる ri·sai·ku·ru de·ki·ru
reden 話します ha·na·shi·mas
Reflexzonenmassage リフレクソロジー ri·fu·re·ku·so·ro·jī
Regal 棚 ta·na
Regen 雨 a·me
Regenmantel レインコート re·in·kō·to
Regenschirm かさ ka·sa
Regierung 政府 sē·fu
regional 地方の chi·hō no

regulär 通常の tsū·jō no
reich (wohlhabend) お金持ちの o·ka·ne·mo·chi no
Reifen タイヤ tai·ya
Reifenpanne パンク pan·ku
Reihe • Schlange 列 re·tsu
Reinigung クリーニング ku·rī·nin·gu
Reis (gekocht) ごはん go·han
Reis (roh) 米 ko·me
Reiscracker せんべい sem·bē
Reise 旅 ta·bi
Reisebüro 旅行代理店 ryo·kō·dai·ri·ten
Reisebus (長距離)バス (chō·kyo·ri·)bas
Reiseführer ガイドブック gai·do·buk·ku
Reisekrankheit 乗り物酔い no·ri·mo·no·yoi
reisen 旅行します ryo·kō shi·mas
Reisende/r 旅行者 ryo·kō·sha
Reisepass パスポート pas·pō·to
Reisepassnummer パスポート番号 pas·pō·to·ban·gō
Reiseroute 旅行日程 ryo·kō·nit·tē
Reisescheck トラベラーズチェック to·ra·be·rāz·chek·ku
Reiskocher 炊飯器 su·i·han·ki
Reiskuchen もち mo·chi
Reisschale 茶碗 cha·wan
Reißverschluss ジッパー jip·pā
reiten 馬に乗ります u·ma ni no·ri·mas
Reiten 乗馬 jō·ba
Religion 宗教 shū·kyō
religiös 宗教的な shū·kyō·te·ki na
Reliquie 遺物 i·bu·tsu
Rennen (Sport) レース rē·su
rennen 走ります ha·shi·ri·mas
Rennmotorrad レーシングバイク rē·shin·gu·bai·ku
Rennstrecke 競走場 kyō·gi·jō
reparieren 修理します shū·ri shi·mas
Republik 共和国 kyō·wa·ko·ku
reservieren 予約します yo·ya·ku shi·mas
Reservierung 予約 yo·ya·ku
Restaurant レストラン res·to·ran
Restbetrag 残高 zan·da·ka
Rettich 大根 dai·kon
Rettungsboot 救命艇 kyū·mē·tē
Rezension 評論 hyō·ron
Rezept (med.) 処方箋 sho·hō·sen
Rezeption チェックイン chek·ku·in
R-Gespräch コレクトコール ko·re·ku·to·kō·ru
Rhythmus リズム ri·zu·mu
Richter 裁判官 sai·ban·kan
richtig 正しい ta·da·shī
Richtung 方向 hō·kō
riesig 巨大な kyo·dai na
Rindfleisch 牛肉 gyū·ni·ku
Ring 指 yu·bi·wa
Rippe 肋骨 rok·ko·tsu
Risiko リスク ris·ku
Rock スカート skā·to
Rock (Musik) ロック rok·ku
Rockgruppe ロックバンド rok·ku·ban·do
roh 生の na·ma no
roh (Fleisch) レアの rea no
rohes Ei 生卵 na·ma·ta·ma·go
Rollstuhl 車椅子 ku·ru·ma·i·su
Rolltreppe エスカレータ es·ka·rē·ta
romantisch ロマンチックな ro·man·chik·ku na
Rosine レーズン rē·zun
rot 赤い a·kai
Rote Beete ビートルート bī·to·rū·to
Röteln 風疹 fū·shin
Rotwein 赤ワイン a·ka·wain
Route ルート rū·to
Rück… 後ろの u·shi·ro no
Rücken 背中 se·na·ka
Rucksack バックパック bak·ku·pak·ku
Rudersport ローイング rō·in·gu
rufen 呼びます yo·bi·mas
Rugby ラグビー ra·gu·bī
Rührei 卵焼き ta·ma·go·ya·ki
Ruinen 廃墟 hai·kyo
Rum ラム ra·mu
rund まるい ma·ru·i

S

Safer Sex セーフセックス sē·fu·sek·kus
Saft ジュース jū·su
sagen 言います i·mas
Sahne クリーム ku·rī·mu
Salat サラダ sa·ra·da
Salz 塩 shi·o
Salze zur Rehydration 経口補水塩 kē·kō·ho·su·i·en
Sand 砂 su·na

Sandale サンダル san·da·ru
Sandwich サンドイッチ san·do·it·chi
Sänger 歌手 ka·shu
Sardine イワシ i·wa·shi
Sattel サドル sa·do·ru
sauber きれいな ki·rē na
Sauce ソース sō·su
Sauerstoff 酸素 san·so
Sauna サウナ sau·na
saure Sahne サワークリーム sa·wā·ku·rī·mu
Scampi スカンピ・クルマエビ skam·pi • ku·ru·ma·e·bi
Schabefleisch こま切れ肉 ko·ma·gi·re·ni·ku
Schach (japanisches) 将棋 shō·gi
Schach (westliches) チェス ches
Schachtel 箱 ha·ko
Schädel 頭蓋骨 zu·gai·ko·tsu
Schaden 被害 hi·gai
Schaf 羊 hi·tsu·ji
Schaffner (Zug) 切符回収 kip·pu·kai·shū·ga·ka·ri
schal 新鮮じゃない shin·sen ja nai
Schal スカーフ skā·fu
Schale ボール bō·ru
schämen (sich) 恥ずかしい ha·zu·ka·shī
scharf (gewürzt) スパイシー spai·shī
Schatten 影 ka·ge
schauen 見ます mi·mas
Schauplatz 現場 gem·ba
Schauspieler 俳優 hai·yū
Scheck 小切 ko·git·te
Scheibe • Stück スライス su·rai·su
Scheinwerfer (Auto) ヘッドライト hed·do·rai·to
Scherbe • Bruchstück かけら ka·ke·ra
Schere ハサミ ha·sa·mi
schicken 送ります o·ku·ri·mas
schieben 押します o·shi·mas
Schiedsrichter 審判 shim·pan
schießen 撃ちます u·chi·mas
Schiff 船 fu·ne
Schild 標識 hyō·shi·ki
Schinken ハム ha·mu
schlafen 眠ります ne·mu·ri·mas
Schlafkoje 寝台 shin·dai
Schlafsack 寝袋 ne·bu·ku·ro
Schlaftabletten 睡眠薬 su·i·min·ya·ku
Schlafwagen 寝台車 shin·dai·sha
Schlafzimmer 寝室 shin·shi·tsu
Schläger (Tennis) ラケット ra·ket·to
Schlagmann (Baseball) バター ba·tā
Schlange ヘビ he·bi
Schlauch (Fahrrad) チューブ chū·bu
schlecht 悪い wa·ru·i
schließen 閉めます shi·me·mas
Schließfach ロッカー rok·kā
schlimm たいへんな tai·hen na
Schlitten そり so·ri
Schloss (Gebäude) 城 shi·ro
Schloss (zum Abschließen) 錠 jō
Schlüssel 鍵 ka·gi
Schmerz 痛み i·ta·mi
Schmerzmittel 鎮痛剤 chin·tsū·zai
Schmetterling 蝶 chō
Schmierfett 潤滑油 jun·ka·tsu·yu
schmutzig 汚い ki·ta·nai
Schnecke カタツムリ ka·ta·tsu·mu·ri
Schnee 雪 yu·ki
Schneidebrett まな板 ma·nai·ta
schneiden 切りま ki·ri·mas
Schneider テーラー tē·rā
schnell 速い ha·yai
Schnellzug 快速 kai·so·ku
Schnellzug (Expresszug) 急行 kyū·kō
Schnittwunde 切り傷 ki·ri·ki·zu
Schnorcheln シュノーケリング shu·nō·ke·rin·gu
Schnuller おしゃぶり o·sha·bu·ri
Schnupfen haben 風邪を引いています ka·ze o hī·te i·mas
Schnur ひも hi·mo
Schokolade チョコレート cho·ko·rē·to
schon もう mō
schön 美しい u·tsu·ku·shī
Schönheitssalon 美容室 bi·yō·shi·tsu
Schottland スコットランド skot·to·ran·do
schrecklich ひどい hi·doi
schreiben 書きます ka·ki·mas
Schreibtischarbeit 事務処理 ji·mu·sho·ri
Schreibwaren(geschäft) 文房具(店) bum·bō·gu(·ten)
schreien 怒鳴ります do·na·ri·mas
Schrein 神社 jin·ja
schüchtern 恥ずかしがり屋の ha·zu·ka·shi·ga·ri·ya no
Schuhe 靴 ku·tsu
Schuhgeschäft 靴屋 ku·tsu·ya

Schulden haben 借りがあります ka·ri ga a·ri·mas
schuldig 有罪の yū·zai no
Schule 学校 gak·kō
Schüler 生徒 sē·to
Schulter 肩 ka·ta
Schutzimpfung 予防注射 yo·bō·chū·sha
schwach 弱い yo·wai
schwanger sein 妊娠している nin·shin shi·te i·ru
Schwangerschaftstest 妊娠テストキット nin·shin·tes·to·kit·to
schwarz 黒い ku·roi
schwarz (Kaffee) ブラック bu·rak·ku
Schwarz-Weiß (-Film) 白黒（フィルム） shi·ro·ku·ro (fi·ru·mu)
Schweden スウェーデン swē·den
Schweif 尻尾 ship·po
Schwein 豚 bu·ta
Schweinefleisch 豚肉 bu·ta·ni·ku
Schweiz スイス su·i·su
Schwellung 腫れ ha·re
schwer 重い o·moy
Schwert (jap.) 刀 ka·ta·na
Schwester 姉妹 shi·mai
Schwiegermutter 義理のお母さん gi·ri no o·kā·san
Schwiegervater義理のお父さん gi·ri no o·tō·san
schwierig 難しい mu·zu·ka·shī
Schwimmbad プール pū·ru
Schwimmbrille 水中眼鏡 su·i·chū·me·ga·ne
schwimmen 泳ぎます o·yo·gi·mas
Schwimmen (Sport) 水泳 su·i·ē
Schwimmweste 救命胴衣 kyū·mē·dōi
schwindelig (sich ... fühlen) めまいがします me·mai ga shi·mas
schwul ゲイの gē no
Secondhand-Laden 中古品店 chū·ko·hin·ten
See 湖 mi·zū·mi
(die) See 海 u·mi
Seeigel ウニ u·ni
Seekrankheit 船酔い fu·na·yoi
sehen 見ます mi·mas
sehr ähnlich sein よく似た yo·ku ni·ta
Seide 絹 ki·nu
Seidenstrümpfe ストッキング stok·kin·gu
Seife 石鹸 sek·ken
Seifenoper メロドラマ me·ro·do·ra·ma
Seil ロープ rō·pu
Seilbahn ケーブルカー kē·bu·ru·kā
sein です des
sein (besitzanzeigend) 彼の ka·re no
seit ... (Zeit) …から … ka·ra
Seite (Buch-) ページ pē·ji
Seite 側 ga·wa
Sekretär(in) 秘書 hi·sho
Sekt スパークリングワイン spā·ku·rin·gu·wain
Sekunde 秒 byō
Selbstbedienung セルフサービスの se·ru·fu·sā·bis no
selbstständig 自営業 ji·ē·gyō
selten 珍しい me·zu·ra·shī
seltsam 変な hen na
Senf マスタード mas·tā·do
separat 別々の be·tsu·be·tsu no
Service サービス sā·bis
Servicegebühr サービス料 sā·bis·ryō
Serviette ナプキン na·pu·kin
Sesam ごま go·ma
Sesamöl ごま油 go·ma·a·bu·ra
Sessellift リフト ri·fu·to
Sex セックス sek·kus
Sexismus 性差別 sē·sa·be·tsu
sexy セクシーな sek·shī na
Shampoo シャンプー sham·pū
Show ショー shō
Shrimp エビ e·bi
sich kümmern (um jmd.) 面倒を見ます men·dō o mi·mas
sich schämen 恥ずかしい ha·zu·ka·shī
sich sorgen心配します shim·pai shi mas
sicher 安全な an·zen na
Sicherheitsgurt シートベルト shī·to·be·ru·to
sie 彼女は ka·no·jo wa
sie (Objekt) 彼女を ka·no·jo o
sie (pl.) 彼らは ka·re·ra wa
Silber 銀 gin
Silvester 大晦日 ō·mi·so·ka
SIM-Karte SIMカード shi·mu·kā·do
singen 歌います u·tai·mas
single (ledig) 独身 do·ku·shin
sinnlich 官能的な kan·nō·te·ki na
sitzen 座ります su·wa·ri·mas
Sitzkissen 座布団 za·bu·ton

Sitzplatz 席 se·ki
Sitzung ミーティング mī·tin·gu
Skateboard スケートボード skē·to·bō·do
Skateboard fahren スケート skē·to
Ski スキー skī
Ski fahren スキーをします skī o shi·mas
Skibrille ゴーグル gō·gu·ru
Skifahren スキー skī
Skulptur 彫刻 chō·ko·ku
Slipeinlage 生理用ナプキン sē·ri·yō·na·pu·kin
Snowboard fahren スノーボード su·nō·bō·do
Socken 靴下 ku·tsu·shi·ta
Softdrink ソフトドリンク so·fu·to·do·rin·ku
Sohn 息子 mu·su·ko
Sojabohnen 大豆 dai·zu
Sojabohnensprossen もやし mo·ya·shi
Sojamilch 豆乳 tō·nyū
Sojasauce しょう油 shō·yu
Soldat 兵士 hē·shi
Sommer 夏 na·tsu
Sonne 太陽 tai·yō
Sonnenaufgang 日の出 hi·no·de
Sonnenbrand 日焼け hi·ya·ke
Sonnenbrille サングラス san·gu·ras
Sonnencreme 日焼け止め hi·ya·ke·do·me
Sonnenstich 日射病 nis·sha·byō
Sonnenuntergang 日の入り hi·no·i·ri
sorgen (sich) 心配します shim·pai shi mas
Souvenir お土産 o·mi·ya·ge
Souvenirladenお土産屋 o·mi·ya·ge·ya
Sozialist 社会主義者 sha·kai·shu·gi·sha
Spanien スペイン spe·in
Spargel アスパラガス as·pa·ra·gas
Spaß 楽しい ta·no·shī
Spaß haben 楽しみます ta·no·shi·mi·mas
spät 遅い o·soi
Spätkauf コンビニ kom·bi·ni
Speck (Schinken) ベーコン bē·kon
Speiche スポーク spō·ku
Speisekarte メニュー me·nyū
Speiseöl 油 a·bu·ra
Speisewagen 食堂車 sho·ku·dō·sha
Spezialist 専門家 sem·mon·ka
speziell 特別な to·ku·be·tsu na
Spiegel 鏡 ka·ga·mi
Spiegelei 目玉焼き me·da·ma·ya·ki
Spiel (Computer) ゲーム gē·mu
Spiel (Sport) 試合 shi·ai
spielen (Gitarre) 弾きます hi·ki·mas
Spielplatz 遊び場 a·so·bi·ba
Spielwarenladen おもちゃ屋 o·mo·cha·ya
Spinat ホウレンソウ hō·ren·sō
Spinne クモ ku·mo
Spirale (gyn.) 子宮内リング shi·kyū·nai·rin·gu
Spirituosenhandlung 酒屋 sa·ka·ya
Spitzhacke つるはし tsu·ru·ha·shi
Spitzname あだ名 a·da·na
Sport スポーツ spō·tsu
Sport • Bewegung 運動 un·dō
Sportler スポーツマン spō·tsu·man
Sportwarengeschäft スポーツ用品店 spō·tsu·yō·hin·ten
Sprache 言語 gen·go
Sprachführer フレーズブック fu·rē·zu·buk·ku
sprechen 話します ha·na·shi·mas
Spritze 注射器 chū·sha·ki
Staatsbürgerschaft 公民権 kō·min·ken
Stadion スタジアム sta·ji·a·mu
Stadt 市 shi
Stadtzentrum 市の中心 shi no chū·shin
Standby-Ticket スタンドバイチケット stan·do·bai·chi·ket·to
stark 強い tsu·yoi
Start スタート stā·to
starten 始めます ha·ji·me·mas
Starthilfekabel ブースターケーブル bū·stā·kē·bu·ru
Statue 像 zō
Stau 渋滞 jū·tai
Steak ステーキ stē·ki
Stecker プラグ pu·ra·gu
stehlen 盗みます nu·su·mi·mas
steil 急な kyū na
Stein 石 i·shi
stellen 置きます o·ki·mas
sterben 死にます shi·ni·mas
Stereo ステレオ ste·re·o
Stern 星 ho·shi

(3/4-) Sterne (3つ/4つ)星 (mi·tsu/yo·tsu)·bo·shi
Steuer 税金 zē·kin
Stich (Insekt) 虫刺され mu·shi·sa·sa·re
Stiefel ブーツ bū·tsu
Stil (haben) スタイル stai·ru
still 静かな shi·zu·ka na
stilles Wasser 静かな水 shi·zu·ka na mi·zu
Stimme 声 ko·e
Stockwerk 階 kai
Stoff 布 nu·no
Stöpsel 栓 sen
stornieren キャンセル kyan·se·ru
Strand ビーチ bī·chi
Straße 道 mi·chi
Straßenbahn 市電 shi·den
Straßenkarte ロードマップ rō·do·map·pu
Straßenkünstler 大道芸人 dai·dō·gē·nin
Straßenmarkt 青空市場 a·o·zo·ra·i·chi·ba
Streichhölzer マッチ mat·chi
Strom • Licht 電気 den·ki
Strömung 流れ na·ga·re
Strumpfhose パンティーストッキング pan·tī·stok·kin·gu
Studio スタジオ sta·ji·o
Stufe 段 dan
Stuhl 椅子 i·su
Stuhl (beinlos) 座椅子 za·i·su
stumm 口のきけない ku·chi no ki·ke·nai
Stunde 時間 ji·kan
stur 頑固な gan·ko na
Sturm 嵐 a·ra·shi
suchen 探します sa·ga·shi·mas
Sucht 中毒 chū·do·ku
Süden 南 mi·na·mi
Supermarkt スーパー sū·pā
Superschnellzug 新幹線 shin·kan·sen
Suppe スープ sū·pu
Suppenschale お椀 o·wan
Suppenschüssel お椀 o·wan
Surfbrett サーフボード sā·fu·bō·do
surfen サーフィンをします sā·fin o shi·mas
Surfen サーフィン sā·fin
Sushibar すし屋 su·shi·ya
süß かわいい ka·wa·ī
süß (Geschmack) 甘い a·mai
Süßigkeiten お菓子 o·ka·shi
Sweatshirt セーター sē·tā
Swimmingpool プール pū·ru
Synagoge シナゴーグ shi·na·gō·gu
synthetisch 合成の gō·sē no

T

Tabakladen タバコ屋 ta·ba·ko·ya
Tablette 錠剤 jō·zai
Tagebuch 日記 nik·ki
Tagesausflug 1日観光 i·chi·ni·chi kan·kō
täglich 毎日 mai·ni·chi
tagsüber 日中 nit·chū
Taifun 台風 tai·fū
Tal 谷 ta·ni
Tampon タンポン tam·pon
Tang 昆布 kom·bu
Tankstelle ガソリンスタンド ga·so·rin·stan·do
Tante おばさん o·ba·san
Tanz ダンス dan·su
tanzen 踊ります o·do·ri·mas
Tarif 料金 ryō·kin
Tasche • Ranzen かばん ka·ban
Tasche • Tüte 袋 fu·ku·ro
Taschenlampe 懐中電灯 kai·chū·den·tō
Taschenmesser ポケットナイフ po·ket·to·nai·fu
Taschenmesser • Federmesser ペンナイフ pen·nai·fu
Taschenrechner 計算機 kē·san·ki
Taschentuch ハンカチ han·ka·chi
Tasse カップ kap·pu
Tatami (Reisstrohmatte) たたみ ta·ta·mi
Tätowieren 刺青 i·re·zu·mi
Tätowierung 刺青 i·re·zu·mi
taub sein 耳が聞こえない mi·mi ga ki·ko·e·nai
Taube 鳩 ha·to
Tauchausrüstung ダイビング用具 dai·bin·gu·yō·gu
Tauchen ダイビング dai·bin·gu
Taufname (christlich) 洗礼名 sen·rē·mē
Taxameter メーター mē·tā
Taxi タクシー tak·shī

Taxistand タクシー乗り場
tak·shī·no·ri·ba
Team チーム chī·mu
Technik 技術 gi·ju·tsu
Tee (grün) お茶 o·cha
Tee (schwarz) 紅茶 kō·cha
Teekanne ティーポット tī·pot·to
Teelöffel ティースプーン tī·spūn
Teepflanzung 茶畑 cha·ba·ta·ke
Teetasse • Teeschale 湯飲み茶碗
yu·no·mi·ja·wan
Teezeremonie 茶道 sa·dō
Teigtaschen ギョウザ gyō·za
Teil 部分 bu·bun
teilen (mit) 分け合います wa·ke·ai·mas
teilen (Zimmer) シェアします
she·a shi·mas
Telefon 電話 den·wa
Telefonbuch 電話帳 den·wa·chō
telefonieren 電話します
den·wa shi·mas
Telefonkarte テレフォンカード
te·re·fon·kā·do
Telefonnummer 電話番号
den·wa·ban·gō
Telefonzelle 電話ボックス
den·wa·bok·kus
Telegramm 電報 dem·pō
Teller 皿 sa·ra
Teller (klein) 小皿 ko·za·ra
Tempel 寺 te·ra
Temperatur (Fieber) 体温 tai·on
Temperatur (Wetter) 気温 ki·on
Tennis テニス te·nis
Tennisplatz テニスコート te·nis kō·to
Teppich じゅうたん jū·tan
Test テスト tes·to
teuer • hoch 高い ta·kai
Theater 劇場 ge·ki·jō
Theaterstück 劇 ge·ki
Theke カウンター ka·un·tā
Thermometer 体温計 tai·on·kē
Thunfisch マグロ ma·gu·ro
tief 深い fu·kai
Tier 動物 dō·bu·tsu
Tierkreiszeichen 12宮 jū·ni·gū
Tintenfisch イカ i·ka
Tisch テーブル tē·bu·ru
Tischdecke テーブルクロス
tē·bu·ru·ku·ros

Tischtennis 卓球 tak·kyū
Toastbrot トースト tōs·to
Toaster トースター tōs·tā
Tochter 娘 mu·su·me
Tofu 豆腐 tō·fu
Toilette トイレ toi·re
Toilettenpapier トイレットペーパー
toi·ret·to·pē·pā
Tomate トマト to·ma·to
Tomatensauce トマトソース
to·ma·to·sō·su
Topf つぼ tsu·bo
Töpferware 陶器 tō·ki
Tor ゴール gō·ru
Torwart ゴールキーパー
gō·ru·kī·pā
tot sein 死んでいる shin·de iru
total とても to·te·mo
töten 殺します ko·ro·shi·mas
Tour ツアー tsu·ā
Touristeninformation 観光案内所
kan·kō·an·nai·jo
tragen 運びます ha·ko·bi·mas
tragen (Kleidung) 着ます ki·mas
Training 練習 ren·shū
Trainingshalle ジム ji·mu
Transport 輸送 yu·sō
Traum 夢 yu·me
traurig 悲しい ka·na·shī
treffen 会います ai·mas
Treppe 階段 kai·dan
treten けります ke·ri·mas
trinken 飲みます no·mi·mas
Trinkgeld チップ chip·pu
trocken 乾いた ka·wai·ta
Trockenobst ドライフルーツ
do·rai·fu·rū·tsu
trocknen 乾きます ka·wa·ki·mas
trocknen (Kleider) 乾かします
ka·wa·ka·shi·mas
Trommel ドラム do·ra·mu
Trumpf (Karten) トランプ to·ram·pu
Truthahn 七面鳥 shi·chi·men·chō
T-Shirt Tシャツ tī·sha·tsu
Tumor 腫瘍 shu·yō
tun • machen します shi·mas
Tür ドア do·a
Tür (jap. Schiebetür) ふすま fu·su·ma
Turm 搭 tō
typisch 典型的な ten·kē·te·ki na

U

U-Bahn 地下鉄 chi·ka·te·tsu
U-Bahnhof 地下鉄の駅 chi·ka·te·tsu no eki
Übelkeit 吐き気 ha·ki·ke
über 上に u·e ni
Überdosierung 薬の飲みすぎ ku·su·ri no no·mi·su·gi
überfüllt sein 混雑している kon·za·tsu shi·te i·ru
Übergewicht (Gepäck) 超過 chō·ka
übermorgen あさって a·sat·te
übernachten (Hotel) 泊まります to·ma·ri·mas
Übernachtung 宿泊 shu·ku·ha·ku
überqueren (Straße) 横切っ yo·ko·git·te
Übersee 海外 kai·gai
übersetzen 翻訳します hon·ya·ku shi·mas
Uhr 時計 to·kē
Ultraschall 超音波 chōm·pa
umarmen 抱きます da·ki·mas
Umgang haben mit 付き合います tsu·ki·ai·mas
Umkleidekabine 試着室 shi·cha·ku·shi·tsu
Umkleideraum 更衣室 kōi·shi·tsu
Umsteigen 乗り換え no·ri·ka·e
Umwelt 環境 kan·kyō
Umweltverschmutzung 公害 kō·gai
und そして so·shi·te
unfair 不公平な fu·kō·hē na
Unfall 事故 ji·ko
ungefähr だいたい dai·tai
ungewöhnlich 珍しい me·zu·ra·shī
Uniform 制服 sē·fu·ku
Universität 大学 dai·ga·ku
Universum 宇宙 u·chū
unmöglich 不可能な fu·ka·nō na
unschuldig 潔白な kep·pa·ku na
unser 私たちの wa·ta·shi·ta·chi no
unsicher 不安な fu·an na
unter 下 shi·ta
Unterbrechung 中止 chū·shi
Unterführung 地下道 chi·ka·dō
Unterhemd アンダーシャツ an·dā·sha·tsu
Unternehmen (Firma) 会社 kai·sha
unterscheiden (sich) 違う chi·ga·u
Unterschrift サイン sain
Unterstützer • Anhänger 支持者 shi·ji·sha
Untertitel 字幕 ji·ma·ku
Unterwäsche 下着 shi·ta·gi
unverbleit 無鉛の mu·en no
unwohl 病気の byō·ki no
uralt 大昔の ō·mu·ka·shi no
Urkunde 証明書 shō·mē·sho
Urlaub 休暇 kyū·ka
USA アメリカ a·me·ri·ka

V

Vagina ヴァギナ va·gi·na
Van バン ban
Vater お父さん o·tō·san
Veganer 厳格な菜食主義者 gen·ka·ku na sai·sho·ku·shu·gi·sha
Vegetarier • vegetarisch ベジタリアン be·ji·ta·ri·an
Vene 静脈 jō·mya·ku
Ventilator 扇風機 sem·pū·ki
verabreden (sich) デートします dē·to shi·mas
Verabredung • Date デート dē·to
Veranstaltungsprogramm エンターテイメントガイド en·tā·tē·men·to·gai·do
Verband 包帯 hō·tai
verbrannt 焼けた ya·ke·ta
Verbrechen 犯罪 han·zai
Verdauungsstörung 消化不良 shō·ka·fu·ryō
verdienen (Geld) 稼ぎます ka·se·gi·mas
verdorben • schlecht 悪くなった wa·ru·ku nat·ta
verdorben (Fleisch) いたんだ i·tan·da
Vergangenheit 過去 ka·ko
vergessen 忘れます wa·su·re·mas
Vergewaltigung レイプ rē·pu
verheiratet 既婚 ki·kon
Verhütungsmittel 避妊具 hi·nin·gu
Verhütungsmittel (Pille) 避妊薬 hi·nin·ya·ku
Verkauf セール sē·ru
verkaufen 売ります u·ri·mas
Verkaufsautomat 自動販売機 ji·dō·ham·bai·ki
Verkehr 交通 kō·tsū

Verlängerung (Visum) 延長 en·chō
verleihen 貸します ka·shi·mas
verletzen 傷つけます ki·zu·tsu·ke·mas
Verletzung けが ke·ga
verlobt 婚約した kon·ya·ku shi·ta
Verlobte/r 婚約者 kon·ya·ku·sha
verloren なくした na·ku·shi·ta
vermieten 賃貸します
chin·tai shi·mas
vermischen 混ぜます ma·ze·mas
vermissen 懐かしがります
na·tsu·ka·shi·ga·ri·mas
vernünftig 分別のある
fum·be·tsu no a·ru
verrückt きちがいの ki·chi·gai no
verrührt かき混ぜた ka·ki·ma·ze·ta
Versammlung 集会 shū·kai
verschließen 鍵をかけます
ka·gi o ka·ke·mas
verschlossen 鍵をかけた
ka·gi o ka·ke·ta
Versicherung 保険 ho·ken
Verspätung 遅れ o·ku·re
versprechen 約束します
ya·ku·so·ku shi·mas
Verstauchung 捻挫 nen·za
verstehen 理解します ri·kai shi·mas
Verstopfung 便秘 bem·pi
versuchen 試します ta·me·shi·mas
Vertrag 契約 kē·ya·ku
Verwaltung • Leitung 管理 kan·ri
Verweis 参照 san·shō
Videoband ビデオテープ bi·de·o·tē·pu
Videokamera ビデオカメラ
bi·de·o·ka·me·ra
Videorekorder ビデオレコーダー
bi·de·o·re·kō·dā
viel たくさん tak·san
viele たくさんの ta·ku·san no
vielleicht たぶん ta·bun
Viertel 4分の1 yon·bun no i·chi
Virus ウィルス wi·ru·su
Visitenkarte 名刺 mē·shi
Visum ビザ bi·za
Vitamine ビタミン bi·ta·min
Vogel 鳥 to·ri
voll いっぱいの ip·pai no
Volleyball バレー ba·rē
Vollkornbrot ホールミールのパン
hō·ru·mī·ru no pan
Vollzeitarbeit 正社員の仕事
sē·shain no shi·go·to
vom Aussterben bedrohte Tierart
絶滅に瀕した生物
ze·tsu·me·tsu ni hin shi·ta sē·bu·tsu
von から ka·ra
vor 前 ma·e
vor (drei Tagen) (3日)前 (mik·ka) ma·e
vorbereiten 準備します jum·bi shi·mas
vorgestern おととい o·to·toi
Vorhängeschloss 南京錠 nan·kin·jō
Vorname 名前 na·ma·e
Vorort 郊外 kō·gai
Vorspeise 前菜 zen·sai
vorziehen • lieber mögen 好きな
su·ki na
Vulkan 火山 ka·zan

W

wachsen 育ちます so·da·chi·mas
Wahl (politisch) 選挙 sen·kyo
wählen (pol.) 投票します tō·hyō shi·mas
wahr 本当の hon·tō no
während • zwischen あいだ ai·da
Wald 森 mo·ri
Walfisch くじら ku·ji·ra
Wand 壁 ka·be
wandern ハイキングをします
hai·kin·gu o shi·mas
Wandern ハイキング hai·kin·gu
Wanderstiefel ハイキングブーツ
hai·kin·gu·bū·tsu
Wanderweg ハイキングルート
hai·kin·gu·rū·to
Wandnische 床の間 to·ko·no·ma
Wandschirm ついたて tsu·i·ta·te
wann いつ i·tsu
warm あたたかい a·ta·ta·kai
warnen 警告します kē·ko·ku shi·mas
warten 待ちます ma·chi·mas
Warteraum 待合室 ma·chi·ai·shi·tsu
Wartezimmer 待合室
ma·chi·ai·shi·tsu
Wattebausch 脱脂綿 das·shi·men
warum なぜ na·ze
was なに na·ni
Wäsche 洗濯物 sen·ta·ku·mo·no
Wäsche waschen 洗濯します
sen·ta·ku shi·mas

Wäscheleine 物干し mo·no·ho·shi
waschen 洗います a·rai·mas
Wäscherei 洗濯場 sen·ta·ku·ba
Waschkeller 洗濯室 sen·ta·ku·shi·tsu
Waschmaschine 洗濯機 sen·tak·ki
Waschsalon コインランドリー ko·in·ran·do·rī
Wasser 水 mi·zu
wasserdicht 防水 bō·su·i
Wasserfall 滝 ta·ki
Wasserflasche 水筒 su·i·tō
Wasserhahn 蛇口 ja·gu·chi
Wassermelone スイカ su·i·ka
Wasserski 水上スキー su·i·jō·skī
Wattestäbchen 綿棒 mem·bō
Wechsel (Scheck) 手形 te·ga·ta
Wechsel 変化 hen·ka
Wechselgeld 小銭 ko·ze·ni
Wechselkurs 為替レート ka·wa·se·rē·to
wechseln (Geld) 換金します kan·kin shi·mas
Wecker 目覚し時計 me·za·ma·shi·do·kē
Weg 道 mi·chi
weh tun 痛い i·tai
weiblich 女性 jo·sē
weich やわらかい ya·wa·ra·kai
weich gekocht 半熟の han·ju·ku no
weigern (sich) 拒絶します kyo·ze·tsu shi·mas
Weihnachten クリスマス ku·ri·su·mas
weil だから da·ka·ra
Wein- und Schnapsladen 酒屋 sa·ka·ya
Wein ワイン wain
Weinberg ブドウ畑 bu·dō·ba·ta·ke
Weinglas ワイングラス wain·gu·ra·su
Weintrauben ブドウ bu·dō
weiß 白い shi·roi
weiß (Kaffee) ホワイト ho·wai·to
Weißwein 白ワイン shi·ro·wain
weit (breit) 広く hi·ro·ku
weit (fern) 遠い tōi
welche/r/s どちら do·chi·ra
Welle 波 na·mi
Welt 世界 se·kai
Weltmeisterschaft ワールドカップ wā·ru·do·kap·pu
wenig 少ない su·ku·nai
wenn もし mo·shi
wer だれ da·re
Werdegang • Lebenslauf 履歴書 ri·re·ki·sho
Werkzeug 道具 dō·gu
Wert (Preis) 価値 ka·chi
Wertgegenstände 貴重品 ki·chō·hin
Wertmarke トークン tō·kun
wertvoll 高価な kō·ka na
Westen 西 ni·shi
Wette 賭け ka·ke
Wetter 天気 ten·ki
Whisky ウィスキー wis·kī
wichtig 大切 tai·se·tsu na
widersprechen 反論します han·ron shi·mas
wie viel どのくらい do·no ku·rai
wie viel (Geld) いくら i·ku·ra
wie どのように do·no yō ni
wieder また ma·ta
wild 野生 ya·sē
Wildreis • Naturreis ワイルドライス wai·ru·do·rai·su
Wind 風 ka·ze
Windel オムツ o·mu·tsu
Windelausschlagオムツかぶれ o·mu·tsu·ka·bu·re
Windpocken 水ぼうそう mi·zu·bō·sō
Windschutzscheibe フロントガラス fu·ron·to·ga·ra·su
Windsurfen ウィンドサーフィン win·do·sā·fin
Winter 冬 fu·yu
Winterzwiebel ワケギ wa·ke·gi
winzig とても小さい to·te·mo chī·sai
wir 私たちは wa·ta·shi·ta·chi wa
wissen 知っています shit·te i·mas
Wissenschaft 科学 ka·ga·ku
Wissenschaftler 科学者 ka·ga·ku·sha
Witz 冗談 jō·dan
wo どこ do·ko
Woche 週 shū
Wochenende 週末 shū·ma·tsu
Wodka ウォッカ wok·ka
Wohlfahrt 福祉 fu·ku·shi
wohlhabend 裕福な yū·fu·ku na
wohnen 住みます su·mi·mas
Wohnung フラット fu·rat·to

Wohnwagen キャンピングカー kyam·pin·gu·kā
Wok 中華鍋 chū·ka·na·be
Wolke 雲 ku·mo
Wolle ウール ū·ru
Wort 言葉 ko·to·ba
Wörterbuch 辞書 ji·sho
wunderbar 素晴らしい su·ba·ra·shī
wünschen • wollen 欲しいです ho·shī des
Würmer イモムシ i·mo·mu·shi
Würstchen ソーセージ sō·sē·ji
Wüste 砂漠 sa·ba·ku

Y

Yoga ヨガ yo·ga

Z

Zahl 数字 sū·ji
zählen かぞえます ka·zo·e·mas
Zahn 歯 ha
Zahnarzt 歯医者 ha·i·sha
Zahnbürste 歯ブラシ ha·bu·ra·shi
Zähne 歯 ha
Zahnfleisch 歯茎 ha·gu·ki
Zahnpasta 練り歯磨き ne·ri·ha·mi·ga·ki
Zahnschmerzen 歯痛 hai·ta
Zahnseide デンタルフロス den·ta·ru·fu·ros
Zahnstocher 楊枝 yō·ji
Zaun フェンス fen·su
Zechtour 夜遊び yo·a·so·bi
Zehenspitze つま先 tsu·ma·sa·ki
zeigen 見せます mi·se·mas
zeigen (auf) 示します shi·me·shi·mas
Zeit 時間 ji·kan
Zeitschrift 雑誌 zas·shi
Zeitung 新聞 shim·bun
Zeitungskiosk 新聞販売店 shim·bun·ham·bai·ten
Zeitunterschied 時差 ji·sa
Zelt テント ten·to
Zentimeter センチ sen·chi
zentral 中央の chū·ō no
Zentrum 中央 chū·ō
zerbrechen 壊します ko·wa·shi·mas
zerbrechlich 壊れやすい ko·wa·re·ya·su·i
Ziege ヤギ ya·gi
ziehen 引きます hi·ki·mas
Zielort 目的地 mo·ku·te·ki·chi
Zigarette タバコ ta·ba·ko
Zigarre 葉巻 ha·ma·ki
Zimmer 部屋 he·ya
Zimmer frei 空室の kū·shi·tsu no
Zimmermann 大工 dai·ku
Zimmernummer ルームナンバー rū·mu·nam·bā
Zirkus サーカス sā·kas
Zitrone レモン re·mon
Zoll 税関 zē·kan
Zoo 動物園 dō·bu·tsu·en
zu (teuer…) (高)すぎる su·gi·ru
zu viele 多すぎます ō·su·gi·mas
Zucchini ズッキーニ zuk·kī·ni
Zucker 砂糖 sa·tō
Zug 電車 den·sha
zuhören 聴きます ki·ki·mas
Zukunft 未来 mi·rai
zurückkehren もどります mo·do·ri·mas
Zurückzahlen 払い戻し ha·rai·mo·do·shi
zusammen (mit) いっしょに is·sho ni
Zusammenstoß 衝突 shō·to·tsu
zustimmen 賛成します san·sē shi·mas
Zutat 成分 sē·bun
zwei 2 ni
zwei Wochen 2週間 ni·shū·kan
zweifach 2倍に ni·bai ni
(aus) zweiter Hand 中古の chū·ko no
zweite Klasse セカンドクラス se·kan·do·ku·ras
zweite/r 2番目の ni·bam·me no
Zwiebel タマネギ ta·ma·ne·gi
Zwillinge 双子 fu·ta·go
zwischen あいだ ai·da
Zwischengericht アントレー an·to·rē

Japanisch–Deutsch

Wer Probleme hat, Japanisch zu verstehen, kann den unten stehenden Text jemandem zeigen, der Japanisch spricht und ihn oder sie bitten, aus der Liste das betreffende Wort mit der deutschen Übersetzung herauszusuchen.

この日独辞書を使って日本語の言葉の独訳を教えてください。第一列目は五十音順に配列されています。言葉が見つかりましたらこの人に独訳を見せてください。どうもありがとうございます。

Die Einträge dieser Wörterliste sind nach dem gojūon- (oder aiueo-) System geordnet, das in Japan verwendet wird. Um es zu benutzen, muss man es nicht im Detail kennen, aber für alle Interessierten sei angemerkt, dass im Gojūon-System zunächst alle japanischen Begriffe in die lateinische Schrift transkribiert und dann nach dem japanischen Alphabet geordnet werden. Der Begriff gojūon bedeutet wörtl. „50-Silben-Tafel", es werden aber mehr als 50 Silben unterschieden. Danach wird jedem Wort seine eigentliche Schreibweise (Hiragana, Katakana oder Kanji – mehr dazu s. **Aussprache** auf S. 14) vorangestellt, sodass es von allen, die mit der gojūon-Ordnung vertraut sind, problemlos nachgeschlagen werden kann.

Die Reihenfolge ist: **a**-i-u-e-o-**ka**-ga-ki-gi-kya-gya-kyu-gyu-kyo-gyo-ku-gu-ke-ge-ko-go-**sa**-za-shi-ji-sha-ja-shu-ju-sho-jo-su-zu-se-ze-so-zo-**ta**-da-chi-(ji)-cha-chu-cho-tsu-(zu)-te-de-to-do-**na**-ni-nya-nyu-nyo-nu-ne-no-**ha**-ba-pa-hi-bi-pi-hya-bya-pya-hyu-byu-pyu-hyo-byo-pyo-fu-bu-pu-he-be-pe-ho-bo-po-**ma**-mi-mya-myu-myo-mu-me-mo-**ya**-yu-yo-**ra**-ri-rya-ryu-ryo-ru-re-ro-**wa**-n

Verben sind hier in ihrer ·mas (ます)-Form angegeben (mehr dazu im Kapitel **Kleine Grammatik A–Z** auf S. 25).

あ A

愛 ai **Liebe**
愛します ai shi·mas **lieben**
アイスクリーム ais·ku·rī·mu **Eiscreme**
空いている ai·te i·ru **leer sein**
アイロン ai·ron **Bügeleisen**
青い a·oi **blau**
青空市場 a·o·zo·ra·i·chi·ba **Freiluftmarkt**
赤い a·kai **rot**
赤ちゃん a·ka·chan **Baby**
明るい a·ka·ru·i **hell**
赤ワイン a·ka·wain **Rotwein**
秋 a·ki **Herbst**
揚げます a·ge·mas **braten • frittieren**
朝 a·sa **Morgen**
朝ごはん a·sa·go·han **Frühstück**
あさって a·sat·te **übermorgen**
足 a·shi **Fuß**
脚 a·shi **Bein**
足首 a·shi·ku·bi **Knöchel**
明日 a·shi·ta **morgen**
明日の朝 a·shi·ta no a·sa **morgen früh**
明日の午後 a·shi·ta no go·go **morgen Nachmittag**
明日の夜 a·shi·ta no yo·ru **morgen Abend**
アスピリン as·pi·rin **Aspirin**
あたたかい a·ta·ta·kai **warm**
頭 a·ta·ma **Kopf**
新しい a·ta·ra·shī **neu**
熱い a·tsu·i **heiß**
熱くなった a·tsu·ku nat·ta **heiß geworden**
あと a·to **nach, später**
あとで a·to de **nachher, später**
あなた a·na·ta **du**

あなたたち a·na·ta·ta·chi **Ihr** pl
危ない a·bu·nai **gefährlich**
油 a·bu·ra **(Speise-) Öl**
甘い a·mai **süß**
雨 a·me **Regen**
アメリカ a·me·ri·ka **USA**
歩きます a·ru·ki·mas **gehen**
アルコール a·ru·kō·ru **Alkohol**
あれ a·re **dort**
アレルギー a·re·ru·gī **Allergie**
アントレー an·to·rē **Entrée**
案内所 an·nai·jo **Informationsbüro**
胃 i **Magen**
いい ī **gut**
いいえ ī·e **nein**
Eメール ī·mē·ru **Email**
医学 i·ga·ku **Medizin (Wissenschaft)**
行きます i·ki·mas **zu Fuß gehen**
イギリス i·gi·ri·su **England**
遺失物取扱所 i·shi·tsu·bu·tsu·to·ri·a·tsu·kai·jo **Fundbüro**
医者 i·sha **Arzt**
椅子 i·su **Stuhl**
忙しい i·so·ga·shī **beschäftigt sein**
痛み i·ta·mi **Schmerz**
いたんだ i·tan·da **verdorben (sein)**
1 i·chi **eins**
市場 i·chi·ba **Markt**
いちばん大きい i·chi·ban ō·kī **größte/r/s**
いちばん小さい i·chi·ban chī·sai **kleinste/r/s**
いちばん近くの i·chi·ban chi·ka·ku no **nächste/r/s**
胃腸炎 i·chō·en **Gastroenteritis • Magen-Darm-Katarrh**
いつ i·tsu **wann**
いっしょに is·sho ni **zusammen (mit)**
いっぱいの ip·pai no **voll (mit, von)**
田舎 i·na·ka **Land; ländliches Gebiet**
犬 i·nu **Hund**
今 i·ma **jetzt**
妹 i·mō·to **jüngere Schwester**
衣料店 i·ryō·ten **Kleidergeschäft**
衣類 i·ru·i **Kleidung**
刺青 i·re·zu·mi **Tätowierung**
色 i·ro **Farbe**
インターネット in·tā·net·to **Internet**
インターネットカフェ in·tā·net·to·ka·fe **Internetcafé**
インフルエンザ in·fu·ru·en·za **Grippe**
ウール ū·ru **Wolle**
ウェイター wē tā **Kellner**
上に u·e ni **auf, über**
うしろ u·shi·ro **hinten**
後ろの u·shi·ro no **hinter**
美しい u·tsu·ku·shī **schön, hübsch**
腕 u·de **Arm**
腕時計 u·de·do·kē **Armbanduhr**
海 u·mi **Meer**
うるさい u·ru·sai **laut • störend**
運転します un·ten shi·mas **fahren**
運転手 un·ten·shu **Fahrer**
運転免許証 un·ten·men·kyo·shō **Führerschein**
絵 e **Bild • Gemälde**
エアコン付きの ea·kon·tsu·ki no **mit Klimaanlage**
映画 ē·ga **Film**
映画館 ē·ga·kan **Kino**
英語 ē·go **Englisch**
ATM ē·tī·e·mu **Geldautomat**
駅 e·ki **Bahnhof**
エコノミークラス e·ko·no·mī·ku·ras **Touristenklasse**
エスカレータ es·ka·rē·ta **Rolltreppe**
エレベータ e·re·bē·ta **Aufzug**
エンジン en·jin **Motor**
エンターテイメントガイド en·tā·tē·men·to·gai·do **Veranstaltungsprogramm**
エンピツ em·pi·tsu **Bleistift**
おいしい oi·shī **lecker**
往復切符 ō·fu·ku·kip·pu **Hin- und Rückfahrkarte**
OL ō·e·ru **weibliche Büroangestellte**
大きい ō·kī **groß**
オートバイ ō·to·bai **Motorrad**
オートマチック ō·to·ma·chik·ku **automatisch**
大晦日 ō·mi·so·ka **Silvester**
お母さん o·kā·san **Mutter**
おかしい o·ka·shī **lustig**
お金 o·ka·ne **Geld**
贈物 o·ku·ri·mo·no **Geschenk**
遅れ o·ku·re **Verspätung**
起こします o·ko·shi·mas **aufwecken (jmd.)**
おじいさん o·jī·san **Großvater**
おしゃぶり o·sha·bu·ri **Schnuller**
遅い o·soi **spät**
お茶 o·cha **Tee (grüner)**
夫 ot·to **Ehemann**

お父さん o·tō·san **Vater**
弟 o·tō·to **jüngerer Bruder**
男の子 o·to·ko no ko **Junge**
おととい o·to·toi **vorgestern**
踊ります o·do·ri·mas **tanzen**
お腹がすいた o·na·ka ga su·i·ta **hungrig sein**
お兄さん o·nī·san **älterer Bruder**
お姉さん o·nē·san **ältere Schwester**
おばあさん o·bā·san **Großmutter**
おばさん o·ba·san **Tante**
お話中 o·ha·na·shi·chū **besetzt (Telefon)**
お土産 o·mi·ya·ge **Souvenir**
お土産屋 o·mi·ya·ge·ya **Souvenirladen**
オムツ o·mu·tsu **Windel**
おめでとう o·me·de·tō **„Herzlichen Glückwunsch"**
重い o·moi **schwer**
泳ぎます o·yo·gi·mas **schwimmen**
降ります o·ri·mas **aussteigen (Zug, Fahrstuhl ...)**
オレンジ o·ren·ji **Orange**
おわり o·wa·ri **Ende**
お椀 o·wan **Suppenschüssel**
音楽 on·ga·ku **Musik**
温泉 on·sen **heiße Quelle • Thermalbad**
女の子 on·na no ko **Mädchen**

か KA

ガールフレンド gā·ru·fu·ren·do **Freundin**
階 kai **Stockwerk**
絵画 kai·ga **Gemälde • Malerei**
海外 kai·gai **Übersee**
外国の gai·ko·ku no **ausländisch**
会社 kai·sha **Unternehmen • Firma**
快速 kai·so·ku **Schnellzug**
階段 kai·dan **Treppe**
懐中電灯 kai·chū·den·tō **Taschenlampe**
開店時間 kai·ten·ji·kan **Ladenöffnungszeiten**
ガイド gai·do **Führer (Guide)**
ガイド付きツアー gai·do·tsu·ki·tsu·ā **geführte Tour**
ガイドブック gai·do·buk·ku **Reiseführer**
買います kai·mas **kaufen**
買い物をします kai·mo·no o shi·mas **einkaufen gehen**
顔 ka·o **Gesicht**
画家 ga·ka **Maler (Kunst)**
科学 ka·ga·ku **Wissenschaft**
鏡 ka·ga·mi **Spiegel**
鍵 ka·gi **Schlüssel**
書留 ka·ki·to·me **Einschreiben**
書きます ka·ki·mas **schreiben**
鍵をかけた ka·gi o ka·ke·ta **abgeschlossen**
鍵をかけます ka·gi o ka·ke·mas **abschließen**
家具 ka·gu **Möbel**
カクテル ka·ku·te·ru **Cocktail**
かさ ka·sa **Regenschirm**
貸します ka·shi·mas **ausleihen**
ガス gas **Gas**
カセット ka·set·to **Kassette**
家族 ka·zo·ku **Familie**
ガソリン ga·so·rin **Benzin**
ガソリンスタンド ga·so·rin·stan·do **Tankstelle**
肩 ka·ta **Schulter**
かたい ka·tai **hart (nicht weich)**
片道切 ka·ta·mi·chi·kip·pu **Einzelfahrschein**
月 ga·tsu **Monat**
カップ kap·pu **Tasse**
カナダ ka·na·da **Kanada**
彼女の ka·no·jo no **ihr (besitzanzeigend)**
彼女は ka·no·jo wa **sie (substantiviert)**
彼女を ka·no·jo o **sie (als Satzobjekt)**
カバーチャージ ka·bā·chā·ji **„cover charge" (Preis für ein Gedeck)**
かばん ka·ban **Tasche**
カフェ ka·fe **Café**
カプセルホテル ka·pu·se·ru·ho·te·ru **„Kapselhotel"**
花粉症 ka·fun·shō **Heuschnupfen**
紙 ka·mi **Papier**
剃刀 ka·mi·so·ri **Rasierer**
剃刀の刃 ka·mi·so·ri no ha **Rasierklinge**
カメラ ka·me·ra **Kamera**
かゆい ka·yu·i **Jucken**
から ka·ra **von**
空の ka·ra no **leer**
軽い ka·ru·i **leicht (nicht schwer)**
彼の ka·re no **sein**
彼は ka·re wa **er**
彼を kare o **ihn**
皮 ka·wa **Haut • Leder • Fell**
川 ka·wa **Fluss**
乾いた ka·wai·ta **getrocknet**
乾かします ka·wa·ka·shi·mas **trocknen**
為替 ka·wa·se **Geldwechsel**

か

為替レート ka·wa·se·rē·to **Wechselkurs**
缶 kan **Dose**
缶切 kan·ki·ri **Dosenöffner**
換金します kan·kin shi·mas **wechseln (Geld)**
間欠泉 kan·kets·sen **Geysir**
観光案内所 kan·kō·an·nai·jo **Touristeninformation**
看護婦 kan·go·fu **Krankenschwester**
感謝している kan·sha shi·te i·ru **dankbar sein (für etw.)**
勘定 kan·jō **Rechnung (Restaurant etc.)**
感触 kan·sho·ku **Gefühl • Tastsinn**
感染 kan·sen **Infektion**
幹線道路 kan·sen·dō·ro **Bundesstraße**
元旦 gan·tan **Neujahrstag**
黄色い kī·roi **gelb**
気温 ki·on **Temparatur (Luft…)**
聴きます ki·ki·mas **zuhören**
既婚 ki·kon **Verheiratetsein**
技術者 gi·ju·tsu·sha **Ingenieur**
季節 ki·se·tsu **Jahreszeit**
北 ki·ta **Norden**
汚い ki·ta·nai **schmutzig**
喫煙 kits·en **Raucher**
切 kit·te **Briefmarke**
切符 kip·pu **Eintrittskarte • Fahrkarte**
切符売り kip·pu·u·ri·ba **Kartenschalter**
切符販売 kip·pu·ham·bai·ki **Fahrkartenautomat**
絹 ki·nu **Seide**
きのう ki·nō **gestern**
キャンセル kyan·se·ru **stornieren**
キャンプ場 kyam·pu·jō **Campingplatz**
休暇 kyū·ka **Ferien**
救急 kyū·kyū **Notfall**
救急車 kyū·kyū·sha **Krankenwagen**
救急箱 kyū·kyū·ba·ko **Erste-Hilfe-Kasten**
宮殿 kyū·den **Palast • Schloss**
救命胴衣 kyū·mē·dōi **Schwimmweste**
今日 kyō **heute**
境界 kyō·kai **Grenze**
教会 kyō·kai **Kirche**
教師 kyō·shi **Lehrer**
兄弟 kyō·dai **Brüder • Geschwister**
キヨスク ki·yos·ku **Kiosk**
義理のお母さん gi·ri no o·kā·san **Schwiegermutter**
義理のお父さん gi·ri no o·tō·san **Schwiegervater**
切ります ki·ri·mas **schneiden**
きれいな ki·rē na **sauber, schön**
キロ(グラム) ki·ro(·gu·ra·mu) **Kilo (gramm)**
キロメートル ki·ro·mē·to·ru **Kilometer**
金 kin **Gold**
銀 gin **Silber**
禁煙の kin·en no **„Rauchen verboten!"**
緊急の kin·kyū no **dringend**
金庫 kin·ko **Geldschrank**
銀行 gin·kō **Bank**
銀行口座 gin·kō·kō·za **Bankkonto**
航空 kō·kū **Fluggesellschaft**
空港 kū·kō **Flughafen**
空港税 kū·kō·zē **Flughafensteuer**
航空便 kō·kū·bin **Luftpost**
空室 kū·shi·tsu **„Zimmer frei"**
くし ku·shi **Kamm**
苦情 ku·jō **Beschwerde**
薬 ku·sū·ri **Medizin**
果物 ku·da·mo·no **Frucht**
口 ku·chi **Mund**
口紅 ku·chi·be·ni **Lippenstift**
靴 ku·tsu **Schuhe**
靴下 ku·tsu·shi·ta **Socken**
靴屋 ku·tsu·ya **Schuhgeschäft**
首 ku·bi **Hals • Nacken**
暗い ku·rai **dunkel**
クラシックの ku·ra·shik·ku no **klassisch**
グラス gu·ra·su **Glas**
グラム gu·ra·mu **Gramm**
クリーニング ku·rī·nin·gu **Reinigung**
クリーム ku·rī·mu **Sahne**
クリスマス ku·ri·su·mas **Weihnachten**
車椅子 ku·ru·ma·i·su **Rollstuhl**
クレジットカード ku·re·jit·to·kā·do **Kreditkarte**
黒い ku·roi **schwarz**
クローク ku·rō·ku **Garderobe**
警官 kē·kan **Polizeibeamter**
警察 kē·sa·tsu **Polizei**
警察署 kē·sa·tsu·sho **Polizeirevier**
計算機 kē·san·ki **Taschenrechner**
芸術家 gē·ju·tsu·ka **Künstler**
軽食 kē·sho·ku **Imbiss • Snack**
携帯電話 kē·tai·den·wa **Handy**
ゲイの gē no **schwul**
けが ke·ga **Verletzung**
劇 ge·ki **Stück (Theater)**
劇場 ge·ki·jō **Theater**
下剤 ge·zai **Abführmittel**
下宿屋 ge·shu·ku·ya **Pension (Unterkunft)**
ゲストハウス ges·to·hau·su **Gästehaus**

血液型 ke·tsu·e·ki·ga·ta **Blutgruppe**
欠点のある ket·ten no a·ru **fehlerhaft**
毛抜き ke·nu·ki **Pinzette**
下痢 ge·ri **Durchfall**
現金 gen·kin **Bargeld**
現金化します gen·kin·ka shi·mas **einlösen (einen Scheck)**
言語 gen·go **Sprache**
建築 ken·chi·ku **Architektur**
建築家 ken·chi·ku·ka **Architekt**
コイン ko·in **Münzen**
コインランドリー ko·in·ran·do·rī **Waschsalon**
更衣室 kōi·shi·tsu **Umkleideraum**
公園 kō·en **Park**
高価な kō·ka na **wertvoll**
豪華な gō·ka na **luxuriös**
交換 kō·kan **Umtausch (Geld)**
交換します kō·kan shi·mas **umtauschen**
航空便 kō·kū·bin **Flug**
工芸品 kō·gē·hin **Kunsthandwerk**
公衆電話 kō·shū·den·wa **öffentliches Telefon**
公衆トイレ kō·shū·toi·re **öffentliche Toilette**
香水 kō·su·i **Parfum**
抗生剤 kō·sē·zai **Antibiotika**
高速道路 kō·so·ku·dō·ro **Autobahn**
紅茶 kō·cha **Schwarztee**
交番 kō·ban **Polizeihäuschen • Polizeiwache**
コークスクリュー kō·ku·sku·ryū **Korkenzieher**
凍った kōt·ta **gefroren**
コート kō·to **Mantel • Platz (Tennis...)**
コーヒー kō·hī **Kaffee**
氷 kō·ri **Eis**
小切手 ko·git·te **Scheck**
顧客 ko·kya·ku **Kunde**
午後 go·go **Nachmittag**
心地よい ko·ko·chi·yoi **behaglich**
ここで ko·ko de **hier**
小皿 ko·za·ra **kleiner Teller**
故障した ko·shō·shi·ta **defekt**
故障中 ko·shō·chū **defekt sein**
個人的な ko·jin·te·ki na **persönlich**
小銭 ko·ze·ni **Kleingeld**
コック kok·ku **Koch**
小包 ko·zu·tsu·mi **Päckchen**
子供 ko·do·mo **Kind**
ごはん go·han **Reis (gekocht)**
小道 ko·mi·chi **Pfad**
ごみ箱 go·mi·ba·ko **Mülltonne**
米 ko·me **Reis (roh)**
子守り ko·mo·ri **Babysitting**
これ ko·re, **hier**
コレクトコール ko·re·ku·to·kō·ru **R-Gespräch**
壊れた ko·wa·re·ta **zerbrochen**
壊れやすい ko·wa·re·ya·su·i **zerbrechlich**
コンサート kon·sā·to **Konzert**
コンタクトレンズ kon·ta·ku·to·ren·zu **Kontaktlinsen**
コンドーム kon·dō·mu **Kondom**
コンパニオン kom·pa·ni·on **Begleiter**
コンビニ kom·bi·ni **Spätkauf**
コンピュータ kom·pyū·ta **Computer**
コンファーム kon·fā·mu **bestätigen (eine Buchung ...)**
コンファレンス kon·fa·ren·su **Konferenz**
今夜 kon·ya **heute Abend**
婚約者 kon·ya·ku·sha **Verlobte/r**

さ SA

サーカス sā·kas **Zirkus**
サービス sā·bis **Service**
サービス料 sā·bis·ryō **Servicegebühr**
最高の sai·kō no **beste/r/s**
最後の sai·go no **letzte/r/s**
祭日 sai·ji·tsu **nationaler Feiertag**
(厳格な)菜食主義者 (gen·ka·ku na) sai·sho·ku·shu·gi·sha **Veganer**
サイズ sai·zu **Größe**
財布 sai·fu **Geldbeutel**
魚 sa·ka·na **Fisch**
魚屋 sa·ka·na·ya **Fischladen**
酒屋 sa·ka·ya **Wein- und Spirituosengeschäft**
酒 sa·ke **Reiswein**
サッカー sak·kā **Fußball**
茶道 sa·dō **Teezeremonie**
寒い sa·m·u·i **kalt**
皿 sa·ra **Teller**
サラリーマン sa·ra·rī·man **Angestellte/r**
さん ·san **Herr • Frau**
サングラス san·gu·ras **Sonnenbrille**
市 shi **Stadt**
試合 shi·ai **Spiel**
幸せな shi·a·wa·se na **glücklich • zufrieden**
シーツ shī·tsu **Betttuch**
シートベルト shī·to·be·ru·to **Sicherheitsgurt**

ジーンズ jīn·zu **Jeans**
シェアします she·a shi·mas **teilen (Zimmer)**
シェービングクリーム shē·bin·gu·ku·rī·mu **Rasiercreme**
シェフ she·fu **Koch**
時間 ji·kan **Stunde**
時間どおり ji·kan·dō·ri **pünktlich**
事故 ji·ko **Unfall**
時刻表 ji·ko·ku·hyō **Fahrplan**
仕事 shi·go·to **Arbeit**
時差 ji·sa **Zeitunterschied**
時差ぼけ ji·sa·bo·ke **Jetlag**
辞書 ji·sho **Lexikon**
静かな shi·zu·ka na **still**
下着 shi·ta·gi **Unterwäsche**
下へ shi·ta e **nach unten**
試着室 shi·cha·ku·shi·tsu **Anprobekabine**
失業した shi·tsu·gyō shi·ta **arbeitslos**
ジッパー jip·pā **Reißverschluss**
自転車 ji·ten·sha **Fahrrad**
自動車 ji·dō·sha **Auto**
自動車所有権 ji·dō·sha·sho·yū·ken **Fahrzeugpapiere**
自動車登録 ji·dō·sha·tō·ro·ku **Fahrzeugschein**
自動販売機 ji·dō·ham·bai·ki **Verkaufsautomat**
市の中心 shi no chū·shin **Stadtzentrum**
支払い shi·ha·rai **Bezahlung**
紙幣 shi·hē **Geldschein**
島 shi·ma **Insel**
姉妹 shi·mai **Schwester**
字幕 ji·ma·ku **Untertitel**
閉まった shi·mat·ta **geschlossen**
ジム ji·mu **Trainingshalle**
事務処理 ji·mu·sho·ri **Schreibtischarbeit**
閉めます shi·me·mas **schließen**
地元 ji·mo·to **lokal**
ジャーナリスト jā·na·ris·to **Journalist/in**
蛇口 ja·gu·chi **Wasserhahn**
ジャケット ja·ket·to **Jacket**
写真 sha·shin **Foto**
写真家 sha·shin·ka **Fotograf/in**
シャツ sha·tsu **Hemd**
シャワー sha·wā **Dusche**
シャンペン sham·pen **Champagner**
週 shū **Woche**
習慣 shū·kan **Brauch**
住所 jū·sho **Adresse**
充分な jū·bun na **genug**
週末 shū·ma·tsu **Wochenende**
修理します shū·ri shi·mas **reparieren**
手芸品 shu·gē·hin **Handarbeit**
出張 shut·chō **Geschäftsreise**
出発 shup·pa·tsu **Abfahrt**
潤滑油 jun·ka·tsu·yu **Schmieröl**
障害をもつ shō·gai o mo·tsu **behindert sein**
消化不良 shō·ka·fu·ryō **Verdauungsstörung**
乗客 jō·kya·ku **Passagier**
正午 shō·go **Mittag**
錠剤 jō·zai **Tablette**
消臭剤 shō·shū·zai **Deodorant**
消毒剤 shō·do·ku·zai **Desinfektionsmittel**
乗馬 jō·ba **Reiten**
情報 jō·hō **Information**
ショー shō **Show**
食事 sho·ku·ji **Essen**
食前酒 sho·ku·zen·shu **Aperitif**
食中毒 sho·ku·chū·do·ku **Lebensmittelvergiftung**
食堂車 sho·ku·dō·sha **Speisewagen**
食料 sho·ku·ryō **Nahrungsmittel**
食料品 sho·ku·ryō·hin **Lebensmittel**
女性 jo·sē **weiblich**
ショッピングセンター shop·pin·gu·sen·tā **Einkaufszentrum**
処方箋 sho·hō·sen **Rezept (vom Arzt)**
書類 sho·ru·i **Formular**
城 shi·ro **Schloss**
白い shi·roi **weiß**
白黒（フィルム） shi·ro·ku·ro (fi·ru·mu) **Schwarz-Weiß (Film)**
白ワイン shi·ro·wain **Weißwein**
新幹線 shin·kan·sen **Schnellzug (ICE)**
シングルルーム shin·gu·ru·rū·mu **Einzelzimmer**
寝室 shin·shi·tsu **Schlafzimmer**
親切 shin·se·tsu na **freundlich**
新鮮な shin·sen na **frisch**
心臓 shin·zō **Herz**
心臓病 shin·zō·byō **Herzkrankheit**
寝台車 shin·dai·sha **Schlafwagen**
新聞 shim·bun **Zeitung**
水筒 su·i·tō **Feldflasche**
炊飯器 su·i·han·ki **Reiskocher**
水疱 su·i·hō **Blase (am Fuß)**
数字 sū·ji **Zahl**
スーツケース sūts·kēs **Koffer**

スーパー sū·pā **Supermarkt**
スカート skā·to **Rock**
スカーフ skā·fu **Schal**
好きです su·ki des **mögen**
すぎる su·gi·ru **zu (teuer etc.)**
少ない su·ku·nai **wenig**
すぐに su·gu ni **gleich**
涼しい su·zu·shī **(angenehm) kühl**
勧めます su·su·me·mas **empfehlen**
スタンドバイチケット
stan·do·bai·chi·ket·to **Stand-by Ticket**
頭痛 zu·tsū **Kopfschmerzen**
ストッキング stok·kin·gu **Strümpfe**
素晴らしい su·ba·ra·shī **fantastisch**
スプーン spūn **Löffel**
スポーツ用品店 spō·tsu·yō·hin·ten
Sportwarengeschäft
ズボン zu·bon **Hose**
スライス su·rai·su **Scheibe**
スライド su·rai·do **Dia**
税関 zē·kan **Zoll**
税金 zē·kin **Steuern**
制限速度 sē·gen·so·ku·do **Tempolimit**
生徒 sē·to **Schüler/in**
生理用ナプキン sē·ri·yō·na·pu·kin
Slipeinlage
セーター sē·tā **Sweatshirt**
セーフセックス sē·fu·sek·kus **„Safer Sex"**
セカンドクラス se·kan·do·ku·ras
zweite Klasse
席 se·ki **Sitzplatz**
せきが出ます se·ki ga de·mas
Husten haben
セックス sek·kus **Sex**
石鹸 sek·ken **Seife**
接続 se·tsu·zo·ku **Anschluss • Verbindung**
背中 se·na·ka **Rücken**
セルフサービスの se·ru·fu·sā·bis no
Selbstbedienung
栓 sen **Stöpsel**
前菜 zen·sai **Vorspeise**
洗濯場 sen·ta·ku·ba **Wäscherei**
洗濯物 sen·ta·ku·mo·no **Wäsche**
洗濯機 sen·tak·ki **Waschmaschine**
センチ sen·chi **Zentimeter**
銭湯 sen·tō **öffentliches Bad**
栓抜き sen·nu·ki **Flaschenöffner**
全部 zem·bu **alles**
掃除をします sō·ji o shi·mas
sauber machen
速達 so·ku·ta·tsu **Eilbrief**
そこに so·ko ni **da**
そして so·shi·te **und • dann**
外側の so·to·ga·wa no **Außenseite**
剃ります so·ri·mas **rasieren**
それぞれ so·re·zo·re **jeweils**

た TA

ダイアルトーン dai·a·ru·tōn **Klingelton**
大学 dai·ga·ku **Universität**
退屈な tai·ku·tsu na **langweilig**
大使館 tai·shi·kan **Botschaft**
大聖堂 dai·sē·dō **Kathedrale**
大切 tai·se·tsu na **wichtig**
台所 dai·do·ko·ro **Küche**
たいへんな tai·hen na **schwierig • schlimm**
タイヤ tai·ya **Reifen**
太陽 tai·yō **Sonne**
タオル tau·ru **Handtuch**
高い ta·kai **teuer • hoch**
タクシー tak·shī **Taxi**
タクシー乗り場 tak·shī·no·ri·ba
Taxistand
たすけ tas·ke **Hilfe**
たすけます tas·ke·mas **helfen**
建物 ta·te·mo·no **Gebäude**
タバコ ta·ba·ko **Zigaretten**
タバコを吸います ta·ba·ko o su·i·mas
rauchen
旅 ta·bi **Reise**
ダブルベッド da·bu·ru·bed·do
Doppelbett
ダブルルーム da·bu·ru·rū·mu
Doppelzimmer
食べます ta·be·mas **essen**
食べ物 ta·be·mo·no **Essen**
だれ da·re **wer**
誕生日 tan·jō·bi **Geburtstag**
ダンス dan·su **Tanzen**
タンポン tam·pon **Tampon**
血 chi **Blut**
小さい chī·sai **klein**
チーズ chī·zu **Käse**
チーム chī·mu **Team**
チェックイン chek·ku·in **Rezeption**
違う chi·ga·u **sich unterscheiden • anders sein**
近く chi·ka·ku **Nähe**
地下鉄の駅 chi·ka·te·tsu no eki
U-Bahnhof

た

地下道 chi·ka·dō **Unterführung**
地図 chi·zu **Karte**
チップ chip·pu **Trinkgeld**
チャイルドシート chai·ru·do·shī·to **Kindersitz**
茶色い cha i·roi **braun**
茶畑 cha·ba·ta·ke **Teepflanzung**
茶碗 cha·wan **Reisschale**
中央 chū·ō **Zentrum**
中止 chū·shi **Unterbrechung**
注射 chū·sha **Injektion**
駐車します chū·sha shi·mas **parken**
駐車場 chū·sha·jō **Parkplatz**
注射針 chū·sha·ba·ri **Kanüle**
昼食 chū·sho·ku **Mittagessen**
超過 chō·ka **Übergepäck**
彫刻 chō·ko·ku **Skulptur**
朝食 chō·sho·ku **Frühstück**
ちょうど chō·do **genau**
直接に cho·ku·se·tsu ni **direkt**
直通 cho·ku·tsū **direkte Verbindung**
チョコレート cho·ko·rē·to **Schokolade**
賃貸します chin·tai shi·mas **vermieten**
鎮痛剤 chin·tsū·zai **Schmerzmittel**
ツアー tsu·ā **Tour**
通訳 tsū·ya·ku **Dolmetscher**
通路 tsū·ro **Gang (Zug, Flugzeug)**
疲れた tsu·ka·re·ta **müde • erschöpft**
つぎ tsu·gi **nächste/r/s**
包み tsu·tsu·mi **Paket**
妻 tsu·ma **Ehefrau**
つまります tsu·ma·ri·mas **verstopft sein**
冷たい tsu·me·tai **kalt**
釣り tsu·ri **angeln**
手 te **Hand**
で de **bei**
Tシャツ tī·sha·tsu **T-Shirt**
ティースプーン tī·spūn **Teelöffel**
ティーポット tī·pot·to **Teekanne**
ティッシュ tis·shu **Papiertaschentücher**
テーラー tē·rā **Schneider**
手形 te·ga·ta **Scheck • Wechsel**
出かけます de·ka·ke·mas **ausgehen**
手紙 te·ga·mi **Brief**
出口 de·gu·chi **Ausgang**
デザート de·zā·to **Dessert**
手数料 te·sū·ryō **Gebühr**
手作りの te·zu·ku·ri no **handgefertigt**
手荷物 te·ni·mo·tsu **Handgepäck**
手荷物預かり所 te·ni·mo·tsu·a·zu·ka·ri·sho **Gepäckaufbewahrung**
手荷物許容量 te·ni·mo·tsu·kyo·yō·ryō **Maximalgewicht (Gepäck)**
デパート de·pā·to **Kaufhaus**
手袋 te·bu·ku·ro **Handschuhe**
寺 te·ra **Tempel**
デリカテッセン de·ri·ka·tes·sen **Delikatessen**
テレビ te·re·bi **Fernseher**
テレフォンカード te·re·fon·kā·do **Telefonkarte**
電化製品店 den·ka·sē·hin **Elektrowarengeschäft**
電気 den·ki **Licht • Strom**
伝言 den·gon **Nachricht**
電車 den·sha **Zug**
電子レンジ den·shi·ren·ji **Mikrowelle**
電池 den·chi **Batterie**
電報 dem·pō **Telegramm**
展覧会 ten·ran·kai **Ausstellung**
電流 den·ryū **elektrischer Strom**
電話 den·wa **Telefon**
電話します den·wa shi·mas **telefonieren**
電話帳 den·wa·chō **Telefonbuch**
電話番号 den·wa·ban·gō **Telefonnummer**
電話ボックス den·wa·bok·kus **Telefonzelle**
ドイツ doi·tsu **Deutschland**
トイレ toi·re **Toilette**
トイレットペーパー toi·ret·to·pē·pā **Toilettenpapier**
搭乗券 tō·jō·ken **Bordkarte**
到着 tō·cha·ku **Ankunft**
糖尿病 tō·nyō·byō **Diabetes**
動物園 dō·bu·tsu·en **Zoo**
同僚 dō·ryō **Kollege**
遠い tōi **weit**
独身 do·ku·shin **Junggeselle**
毒の do·ku no **giftig**
どこ do·ko **wo**
図書館 to·sho·kan **Bücherei**
どちら do·chi·ra **wo • welcher**
飛びます to·bi·mas **fliegen**
友達 to·mo·da·chi **Freund**
トラベラーズチェック to·ra·be·rāz·chek·ku **Reisescheck**
鶏肉 to·ri·ni·ku **Hühnerfleisch**
努力します do·ryo·ku shi·mas **sich bemühen**
ドレス do·res **Kleid**
トロリー to·ro·rī **Gepäckwagen**

な NA

ナイトクラブ nai·to·ku·ra·bu **Nachtklub**
ナイフ nai·fu **Messer**
ナイフとフォーク nai·fu to fō·ku **Messer und Gabel**
なか na·ka **innen • innere Seite**
長い na·gai **lang**
眺め na·ga·me **Aussicht**
なくした na·ku·shi·ta **etw. verloren haben**
なしで na·shi de **ohne**
なぜ na·ze **warum**
夏 na·tsu **Sommer**
なに na·ni **was**
何もない na·ni·mo nai **nichts**
ナプキン na·pu·kin **Serviette**
名前 na·ma·e **Name**
南京錠 nan·kin·jō **Vorhängeschloss**
2 ni **zwei**
におい ni·oi **Geruch • riechen**
肉 ni·ku **Fleisch**
肉屋 ni·ku·ya **Fleischerei**
西 ni·shi **Westen**
2週間 ni·shū·kan **14 Tage • zwei Wochen**
日記 nik·ki **Tagebuch**
日中 nit·chū **Tag**
入場 nyū·jō **Eingang**
入場料 nyū·jō·ryō **Eintrittspreis**
ニュース nyū·su **Nachrichten**
庭 ni·wa **Garten**
妊娠している nin·shin shi·te i·ru **schwanger sein**
盗まれた nu·su·ma·re·ta **gestohlen (worden sein)**
値段 ne·dan **Preis**
熱 ne·tsu **Wärme • Hitze • Fieber**
寝袋 ne·bu·ku·ro **Schlafsack**
眠ります ne·mu·ri·mas **schlafen**
練り歯磨き ne·ri·ha·mi·ga·ki **Zahnpasta**
年 nen **Jahr**
年金者 nen·kin·sha **Pensionär • Rentner**
捻挫 nen·za **Verstauchung**
脳しんとう nō·shin·tō **Erschütterung • Gehirnerschütterung**
ノート nō·to **Schreibblock**
のど no·do **Hals • Kehle**
のどが渇いた no·do ga ka·wai·ta **Durst haben**
飲みます no·mi·mas **trinken**
飲み物 no·mi·mo·no **Getränk**
乗り換え no·ri·ka·e **Umsteigen**
乗ります no·ri·mas **fahren (Zug, Flugzeug)**
乗り物酔い no·ri·mo·no·yoi **Reisekrankheit**

は HA

バー bā **Bar**
パーティー pā·tī **Party**
パートナー pā·to·nā **Partner**
はい hai **ja**
灰色の hai·ro no **grau**
廃墟 hai·kyo **Ruine**
ハイキング hai·kin·gu **Wandern**
灰皿 hai·za·ra **Aschenbecher**
歯医者 ha·i·sha **Zahnarzt**
売春 bai·shun **Prostituierte**
歯痛 ha·i·ta **Zahnschmerzen**
配達します hai·ta·tsu shi·mas **liefern**
俳優 hai·yū **Schauspieler**
入ります hai·ri·mas **betreten**
はがき ha·ga·ki **Postkarte**
吐き気 ha·ki·ke **Brechreiz**
博物館 ha·ku·bu·tsu·kan **Museum**
箱 ha·ko **Kiste • Karton**
ハサミ ha·sa·mi **Schere**
橋 ha·shi **Brücke**
箸 ha·shi **Essstäbchen**
(市)バス (shi·)bas **(Stadt-) Bus**
(長距離)バス (chō·kyo·ri·)bas **Reisebus**
バスターミナル bas·tā·mi·na·ru **Busbahnhof**
バス停 bas·tē **Bushaltestelle**
パスポート pas·pō·to **Reisepass**
パスポート番号 pas·pō·to·ban·gō **Passnummer**
罰金 bak·kin **Geldstrafe**
バックパック bak·ku·pak·ku **Rucksack**
バッゲージクレーム bag·gē·ji·ku·rē·mu **Gepäckausgabe**
鼻 ha·na **Nase**
話します ha·na·shi·mas **sprechen**
花屋 ha·na·ya **Blumengeschäft**
ハネムーン ha·ne·mūn **Flitterwochen**
パブ pa·bu **Pub • Kneipe**
歯ブラシ ha·bu·ra·shi **Zahnbürste**
葉巻 ha·ma·ki **Zigarre**
速い ha·yai **schnell**
早く ha·ya·ku **früh**
払い戻し ha·rai·mo·do·shi **Erstattung**

針 ha·ri **Nähnadel**
春 ha·ru **Frühling**
晩 ban **Abend • Nacht**
パン pan **Brot**
ハンカチ han·ka·chi **Taschentuch**
晩ごはん ban·go·han **Abendessen**
半ズボン han·zu·bon **kurze Hose**
バンド ban·do **Band**
バンドエイド ban·do·ēdo **Pflaster**
ハンドバッグ han·do·bag·gu **Handtasche**
パンフレット pan·fu·ret·to **Broschüre**
半分 ham·bun **Hälfte**
パン屋 pan·ya **Bäcker • Bäckerei**
ヒーター hī·tā **Heizung**
ビーチ bī·chi **Strand**
ビール bī·ru **Bier**
日陰 hi·ka·ge **Schatten**
東 hi·ga·shi **Osten**
低い hi·ku·i **niedrig**
ピクニック pi·ku·nik·ku **Picknick**
飛行機 hi·kō·ki **Flugzeug**
ひざ hi·za **Knie**
ビザ bi·za **Visum**
ビジネス bi·ji·nes **Geschäft**
ビジネスクラス bi·ji·nes·ku·ras **Business Class**
ビジネスマン bi·ji·nes·man **Geschäftsmann**
美術 bi·ju·tsu **Kunst**
美術館 bi·ju·tsu·kan **Kunstmuseum**
左 hi·da·ri **links**
日付 hi·zu·ke **Datum**
ヒッチハイク hit·chi·hai·ku **per Anhalter fahren**
ビデオカメラ bi·de·o·ka·me·ra **Videokamera**
ビデオテープ bi·de·o·tē·pu **Videokassette**
ビデオレコーダー bi·de·o·re·kō·dā **Videorekorder**
人 hi·to **Mensch**
ひどい hi·doi **furchtbar**
一晩 hi·to·ban **über Nacht**
ひとりで hi·to·ri de **alleine**
日の入り hi·no·i·ri **Sonnenuntergang**
日の出 hi·no·de **Sonnenaufgang**
日焼け hi·ya·ke **Sonnenbrand**
日焼け止め hi·ya·ke·do·me **Sun-Blocker**
日焼けローション hi·ya·ke·rō·shon **Sonnenmilch**
ビュッフェ byuf·fe **Buffet**
病院 byō·in **Krankenhaus**
費用がかかります hi·yō ga ka·ka·ri·mas **kosten**
病気の byō·ki no **krank**
美容師 bi·yō·shi **Damenfriseur**
昼ごはん hi·ru·go·han **Mittagessen**
広場 hi·ro·ba **Platz**
ビン bin **Flasche**
ピンクの pin·ku no **pink**
ピンボール pin·bō·ru **Flipperautomat**
ファーストクラス fā·sto·ku·ras **erste Klasse**
ファックス fak·kus **Fax**
不安な fu·an na **besorgt**
フィルム fi·ru·mu **Film (Foto...)**
フィルムの感度 fi·ru·mu no kan·do **Lichtempfindlichkeit (Film)**
封筒 fū·tō **Briefumschlag**
プール pū·ru **Swimmingpool**
フェリー fe·rī **Fähre**
フォーク fō·ku **Gabel**
不可能な fu·ka·nō na **unmöglich**
腹痛 fu·ku·tsū **Magenschmerzen**
含んで fu·kun·de **einschließlich**
普通便 fu·tsū·bin **normale Post**
不動産屋 fu·dō·san·ya **Immobilienbüro**
太った fu·tot·ta **dick • fett**
ふとん fu·ton **Futon**
船便 fu·na·bin **Post auf dem Seeweg**
船 fu·ne **Boot**
冬 fu·yu **Winter**
フライパン fu·rai·pan **Bratpfanne**
プラグ pu·ra·gu **Stecker (elektrisch)**
ブラシ bu·ra·shi **Bürste**
ブラジャー bu·ra·jā **BH**
プラットフォーム pu·rat·to·fō·mu **Bahnsteig**
ブリーフケース bu·rī·fu·kēs **Aktentasche**
フリーマーケット fu·rī·mā·ket·to **Flohmarkt**
プリンタ pu·rin·ta **Drucker (Computer)**
古い fu·ru·i **alt**
ブレーキ bu·rē·ki **Bremse**
フレーズブック fu·rē·zu·buk·ku **Sprachführer**
プレゼント pu·re·zen·to **Geschenk**
風呂 fu·ro **Bad**
フロッピー fu·rop·pī **Diskette**
風呂場 fu·ro·ba **Badezimmer**
分 fun **Minute**

文房具（店）bum·bō·gu(·ten) **Schreibwarenladen**
へ e **nach • zu**
ヘアカット hea·kat·to **Haarschnitt**
閉店した hē·ten·shi·ta **geschlossen (Geschäft)**
ベジタリアン be·ji·ta·ri·an **Vegetarier**
ベッド bed·do **Bett**
ヘッドライト hed·do·rai·to **Scheinwerfer**
ペニシリン pe·ni·shi·rin **Penicillin**
ペニス pe·nis **Penis**
ベビーカー be·bī·kā **Kinderwagen**
ベビーシッター be·bī·shit·tā **Babysitter**
部屋 he·ya **Zimmer**
ペン pen **Füller**
変化 hen·ka **Veränderung • Wechsel**
弁護士 ben·go·shi **Rechtsanwalt**
ペンナイフ pen·nai·fu **Taschenmesser**
法学 hō·ga·ku **Jura • Rechtswissenschaft**
方向 hō·kō **Richtung**
帽子 bō·shi **Hut**
宝石 hō·se·ki **Edelstein**
包帯 hō·tai **Verband**
ボーイフレンド bōi·fu·ren·do **Freund**
ボール bō·ru **Schüssel**
ほかの ho·ka no **andere/r**
保険 ho·ken **Versicherung**
保証された ho·shō sa·re·ta **garantiert**
墓地 bo·chi **Friedhof**
ポット pot·to **Kochtopf**
ホテル ho·te·ru **Hotel**
歩道 ho·dō **Bürgersteig**
ホモ ho·mo **Homosexuelle/r**
本 hon **Buch**
ポンド pon·do **Pfund (Gewicht, Währung)**
本屋 hon·ya **Buchhandlung**
翻訳します hon·ya·ku shi·mas **übersetzen**

ま MA

毎 mai **jede/r**
毎 mai **pro (Tag…)**
毎日 mai·ni·chi **täglich**
前 ma·e **vor**
前の ma·e no **vor • vorderer**
枕 ma·ku·ra **Kopfkissen**
枕カバー ma·ku·ra·ka·bā **Kopfkissenbezug**
孫 ma·go **Enkelkind**
また ma·ta **wieder**
待合室 ma·chi·ai·shi·tsu **Wartezimmer**
待ちます ma·chi·mas **warten (auf)**
マッサージ mas·sā·ji **Massage**
マッチ mat·chi **Streichhölzer**
マットレス mat·to·res **Matratze**
まで ma·de **bis**
窓 ma·do **Fenster**
マネージャー ma·nē·jā **Manager (Hotel)**
麻薬 ma·ya·ku **Droge**
真夜中 ma·yo·na·ka **Mitternacht**
マリファナ ma·ri·fa·na **Marihuana**
漫画 man·ga **Comic**
満室 man·shi·tsu **ausgebucht (Unterkunft)**
マンション man·shon **Apartment**
ミーティング mī·tin·gu **Sitzung • Tagung**
右 mi·gi **rechts**
短い mi·ji·kai **kurz**
水 mi·zu **Wasser**
湖 mi·zū·mi **See**
水着 mi·zu·gi **Badeanzug • Badehose**
店 mi·se **Laden**
見せます mi·se·mas **zeigen**
味噌汁 mi·so·shi·ru **Misosuppe**
道 mi·chi **Straße**
緑の mi·do·ri no **grün**
南 mi·na·mi **Süden**
ミネラルウォーター mi·ne·ra·ru·wō·tā **Mineralwasser**
身分証明書 mi·bun·shō·mē·sho **Ausweis**
耳 mi·mi **Ohr**
ミリ（メートル）mi·ri(·mē·to·ru) **Millimeter**
ミルク mi·ru·ku **Milch**
みんな min·na **alle • jeder**
息子 mu·su·ko **Sohn**
娘 mu·su·me **Tochter**
胸 mu·ne **Brust (Körperteil)**
無料の mu·ryō no **kostenlos**
目 me **Auge**
名刺 mē·shi **Visitenkarte**
メインコース mēn·kō·su **Hauptgericht**
メーキャップ mē·kyap·pu **Make-up**
メートル mē·to·ru **Meter**
眼鏡 me·ga·ne **Brille**
目覚し時計 me·za·ma·shi·do·kē **Wecker**
珍しい me·zu·ra·shī **selten • ungewöhnlich**

メニュー me·nyū **Speisekarte**
綿 men **Baumwolle**
もう一つの mō·hi·to·tsu no **noch ein/e**
毛布 mō·fu **Bettdecke**
モーテル mō·te·ru **Motel**
目的地 mo·ku·te·ki·chi **Zielort**
モダンな mo·dan na **modern**
持っています mot·te i·mas **haben**
もっと mot·to **mehr**
モデム mo·de·mu **Modem**
もどります mo·do·ri·mas **zurückkehren**
森 mo·ri **Wald**

や YA

薬剤師 ya·ku·zai·shi **Apotheker**
やけど ya·ke·do **Verbrennung (med.)**
野菜 ya·sai **Gemüse**
安い ya·su·i **billig**
薬局 yak·kyo·ku **Apotheke**
山 ya·ma **Berg**
有効にします yū·kō ni shi·mas **gültig sein**
夕食 yū·sho·ku **Abendessen**
ユースホステル yū·su·ho·su·te·ru **Jugendherberge**
郵送 yū·sō **Postversand**
郵便 yū·bin **Post**
郵便局 yū·bin·kyo·ku **Postfiliale**
郵便番号 yū·bin·ban·gō **Postleitzahl**
郵便ポスト yū·bin·pos·to **Briefkasten**
ユーロ yū·ro **Euro**
雪 yu·ki **Schnee**
ゆっくり yuk·ku·ri **langsam**
湯飲み茶碗 yu·no·mi·ja·wan **Teetasse**
指 yu·bi **Finger**
夜明け yo·a·ke **Morgendämmerung**
ヨーロッパ yō·rop·pa **Europa**
預金 yo·kin **Bankeinlage**
横 yo·ko **Seite**
予算 yo·san **Budget**
酔った yot·ta **betrunken**
呼びます yo·bi·mas **rufen**
予防注射 yo·bō·chū·sha **Impfung**
予約 yo·ya·ku **Bestellung • Reservierung**
予約します yo·ya·ku shi·mas **buchen**
より大きい yo·ri ō·kī **größer als**
より小さい yo·ri chī·sai **kleiner als**
より良い yo·ri yoi **besser als**
夜 yo·ru **Nacht**

ら RA

来(月) rai(·ge·tsu) **nächster (Monat)**
ライター rai·tā **Feuerzeug**
ラジオ ra·ji·o **Radio**
ラップトップ rap·pu·top·pu **Laptop**
離婚した ri·kon shi·ta **geschieden sein**
離乳食 ri·nyū·sho·ku **Babynahrung**
リネン ri·nen **Leinen**
リフト ri·fu·to **Skilift**
リモコン ri·mo·kon **Fernbedienung**
料金 ryō·kin **Gebühr**
領事館 ryō·ji·kan **Konsulat**
両親 ryō·shin **Eltern**
両方 ryō·hō **beide**
料理します ryō·ri shi·mas **kochen**
旅館 ryo·kan **Ryokan (Hotel im japanischen Stil)**
旅行代理店 ryo·kō·dai·ri·ten **Reisebüro**
旅行日程 ryo·kō·nit·tē **Reiseplan • Reiseroute**
リンネル rin·ne·ru **Leinen**
ルームナンバー rū·mu·nam·bā **Zimmernummer**
冷蔵庫 rē·zō·ko **Kühlschrank**
レインコート re·in·kō·to **Regenmantel**
レコード店 re·kō·do·ten **Plattenladen**
レジ re·ji **Kasse**
レシート re·shī·to **Kassenbon**
レズ re·zu **lesbisch**
レストラン res·to·ran **Restaurant**
レンズ ren·zu **Linse • Objektiv**
レンタカー ren·ta·kā **Autovermietung**
ローカル線 rō·ka·ru·sen **Nahzug**
ロッカー rok·kā **Gepäckschließfach**
ロック rok·ku **Rockmusik**
露天風呂 ro·tem·bu·ro **Freiluft-Onsen**
ロマンチックな ro·man·chik·ku na **romantisch**
ワイン wain **Wein**

わ WA

分け合います wa·ke·ai·mas **teilen (mit)**
私たちの wa·ta·shi·ta·chi no **unser**
私の wa·ta·shi no **mein**
私は wa·ta·shi wa **ich**
私を wa·ta·shi o **mir**
割引 wa·ri·bi·ki **Rabatt**
悪い wa·ru·i **schlecht**

A

Abendessen 155
Abfertigung (Zoll) 60
abheben (Geld) 43, 87
Ablehnungen 124, 128
Abreise 132
Abschiedswünsche 110, 132
Adjektive (Grammatik) 17, 18
Adressen 58, 61
Adverbien (Grammatik) 17
Allergien (Lebensmittel) 174, 205
Alphabet .....
s. *Japanisch schreiben*
Alter 106
Anmachsprüche 128
Anrede 103
Anrufe 83
Apotheke 207
Arbeit (Berufe) 107
Artikel (Grammatik) 17
Arzneimittel 199, 200, 203, 207
ärztliche Versorgung 199, 201
Aufzug 65, 97
auschecken (Unterkunft) 68
ausgehen 121
Aussprache 11
Ausstattung (Camping) 69
Auto 53
Autoteile (Diagramm) 54

B

Babys 99
Bahnhof (Zug) 50
Bankgeschäfte 87
Bankkarten 43
Bar (ausgehen) 164
Baseball 144
Befinden (medizinisch) 202
Begrüßungen 101
Behinderte 97
Benzin 54, 55, 56
Berufe 107
Beschwerden (Unterkunft) 68
besitzanzeigende Wörter
(Grammatik) 21, 23, 24
bestätigen (Tickets) 48
bestellen (Essen) 158, 173
bestellen (Getränke) 164–7
bestellen (Taxi) 52, 68
bestellen (Waren) 7
Betonung (Aussprache) 14
Bezahlen (Methoden) 43
Bitten (Unterkünfte) 65
Bräuche 134
Briefe 81
Brüche (Zahlen) 36
Bücher 77
Buchung (Transportmittel) 46
Bus 45, 49

C

Camping 63, 69
CDs (einkaufen) 78
Computer 86

D

danken 101
Datum 40
Demonstrativpronomen
(Grammatik) 18
Dialekte 9
Digitalfotografie 79
Drogen 126
Durchreise (Grenzübertritt) 59
duty-free 49, 60, 78
DVDs (einkaufen) 78

E

einchecken (Transportmittel) ... 47
einchecken (Unterkunft) ... 64
einkaufen (allgemein) ... 43, 73
einkaufen (Lebensmittel) ... 169
Einladungen ... 94, 123
Einleitung ... 9
Einrichtungen (für Kinder) ... 99
Einrichtungen (für Senioren und Menschen mit Behinderung ... 97
Elektroartikel ... 78
E-Mail ... 86
Empfehlungen (Essen) ... 156, 158
Empfehlungen (Unterkünfte) ... 63
Entschuldigungen ... 101, 134
Ermäßigungen ... 75, 90
Erstattungen ... 43, 44, 74
Essen (allgemein) ... 155
Essen (einkaufen) ... 169
Essen (Kulinarisches Glossar) ... 175
essen gehen ... 155
Essenswünsche ... 159, 163, 173
Etikette (allgemein) ... 72, 102, 103, 120
Etikette (Essen & Trinken) ... 162, 172
Etikette (Fotografieren) ... 89, 90
Etikette (Geschäftsreisende) ... 94, 96

F

Fähre ... 52
Fahrkarten ... 46
Fahrrad ... 57
Familie (Verwandtschaftsbezeichnungen) ... 108
Fauna ... 154
Fax ... 81, 94
Film (Fotografie) ... 79
Film (Kino) ... 113
Flora ... 154
Flüge ... 49
Flughafen ... 49
Flugzeug ... 45, 49
Förmlichkeit (Grammatik) ... 21
Fotografiebedarf (einkaufen) ... 79
fotografieren (Etikette) ... 89, 90
Fragen (Grammatik) ... 19, 20
Frauen (Gesundheit) ... 204
Freizeitbeschäftigung ... 111
Fremdenführer ... 89, 91
Friseur ... 76
Frühstück ... 155
Fußball ... 144
Futur (Grammatik) ... 29, 32

G

Gebühren (Bank) ... 44, 87
Gebühren (Sporteinrichtungen) ... 142
Gefühle ... 115
Gegenwart (Zeit) ... 41
Geld ... 43, 87
Geldautomaten ... 44, 87
Geldwechsel ... 87
Gepäck ... 48
Gerichte (Kulinarisches Glossar) ... 175
Geschäftsreisen ... 93
Geschenke ... 72, 120
Geschlecht (Grammatik) ... 28
Gesellschaft ... 116
Gesundheit ... 199
Getränke ... 164-8
Glaube ... 133, 174
Glutamat ... 174
Golf ... 145
Grammatik ... 17
Grenzformalitäten ... 59
Grenzübertritt ... 59
Grundwortschatz Alltag ... 101

H

haben (Verb) ... 21
Haiku (japanische Lyrik) ... 34
Haltestellen (Bus & Zug) ... 49, 50
handeln ... 75
Händeschütteln ... 102
Handy ... 85
Himmelsrichtungen ... 62
Hiragana (Schrift) ... 14, 16
Hobbys ... 111
Höflichkeit (in der Sprache) ... 101
Höflichkeitsformen (Grammatik) ... 21
Hotel ... 63

I

Impfungen 200
Interessen 111
Internet 86

J

Jahreszeiten 41
Japanisch schreiben 14
Japanisch lesen 14
japanisches Essen (Kulinarisches Glossar) 175
Jobs 95

K

Kalender 40
Kanji (Schrift) 14
Karaoke 122
Karten (Orientierung) 53, 57, 61, 89
Katakana (Schrift) 15, 16
Kategoriewörter (Grammatik) 37
Kinder 99, 109
Kino 113
Kleiderordnung 90, 146
Kleidung 75
Kochen 163, 169, 171
Komplimente (Essen) 161, 162
Komplimente (Sprache) 120
Konsonanten 12
Kontaktadressen 93, 110
Konversation 104
Konzerte 123, 124
Körperteile (Diagramm) 206
Krankheiten 202
Kreditkarten 43
Kulinarisches Glossar 175
kulturelle Unterschiede 133
Kunst 135

L

Lebensmittel einkaufen 169
Lebensmittelallergien 174
lesen (Bücher) 77
Leute kennenlernen 101, 102
Liebe 131
Lokale (Essen) 158

M

Medikamente 199, 200, 203, 207
Medizin (Gesundheit) 199
Meinungen 116
Mengen 35, 38
Mengen (Lebensmittel) 170
Mentalität 72, 94, 96, 102, 103, 120, 131, 162, 172
mieten (Auto & Motorrad) 53
mieten (Fahrrad) 57
mieten (Sportausrüstung) 143, 146, 147, 150
mieten (Unterkunft) 70
Mittagessen 155
Mobiltelefon 85
Monate 40
Motorrad 53
Motorroller 53
Museen (Kunst) 135
Musik 78, 112

N

Nachrichten 67, 84
Namen 103, 131
Nationalitäten 106
Natur 118, 154
Nichtraucher 47, 51, 157
Notfälle 195

O

Öffnungszeiten 90
Orientierung 61
Outdoor-Aktivitäten 151

P

Päckchen 74, 81
Partikeln (Grammatik) 24

Passkontrolle 59
Pflanzen 154
PIN-Nummer 88
Plural (Grammatik) 23, 28
Politik 116
Polizei 196
Possessivpartikeln (Grammatik) 21, 23, 24
Post 81
Präpositionen (Grammatik) 26
Preise (Unterkünfte) 64, 70
Privatunterkünfte 71
Probleme (Auto & Motorrad) 55
Probleme (Bank) 88
Probleme (Gesundheit) 199
Probleme (Internet) 86
Probleme (mit dem Essen) 173
Probleme (mit dem Gesetz) 196
Probleme (mit der Rechnung) 44
Probleme (Notfälle) 195
Probleme (Restaurant) 161, 162, 163
Probleme (Sprache) 33
Probleme (Telefon) 83
Pronomen (Grammatik) 26

Q

Quarantäne 60
Quittung (Rechnung) 43, 74

R

Rad fahren 57
Raucher 47, 51, 157
Rechnung (Unterkünfte) 69, 159, 161
rechtlicher Beistand 198
regionale Sprachunterschiede 9
Reiseführer 89
Reiseschecks 43, 87
Religion 133
Reparaturen (allgemein) 76
Reparaturen (Auto & Motorrad) 55, 56
Reservierung (Restaurant) 156, 157
Reservierung (Unterkunft) 64
Restaurant 156-162
Rezept (für Medikamente) 207
Romanzen 127
Routen (Transport) 47, 49, 50

S

Safe 65
Schankmaße (Alkohol) 167
Schiff 45, 52, 150
Schilder (allgemein) 92
Schilder (Geschäfte) 73
Schilder (Notfälle) 195
Schilder (Straße) 56
Schilder (Tauchen & Schwimmen) 153
Schilder (Unterkünfte) 65
Schilder (Zoll & Passkontrolle) 60
Schließfach (Gepäck) 48
Schnorcheln 145, 150
Schrift (Tabelle) 16
Schule 107, 109
Schwimmen 153
schwule Lokale 121
Sehenswürdigkeiten 89
sein (Verb) 27
Selbstversorger 169
Senioren 97
Sex 130
Sicherheit 195, 196
SIM-Karte 85
Sitzplätze 45, 46, 47, 98, 114
Skifahren 146
Small Talk 104
Sonderwünsche (Essen) 173
Souvenirs 80
Speisekarte (Terminologie) 160
Spezialitäten 156, 158, 159, 175
spezielle Kost 173
Sport 139
Sport treiben 141
Sporteinrichtungen 142, 143
Sprachprobleme 33
Sprachverbreitung (Karte) 8
stornieren (Fahrkarten) 48
Strand 152
Straße (Diagramm) 62
Straßenbahn 50
Straßenkreuzung (Diagramm) 62
Straßenschilder 56
Studium 107
Substantive (Grammatik) 28
Sumo 140
Swimmingpool 99, 142
Symptome (Krankheiten) 202

T

Tarife (Telefon & Internet) 83, 85, 86
Tauchen 147,
Taxi 52
Teile des Körpers (Diagramm) 206
Telefon 82
telefonieren 82
Tennis 149
Theater 113
Theaterstück 123
Tickets (Transport) 46
Tiere 154
Tisch (Diagramm) 161
Tischmanieren 162, 172
Tischsitten 162
Tischtennis 149
Titel (Anrede) 103
Toiletten 47, 66, 92, 97, 152, 168, 196
Touren (Sightseeing) 91
Trekking 151
trinken gehen 121

U

U-Bahn 50
Übernachten bei Einheimischen 71
Uhrzeit 39
Umarmungen 102
Umtausch (Einkäufe) 43
Umwelt 118
unterhalten 104
Unterhaltung 114, 121
Unterkünfte 63
Unterkunftsreservierung .... s. buchen
Unterschiede (Kultur & Religion) 134
Untertitel (Kino) 114

V

Veganer 174
Vegetarier 173
Verabredungen 125
Verabschiedungen 101
Verben (Grammatik) 29
verbeugen 102
Vergangenheit (Grammatik) 29
Vergangenheit (Zeit) 41
Verkehrsmittel 45
Verletzungen 203, 206
Verlust von Wertsachen 197
Verneinung (Grammatik) 27, 30, 31
Versicherung (Gesundheit) 200
Verspätungen (Transport) 45, 47
Verständigungsprobleme 33
Verwandtschaftsbezeichnungen 108
Visum 59
Vokale 11
Vorstellung (Begrüßung) 102

W

Wanderführer 151
Wandern 151
Wanderrouten 152
Wäsche 65
Wasser (zum Trinken) 70, 152, 165
Wassersport 150
Wertsachen 69, 197
Wetter 153
Wochenkarte 40
Wörterbuch Deutsch–Japanisch 209
Wörterbuch Japanisch–Deutsch 239
Wortstellung (Grammatik) 31
Wünsche (Unterkünfte) 65

Z

Zahlen 35
Zählwörter (Grammatik) 37
Zahnarzt 208
Zahnprobleme 208
Zeit 39
Zeichentabelle 16
Zimmer (Diagramm) 66
Zimmer 65, 70
Zoll 60
Zubereitung (Essen) 163
Zug 45, 50
Zukunft (Zeit) 42
zusammen ausgehen 127
Zutaten (Kulinarisches Glossar) 175

Vergangenheit (Grammatik) ... 23
[illegible]
Verneinung (Grammatik) ... 20, 33
Verspätungen (Transport) ... 45
Verständigungsprobleme ... 23
Vokale ... 13
[illegible]

W

[illegible]

Z

Zahlen ... [illegible]
[illegible]

T

[illegible]

U

[illegible]

V

[illegible]

VORWORT

ES GEHT UM MEHR WOHNKOMFORT

Auch Häuser und Wohnungen haben nur eine begrenzte Lebensdauer: Tapeten werden rasch unansehlich, Fenster und Türen verziehen sich, Böden werfen Wellen, der Estrich zerbröselt, und am Putz nagt der Zahn der Zeit. Ums Renovieren kommt auf die Dauer niemand herum.

Überdies steigen durch die veränderten Lebensbedingungen die Ansprüche. Man will mehr Wohnkomfort – ein modernes Bad, leicht zu pflegende Böden, Fenster, durch die nicht der Wind pfeift, eine Heizung, die sich problemlos bedienen läßt. Schließlich geht es oft auch darum, durch geeignete Energiesparmaßnahmen Umwelt und eigenen Geldbeutel zu entlasten. Deswegen lassen sich größere Modernisierungsmaßnahmen nicht vermeiden. Besonders in den fünf neuen Bundesländern sind viele Wohnungen in einem Zustand, der dringend nach umfangreichen Renovierungsarbeiten verlangt.

Um die Kosten dafür möglichst niedrig zu halten, entdecken viele ihre handwerklichen Fähigkeiten und greifen selbst zu Pinsel und Farbe, zu Bohrmaschine und Dämmaterial. Diese Eigenarbeit lohnt sich in vielen Fällen auch, denn sie kann den finanziellen Aufwand gegenüber der „Handwerkerausführung" um etwa die Hälfte senken – schließlich fallen die hohen Löhne weg.

Eigenarbeit zahlt sich aber nur dann aus, wenn die Anstrengungen auch von Erfolg gekrönt sind. Das heißt, wenn das Arbeitsergebnis nicht schlechter ausfällt als bei einem Handwerker.

Dafür schafft in vielen Fällen die Industrie die Voraussetzung – durch ein großes Angebot an Materialien, die auch auf Heimwerkerkönnen abgestimmt sind. So verlegen beispielsweise auch Laien Fliesen – dank moderner Dünnbett-Klebetechnik.

Doch die Regale in den Baumärkten sind voller unterschiedlichster Produkte, und nur sehr versierte Do-it-yourself-Jünger wissen zum Beispiel, welche Farbe für welchen Zweck am besten geeignet ist.

Dieser Ratgeber soll Ihnen dabei helfen, daß Renovierungs- und Modernisierungsarbeiten, die Sie selbst in die Hand nehmen, auch wirklich gelingen.

Deswegen gibt er einen gründlichen Überblick über die derzeit angebotenen Materialien. Dazu gehören aber auch ausführliche Warenkunden, die die Eigenschaften unterschiedlicher Werkstoffe genau beschreiben.

Überdies gibt dieser Ratgeber Auskunft darüber, welche dem Heimwerker angebotenen Materialien mit Vorsicht betrachtet oder gar gemieden werden sollten, weil sie die Umwelt belasten. Schließlich gehört zum angenehmen Wohnen auch ein Wohnklima, das keinesfalls durch gesundheitsgefährdende Stoffe belastet werden darf.

Ganz wichtig: Sie finden in diesem Ratgeber auch Hinweise, welche Anforderungen welche Renovierungsarbeiten an das handwerkliche Geschick des Selbermachers stellen. Tapeten zu kleben, schafft beispielsweise jeder, aber wie steht es mit dem Anbringen einer Holzdecke, sind beispielsweise Arbeiten an der Elektroinstallation überhaupt erlaubt?

Nützlich sind auch die kurzen Arbeitsanleitungen, mit denen wir Ihnen helfen wollen, wenn's schwierig wird. Dazu zählen auch die vielen Tips, die Laien das Renovieren erleichtern sollen. Der Ratgeber beruht auf den Erfahrungen der STIFTUNG WARENTEST. Wenn er mit seinen ausführlichen Warenkunden und Tips bewirkt, daß Sie sich beim Renovieren und Modernisieren mehr gesunden Wohnkomfort schaffen, Ärger ersparen und obendrein nicht unnötig viel Geld ausgeben, dann hat er sein Ziel erreicht. ■

INHALT

HEIMWERKER KÖNNEN SCHÖNER UND GESÜNDER WOHNEN UND DABEI ZUSÄTZLICH EINE MENGE GELD SPAREN

Viele Werkstoffe sind heute speziell auf das Können der Heimwerker abgestimmt

Auch zum Renoviere brauchen Heimwer Elektroge räte. Wir sagen, worauf es beim Kauf ankommt

Fachwerk zu renovieren, erfordert viel Arbeit und eine Menge Sachkenntnis

RENOVIEREN UND MODERNISIEREN MIT PLAN

Wer Modernisierungsarbeit in größerem Umfang vorhat und dazu Handwerker heranziehen muß, sollte beizeiten die einzelnen Schritte überlegen. Hier ein Plan, der Streß vermeiden hilft.

Noch 9 Monate: Beginnen Sie mit der Planung. Holen Sie sich Rat bei den Verbraucherzentralen. Notieren Sie Preise und Qualitätsmerkmale. Zu diesem Zeitpunkt sollten Sie sich auch Gedanken über farbliche Gestaltungsmöglichkeiten machen.

Noch 6 Monate: Notieren Sie die Ärgernisse, schreiben Sie Wünsche auf. Nehmen Sie diese Liste immer mit zum Gespräch mit Handwerkern oder Architekten.

Noch 5 Monate: Wenn Umbauten vorgesehen sind, ist es jetzt an der Zeit, einen Plan zu fertigen. Messen Sie alles genau aus, tragen Sie die Maße auf ein Millimeterpapier ein. Vergessen Sie nicht Steckdosen, Schalter, Wasseranschlüsse und die Heizung. Probieren Sie auf dem Plan aus, ob ihre Wünsche zu verwirklichen sind.

Noch 4 Monate: Holen Sie Kostenvoranschläge ein. Vergleichen Sie die Preise und Leistungen sorgfältig. Sehen Sie sich die Allgemeinen Geschäftsbedingungen der Voranschläge an. Erteilen Sie den Auftrag.

Noch 4 Wochen: Stellen Sie mit den Handwerkern einen Zeitplan auf. Lassen Sie sich die Termine schriftlich bestätigen. Achten Sie auf eine sinnvolle Reihenfolge der Arbeiten. Bestellen Sie einen Container für den Bauschutt. Lassen Sie die Waren liefern und überprüfen Sie das Material. Verständigen Sie die Nachbarn von der zu erwartenden Geräusch- und Schmutzbelästigung.

Garantien

Wenn nichts anderes in den Allgemeinen Geschäftsbedingungen des Vertrags vermerkt ist, beträgt die Gewährleistungsfrist bei Handwerkerarbeiten fünf Jahre. Wurde ein Auftrag nach der VOB (Verdingungsordnung für Bauleistungen) vergeben, beträgt die Gewährleistung zwei Jahre. Sie verlängert sich allerdings bei jedem Mangel, der schriftlich gerügt wurde, um zwei Jahre.Erkennt der Handwerker den Mangel nicht an, helfen oft Schlichtungsstellen der Innungen (Adressen Seite 184) weiter. Sonst muß das Gericht eingeschaltet werden, damit Sie Ihr Recht nicht verlieren.

Ausschließlich Fachleuten vorbehalten sind Arbeiten an Trinkwasser-, Elektro- und Gasleitungen. Sehr oft gelten Garantien für Sanitäreinbauten sogar nur dann, wenn sie ein Fachmann installiert hat.

- feuchte Stellen an den Keller- und Sockelwänden,
- verwittertes, morsches Holz,
- fehlende oder rissige Dachziegel,
- Risse und braune Flecken am Schornstein,
- löcherige und verrottete Dachrinnen,
- abblätternde und rissige Lackanstriche,
- ausgebleichte Lasuranstriche.

Hinzu kommen natürlich noch die Wünsche, die Sie selbst erfüllt haben möchten, um ihren Wohnkomfort zu steigern. Dazu zählen zum Beispiel ein neues Waschbecken im Bad, ein neuer Boden in der Küche oder auch einfach ein neuer Anstrich für die Rauhfasertapete.

DIE WICHTIGSTEN KOSTEN

Alle Preise sind Zirkaangaben, eingeschlossen sind die Material- und Arbeitskosten. Wer Arbeiten selbst durchführen will, kann diese Kosten zirka um die Hälfte reduzieren.

Umfangreiche Arbeiten
- Dach decken, 200 Quadratmeter zirka DM 35000,-
- Bad einrichten zirka DM 20000,-
- Fenster einbauen mit Rollladen je nach Größe zwischen DM 800,- und DM 2500,- je Stück
- Dach dämmen, 200 Quadratmeter zirka DM 10000,-
- Fassade dämmen, 160 Quadratmeter zirka DM 20000,-
- Neue Holzhaustür einbauen zirka DM 3000,- bis DM 5000,-
- Zentralheizung einbauen zirka DM 25000,- bis DM 35000,-
- Kesseltausch (mit Warmwasser) zirka DM 10000.-

Boden
- Zementestrich pro Quadratmeter zirka DM 35,-
- Trockenestrich pro Quadratmeter zirka DM 65,-
- Fließestrich pro Quadratmeter zirka DM 45,-
- Parkett verlegen einfach pro Quadratmeter DM 70,-
- Teppich verlegen (bei Teppich für DM 25,- pro Quadratmeter) pro Quadratmeter DM 45,-
- Fliesen verlegen (bei Fliesen für DM 25,- pro Quadratmeter) pro Quadratmeter DM 95,-

Wand und Decken
- Putzanstrich pro Quadratmeter DM 10,-
- Tapezieren pro Quadratmeter DM 30,-
- Rauhfaseranstrich pro Quadratmeter DM 15,-
- Kunststoffputz pro -Quadratmeter DM 30,-
- Fliesen (bei Fliesen für DM 35,- pro Quadratmeter) pro Quadratmeter DM 150,-
- Holzvertäfelung pro Quadratmeter DM 150,-
- Nut und Federbretter pro Quadratmeter DM 90,-
- Innendämmung pro Quadratmeter DM 100,-
- Plattenwände aus Vollgipsplatten, Gasbetonplatten oder Bimsplatten pro Quadratmeter zirka DM 100,-
- Leichtbauwände aus Holz oder Metall und Gipskarton zirka DM 140,- pro Quadratmeter

Haustechnik

Bad
- Waschbecken Stück DM 400,-
- Standklosett Stück DM 400,-
- Wandklosett Stück DM 500,-
- Bidet Stück DM 700,-
- Duschwanne Stück DM 500,-
- Liegewanne Stück DM 600,-

Elektroinstallation
- Türsprechanlage DM 500,-
- Antennenanlage zirka DM 2000,-
- Kabelkanäle der laufende Meter DM 12,-

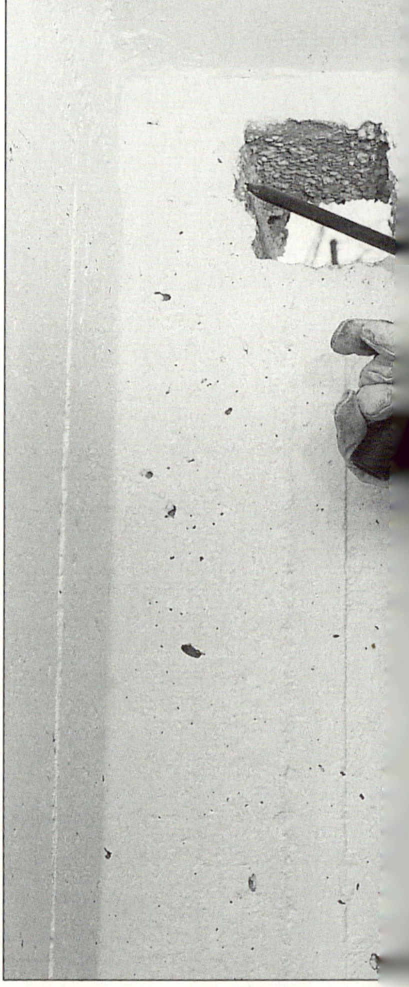

Kleinere Mauerdurchbrüche kann jeder Heimwerker gefahrlos selber ausführen

Guter Rat

Stellen Sie nach der Bestandsaufnahme die dringlichen Renovierungsmaßnahmen zusammen, und kalkulieren Sie die Kosten (Kasten Seite 14). Bei schwerwiegenden Mängeln oder größeren Modernisierungsvorhaben brauchen Sie oft Rat vor Ort. Den bekommen Sie zum Beispiel vom zuständigen Handwerker. Der verlangt zirka 40 bis 100 DM pro Stunde oder aber gibt den guten Rat als Service umsonst, wenn er mit der Durchführung der Arbeiten betraut wird. Rat gegen Bezahlung geben auch Architekten (zirka 80 bis 150 DM pro Stunde) und Gutachter (etwa 100 bis 150 DM pro Stunde). Adressen finden Sie im Branchentelefonbuch. Sie erfahren sie auch von den Innungen und Verbänden.

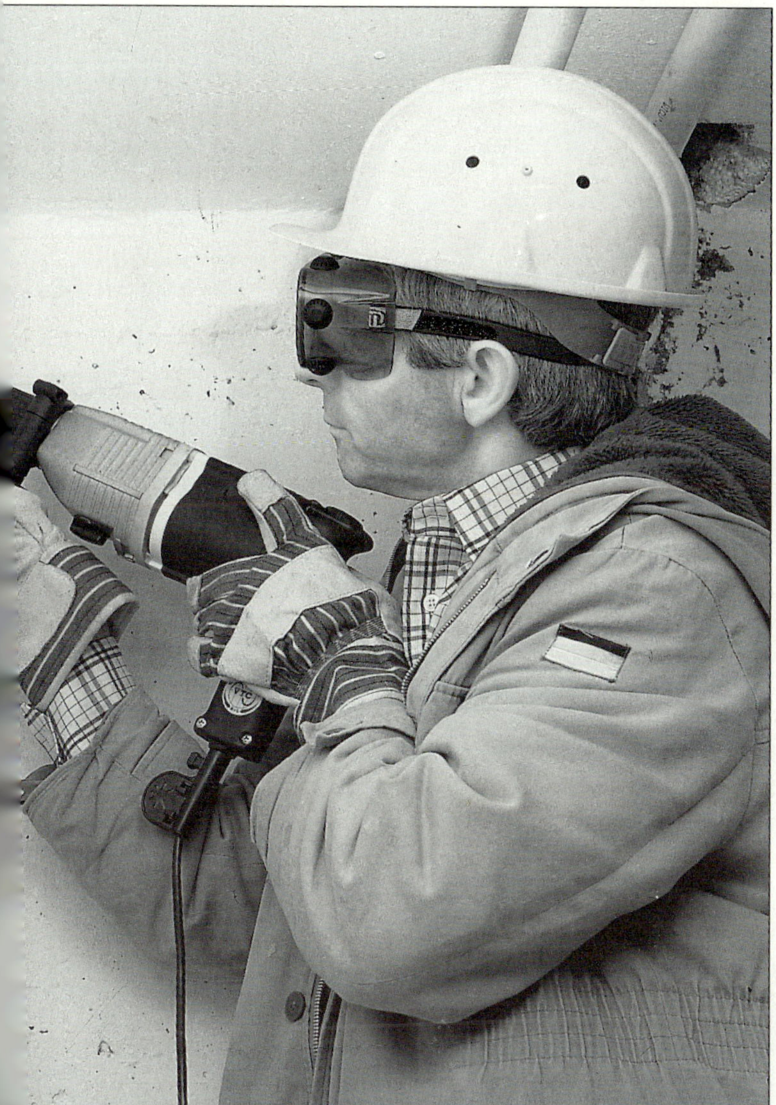

Umgang mit Handwerkern

Ehe Sie Arbeiten vergeben, sollten Sie sich einige Angebote einholen, die selbstverständlich kostenlos sein sollten. Lassen Sie sich dazu von zwei oder drei Handwerkern zunächst einen Vorschlag zur Renovierung machen, der die Qualität der Materialien und die Abmessungen nennt. Bei der Beschreibung der Qualität der zu verwendenden Baustoffe sollten Sie auf eine möglichst detaillierte Angabe bestehen. Nur so können Sie von vornherein erkennen, ob der Handwerker fachgerecht arbeiten wird. Näheres dazu finden Sie in den einzelnen Kapiteln.

Außerdem sind diese Angaben notwendig, um Kosten vergleichen zu können. Nehmen Sie dazu das Angebot, das von der technischen Ausführung Ihre Zustimmung finden würde, und decken Sie die Preise in dem Angebot ab. Machen Sie Photokopien und schicken Sie diese an weitere Firmen zur Angebotsabgabe. Anschließend können Sie die Leistungen vergleichen.

Zum Preisvergleich ist es auch wichtig, festzustellen, welche Kosten in dem Angebot enthalten sind. Kosten für Fahrzeiten, Beseitigung des Bauschutts, Reinigungsarbeiten und Transportkosten sind oft nicht mit eingerechnet.

Wenn irgend möglich, vereinbaren Sie mit dem Handwerker einen Pauschalfestpreis. Dann können Sie sicher sein, daß später keine zusätzlichen Kosten auf Sie zukommen.

Bauaufsicht

Müssen an der Wohnung oder an dem Haus sehr umfangreiche Renovierungsarbeiten durchgeführt werden, so fällt es manchem Laien schwer, die notwendigen Arbeiten sinnvoll zu organisieren. In diesem Fall sollten Sie einen Architekten mit der Planung und Überwachung beauftragen. Sind Anbauten oder Änderungen an Fassade oder Dach vorgesehen, muß er ohnehin hinzugezogen werden. ■

NEUER GLANZ FÜR DIE VIER EIGENEN WÄNDE

Um Renovierungsarbeiten kommt man kaum herum. Wände, Böden und Decken benötigen wenigstens hin und wieder eine Verschönerungskur. Die meisten kosmetischen Renovierungsarbeiten kann ein Heimwerker durchaus selbst erledigen

Um das Renovieren der Wohnung kommt man nicht herum: Nach einigen Jahren sind Farben verblichen, Tapeten verschlissen, Böden abgewohnt. Vielleicht zieht's sogar an Fenster und Türen. Oft sind die notwendigen Renovierungsarbeiten nicht sehr umfangreich, so daß sie keine größere Belastung darstellen.

In vielen Fällen müssen aber Wohnungen und Häuser von Grund auf renoviert werden. Zum Beispiel, wenn man eine alte Wohnung oder ein altes Haus neu bezieht, wenn man kein Vertrauen in die verwendeten Baustoffe hat und eine erhebliche Schadstoffbelastung befürchtet, oder wenn man Energie sparen möchte.

Ehe sich der Heimwerker daran macht, einer Wohnung ein neues Aussehen zu verleihen, sollte er sich über einige grundsätzliche Dinge klar werden: Was will ich aus der Wohnung machen, was will ich verändern?

Planung

Eine Planung ist unumgänglich. Sie konzentriert sich in der Regel auf vier Teilgebiete:

- Grundrissnutzung – der vorhandene Wohnraum sollte optimal für die persönlichen Gegebenheiten genutzt werden.
- Bestandsaufnahme – es ist wichtig, herauszufinden, in welchem Zustand sich Wände, Decken, Böden, Fenster, Türen befinden, um zu wissen, welche Sanierungs- und Renovierungsmaßnahmen tatsächlich notwendig sind.
- Schadstoffbelastung – dieser Problemkreis gehört eigentlich noch zur Bestandsaufnahme. Es geht darum, herauszufinden, ob Baumaterialien verwendet worden sind, die gesundheitliche Schäden verursachen können. Wenn ja, muß ein Weg gefunden werden, sie zu ersetzen.
- Materialwahl – dabei sind verschiedene Aspekte zu berücksichtigen, zum einen der persönliche Geschmack, zum anderen aber auch Strapazierfähigkeit, Umweltverträglichkeit, Verarbeitung.

Zusammengefaßt geht es also darum, eine angenehme, schöne, gut genutzte und vor allem gesunde und möglichst unbelastete Wohnung zu schaffen.

Daran schließen sich die Fragen an: Wie mache ich's? Kann ich es überhaupt selber machen, oder muß ich einen Handwerker einschalten?

Bei näherer Betrachtung wird der Do-it-yourself-Fan feststellen, daß er eine ganze Reihe von Arbeiten ohne weiteres selbst durchführen und dadurch viel Geld sparen kann. Die Planung aber kann jeder angehen – sogar, wenn er die sprichwörtlichen „zwei linken Hände“ hat.

Grundrißnutzung

Am Grundriß einer Wohnung kann meistens relativ wenig verändert werden. Bauphysikalische Gegebenheiten, aber

Der vorhandene Raum sollte für die persönlichen Bedürfnisse optimal genutzt und gestaltet werden

auch rechtliche Einschränkungen stehen dem oft entgegen. Also muß aus dem, was vorhanden ist, das Beste gemacht werden.
Kriterium für eine sinnvolle Grundrißnutzung ist die persönliche Situation. Alleinstehende (Singles) werden zum Beispiel eine Drei-Zimmer-Wohnung in andere Bereiche einteilen als es eine Familie mit Kind tun wird; ein Seniorenehepaar möchte die Wohnung anders nutzen als ein junges Ehepaar.
Dennoch lassen sich für verschiedene Wohnbereiche einige Grundregeln aufstellen:
Küche – in welchem Raum sie sich befindet, ist meist vorgegeben durch die dafür notwendigen Anschlüsse für Wasser und Strom. Eine Familie mit Kindern wird sich aber möglicherweise überlegen, ob sie eine kleine Küche durch das Hinzunehmen eines weiteren, angrenzenden Zimmers zu einer großen Wohnküche umgestaltet. Der Trend zur großen Küche nimmt deutlich zu, denn eine Wohnküche kann ein ideales Kommunikationszentrum für Familien sein. Alleinstehende dagegen werden eine kleine Küche vorziehen.
Eßecke – wenn keine große Wohnküche vorhanden ist, sollte die Eßecke in der Nähe der Küche sein, um beim Servieren und Abräumen möglichst kurze Wege zu haben.
Wohnbereich – meistens wird ein relativ großer Wohnbereich gewünscht. Das muß aber nicht immer sinnvoll sein. Denn er wird oft nur selten genutzt. Überlegen Sie deshalb genau, ob nicht ein kleiner Raum ausreicht, in dem sich zum Beispiel die Familie abends hin und wieder vor dem Fernseher versammeln kann.
Schlafzimmer – wo man zur Ruhe geht, sollte auch Ruhe herrschen. Wichtig ist deshalb eine möglichst ruhige Lage des Schlafzimmers. Überdies ist es sinnvoll, daß die Fenster des Schlafzimmers nach Osten gehen, also Morgensonne bekommen. Das erleichtert das Aufstehen, aber auch das Einschlafen.
Kinderzimmer – ähnliche Kriterien gelten auch für das oder die Kinderzimmer. Schließlich handelt es sich dabei nicht um reine Aufenthaltsräume, sie dienen in erster Linie ja auch zum Schlafen. Klar sollte auch sein, daß Kinderzimmer dem Nachwuchs genügend Platz zum Spielen lassen.
Bad und WC – ihre Lage ist in der Regel nicht zu verändern, sie können aber neu gestaltet werden. Besitzt die Wohnung kein Bad, so sollte man prüfen, ob sich nicht wenigstens eine Dusche einbauen läßt. Allerdings muß man bei der Planung darauf achten, daß der Wasseranschluß und -abfluß keine Schwierigkeiten bereitet. Das heißt, ein neu einzubauender Duschraum sollte entweder an die Toilette oder an die Küche anschließen, denn dort sind die notwendigen Anschlüsse vorhanden.
Viele Wohnungen werden auch deshalb zu Problemfällen, weil sowieso schon knapper Wohnraum nicht richtig genutzt wird. Manchmal hilft ein kleiner Umbau, zum Beispiel eine versetzte Tür, um mehr Stellfläche oder eine dringend benötigte Nische für die Waschmaschine zu schaffen.
In anderen Fällen wieder löst die sogenannte Umnutzung von Wohnraum das Problem. In der normalen Drei-Zimmer-Wohnung ist das kleinste im allgemeinen dem oder den Kindern zugedacht. Wenn Eltern ihr Schlafzimmer den Kindern überlassen, erübrigen sich viele häusliche Konflikte, die sich aus in der Wohnung verteiltem Spielzeug ergeben (das funktioniert natürlich nur bei Kindern ab dem Schulalter). Bietet die Küche Platz zum Essen, könnte sogar das repräsentative Wohnzimmer für die Kinder geräumt und der kleinste Raum für den Feierabend – die kürzeste Phase des Tages – genutzt werden.

Bestandsaufnahme

Bevor Material für Renovierungsarbeiten gekauft wird, sollte sich der Heimwerker auf einem ausführlichen Rundgang durch die Wohnung über den Zustand der wesentlichen Teile informieren. Das sind vor allem Böden, Wände, Decken, aber auch Fenster und Türen.

FORMALDEHYD

Möbel aus Vollholz und solche aus Spanplatten, die nicht mehr als 0,05 ppm (parts per million) Formaldehyd abgeben, können mit dem „Blauen Umweltengel" gekennzeichnet werden. Für alle Möbel vorgeschrieben sind sogenannte E1-Platten, die maximal 0,1 ppm Formaldehyd ausdünsten dürfen.
Bei Spanplatten, die fast völlig von einer geschlossenen Kunststoffschicht bedeckt sind, ist die Gefahr der Ausdünstung geringer als bei Verwendung offenporiger Holzfurniere. Denn es bleiben nur die Schnittkanten als Kanäle übrig, aus denen Formaldehyd entweichen kann.

Bei dieser Inspektion müssen zunächst grobe Schäden festgehalten und für die spätere Sanierung vorgemerkt werden. Dazu zählen zum Beispiel Risse in den Wänden, gesenkte Dielenböden, schiefe Fenster und dergleichen mehr.
Gleichzeitig sollte man aber auch feststellen, ob und inwieweit vorhandene Substanz verwendet werden kann. Das spart Geld, insbesondere bei Fenstern und Türen.
Bei der Bestandsaufnahme kann der Handwerker auch gleich erkunden, ob einzelne Wohnungsteile für weitere Renovierungsarbeiten vorbereitet werden müssen: Wo muß alte Farbe entfernt werden? Wo gilt es Untergründe zu reinigen, zu festigen? Wo gibt es sogar Schimmelstellen?

Schadstoffbelastung feststellen

Wie bereits erwähnt, gehört es ebenfalls zu den vorbereitenden Arbeiten, festzustellen, ob in der Wohnung schadstoffbelastete Materialen verwendet worden sind. Am meisten gefürchtet ist Formaldehyd. Besonders der Anstrich von Holzverkleidungen, aber auch von Holzböden sowie Spanplatten stehen im Verdacht, diese gefürchtete Chemikalie auszuscheiden. Leider läßt sich hinterher nur durch eine Messung feststellen, ob Platten verwendet worden sind, die Formaldehyd ausgasen.
Bei den Verbraucherzentralen erfährt man, wer entsprechende Untersuchungen vornehmen kann. Die Kosten für eine solcheUntersuchung belaufen sich derzeit in etwa auf 120 bis 200 DM. Diese Summe ist aber gut angelegt, wenn man dafür einer Formaldehydbelastung auf die Spur kommen kann (in vielen Gemeinden sind solche Untersuchungen sogar kostenlos).
Weitere Schadstoffbelastungen können zum Beispiel von manchen alten PVC-Fliesen, Verbund-Bodenbelägen (aus PVC, Korkment, Polyurethanschaum mit einer Unterlage aus Asbestpappe) und von älteren Linoleumböden ausgehen: Früher waren diese Beläge oft mit einem Rücken aus Asbest ausgerüstet, von dem längst bekannt ist, daß es krebserregend sein kann. Wer solche Linoleumböden in einer zu renovierenden Wohnung vorfindet, sollte sie entweder von einem Fachmann entfernen lassen oder einen anderen Boden darüberlegen.
In der Diskussion ist auch ein radioaktiver Stoff, der in vielen Wohnungen zu finden ist: das Radon. Es ist vor allem in manchen Fliesen enthalten. Auch hier können Messungen vorgenommen werden. Ob Radon gesundheitsschädlich ist, läßt sich allerdings nicht sagen. Die auftretende Strahlenbelastung ist glücklicherweise nicht sehr hoch. Überdies muß gesagt werden, daß es nahezu keinen mineralischen Baustoff gibt, der keine radioaktive Strahlung abgibt. Sie hält sich freilich meistens in niedrigen und nach dem Stand unseres Wissens unbedenklichen Grenzen.

Materialwahl

Bei der Auswahl des Materials müssen ebenfalls eine Reihe von Fragen geklärt werden. Da ist zum Beispiel die Funktionalität. Selbstverständlich sollte das Material seine Funktion möglichst optimal erfüllen.
Dies ist einfach gesagt, aber oft schwierig in die Tat umzusetzen. Ein Beispiel: Der Fußboden im Kinderzimmer sollte möglichst glatt sein, damit die Kinder darauf auch mit Bauklötzen vernünftig spielen und ihre Modellautos reibunglos

befestigt

KUNSTSTOFFPLATTEN

Zur Deckenvertäfelung werden nicht nur Hölzer, sondern immer mehr auch Hartschaumplatten aus Polystyrol verwendet. Ihr übliches Format ist 50 mal 50 Zentimeter, und sie haben eine Stärke von 15 oder 20 Millimetern. Es gibt sie in unterschiedlichsten Ausführungen mit verschiedenen Oberflächenstrukturen, aber auch als farbige Platten. Ehe sie verlegt werden können, muß der Untergrund vorbereitet werden: wasserlösliche Anstriche oder Tapeten gilt es zu entfernen. Grundierung (möglichst lösemittelfrei) verfestigt anschließend den Putz. Für hohe Decken, die abgehängt werden sollen, gibt es fertige Einhängesysteme.
Vor dem Verlegen muß die Decke ausgemessen und in Deckenmitte ein Schnurkreuz angebracht werden. An den so entstandenen Mittelpunkt dieses Schnurkreuzes wird die erste Platte geklebt. Anschließend kann man mehreren Verlegemustern folgen.

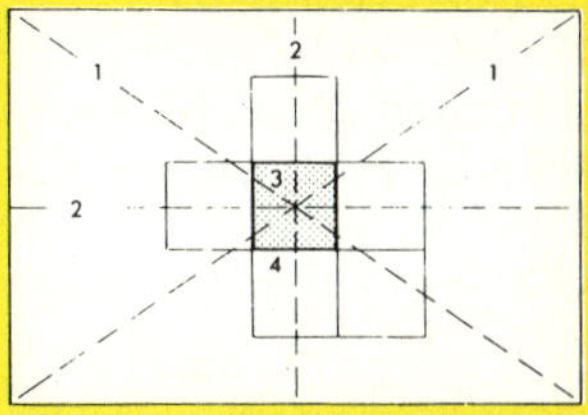

Platten parallel zur Wand

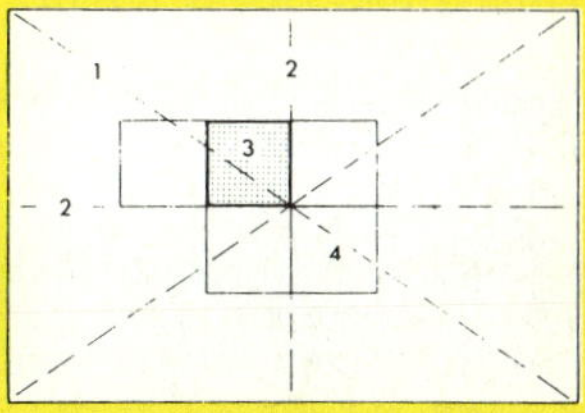

Zentriert und parallel

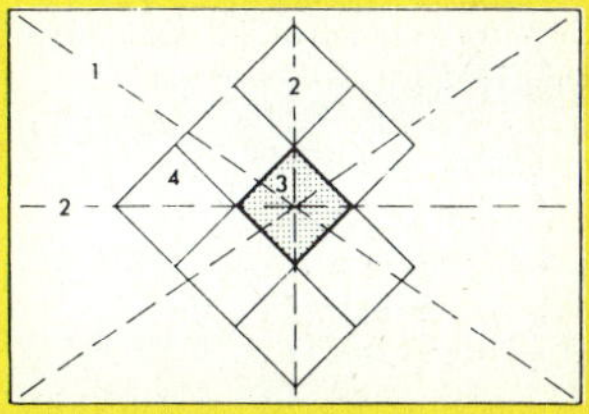

Diagonale Verlegung

Spanplatten, Faserplatten, Sperrhölzer, die mit einer feinen Deckschicht bezogen wurden, oder zum Beispiel auch Gipskartonplatten. Besonders diese Gipskartonplatten haben sich in letzter Zeit für den Innenausbau sehr empfohlen, weil sie preiswert, feuchteregulierend und darüber hinaus auch noch ziemlich leicht zu verarbeiten sind.

Gesundheitsverträglichkeit

Für den Innenausbau sollten aus gesundheitlichen Gründen unbehandelte Hölzer verwendet werden. Danach fragen! Vorsicht ist deshalb bei den Holzfaserplatten geboten, bei denen als Bindemittel oft Kunstharze verwendet werden. Gesundheitsschädliches Formaldehyd kann ausdünsten (siehe Seite 168). Sie sind für den Inneneinbau nicht zu empfehlen und müssen auch entsprechend gekennzeichnet sein. Achten Sie darauf in jedem Fall sehr genau.
Die Auswahl ist also groß. Allerdings sollte man immer ein Fachgeschäft aufsuchen, das auch tatsächlich eine breite Palette an Hölzern und Holzwerkstoffen anbietet. Solche Fachbetriebe haben meistens die Möglichkeit, die Platten und Bretter auf die gewünschte Länge zurechtzusägen. Das ist in einer Heimwerkstatt, selbst mit einer Handkreissäge, gar nicht so einfach.
Wer Holz oder Holzplatten zu Hause lagern möchte, muß übrigens unbedingt über einen trockenen Raum verfügen. Dort kann man kleine Zuschnitte senkrecht aufstellen, ganze Platten werden dagegen auf eine Lattenrostunterlage gelegt. Nur wer mit dem wertvollen Werkstoff Holz pfleglich umgeht, wird mit ihm keine Enttäuschung erleben.

DÜBELN

In Stein und Beton halten weder Nagel noch Schrauben. Deshalb muß ein Dübel her, wenn der Spiegel nicht von der Wand und die Lampe nicht von der Decke fallen soll. Etwa 1 Milliarde Mal pro Jahr greifen bundesdeutsche Hand- und Heimwerker zur Bohrmaschine und zum Dübeln, um Befestigungsprobleme zu lösen.

Dabei ist richtiges Dübeln gar nicht so einfach. Das fängt schon mit der Auswahl des geeigneten Materials an: Dübel gibt es in vielen Farben – rot, grau, grün, gelb, blau – sie werden in den unterschiedlichsten Größen und Formen angeboten und für die verschiedensten Einsatzzwecke. Tatsächlich sollte der passende Dübel nach zwei Kriterien ausgewählt werden – nach

- dem Baustoff, in den er eingesetzt werden soll und
- der Last, die er später tragen muß.

Dabei helfen zwei Grundregeln: je weicher die Wand, desto länger sollte der Dübel sein. Und je höher die vorgesehene Belastung, desto stärker und länger müssen Dübel und Schraube ausfallen.

Diese Regeln gelten jedenfalls für die am häufigsten verwendeten Dübel, die sogenannten Allzweckdübel. Wer diese benützt, macht meist keine gravierenden Fehler. Diese raffinierten Plastikkonstruktionen krallen sich gut in Beton, lassen aber auch in einer leichten Ziegelwand nicht so schnell locker. Deswegen haben auch die meisten Heimwerker stets einen kleinen Vorrat an Allzweckdübeln im Haus. Gängige Größen: 5, 6 und 8 Millimeter.

Für viele Sonderfälle eignen sich spezielle Dübelkonstruktionen aber besser, weil sie mit weniger Problemen zu montieren sind und besser halten. Beispiel Gasbetonwand: Gasbeton ist leicht, porös und dämmt gut. Deswegen wird er immer häufiger verwendet. Aber ein normaler Dübel greift darin nicht immer perfekt. Spezielle Gasbetondübel sind beispielsweise mit großen Flügeln versehen, welche die Dübeloberfläche bedeutend vergrößern. So kann sich der Dübel besser im porösen Material verankern.

Ehe Dübel gekauft werden, sollten sich Heimwerker immer vergewissern, in welchen Untergrund der Dübel eingesetzt werden soll. Eine Probebohrung gibt schnell Klarheit. Dringt der Bohrer nur mit großer Kraftanstrengung oder sogar nur mit Hilfe des Schlagwerks in Wand oder Decke ein und fällt dabei grauer, weißer oder roter Bohrstaub an, so hat man es mit Beton, Kalkstein oder Vollziegel zu tun. In diesen harten Werkstoffen halten Allzweckdübel meistens gut.

Trifft man beim Bohren abwechselnd auf höheren und dann auf gar keinen Widerstand, so handelt es sich um Gitter-, Loch- oder Hohllochsteine. Hier empfehlen sich Spezialdübel. Wie auch für weichen Gasbeton und Bimsuntergrund, der nur geringen Bohrdruck erfordert und an weißem oder grauem Bohrmehl zu erkennen ist.

Ist nach Überwinden der Putzschicht überhaupt kein Bohrwiderstand mehr zu spüren, muß eine Hohlraumbefestigung verwendet werden.

Wer weiß, mit welchem Untergrund er es zu tun hat und was er befestigen will, kann gezielt einkaufen. Wenn er sich für ein Markenprodukt aus deutschen Landen entscheidet, wird er

DÜBELTIPS

Zum Bohren im Mauerwerk immer einen Hartmetallbohrer verwenden. Er sollte in der Regel den gleichen Durchmesser haben wie der Dübel. Bei weichen Werkstoffen empfielt es sich allerdings, das Dübelloch mit einem Millimeter weniger Durchmesser zu bohren.

Beim Bohren Schlagwerk an der Bohrmaschine nur dann einschalten, wenn sonst kein Weiterkommen möglich ist. So wird verhindert, daß sich Bohrlöcher ausweiten. Darauf achten: immer rechtwinklig zur Mauer oder Decke bohren, damit der Dübel optimal belastet werden kann. Deswegen auch Dübel mit Schlitz quer zur Belastungsrichtung einsetzen.

Allzweckdübel von 30 Millimetern Länge und 6 Millimetern Durchmesser tragen ungefähr das Gewicht eines Mannes, wenn sie in Gasbeton gesetzt werden. In Wabenziegeln halten sie fast das Dreifache und in Vollziegeln und Beton das 5- bis 6fache.

Gerät einmal ein Bohrloch zu groß, kann in einen großen Dübel ein kleinerer um 90 Grad verdreht eingesetzt werden. So ist noch eine akzeptable Befestigung zu erzielen.

Dübellöcher lieber eine Nummer zu klein bohren

kaum Probleme haben. Denn die Markenanbieter offerieren für nahezu jedes Befestigungsproblem einen eigens konstruierten Spezialdübel.
Zudem wird häufig auf den Verpackungen deutlich dargestellt, wie zum Beispiel ein Waschbecken oder eine Gardinenschiene befestigt wird. Die Bauanleitung ist auf diese Weise gratis. Die meisten billigeren Produkte aus asiatischen Ländern bieten selten soviel Service.
Und viele haben auch noch einen weiteren Nachteil: sie sind aus Polyethylen gefertigt. Dieser Kunstoff wird mit der Zeit bröckelig. Markendübel sind dagegen in der Regel aus Nylon und dürfen als verottungsfest gelten.
Gar nicht aus Kunstoff sind Dübel gefertigt, die für ganz spezielle Anwendungen hergestellt werden. Beispielsweise für besonders hohe Lasten. Hier kommen Stahldübel zum Einsatz. Aber auch für Hohlräume werden häufig Metalldübel verwendet, die nach dem Durchschieben durchs Bohrloch einen Widerhaken aufklappen und so für Halt sorgen. Ganz ohne fachliche Beratung wird man manchmal nicht auskommen. Generell aber bemühen sich die Dübelhersteller, dem Heimwerker das Dübeln so problemlos wie möglich zu machen, beispielsweise werden Dübel und dazu passende Schrauben oft zusammen verpackt angeboten. Das hat durchaus seinen Sinn, denn richtig fest sitzt eine Schraube nur dann in der Wand, wenn sie in Stärke und Länge genau auf den Dübel abgestimmt ist.
Der Bequemlichkeit dienen auch die sogenannten Nagelschrauben, die immer beliebter werden. Sie werden in normale Allzweckdübel mit dem Hammer eingeschlagen und nicht mühselig geschraubt, halten aber ähnlich gut. Diese Erleichterung wird man vor allem dann schätzen, wenn man viele Dübel zu setzen hat – etwa bei der Befestigung einer Holzverkleidung.
Sogar ganz ohne Bohrloch kommen sogenannte Schlagdübel aus, die allerdings nur in weichem Gasbeton oder Bims anzuwenden sind. Hier werden Dübel und Schraube gemeinsam mit Hammerschlägen ins Mauerwerk getrieben. Ein Zusatzwerkzeug sorgt dafür, daß der Dübel gespreizt wird und sich so im Mauerwerk verankern kann.
Dies ist übrigens auch bei jedem Allzweckdübel das Geheimnis für guten Sitz: Nur wenn die Schraube so lang ist, daß sie um einen Schraubendurchmesser tiefer ins Bohrloch eindringt als der Dübel, kann sie die Kunstofflügel weit genug spreizen, um sich im Mauerwerk festzukrallen. ■

VOM PARKETT ZUM TEPPICH

Wenn der Untergrund gut vorbereitet ist, ist für den Heimwerker das Renovieren von Fußböden meist kein Problem. Die Auswahl an funktionellen Bodenbelägen ist sehr groß. Und viele eignen sich ohne weiteres zum Selberverlegen

Auch wenn man ihn täglich mit Füßen tritt, der Fußboden sollte ein Schmuckstück für die Wohnung sein, dazu natürlich auch noch pflegeleicht und strapazierfähig. Die Problemlösungen dafür sind mannigfaltig. Sie reichen vom Parkett bis zum Teppichboden.
Und fast alle Fußbodenbeläge können selbst verlegt werden – sind damit auch für den selbst renovierenden Heimwerker gut geeignet.
Da sind zunächst die keramischen Fliesen, dann Kunststofffliesen, Holzfußböden in Riemen oder als Fertigparkett, Platten aus Natur- und Kunststein, Linoleumbeläge, PVC-Beläge, Teppichfliesen und Teppichbahnen gebräuchlich.

Fliesen

Über Fliesen haben wir bereits im vorhergehenden Kapitel, das sich schwerpunktmäßig mit der Renovierung von Decken und Wänden befaßt, ausführlich berichtet. Im Prinzip gilt das dort Gesagte auch für Fliesen, die als Bodenbelag verwendet werden sollen. Bei der Auswahl der Bodenfliesen muß allerdings besonders auf die Abriebfestigkeit geachtet werden (Seite 24).

Holz

Der gute alte Fußboden aus Holzriemen erlebt wieder eine Renaissance. Er läßt sich aus Nut- und Feder-Dielen ab 22 Millimeter Stärke (Kiefer, Fichte, Lärche oder Tanne) zusammenfügen, die auf Lagerhölzer genagelt werden. Wichtig ist vor allem, daß die Fußbodenlager absolut waagerecht verlegt sind. Zur Schall- und Wärmedämmung kann zwischen die Lagerhölzer Dämmmaterial eingelegt werden. Wegen des Schallschutzes überdies die Lagerhölzer mit Dämmstreifen aus Kokos oder Mineralfaser unterlegen.
An den Brettstößen können bei solchen Dielen Fugen auftreten, denn Vollholz arbeitet bei Schwankungen der Luftfeuchtigkeit. Das ist aber nicht weiter schlimm und beeinträchtigt nicht die Funktion. Das Überarbeiten von alten Dielenböden ist meist sinnvoll. Wenn allerdings größere Flächen von Fäulnis oder Insekten befallen sind, müssen die alten Dielen entfernt werden.
In vielen Fällen weiß niemand, daß in der Wohnung ein schöner Dielenbelag vorhanden ist, weil nachträglich PVC oder Teppichböden darauf verlegt worden sind. Deshalb nachschauen! Trifft man auf einen alten Dielenbelag, so kann er freigelegt und abgeschliffen werden. Sollten einzelne Bretter beschädigt sein, so lassen

Holzfußböden werden heute wieder mehr geschätzt. Sie wirken warm und repräsentativ

sie sich relativ einfach austauschen. Knarrende Bretter werden nachgenagelt oder verschraubt und ergeben so wieder einen festen Untergrund. Anschließend die alten Wachs- oder eventuell vorhandenen Farbschichten entfernen, die Oberfläche reinigen, Unebenheiten mit der Schleifmaschine glätten und imprägnieren (siehe Kasten).

Parkett

Parkettböden sind robust und fußwarm, überdies lassen sie sich leicht pflegen. Parkett wird aus Eiche, Esche, Buche hergestellt und ist in Form von Stab- oder Mosaikparkett erhältlich. Daneben werden noch Fertigparkett und Tafelparkett angeboten.

Stabparkett besteht aus 22 Millimeter dicken Parkettstäben oder Riemen, die mit Nut und Feder vollflächig auf den Untergrund geklebt oder auf eine Holzunterkonstruktion vernagelt werden.

Mosaikparkett wird aus 8 Millimeter dicken Lamellen schachbrettartig oder in Streifenmuster auf einen Gewebe-rücken zu Platten zusammengesetzt, die dann auf den Estrich geklebt werden.

Fertigparkett wird industriell hergestellt und besteht aus oberflächenbehandelten Elementen. Meist werden Dämmschichten aufgebracht, ehe das Fertigparkett verlegt wird. Parkettdielen sind zwischen 13 und 20 Zentimeter breit und 1,80 bis 3,64 Meter lang.

Die Oberflächenbehandlung von Holzfußböden

Parkettböden werden im allgemeinen durch einen PU-Fußbodenlack vollflächig versiegelt. Diese Versiegelungen sind sehr pflegeleicht und feuchtigkeitsunempfindlich. Allerdings enthält der Lack umweltbelastende Lösemittel. Als Alternative dazu bietet sich das Imprägnieren mit Naturharzimprägnierungen an. Diese Methode ergibt allerdings keinen sehr trittfesten Belag.
Eine weitere Möglichkeit bieten heute wasserlösliche Acrylsiegellacke. Sie sind aus Umweltüberlegungen heraus vorzuziehen.
Bei Dielenböden ist eine Versiegelung wenig sinnvoll. Denn die unvermeidlichen Schwindfugen an den Dielenstößen würden sie schnell zerstören. Hier ist Wachs die sinnvolle Alternative.

Tafelparkett besteht aus quadratischen Tafeln mit Seitenlängen zwischen 20 und 65 Zentimetern.

Wer Fertigparkett verlegt, erhält eine vollkommen ebene und bereits versiegelte Fußbodenoberfläche. Das Verlegen ist zwar langwierig, aber nicht allzu schwierig, weil die zu verbindenden Teile meist mit Nut

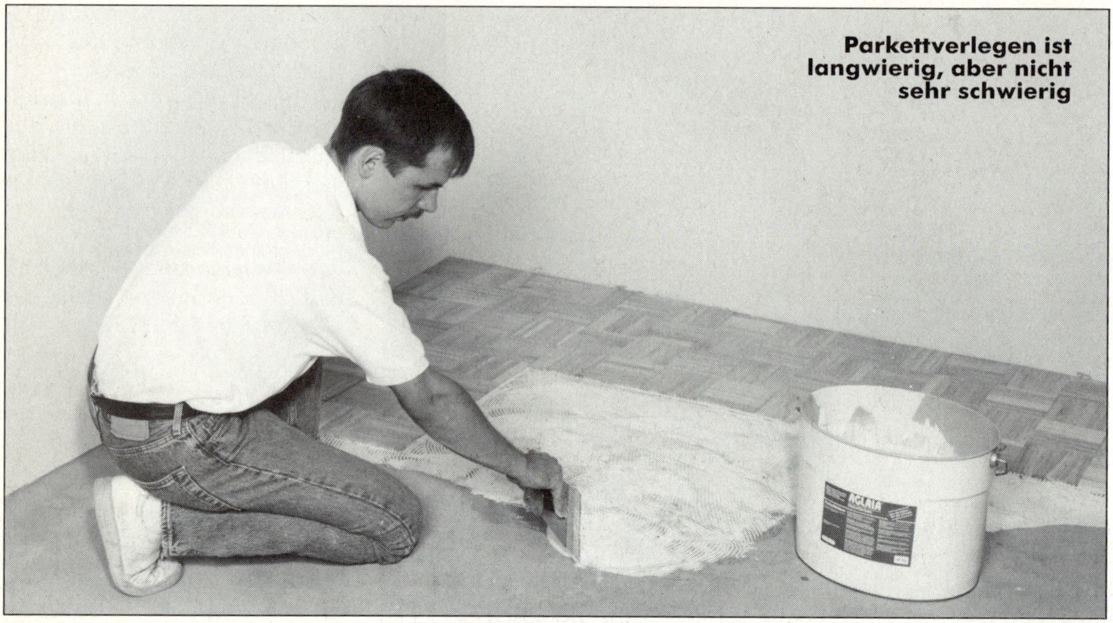

Parkettverlegen ist langwierig, aber nicht sehr schwierig

und Feder ausgerüstet sind. Fertigparkett kann deshalb auch ohne Probleme von Laien verlegt werden.
Natürlich ist auch für Fertigparkett ein vollkommen ebener und sauberer Untergrund notwendig, auf dem dann die Dämmschicht aufgebracht wird. Diese Dämmschicht ist in der Regel 20 bis 30 Millimeter stark, das führt dazu, daß das Fußbodenniveau mehrere Zentimeter angehoben wird. Das muß für die Türanschläge beachtet werden.

Stein

Weniger geeignet für den Heimwerker sind Plattenböden aus Natur- und Kunststein. Im allgemeinen werden diese Materialien in Zementmörtel eingebettet, was einige Erfahrung voraussetzt.

Linoleum, PVC

Umweltbewußte Heimwerker gehen beim Renovieren heute immer mehr dazu über, auf synthetische Beläge – PVC, Gummi und mit PVC beschichteten Kork – zu verzichten. Sie fürchten mögliche umweltschädigende Ausdünstungen und kennen die problematische Entsorgung. Linoleum erlebt dagegen eine Renaissance.

Linoleum

Linoleum ist ein Naturprodukt, das in vielen Farben und Mustern hergestellt wird. Es besteht aus fein gemahlenem Kork- oder Holzmehl, aus oxydierten Harzen oder Leinöl sowie einem Jutegewebe als Trägerschicht und wird meistens als Rollenware geliefert.
Linoleum hat einige äußerst bemerkenswerte Eigenschaften: Es ist unempfindlich gegen Fette, Öle, Malfarben, Farb- und Filzstifte und sogar gegen Zigarettenglut. Darüber hinaus lädt es sich nicht elektrostatisch auf.
Allerdings gibt es auch Nachteile zu verzeichnen: Linoleumbeläge halten keine starken Punktlasten aus, wie sie zum Beispiel unter schmalen Schrankfüßen auftreten. Auf die Dauer entstehen so Druckstellen. Überdies verträgt Linoleum keine länger anhaltende Feuchtigkeit. Auch für Räume, die im Winter nicht geheizt werden, eignet sich Linoleum nicht, da es bei Kälte brüchig wird.
Das Selbstverlegen von Linoleum ist durchaus gängig. Linoleumbeläge gibt es in einer Breite von 2 Metern mit Stär-

Estrich schafft einen glatten Untergrund für den Bodenbelag

ken von 2 bis 3,2 Millimetern. Für normal beanspruchte Räume genügen 2,5 Millimeter dicke Sorten.

Grundsätzlich wird Linoleum vollflächig auf den vorbereiteten Untergrund geklebt. Dabei sollte man lösemittelfreie Klebstoffe verwenden. Der Untergrund muß sehr eben sein, notfalls muß er mit Hartfaserplatten auf ein einheitliches Niveau gebracht werden. Darüber kommt in aller Regel noch eine Spachtelmasse, die für wirklich topfebene Böden sorgt (Seite 58).

Bei der Bearbeitung von Linoleum ist es wichtig, daß das in Rollen gelieferte Material zuvor auf Zimmertemperatur angewärmt wurde, sonst könnte die Oberfläche leicht brechen. Wer alte Linoleumböden (oder auch PVC-Böden) entfernen will, sollte zunächst feststellen, ob sie noch einen Rücken aus Asbest haben. Daß Asbestfasern krebserregend sein können, ist mittlerweile bekannt. Deshalb ist beim Entfernen solcher Böden Vorsicht geboten. Man sollte diese Arbeit den Fachmann machen lassen. Die Pflege von Linoleum ist übrigens wesentlich einfacher als oft geglaubt wird: Regelmäßiges Wachsen ist absolut nicht nötig. Es genügt, Schmierseife in Wasser aufzulösen und damit den Boden regelmäßig zu reinigen.

Kork

Korkplatten und Korkbahnen haben ähnliche Eigenschaften wie Holzböden. Bahnen werden mit Klebeband verlegt oder vollflächig verklebt. Es sollten Korkstärken zwischen 3 und 6 Millimeter verwendet werden. Im Unterschied zu Li-

BODENFLIESEN VERLEGEN

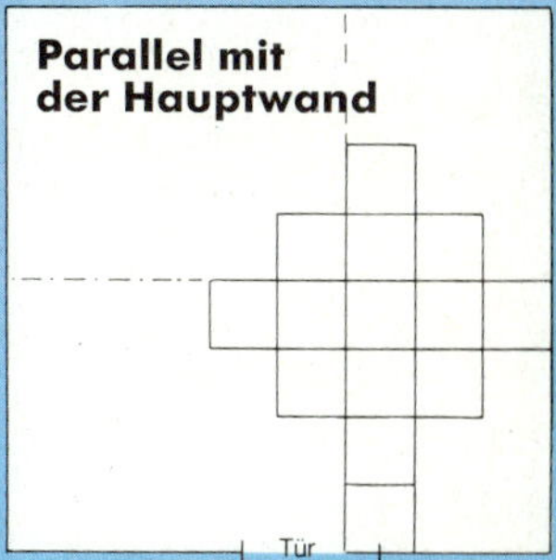

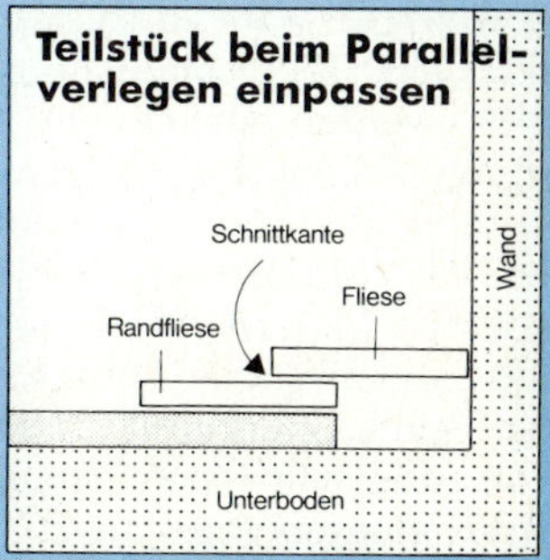

BÖDEN ZUM SELBERVERLEGEN

Fischgrät-Parkett

Korkplatten

Mosaik-Parkett

Kunststoff-Fliesen

Kunststoff-Platten

Steinplatten

noleumböden halten Korkböden eine Dauereinwirkung von Punktlasten besser aus.

Teppichboden

Der wohl wichtigste Bodenbelag in bundesdeutschen Wohnungen ist der Teppichboden. Und hier ist wohl auch die schwierigste Wahl zu treffen.
Über 1600 Teppichbodenqualitäten werden angeboten. Es genügt nicht, sich nur nach der passenden Farbe zu orientieren. Als Hilfe hat die Teppichindustrie Materialsiegel eingeführt, die für jeden Teppichboden seine Herkunft, seinen Rohstoffgehalt und seinen Verwendungsbereich angeben.
Vor allem dem Verwendungsbereich gebührt große Aufmerksamkeit. Es gibt Teppiche für den

- Ruhebereich (Symbol: Bett). Sie vertragen geringe bis mittlere Beanspruchungen;
- Wohnbereich (Symbol: Sessel). Für mittlere bis stärkere Beanspruchungen;
- Arbeitsbereich (Symbol: Schreibtisch). Für starke und stärkste Beanspruchungen.

Die Materialsiegel geben zudem noch Auskunft über besondere Eignungen der Teppichböden, zum Beispiel für Rollstühle, für Treppen, für Naßräume, und über besondere Ausrüstung zum Beispiel antistatische Ausrüstung.
Zwei Dinge entscheiden über die Qualität des Teppichs: Das Material und die Verarbeitungsmethode. Es gibt vier wesentliche Herstellungsverfahren:

- Weben. Teuer aber hochwertig, gibt es nicht als Fliesen, gewebte Teppiche immer gespannt verlegen.
- Tuften. Ergibt Teppichflor in Schlingenform, der aufgeschnitten (Velour) oder unaufgeschnitten (Bouclé) verwendet wird. Das Garn wird beim Tuften von der Rückseite her in ein Grundgewebe eingenadelt. Eine Rückenbeschichtung aus (meist geschäumtem) Gummimaterial gibt zusätzlichen Halt. Bouclé- oder Velourteppiche gibt es auch in Fliesenform, und sie können gespannt oder verklebt verlegt werden.
- Flachweben. Wird vor allem

AUF KLEBER VERZICHTEN

Viele Bodenbeläge werden auf den Estrich geklebt. Die meisten Baukleber enthalten allerdings gesundheitsschädliche und umweltbelastende Stoffe. Deshalb sollte man, wann immer möglich, Verlegetechniken bevorzugen, für die kein Kleber notwendig ist, oder wenigstens weniger umweltbelastende Klebstoffe verwenden.
Klebfrei verlegt werden können:
- Fliesen im Mörtelbett,
- Spannteppiche,
- Stabparkett, das genagelt wird,
- und Holzdielenböden.

für Sisal- und Kokosteppiche angewandt.

● Nadelfilz. Die „Haare" werden auf einer Trägerschicht eingenadelt und verklebt. Der Haarflor besteht aus Tierhaar. In Fliesenform oder als Auslegeware zu haben.

Als Material kommt vor allem Wolle in Frage. Dieser Teppichrohstoff garantiert einen fußwarmen, trittelastischen, schalldämmenden Fußbodenbelag. Außerdem kommt bei Wollware noch die oft wünschenswerte Regulierung der Luftfeuchtigkeit hinzu. Wolle kann sie speichern und bei Bedarf abgeben.

Synthetische Fasern haben aber den weitaus größten Marktanteil. Sie sind abriebfest, unempfindlich und strapazierfähig. Auch Haargarn spielt eine Rolle. Es wird aus Ziegen- , Kälber-, und Rinderhaaren hergestellt, ist strapazierfähig, dauerhaft und springelastisch. Natürlich werden Teppiche auch aus Mischungen dieser drei unterschiedlichen Grundmaterialien hergestellt. Das ergibt jeweils sehr verschiedene Gebrauchseigenschaften für den Teppich.

Umweltfreundlichkeit

Seitdem die Luftqualität von Innenräumen ein Thema ist, werden auch Teppichböden kritisch betrachtet:

● Die Schaumrücken gerieten in den Verdacht, aus Polyvinylchlorid (PVC) zu bestehen und ihre Elastizität gesundheitsschädlichen Weichmachern, die in die Raumluft ausdünsten können, zu verdanken.

● Gift, mit dem die Wolle gegen Schädlinge ausgerüstet wird, kann – so die Bedenken – für Menschen nicht gut sein.

● Chemie vermuten viele auch hinter der antistatischen Ausrüstung von Synthetikware. Diese Ausrüstung verhindert, daß man in trockener Luft einen leichten elektrischen Schlag bekommt, wenn man zum Beispiel eine Türklinke berührt. Schrecksekunden dieser Art waren bis vor zehn Jahren keine Seltenheit.

Die Materialien der Nutzschicht von Teppichböden – Polyamid, Polyester, Polypropylen oder Wolle – kennt der Verbraucher von anderen Textilien und erfährt sie beim Kauf aus der Deklaration.

Anders sieht es leider mit der Rückenbeschichtung aus, woraus sich einiges Unbehagen erklärt. Meist besteht sie aus geschäumten Syntheselatex. Auslegeware mit PVC-Rücken hat nur etwa 1 Promille Marktanteil. In Ihren eigenen vier Wänden sollten Sie dieses Material meiden, denn PVC ist ursprünglich hart und braucht, um biegsam zu werden, den Zusatz von Weichmachern, die ausgasen können und vermutlich gesundheitsschädigend wirken.

Für Fußbodenheizung

Rollenstuhlgeeignet

Auch für Feuchträume

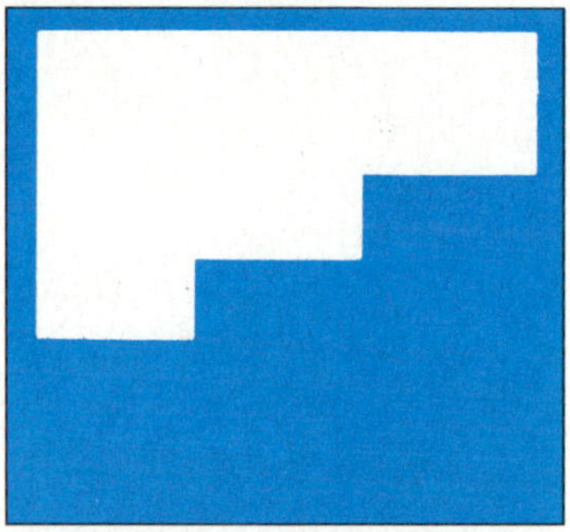

Für Treppen vorgesehen

FUSSBODENLEISTEN

Oft können alte Fußbodenleisten später nicht mehr weiterverwendet werden, weil sie beim Abnehmen zerstört wurden oder nicht zum neuen Bodenbelag passen. Eine einfache und billige Alternative bilden Viertelstäbe, die mit Stahlstiften angenagelt werden. An den Ecken müssen sie auf Gehrung (Winkel) geschnitten werden. Sollen richtige Fußbodenleisten verwendet werden, so wählen Sie am besten gleich welche mit rückseitigen Kabelkanälen. In ihnen lassen sich Antennen- und Lautsprecherkabel wie auch Stromleitungen unsichtbar verlegen. Das ist ein Problem, das in alten Wohnungen immer wieder auftaucht. Achten Sie aber darauf, daß Netzkabel stets getrennt von den Antennen- oder Lautsprecherleitungen in einem gesonderten Kanal verlegt werden.

Insektenschutz und elektrischer Schlag

Wollene Teppiche – auch Importe – und Teppichböden, die bei uns in den Handel kommen, sind grundsätzlich mit einem Motten- und Käferschutz ausgerüstet, zum Beispiel mit Eulan oder Mithyn. Diese Fraßgifte sind fest gebunden und können nicht in die Raumluft übergehen. Bei importierter Ware besteht die Gefahr, daß sie nur besprüht ist, dann sind die Mittel durch Schweiß und Speichel löslich. Bedenklich, wenn Kinder auf dem Teppich spielen.

Mikrobiozide, also Mittel gegen Kleinstlebewesen, werden normalerweise nicht auf Teppichböden aufgebracht, die für den Privatgebrauch bestimmt sind.

Auch von der notwendigen antistatischen Ausrüstung von Chemiefaserböden droht keine Gefahr. Sie wird durch den Zusatz von kohlenstoffhaltigen oder von metallischen Fasern erreicht – beruht also nicht auf chemischen Stoffen, die sich verflüchtigen und in die Raumluft übergehen können.

Geruch

Gesundheitliche Beeinträchtigungen durch Teppichböden sind zwar aufsehenerregend, aber zum Glück äußerst selten. Jahr für Jahr werden in der Bundesrepublik etwa 200 Millionen Quadratmeter neu verlegt – auf diesem Hintergrund sollte man fairerweise die wenigen berichteten Schadensfälle im Laufe der letzten drei Jahre betrachten.

Keine Seltenheit sind dagegen Reklamationen, weil ein neuer

Antistatisch behandelt

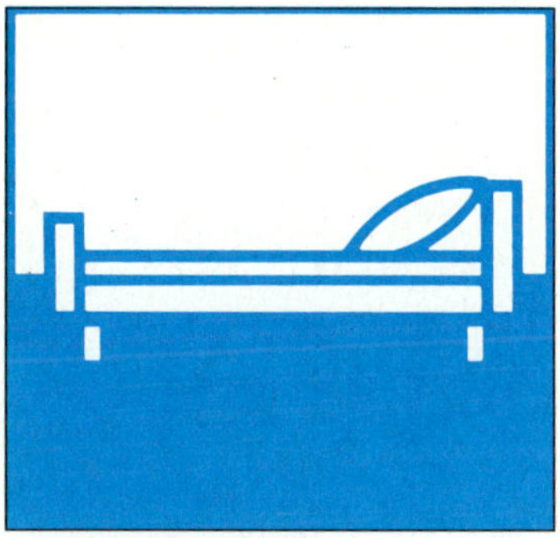

Für Ruhebereiche

Für den Arbeitsbereich

Für den Wohnbereich

Teppichboden störend riecht. Bei Untersuchungen konnte die STIFTUNG WARENTEST allerdings zwischen Geruchsintensität und Schadstoffgehalt keinerlei Zusammenhang feststellen. Am besten nehmen Sie also schon beim Kauf Ihre Nase zur Hilfe, um sicherzugehen, daß die gewählte Ware keinen für Sie unangenehmen Geruch hat. Neugeruch sollte nach 6 bis 8 Wochen verflogen sein. Sonst am besten bei Ihrem Händler reklamieren.

Milben und Staub

Ein Vorzug von Teppichböden ist zweifellos, daß sie rasch zu reinigen sind. In der Regel genügt es, sie abzusaugen. Trotz der Erfindung des Staubsaugers wäre es aber sinnvoll, am Eingang die Straßenschuhe auszuziehen (jedenfalls die Haushaltsmitglieder). Das erleichert die Hausarbeit und ist ein wirksamer Beitrag zur Hygiene. Denn eingeschleppte „Fremdstoffe" können sich sonst unbemerkt zwischen den Teppichfasern einnisten.

Das Vorurteil, Teppichböden seien nur oberflächlich sauber, Staub und Milben verbergen sich aber in den Tiefen ihres Flors, ist aber offensichtlich falsch. In Räumen mit Teppichböden enthält die Luft nach einer Untersuchung des Bundesgesundheitsamtes nur halb so viel Staub wie bei glatten Böden.

Für Hausstaubmilben – die eigentlichen Verursacher der Stauballergie – bildet textile Auslegeware entgegen einer verbreiteten Meinung keinen Nährboden, sie ist nicht warm und nicht feucht genug. Die eigentlichen Brutstätten der Milben sind Betten und Polstermöbel.

In textil ausgelegten Räumen sollte man mit Schädlingsbekämpfungsmitteln äußerst vorsichtig sein oder ganz auf sie verzichten. Gifte, die man gegen Fliegen, Mücken oder zum Schutz von Zimmerpflanzen versprüht, setzen sich auf allen textilen Flächen fest und sind nicht wegzuwischen. Diese Warnung gilt auch für synthetisch hergestellte Pyrethroide, die zwar dem natürlichen Pflanzengift Pyrethrum nachempfunden, aber deswegen nicht harmlos sind.

Böden selber verlegen

Vor allem Linoleum, PVC und Teppich wird in bundesdeutschen Wohnungen selbst verlegt, als Bahn oder als Fliesen. Das dazu notwendige Werkzeug ist nicht sehr umfangreich. Am wichtigsten ist ein anständiges Teppichmesser mit auswechselbaren Klingen. Nachschleifen lohnt nicht. Teppichschere, Teppichschneider und Teppichflorschere erleichtern den Zuschnitt ebenfalls.

Für die präzise Ausrichtung und den geraden Zuschnitt sorgen Stahllineal und Tischler-

HOLZTREPPE

So gut Holztreppen aussehen, so haben sie doch auch unliebsame Seiten. Schlimmste Unart: Sie knarren. Das ist auf das Schwellen und Schwinden des Holzes zurückzuführen, läßt sich kaum vermeiden und ändert sich auch nicht von allein. Abhilfe schaffen Metallwinkel, die zwischen Trittstufe, den senkrechten Setzstufen und den seitlichen Haltebrettern (den Wangen) verschraubt werden. Wenn die Treppe von unten zugänglich ist, ist diese Lösung wohl optimal. Müssen die Winkel außen aufgebracht werden, kann die Operation durch Teppichläufer kaschiert werden.

STUFEN

Wenn Stufen von Steintreppen ausbrechen, steht eine schwierige Reparatur bevor, weil das passende Rohmaterial kaum zu beschaffen ist. Deshalb greift man am besten zu schnell härtendem Zement, mit dem die Löcher und Risse ausgefüllt werden. Bei Ausbrüchen wird ein entsprechendes Kantenstück davorgespannt. Anschließend kann man dann die reparierten Stufen zur optischen Kaschierung mit Gummi-, Teppich- oder Kunststoffstreifen bekleben.

winkel. Spachtel, Ausziehkelle, zweiseitiges Klebeband, Schonhammer und Kniespanner sorgen für die korrekte und faltenfreie Lage von Teppichböden. Bei Fertigparkett und Fertigdielen sind meist Verlegeanleitungen mit beigegeben, ebenfalls die Hinweise auf das zum Verlegen notwendige Werkzeug.

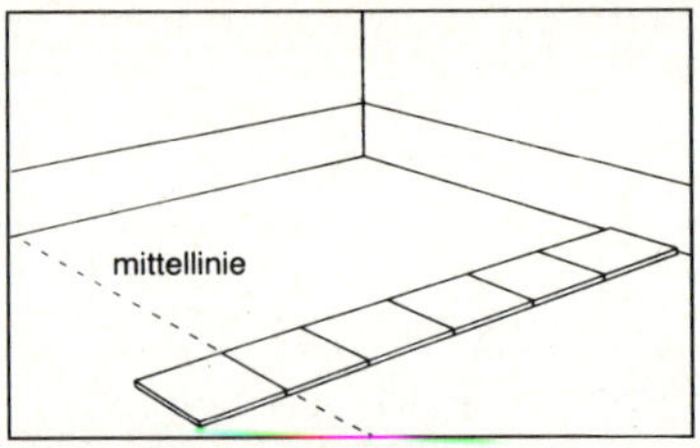

Teppichfliesen immer...

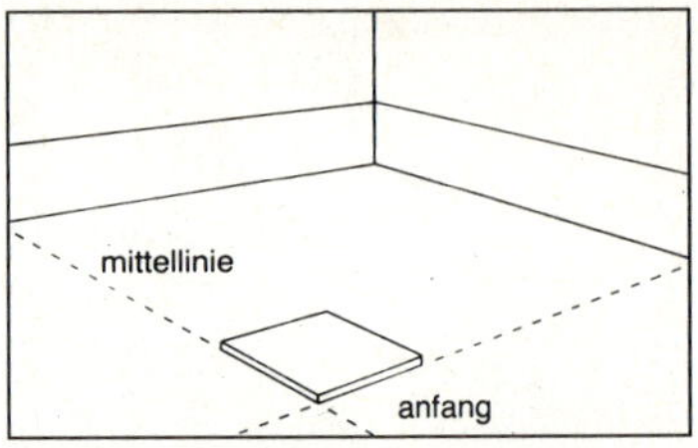

... an der Mitte orientieren

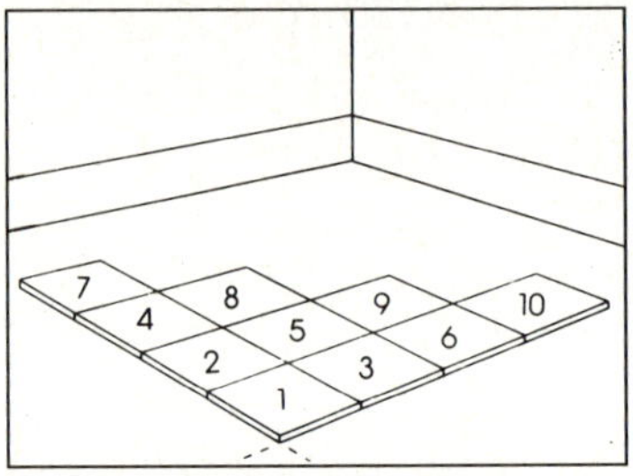

Verlegefolge einhalten

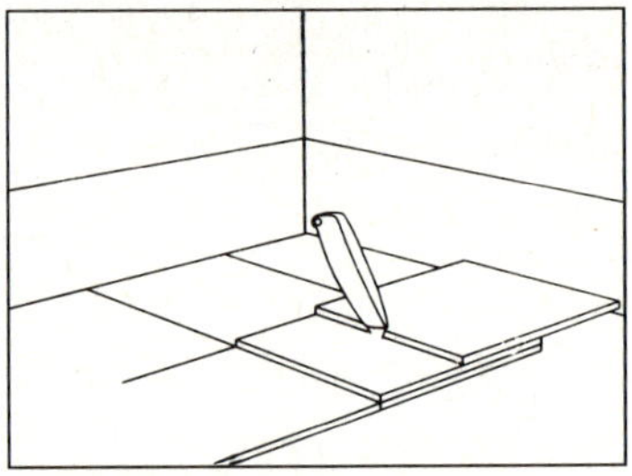

Randfliesen zuschneiden

Den Boden vorbereiten

Ehe man sich ans Verlegen machen kann, muß man dem Unterboden große Aufmerksamkeit widmen. In Neubauten besteht er in der Regel aus glattem Zement-Estrich oder aus rauhem Beton. Das Verlegen von Böden darauf macht keine Probleme.

In Altbauten finden sich oft Holzdielenböden, Parkett, Linoleum oder Kunststoff. Häufig sind diese Böden auch sehr uneben. Ehe ein neuer Boden darauf verlegt werden kann, muß der Untergrund vor allem eingeebnet werden.

Das ermöglichen Zwischenböden, die auch vom Do-it-yourselfer aufgebracht werden können. In der Regel werden zwei verschiedene Methoden angewendet:

- Trockenestrich. Üblicher Trockenestrich besteht aus Gipskarton-, Gipsfaser- oder Holzspanplatten, die trocken auf einer Dämmschicht aus Kokosfilz, Mineralfilz oder Weichfaserplatten verlegt werden. Trockenestrich hat eine geringe Konstruktionshöhe (etwa 25 Millimeter), niedriges Gewicht, und federt. Trockenestrich eignet sich als Untergrund für Fliesen nur dann, wenn sie nicht größer als 20 mal 20 Zentimeter sind. Der verwendete Kleber und die Verfugung müssen dann dauerelastisch sein.
- Fließestriche. Unebene Flächen lassen sich auch ausgleichen durch sogenannte Fließestriche. Der Rohestrich wird mit Wasser zu einer fließfähigen Masse angemischt und muß einfach im Raum verteilt werden – sie verläuft von selbst in die Waage. Auf dieser planen Oberfläche kann praktisch jede Bodenart velegt werden.

Wird der Altboden durch eine Auflage saniert (zum Beispiel

Doppelseitiges Klebeband und Zahnspachtel

Spezialmesser und -scheren und Schonhammer

mit Sperrholzfeder verbundene Spanplatten oder durch miteinander verklebte und verschraubte Trockenestrichelemente oder Verbundplatten), so entstehen oft Probleme mit den Raumtüren. Sie müssen meistens erheblich gekürzt werden.
Deshalb sollte man sich immer zunächst überlegen, ob man nicht mit dem alten Boden zurechtkommen kann:
Holzdielenböden nachnageln, mit heißer Sodalauge abwaschen und spachteln.
Parkettböden werden einfach verspachtelt und geschliffen.
Bei Linoleumböden genügt es, sie mit Sodawasser abzuwaschen und eventuell zu spachteln. Das gleiche Verfahren führt auch bei Kunststoff- oder Terrazzoböden zum Erfolg.

Verlegen

Linoleum- und Kunststoffböden werden nach demselben Verfahren verlegt: Beim Auslegen und Zuschneiden darauf achten, daß die Nähte auf das Hauptfenster zulaufen, damit sie keine Schatten werfen. Fußbodenleisten abnehmen. Beim Zuschneiden auf ausreichende Zugaben für Heizkörpernischen und dergleichen achten.
Liegen die Bahnen an ihrem Platz, werden sie von einer Wandseite her zur Hälfte zurückgeschlagen. Kleber (möglichst lösemittelfrei) auf den Unterboden verteilen (Zahnspachtel). Nahtbereiche auf zehn Zentimeter vom Kleber freihalten. Dann kann die erste Bahnhälfte auf dem Boden

LINOLEUM

Linoleumböden zeigen nach einiger Zeit Abnutzungserscheinungen. Ritzen und Risse haben sich an Nahtstellen gebildet, aber auch an besonders stark beanspruchten Stellen. Eine regelrechte Instandsetzung ist nicht möglich. Man kann lediglich dafür sorgen, daß keine Feuchtigkeit in den Boden eindringt. Dazu werden die Risse mit Hartparaffin ausgegossen. Überschüssiges Paraffin vorsichtig mit Rasierklingen abheben. Besser ist noch Linoleumverfugungsmasse aus dem Fachgeschäft. Wirft Linoleum allerdings Blasen, ist eine andere Reparaturtechnik angebracht: Blasen vorsichtig kreuzweise einschneiden, die Rückseite mit Spezialklebstoff bestreichen und alles ganz fest andrücken.
Muß ein Stück Linoleum ausgetauscht werden, weil es durch einen Brandfleck beschädigt oder abgenutzt ist, so braucht man ein Ersatzstück gleicher Stärke, Farbe und Musterung. Es wird mit Stahllineal und scharfem Messer zugeschnitten, auf die beschädigte Stelle gelegt und mit Nadeln angeheftet. Dann den schadhaften Belag an den Fleckenkanten entlang ausschneiden, entfernen und den Flecken sorgfältig einkleben. Bis der Klebstoff trocken ist, gleichmäßig beschweren. Ritzen hinterher mit Hartparaffin ausgießen.

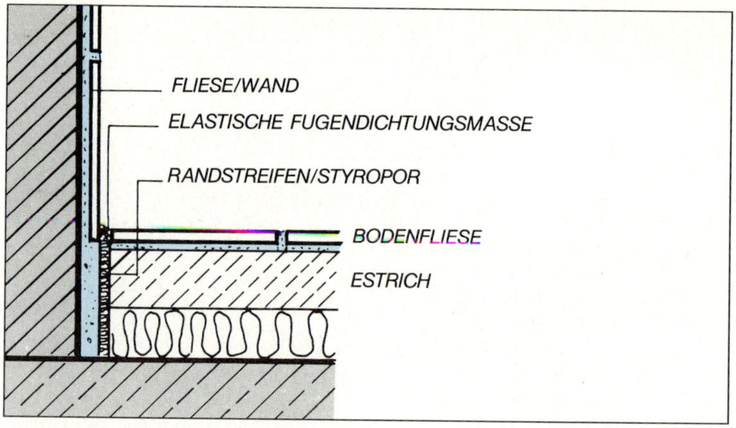

Sinnvoll: Boden und Wand gegeneinander dämmen

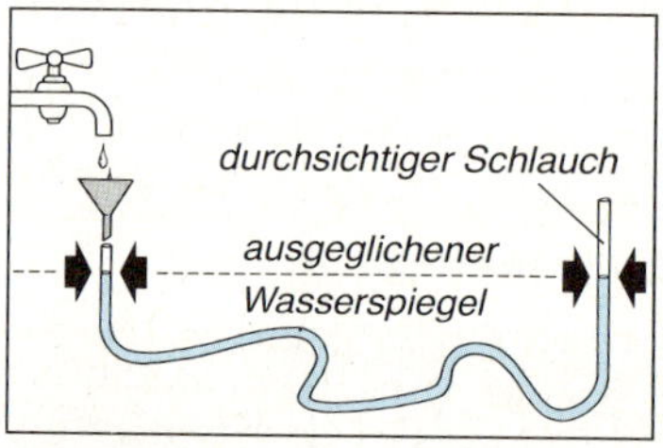

Ein Schlauch dient als...

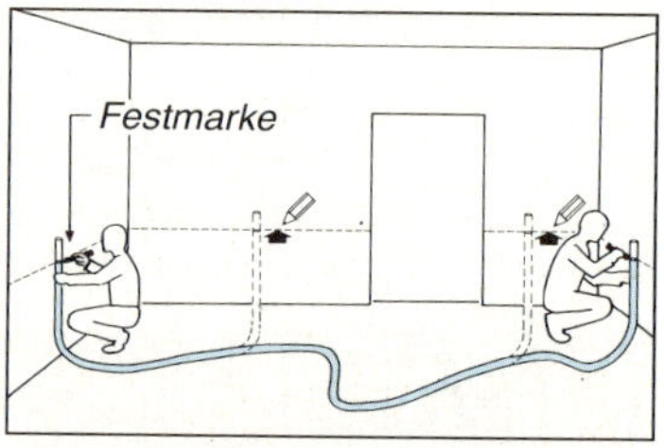

... lange Wasserwaage

ausgerichtet und gründlich angedrückt werden. Wichtig ist es nun, die Ränder sorgfältig zu beschweren, bis sie angetrocknet sind. Dazu können Ziegelsteine, Sandsäcke oder dergleichen dienen. Die zweite Raumhälfte wird ebenso behandelt.

In der Mitte überlappen anschließend die beiden Bahnen. Sie werden am besten durch beide Lagen der Überlappung abgeschnitten. Danach können auch die Ränder in der Mitte verklebt werden. Das ergibt eine dichte Naht. Am Ende Fußleisten wieder anbringen.

Kunststoffplatten und Teppichfliesen werden ganz ähnlich verlegt: Man beginnt in der Mitte des Zimmers und arbeitet sich rundherum nach außen vor.

Teppichbahnen und Teppichfliesen setzen ebenfalls einen gut vorbereiteten Unterboden voraus, allerdings muß die Oberfläche nicht so peinlich glatt sein wie beim Verlegen von Kunststoffböden. Deswegen werden vor allem Teppichfliesen auch gern in Mietwohnungen verwendet.

Bei Teppichfliesen kann gewählt werden zwischen:

- SL = selbstliegenden Fliesen. Sie haften durch ihr Gewicht und das Profil der Rückseite. Beim Umzug können sie wieder mitgenommen werden.
- SK = sind selbstklebende Fliesen. Auf ihrer Unterseite ist eine dünne Klebstoffschicht aufgebracht, die von einer abziehbaren Folie geschützt wird. Folie vor dem Verlegen abnehmen und Fliesen auf haftfähigem Untergrund verlegen. Auch die SK-Fliesen können wieder aufgenommen werden, lassen sich allerdings nicht in jedem Fall leicht weiterverwenden, weil

Zuerst Fixierung vollflächig auftragen, dann Teppich darauf verlegen

die Klebeschicht gelitten haben kann.
Natürlich lassen sich Fliesen auch vollständig verkleben. Dabei immer auf die Laufrichtung der Fliesen achten. Sie ist in der Regel auf der Rückseite aufgedruckt.

Teppichböden verlegen

Teppichböden werden nach vier Methoden verlegt:

● Spannen: Nagelleisten an den Wänden halten den an den Kanten vernähten Teppich. Meist nur für teurere Böden, nur mit Spezialwerkzeug zu machen, daher für den Laien uninteressant.

● Lose: Notwendig ist eine spezielle weiche Unterlage, die mit doppelseitigem Klebeband am Boden befestigt ist. Ein Gewebeband verbindet die Teppichbahnen.

● Kleben: Bahnen zuschneiden und auslegen. An den Wänden und Stößen Bahnen hochklappen, Boden mit Kleber einstreichen, Teppich draufdrücken. Vollflächige Verklebung sollte allerdings vermieden werden, wann immer möglich (Probleme beim Entfernen, Umweltbelastung durch Kleber). Bleibt keine andere Wahl, so sollte man lösungsmittelfreie Dispersionskleber dazu einsetzen, die allerdings für feuchtigkeitsempfindliche Textilteppiche nicht taugen. Hier helfen nur lösemittelhaltige Kleber.

● Mit doppelseitigem Klebeband: Teppich zunächst genau zuschneiden, Band dort auf den Fußboden kleben, wo die Teppichränder liegen, dann Teppich auf das Klebeband drücken. So liegt der Teppich ebenfalls sicher.

Einfache Wiederaufnahme

Neben der Verlegung mit doppelseitigem Klebeband gewinnt die vollflächige Fixierung des Teppichbodens mit flüssig aufzurollender Wiederaufnahmefixierung zunehmend an Bedeutung. Solche vollflächige Haftverklebung stellt sicher, daß der Teppichboden, einmal planeben ausgelegt, auch in Zukunft völlig glatt liegt und sich bei Bedarf rückstandslos und ohne Schaden am Unterboden wieder aufnehmen läßt. Außerdem kommt die vollflächige Fixierung der Lebensdauer des Teppichbodens zugute, weil der Belag beim Hin- und Herschieben von Möbeln und vor allem von Sesseln mit Kugelrollen nicht wellenförmig verformt und somit auch nicht gewalkt wird.
Die Verlegung mit vollflächiger Fixierung erfolgt genauso wie die vollflächige Verklebung.
Mit einem modernen Fixiervlies können auch neue Teppichböden auf einen bereits vorhandenen verlegt werden. Das empfiehlt sich, um den Schallschutz zu verbessern.
Egal, welche Verlegeart gewählt wird, alleine kommt man kaum zurecht. Denn Teppichbahnen sind zwischen zwei und vier Meter breit und sehr schwer. ■

MIT DEM PINSEL GELD SPAREN

Malen ist zwar nicht schwierig, aber die Auswahl der richtigen Farbe macht oft Probleme – denn manche Farben und Lacke belasten die Umwelt

Das Verschönern der Wohnung mit Farben und Lacken steht in der Heimwerkergunst ganz oben an. Das ist kein Wunder: Die Arbeit mit Pinsel und Rolle kann jeder Heimwerker erledigen. Überdies läßt sich eine beträchtliche Summe sparen, wenn man selbst in den Malerkittel schlüpft.

Für einen Quadratmeter Innenanstrich rechnet ein Handwerker um die zehn DM. Wer selbst zu Pinsel und Lammfellrolle greift, kommt mit einem Materialaufwand von rund zwei bis vier DM pro Quadratmeter aus, das heißt, bei größeren Wohnungen summieren sich die Ersparnisse schnell auf einige Tausender.

Leicht verdiente Tausender, wie viele glauben. Allerdings setzen umfangreiche häusliche Anstreicharbeiten gute Material- und Farbkenntnisse voraus. Denn den universellen Anstrichstoff (so der Fachausdruck für Farben und Lacke) gibt es nicht.

Woraus bestehen Anstrichstoffe ?

Handelsübliche Anstrichstoffe setzen sich aus mehreren Komponenten zusammen: Da sind zunächst die Farbpigmente, die für die Farbigkeit sorgen. Bindemittel dienen zur Verbindung der Pigmente untereinander und mit dem Untergrund. Sie geben letztlich den haltbaren Anstrichfilm. Als Bindemittel werden in der Regel Öle, zum Beispiel Leinöl eingesetzt, bei modernen Lacken aber vorwiegend Harze, meistens sind es Kunstharze. Es gibt aber auch Bindemittel, die auf wässriger Grundlage aufbauen. Außerdem sind Lösemittel enthalten. Sie sorgen dafür, daß der Anstrichstoff überhaupt verarbeitet werden kann, sind also verantwortlich für die gute Verstreichbarkeit und für schnelles Trocknen. Lösemittel verdunsten nach dem Auftragen und dürfen die Farbe nicht verändern.

Endlich enthalten Farben und Lacke noch Zusatzstoffe. Das können Konservierungsmittel, Hautverhinderer, Trockenstoffe, Härtungsbeschleuniger oder auch Verlaufmittel sein.

Gefährliche Lösemittel

Vor allem an dem Lösemittelgehalt von Farben und Lacken entzündet sich die Diskussion. Und das zurecht.

Dispersionsfarben sind für Innenwände am besten geeignet

Abtönen

Die tropffreien Farben werden allerdings nur abgetönt verkauft. Das hat den Nachteil, daß man keine eigenen Farbtöne mischen kann. Die Heimwerker sind auf die angebotene Farbpalette angewiesen. Auf der anderen Seite steht ein gravierender Vorteil: Man kann den gewünschten Farbton zu jeder Zeit nachkaufen. Wer einmal versucht hat, einen selbstgemischten Farbton nachzumischen, der weiß, daß dies ein schier unmögliches Unterfangen ist. Mit bereits abgetönter Farbe wird der richtige Farbton getroffen.

Kosten

Um noch einmal auf die Kosten zurückzukommen: Klar ist, daß Naturfarben teurer sind als herkömmliche Dispersionsfarben, und offensichtlich sind die tropffreien Farben ebenfalls etwas teurer. Was soll man wählen?
Die Antwort darauf ist gar nicht so einfach. Denn die Kosten lassen sich nicht so leicht berechnen. Sie hängen unter anderem ab von

- der Gebindegröße – kleinere Mengen sind in der Relation teurer als große,
- der Ergiebigkeit – auf den ersten Blick kann eine Farbe billig sein, aber in der Praxis zeigt sich, daß man vielleicht zwei bis drei Mal streichen muß, ehe sie deckt. Bei einer teureren Farbe hätte womöglich ein einfacher Anstrich genügt,
- dem Untergrund – soll die Farbe geändert werden, muß mehrmals gestrichen werden, dunkle Untergründe verlangen mehr Farbauftrag als helle, „abgewohnte" brauchen ebenfalls mehr Farbe – aber auch die Übung des Heimwerkers spielt eine Rolle.

PINSELTECHNIK

- Borsten nie senkrecht aufsetzen, sondern schräg.
- Pinsel nur zu einem Viertel der Borstenlänge in die Farbe tauchen, am Dosenrand abstreifen.
- Erst Ecken und Kanten streichen.
- Größere Flächen in mehreren Arbeitsgängen streichen, weil moderne Lackfarben schnell trocknen. Dabei darauf achten, daß der Lack waagerecht und senkrecht glattgezogen wird.

Verarbeitung

Bei Untersuchungen der STIFTUNG WARENTEST haben die geprüften Dispersionsfarben alle gute bis sehr gute Urteile erhalten. Das bedeutet allerdings nicht, daß alle gleich gut verstreichbar sind. Freilich kann sich auf dieser Eigenschaft auch kein Qualitätsurteil gründen, denn eine Farbe, die sich leicht ausrollen läßt, deckt womöglich schlechter als eine, die sich nur bremsend verarbeiten läßt.

PINSEL UND ROLLEN

Geübte Privatmaler verlangen nur das Beste vom Besten, wenn sie zum Pinselkauf gehen. Nicht zu unrecht: Wie in vielen anderen handwerklichen Tätigkeiten sind für den Erfolg gute Werkzeuge und ihre sorgfältige Pflege Voraussetzung. Der Werkzeugaufwand beim

Pinsel für alle Fälle

Malen hält sich freilich in Grenzen. Für die Vorbereitung des Untergrundes genügen eine Stahl- oder Drahtbürste zum Putzen und Entrosten, eine Ziehklinge zum Abziehen von alten Anstrichen, dazu Schleifpapier verschiedener Körnung. Wichtig ist auch der Spachtel, mit dem Wandfehler ausgebessert oder alte Farben abgezogen werden.
Die Pinselausrüstung sollte – wir sagten es bereits – vom Besten sein. Billige Pinsel lassen Haare, die den glatten Lack häßlich verunzieren.
Ringpinsel unterschiedlicher Durchmesser eignen sich fast für alle Anstreichaufgaben. Lackflächen werden mit speziellen Pinseln (meist flach oder oval) besonders glatt und gleichmäßig. Striche und kleinere Flächen werden mit runden oder flachen kleinen Pinseln perfekt. Sehr große Flächen sind mit dem breiten Flächenstreicher sehr gut zu bewältigen. Darüber hinaus gibt es noch eine Reihe von Spezialpinseln für unzugängliche Stellen, beispielsweise Heizkörperrippen.

Nicht zu klein

Pinsel sind immer nach der vorgesehenen Arbeit auszuwählen. Der Zweck entscheidet über Form und Größe. Dabei aufpassen, daß der Pinsel nicht zu klein ausfällt, wie so häufig. Mit einer Nummer größer als gedacht, geht es besser.

Kunststoff oder Schwein?

Welche Borsten man wählt, hängt von der Farbe ab. Pinsel sind in der Regel entweder mit Kunstfaserborsten für Acrylatlacke oder Naturborsten (Schweinsborsten) für lösungsmittelhaltige Anstrichstoffe versehen. Schweinsborsten sind im Querschnitt nierenförmig, laufen konisch zu und enden an der Spitze in drei oder vier feinen Haaren, der Fahne. Kunststoffborsten weisen einen kleeblattförmigen Querschnitt auf und können durch die so vergrößerte Oberfläche viel Farbe aufnehmen. Die Spitze ist stark aufgefasert und ermöglicht eine feine Verteilung auf der Oberfläche.
Das Borstenpaket muß gleichmäßig geformt sein, die Borsten sollten sich elastisch, aber nicht weich anfühlen. Drückt man sie leicht auf die Handfläche, dürfen sich die Borstenenden nur wenig spreizen. Dann ist der Pinsel in Ordnung.
Das klassische Werkzeug für den Anstrich mit Kalk-, Leim- oder Dispersionsfarbe ist aber die Deckenbürste, allerdings wird immer häufiger zur Rolle gegriffen. Mit ihr wird die Farbe gleichmäßig, aber nicht ganz glatt aufgetragen – was bei Wand und Decken meistens aus optischen Gründen gewünscht wird, zudem lassen sich große Flächen mit der Rolle sehr schnell und auch nahezu ohne Spritzer anstreichen.

Dispersionsfarben können auch versprüht werden. Dazu müssen sie mit Wasser weiter verdünnt werden. Beim Versprühen aber unbedingt auf einen vernünftigen Atemschutz achten.

Entsorgung

Wie bereits gesagt, sind Dispersionsfarben relativ umweltverträglich. Dennoch sollten sie umsichtig entsorgt werden. Dazu gehört:

- Pinsel und Rollen nach dem Gebrauch zunächst gründlich in Zeitungspapier abstreifen.
- Anschließend Pinsel und Rollen in Wasser reinigen.
- Die benötigten Farbmengen vor Beginn der Arbeit möglichst genau kalkulieren, damit nicht viel übrig bleibt.
- Kleine Reste eintrocknen lassen und dem Hausmüll mitgeben. Größere Reste zur Sondermüllsammelstelle bringen.

Alte Farbe überstreichen

Wer renovieren will, muß wissen, zu welcher der Farbtypen die alte Farbe an der Wand gehört. Denn Dispersions- und Kalkfarben lassen sich nach einer mechanischen Reinigung (Abkehren, mit Bürste bearbeiten) einfach wieder überstreichen, Leimfarben müssen dagegen vorher abgewaschen werden. Ein einfacher Test verschafft Klarheit: eine kleine Fläche anfeuchten und mit dem Finger darüberstreichen. Färbt der Anstrich ab, handelt es sich um Leimfarbe, wird der Anstrich nur dunkel, steht man

Dispersionsfarben mit der Rolle auftragen

vor einer Wand, die mit Kalkfarben gestrichen wurde. Dispersionsfarben sind ebenfalls auf Anhieb ganz einfach zu erkennen, denn sie färben nicht ab und dunkeln auch nicht nach.

Ölfarben

Für Metalle und Holz werden ganz andere Farbtypen verwendet, die oft als Lacke bezeichnet werden (für Holz gibt es auch noch Lasuren). Früher waren das hauptsächlich Ölfarben, die praktisch für alle Untergründe geeignet sind. Ölfarben und Öllacke werden heute allerdings kaum mehr verwendet. Sie sind schwer zu verarbeiten und gehören deshalb immer in die Hand des Fachmanns.

Kunstharzlacke

Sie wurden verdrängt durch Kunstharzlacke, die auf synthetischem Harz als Bindemittel basieren. Ihr Einsatzgebiet ist ähnlich umfangreich wie das der alten Ölfarbe, aber man muß kein Fachmann mehr sein, um sie aufzutragen.
Aufwendig ist ihre Anwendung dennoch: In aller Regel müssen mehrere Schichten nacheinander aufgebracht werden. Vor-, Zwischen- und Schlußanstrich (spezielle Produkte) sind üblich.
Es gibt aber auch Kunstharzlacke, die vor allem als **Alkydharzlacke** bei Heimwerkern sehr beliebt sind. Sie decken schon nach dem ersten Auftrag und trocknen auch gut durch. Sie werden erst quasi auf dem Pinsel flüssig, sind tropffrei und laufen auch an senkrechten Flächen nicht ab. Allerdings wird die Oberfläche nicht so glatt wie bei einem mehrschichtigen Auftrag.
Kunstharzlacke werden in vielen verschiedenen Ausführungen angeboten. Es gibt sie pigmentiert oder als Klarlacke. Sie schaffen einen Mattglanz, einen Seidenglanz oder einen Hochglanz. Sie sind abgestimmt speziell für Innen- oder Außenanstrich, für Wandsockel, Fenster oder Heizkörper.

TIP

Wenn es geht, immer bei Tageslicht streichen. Sonst bleiben viele Fehler unentdeckt, die hinterher kaum zu reparieren sind.
Vorsicht Staub! Solange der Lack oder die Farbe nicht trocken sind, Fenster geschlossen halten und keinen Staub aufwirbeln.

Lacke auf Wasserbasis

Während Kunstharzlacke nur mit organischen Lösemittel verdünnt werden können, reicht für Acryllacke Wasser. Deshalb setzen sich die wasserhaltigen Acryllacke, auch unter der Bezeichnung **Dispersionslacke** bekannt, mehr und mehr durch. Während herkömmliche Kunstharzlacke zwischen 30 und 50 Prozent organische Lösemittel enthalten, kommen Dispersionslacke mit deutlich weniger als 20 Prozent Lösemittelanteil aus. Liegt ihr Lösemittelgehalt sogar unter zehn Prozent, so dürfen solche Produkte, sofern sie zugleich

Alte Farbe läßt sich mit dem Bandschleifer gut entfernen

VERDÜNNER

Außer Pinselreiniger und Enthärter benutzen Heimwerker auch Verdünner zum Reinigen. Folgende bieten sich an.
Terpentinersatz: Kostet nur etwa 0,40 DM pro 100 Milliliter, das Farblösvermögen ist sehr schlecht. Für einen merkbaren Reinigungserfolg sind größere Mengen notwendig, was natürlich auch die Umwelt strapaziert.
Universalverdünner: Er kostet zirka 0,30 bis 0,40 DM pro 100 Milliliter und ist zufriedenstellend und teilweise sogar gut wirksam beim Reinigen und Enthärten von Pinseln und Lammfellrollen. Universalverdünnungen haben aber einen überaus hohen Lösemittelanteil, der sie für Umwelt und Gesundheit zu den vergleichsweise giftigsten Mitteln macht.
Verdünner: Für den einfachen Verdünner gilt im Prinzip das gleiche wie für den Universalverdünner. Im direkten Vergleich sind im Verdünner aber nicht so viele verschiedene Lösemittel enthalten wie in der Universalverdünnung. Da in der Wirksamkeit so gut wie gar keine Unterschiede bemerkbar sind, ist, wenn überhaupt, der einfache Verdünner vorzuziehen.
Bioverdünner: Bei ihnen (Preis 1,25 bis 1,35 DM pro 100 Milliliter) handelt es sich um Spezialisten, die mit Hilfe von natürlichen Citrusschalen- und Balsamterpentinölen Reste von Naturharzlacken vom Pinsel holen. Sie sollen frei von synthetischen Lösemitteln sein. Als Reinigungsmittel für Pinsel und Rollen, an denen Kunstharzlacke haften, sind sie ungeeignet, weil unwirksam.

auch frei von Schwermetallen sind, nach entsprechender Prüfung des Umweltbundesamtes den „Blauen Umweltengel" tragen.
Die schadstoffarmen, lösemittelreduzierten, wasserhaltigen Acryllacke zeichnen sich mittlerweile durch einen sehr breiten Anwendungsbereich und leichte Verarbeitung aus. Es gibt sie ebenso seidenmatt, seidenglänzend wie auch hochglänzend. Sie haben sich innen wie außen vor allem als Anstrichmittel für Holz bewährt.

Naturharzlacke

Als weitere Alternative bieten sich nicht wasserverdünnbare Naturharzlacke an. Ihre Löse-

Etwas langsamer geht die Arbeit mit dem Schwingschleifer

mittel und Bindemittel basieren auf pflanzlichen oder natürlichen Stoffen. Allerdings sind auch diese aufbereitet und aufgrund ihrer möglichen Wirkung auf Umwelt und Gesundheit nicht unumstritten.
Weitere Lacke sind:
Der **Nitrocelluloselack.** Er wird sehr häufig als Sperrgrund zur Isolierung saugkräftiger Untergründe verwendet, ist aber auch beliebt für Metalloberflächen, Innenanstrich oder zum Lackieren von Leder und Kunstleder.
Spirituslack. Er ist nicht sehr widerstandsfähig und wetterbeständig, und wird deshalb in der Regel nur von Naturfarbenherstellern zum Lackieren von Holzgegenständen im Innenbereich angeboten.
Zwei-Komponentenlacke auf Polyester- oder Polyurethanbasis sind nicht zu schlagen, wenn es beispielsweise um Widerstandsfähigkeit von Parkettfußböden geht. Sie bestehen aus zwei Komponenten, die zusammengemischt werden. Ihre Anwendung ist allerdings nicht einfach, denn es müssen genaue Mischungsverhältnisse eingehalten werden, überdies lassen sich diese Lacke nur eine bestimmte Zeit verarbeiten (sie haben eine eingeschränkte Topfzeit).
Bei der Entscheidung für eine bestimmte Lackart kommt es vor allem auf die Anwendung an. Im allgemeinen sollte man die wasserhaltigen Dispersionslacke bevorzugen, wo immer es geht. Allerdings haben sie auch einige Nachteile. Dazu zählt vor allem, daß die Oberfläche etwas empfindlicher ist. Für Türschweller und Türfüllungen sowie andere strapazierte Bereiche kommen sie deswegen weniger in Frage. Überdies läßt ihre Farb- und Glanzechtheit bisweilen etwas zu wünschen übrig. Vor allem bei voller Sonnenbestrahlung der lackierten Fläche ist manchmal ein leichter Glanzverlust festzustellen.

HEISSE LUFT

Wo Holzschädlinge ihr Unwesen treiben, wird meist zur chemischen Keule gegriffen. Doch diese Insektizide können auch Umwelt und Gesundheit schädigen. Eine Alternative ist das sogenannte Heißluftverfahren, auf das jetzt die Jury Umweltzeichen mit ihrem „Blauen Engel“ aufmerksam machen will. Dabei werden die von Schädlingen befallenen Holzstellen so lange mit Heißluft behandelt, bis die Tiere absterben. In den Balken muß deshalb länger als eine Stunde mindestens eine Temperatur von 55 Grad Celsius herrschen.
Sollen auf diese Weise ganze Dachstühle behandelt werden, so wird die Heißluft in draußen stehenden Spezialöfen erzeugt und über Zuleitungsrohre zum Einsatzort geblasen. Vorher ist zu prüfen, ob dort hitzeempfindliche Materialien entfernt werden müssen. Nicht anwendbar ist das Heißluftverfahren jedoch beispielsweise bei Fachwerkhäusern und in allen anderen Fällen, in denen Balken und Bretter zum Teil nicht frei liegen. Firmen, die derartigen umweltschonenden Holzschutz praktizieren, dürfen sich nun auf Antrag mit dem „Blauen Engel“ kennzeichnen.

FARBSPRITZPISTOLEN

Manche Spritzpistolen auch für Dispersionsfarben

Imprägnieren

Beim Streichen mit dem Pinsel kann manches schief gehen: Die Oberfläche wird nicht glatt, sie ist ungleichmäßig oder von langen Farbnasen durchzogen.
Das sollen Farbspritzpistolen verhindern. Wenn man den Herstellern glauben darf, gelingt mit ihnen der Farbauftrag perfekt und mühelos.
Bei Untersuchungen hat die STIFTUNG WARENTEST festgestellt, daß mit den im Heimwerkerbereich hauptsächlich verwendeten Airless-Pistolen die Arbeit tatsächlich flott von der Hand geht. Aber das Ergebnis überzeugt oft nicht, das Einstellen von Gerät und Farbe fällt ungeübten schwer, und das Reinigen mit Verdünnern ist ausgesprochen lästig und überdies gesundheitsschädlich.
Airless-Pistolen versprühen die Farbe durch Druck, der von einem elektrisch betriebenen Schwingkolben erzeugt wird. Diese Antriebstechnik scheint nicht immer für eine gleichmäßige, dünne Vernebelung zu sorgen. Wer allerdings nur seinen Zaun mit Holzschutzmitteln einsprühen, die Rosen vor Schädlingen schützen oder einen Stall desinfizieren will, braucht auf eine gleichmäßige Zerstäubung keinen Wert zu legen.
Ansonsten sollte man sich die Anschaffung einer Farbspritzpistole genau überlegen, denn neben Vorteilen bringt sie etliche Nachteile mit sich:

- Wegen der feinen Vernebelung ist möglichst im Freien oder bei offenem Fenster in leeren Räumen zu arbeiten, andernfalls müssen in der Nähe stehende Möbel und Teppichböden sorgfältig abgedeckt werden.
- Die zum Einstellen der Spritzfähigkeit benötigten organischen Lösemittel belasten erheblich Gesundheit und Umwelt.
- Vorbereitung und Reinigung nehmen immer viel Zeit in Anspruch.
- Schon ungefüllt wiegen die Geräte ein bis zwei Kilo und erfordern einen kräftigen Bizeps, wenn sie gefüllt sind.
- Die Geräte machen einen Höllenlärm, und der Schwinganker sorgt für unangenehme Vibrationen.
- Dispersionsfarben für Decken und Tapeten lassen sich nur mit besonderen Geräten auftragen, die für diese Verwendung vorgesehen sind. Die meisten eignen sich nur für Lack.

Zu diesen Nachteilen kommt noch die Aufmerksamkeit, die die Arbeit mit der Spritzpistole verlangt. So muß beispielsweise die Viskosität (Dickflüssigkeit) der zu verstäubenden Farbe vorher in einem Viskositätsmeßbecher festgestellt und eventuell verändert werden.
Außerdem muß eine besondere Arbeitstechnik befolgt werden. Das beginnt damit, daß der Spritzstrahl mit der Regulierschraube eingestellt wird. Flächen sollten anschließend im sogenannten Kreuzgang lakkiert werden. Das heißt, zuerst im waagrechten und dann in senkrechten Linien. Es ist wichtig, dabei sehr zügig zu arbeiten.
Nach jeder Anwendung müssen Farbspritzpistolen gründlich gereinigt werden, weil die Farbe ins Innere der Geräte eindringen und die Pistole verkleben kann. Aber der Zeitaufwand für die Reinigung ist beträchtlich und auch der Bedarf an Lösungsmitteln, denn es wird wesentlich mehr benötigt als für Pinsel oder Rolle. Und es ist oft ziemlich umständlich, die Reste des Lösungsmittels ordnungsgemäß loszuwerden. Ins Abwasser dürfen sie auf keinen Fall gelangen. Farbgeschäfte und Sondermüllsammelstellen helfen weiter und nehmen oft die Reste der Mittel an.
Die Praxis zeigt also, daß weniger für die Farbspritzpistolen spricht, als die Werbung glauben machen möchte. Wenn allerdings große Flächen zu lakkieren sind oder diffizile Oberflächen wie beispielsweise Korbgeflecht, erleichtert man sich die

Arbeit mit einer Airless-Pistole. Wer sich eine Spritzpistole anschafft, sollte darauf achten, daß ein Viskositätsmeßbecher beiliegt. Ist das nicht der Fall, kann man ihn für etwa zehn DM nachkaufen. Er ist zum korrekten Einstellen der Farbe unerläßlich. Sinnvolles Zubehör ist auch eine biegsame Düsenverlängerung, mit der sehr schwer zugängliche Stellen erreicht werden können, ohne das Gerät schräg halten zu müssen. Ebenfalls empfehlenswert ist eine Ansaugverlängerung, mit der die Farbe direkt aus dem großen Topf aufgenommen werden kann. Allerdings ist das nur ein wichtiger Vorteil, wenn die Verlängerung über einen Meter lang ist.
Bei der Arbeit mit der Spritzpistole sollte dem Heimwerker immer bewußt sein, daß der Spritznebel und auch Lösungsmittel lästig und sogar gefährlich sein können. Sie verkleben Nasenschleimhäute, wenn man auf einen geeigneten Atemschutz verzichtet. Und sogar Explosionen hat es schon gegeben, weil Benutzer das Rauchen nicht sein ließen. Deshalb sind gut durchlüftete Arbeitsbereiche wichtig. Allerdings trägt Zugluft den Farbnebel auch dorthin, wo er nicht hingehört.
Airless-Pistolen kosten etwa zwischen 70 und 300 DM.

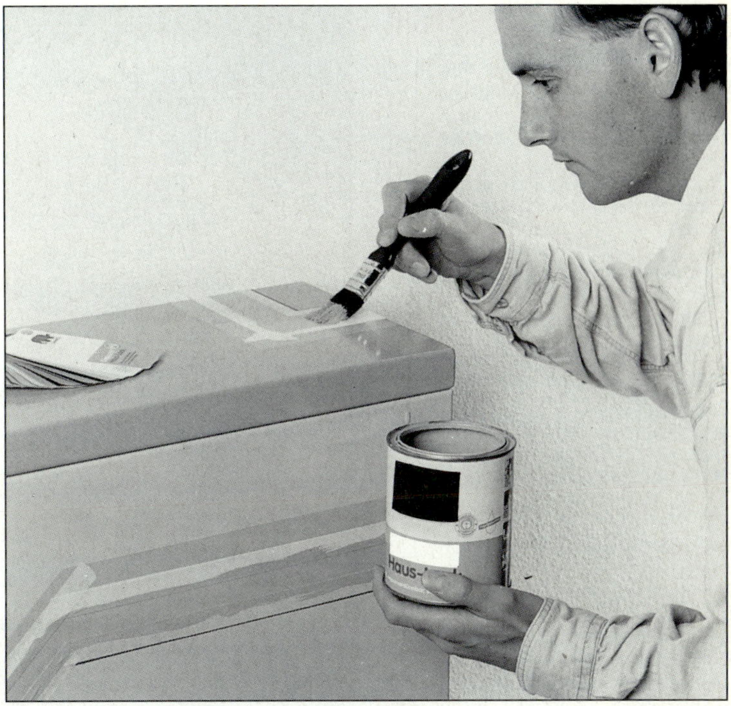

Für Heizkörper gibt es Speziallacke

Handhabung

In der Handhabung gibt es bei den modernen Lacken allerdings keine sehr großen Unterschiede mehr. Die Farbfülle ist fast immer wenigstens zufriedenstellend. Unterschiedliches Verhalten ist aber durchaus bei den Verlaufs- und den Ablaufeigenschaften festzustellen. Freilich muß generell gesagt werden, daß sich gute Verlaufseigenschaften und gute Ablaufeigenschaften gegenseitig nahezu ausschließen. Es ist immer nur ein Kompromiß zwischen beidem möglich.
Eine Farbe mit guten Verlaufseigenschaften gleicht die beim Pinseln entstehenden Unebenheiten aus. Das ist besonders wichtig beim Lackieren von ebenen Flächen.
Bei Farben mit guten Ablaufeigenschaften verlaufen dagegen benachbarte Streifen nicht ineinander. Das ist ein Vorteil bei senkrechten Flächen, denn es bilden sich auch keine Farbnasen.
Generell kann gesagt werden, daß wasserverdünnbare Lacke in der Regel sehr gute Ablaufeigenschaften haben, dafür beim Verlauf etwas schlechter abschneiden.

Preis und Ergiebigkeit

Wie preisgünstig ein Lack ist, hängt im wesentlichen von der Ergiebigkeit und dem Deckvermögen ab. Ein Quadratme-

PINSELREINIGER

Werden wasserlösliche Farben und Lacke verarbeitet, ist das Reinigen von Pinseln kein Problem: Sie werden einfach zunächst in Zeitungspapier gründlich abgestreift und dann in Wasser gereinigt. Anders bei Lacken, die auf organischen Lösungsmitteln basieren. Hier hilft nur Chemie, Pinsel und Rolle zu säubern. Drei Produkte werden unterschieden:

- Reiniger – er löst relativ frische Farben an Rolle und Pinsel.
- Enthärter – er macht trokkene Farbe wieder weich.
- Combiprodukt – es erfüllt beide Aufgaben.

Die Verwendung von allen drei Produkten ist ökologisch bedenklich und sollte nur unter großen Vorbehalten geschehen, denn sie enthalten alle mehr oder minder giftige Lösungsmittel, um die zähen Lacke zu lösen. Diese Lösungsmittel können ausdampfen und zu Gesundheitsschäden führen, sie können aber auch in den Wasserkreislauf geraten. Deshalb unsere Empfehlung: Verwenden Sie keine Enthärter oder Combiprodukte. Wenn es sein muß, greifen Sie zu einem Reiniger. Er ist billiger und enthärtet in der Regel auch. Verwenden Sie nur so viel davon, wie unbedingt nötig ist. Halten Sie Reiniger von Kindern entfernt. Verwendeter Reiniger gehört zum Sondermüll. Nach der Verwendung Haut eincremen, denn Reiniger entfettet sehr gründlich.

Motorgerät bringt Farbe direkt an die Rolle

Heißluftpistole zum Farblösen

ter Innenanstrich mit zwei Schichten kostet zirka:

- mit Dispersionslack 4,50 DM,
- mit Naturharzlack in etwa 9 DM,
- mit Kunstharzlack 3,50 DM.

Allerdings darf man den Angaben über die Ergiebigkeit auf den Dosen nicht zu sehr vertrauen. Meist sind sie zu optimistisch. Das bedeutet: Meist muß man mehr Farbe einkaufen, als sich nach dem Etikettenaufdruck errechnet.

Entsorgung

Reste von Lacken mit organischen Lösemitteln gehören selbstverständlich zum Sondermüll und keinesfalls auf den Hausmüll.

Dachdecker behaupten, das Haus beginnt am Dach. Nicht zu unrecht. Schließlich hält das Dach den Regen und andere Witterungseinflüsse, die von oben kommen, ab.
Bei älteren Häusern sind am Dach allerdings oft Renovierungsarbeiten notwendig, weil es undicht ist. Viele Heimwerker denken dann auch gleich darüber nach, Wärmedämmung des Daches und Nutzung zu verbessern. Dämmaßnahmen und den Dachausbau wollen wir an anderer Stelle behandeln. Hier geht es um die wichtigsten Reparaturen, denn ein defektes Dach muß schnell instandgesestzt werden.

TIP

Wenn das Geld knapp ist, Arbeiten am Dach aber nicht zu umgehen sind, kann man sich auf einfache Weise finanziell entlasten: Verwenden Sie die alten Ziegel, die noch intakt sind, weiter. Sie können damit beispielsweise eine Dachhälfte wieder eindecken und brauchen nur für die andere Hälfte neue Ziegel zu kaufen. Fachleute nennen das Umdeckung.

Dachkonstruktion

Das Dach hat eine Reihe verschiedener Aufgaben zu erfüllen: Es muß

- sich selbst tragen,
- eine ausreichende Wärmedämmung leisten und
- wasserdicht sein.

Um Jahrzehnte zu überdauern, müssen alle Bestandteile alterungsbeständig sein und Witterungseinflüssem widerstehen.

Rein äußerlich, aber auch vom Prinzip her, werden zwei Dachtypen unterschieden:

- Flachdach,
- Spitzdach.

Flachdach

Ein Flachdach scheint sehr unkompliziert zu sein: auf der obersten Geschoßdecke liegt eine Abdichtung – fertig. Doch leider, so einfach ist es in Wirklichkeit nicht. Das Flachdach ist vielmehr ein besonders schwieriges Bauteil, das bei der Erstellung und bei eventuell erforderlicher Sanierung höchste Sorgfalt erfordert.
Deshalb ist dringend davon abzuraten, sich ohne ausreichende Fachkenntnis selber am Flachdach zu versuchen. Scheinbar harmlose Maßnahmen können schwerwiegende Folgen haben.
Leider ist es nicht ganz leicht, jemanden zu finden, der sich tatsächlich auskennt: Dachdecker sind oft nur auf die Systeme eingespielt, die sie selber erstellen. Sie verfügen aber nicht immer über alle bauphysikalischen Kenntnisse, die erforderlich sind, um ein zweckmäßiges Sanierungskonzept auch für jede andere Dachkonstruktion zu entwerfen. Deshalb ist es sinnvoll, einen Architekten oder Bauingenieur hinzuzuziehen, der mit der speziellen Problematik des Flachdachs vertraut ist.
Wie aufwendig ein Flachdach sein kann, soll hier der Aufbau eines konventionellen Flachdachs zeigen: Die tragende Unterkonstruktion bei diesem Dachtyp besteht meist aus

Stahlbeton, darauf kommt der Gefälleestrich, der, wie der Name schon sagt, so aufgetragen wird, daß das Dach eine Schräge von mindestens 3 Prozent aufweist. Flachdächer ohne Gefälle haben sich nicht bewährt und werden heute nicht mehr gebaut.
Auf den Estrich kommt eine dünne Ausgleichsschicht, die vor allem dafür sorgt, daß sich Bewegungen und Rißbildungen in der Unterkonstruktion nicht auf die folgenden Schichten übertragen. Die Dampfsperre, meist Bitumenbahnen mit dünner Metalleinlage, die als nächstes aufgetragen wird, soll verhindern, daß der darüberliegende Dämmstoff durch diffundierenden Wasserdampf durchfeuchtet wird.
Über der Dämmschicht liegt dann, nach einer weiteren Ausgleichsschicht, die wasserdichte Dachhaut aus Bitumenbahnen oder Kunststoffolien.

Das Spitzdach wird meistens bevorzugt

Auch Spitzdächer sollten gründlich gedämmt sein

Doch damit ist es nicht getan, denn das Bitumen muß wiederum gegen die UV-Strahlung des Sonnenlichts geschützt werden. Deshalb kommt obendrauf meist noch eine Kieselschüttung.
Dies war die einfachste Form eines Flachdachs, aber es gibt mehrere, auch weitaus kompliziertere, Konstruktionen.

Verschiedene Ursachen

Daß mit dem Dach etwas nicht in Ordnung ist, zeigt sich in den meisten Fällen durch Feuchtigkeit an der Decke oder den anschließenden Wandflächen. Nicht selten entwickeln sich an den feuchten Stellen Schimmelpilze. Für die Bewohner scheint naheliegend: das Dach ist nicht dicht. Doch das Wasser, das sich so unliebsam bemerkbar macht, muß nicht immer von außen kommen. Häufig handelt es sich um Schwitzwasser, das sich an der kalten Decke niederschlägt.
Das ist ein Hinweis dafür, daß die Wärmedämmung des Flachdaches nicht ausreicht. Nicht selten kommt es zu solchem Schwitzwasserniederschlag nach dem Einbau neuer, besser abgedichteter und besser wärmegedämmter Fenster, weil sich dadurch die Feuchtigkeit im Raum erhöht, die nicht mehr ins Freie gelangen kann und sich dann an kalten Decken oder Wandflächen niederschlägt. Der höhere Feuchtig-

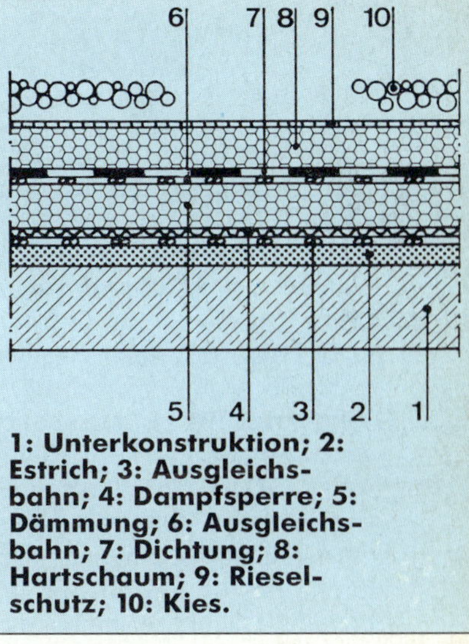

1: Unterkonstruktion; 2: Estrich; 3: Ausgleichsbahn; 4: Dampfsperre; 5: Dämmung; 6: Ausgleichsbahn; 7: Dichtung; 8: Hartschaum; 9: Rieselschutz; 10: Kies.

keitsgehalt hat zwei Ursachen: Zum einen wird durch die dichteren Fenster der Austausch mit trockenerer Außenluft vermindert, zum anderen schlägt sich an den wärmeren Innenscheiben kein Tauwasser mehr nieder (dem ist nur durch gezieltes Lüften – Stoßlüftung, nicht Dauerlüftung – zu begegnen).

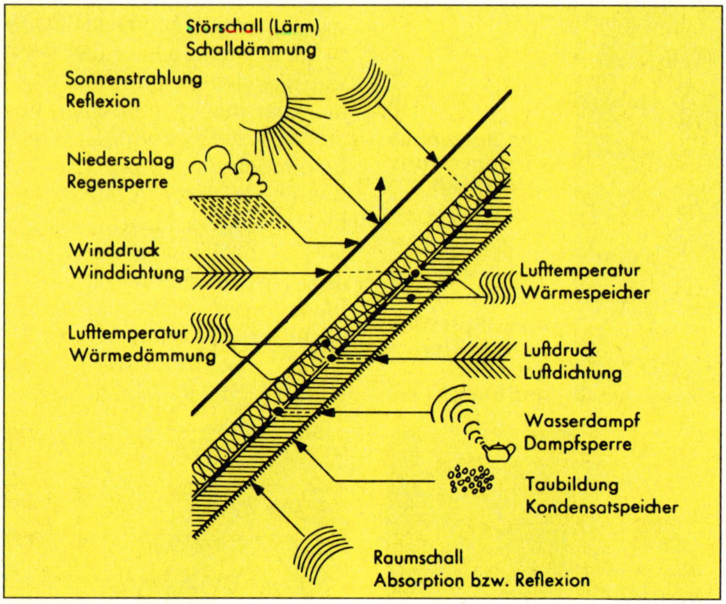

Dringt das Wasser tatsächlich von außen durch die undichte Dachhaut ein, ist es mit einer Abdichtung der Leckagen meist nicht getan, da der durchfeuchtete Dämmstoff unter der Dachhaut nicht austrocknen kann. Dadurch ist die Dämmwirkung weitgehend aufgehoben.

Anstatt Dämmschicht und Abdeckung nun gänzlich zu erneuern, kann es günstiger sein, die defekten Stellen abzudichten und eine zusätzliche Dämmschicht anzubringen.

Um ein zweckmäßiges Sanierungskonzept zu entwickeln, ist es zunächst erforderlich, die tatsächliche Ursache des Schadens festzustellen. Das ist beim Flachdach keineswegs einfach und erfordert wieder einen kenntnisreichen Fachmann. Selbst der hat häufig Probleme, die Leckstellen zu finden und kann sie oft auch gar nicht ausmachen.

Spitzdach

Einfacher scheint auf den ersten Blick die Schadensfeststellung bei einem konventionellen Spitzdach mit seiner aufwendigen Dachstuhlkonstruktion und Ziegeleindekkung zu sein. In manchen Fällen trifft das auch zu, denn marode Dachlatten entlarven sich beim Abklopfen, kaputte Ziegel fallen ins Auge. Doch nicht immer ist die Ursache eines undichten Daches so einfach auszumachen. In der Regel ist auch dafür ein Fachmann notwendig.

Oft ist es mit einfach zu erledigenden Ausbesserungsarbeiten getan, in vielen Fällen empfiehlt sich aber eine komplette Neueindeckung des Dachs. Das ist notwendig bei Dächern, die

- zu etwa 70 Prozent schadhafte Dachpfannen aufweisen,
- mit Material eingedeckt sind, das heute nicht mehr hergestellt wird,
- bei denen sich erweist, daß eine Dacherneuerung wirtschaftlicher ist als ein fortdauerndes Flickwerk.

Auf das Dämmaterial wird Kies aufgebracht

Nur selten fallen undichte Stellen eines Flachdachs so ins Auge

Natürlich ist zu prüfen, mit welchem Aufwand eine Sanierung notwendig ist:

- Können die Dachlatten für eine Neueindeckung weiter verwendet werden?
- Müssen eventuell einige Latten ausgetauscht und ergänzt werden?
- Muß das Dach neu gelattet werden?
- Sind die Dachsparren noch gut oder stellenweise feucht und von Pilzbesatz befallen?

Als Ziegelmaterial empfehlen sich natürlich die konventionellen Dachziegeln in ihren verschiedenen Formen, aber auch Betonziegel werden heute angeboten, die in der Regel etwas billiger sind. Betonziegel haben den Nachteil, daß sie im Laufe der Jahre durch Bewuchs grün werden. In puncto Garantie und Haltbarkeit stehen sich die beiden Arten in nichts nach.

Ob ein Dach dicht ist, hängt aber nicht nur von den Ziegelpfannen ab, sondern auch von dem Zubehör: Dunstrohraufsatz, Antennendurchgang oder Lüfterpfannen müssen ebenfalls passen.

Unfallgefahr

Das Eindecken eines Daches sieht zwar einfach aus und verlockt deshalb auch den Selbermacher. Dennoch wollen wir ganz dringend davon abraten, aufs eigene Dach zu klettern. Schon wegen der hohen Unfallgefahr. Denken Sie auch daran, daß Sie als Privatmann nicht über eine Berufsgenossenschaft versichert sind, wenn Sie sich aufs Dach begeben. ■

WENN DER PUTZ LANGSAM BRÖCKELT

Der Putz verleiht dem Haus nicht nur ein gefälliges Äußeres, er ist zugleich auch ein Schutz vor der Witterung. Deshalb muß zerfallender Putz beizeiten instand gesetzt oder erneuert werden

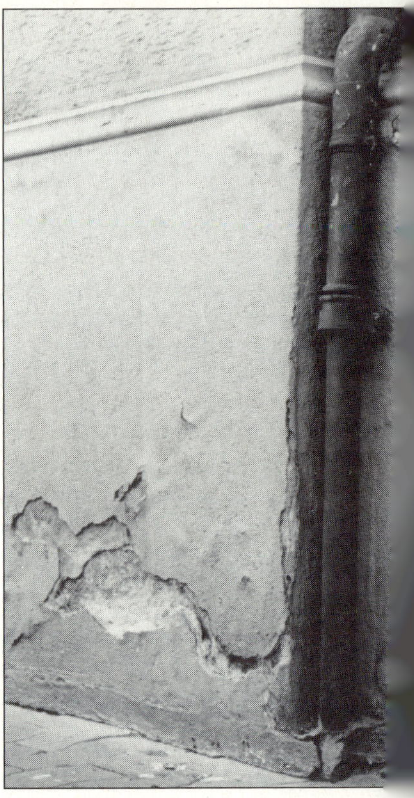

Der Putz am Haus hält 20 bis 50 Jahre – je nach Wettereinflüssen und Ausführung.
In der Regel ist der Putz eines Hauses mit einem Farbanstrich versehen. Das hat nicht nur dekorative Gründe, der Außenanstrich ist in erster Linie Wetterschutz. Er muß Putz und Mauerwerk gegen Schlagregen abschirmen und die Bausubstanz trockenhalten. Aber er muß wasserdampfdurchlässig sein, damit die Feuchtigkeit, die als Dampf von innen nach außen dringt, durchgelassen wird. Wäre der Anstrich außen wasserdampfdicht, könnte sich darunter ein Dampfdruck aufbauen, der zu Absprengungen des Putzes führt.
Der Außenanstrich und oft auch der alte Putz sind Sorgenkinder beim Renovieren. Oft hat der Putz Risse, platzt ab oder wird einfach mürbe. Die Folge ist: Feuchtigkeit dringt ins Mauerwerk und beeinträchtigt so die isolierende Funktion, Risse entstehen, die ganze Außenfassade wird unansehlich.
Beschädigter Putz ist also nicht nur ein Schönheitsfehler. Weil Wasser und Frost eindringen können, löst er sich oft in weiteren Bereichen um die Fehlstellen, und der Schaden vergrößert sich.

Schaden feststellen

Grobe Schäden lassen sich auf den ersten Blick feststellen, weiterreichende müssen durch Abklopfen des Putzes gesucht werden: Schadhafte Stellen klingen hohl.

Ausbessern ist nur sinnvoll, wenn die Schäden auf einzelne Risse oder kleine Einzelflächen begrenzt sind. Dabei muß man sich darüber im klaren sein, daß die Ränder der Flickstellen und natürlich auch die ungleiche Putzstruktur sichtbar bleiben. Das ist zumindest ein optisches Manko.

Ausbessern

Vor dem Ausbessern müssen der alte Putz und der mineralische Untergrund allerdings sorgfältig vorbereitet werden. Dazu zählen unter anderem:

- Lose Teilchen und Schmutz abbürsten,
- Ausblühungen ausbürsten und abschaben,
- Algen und Moosbefall mechanisch entfernen, Algizide und Fungizide lose auftragen und mit Wasser gründlich nachwaschen,
- zum Auftragen eines neuen Putzes unbedingt trockenes Wetter abwarten, nicht in der prallen Sonne oder an stark erhitzten Flächen arbeiten.

Grundieren

Mürber Putz ist keine Basis für einen Außenanstrich. Er ist nicht gleichmäßig haftfähig und hat auch unterschiedliches Saugverhalten. Würde einfach

Besonders am Sockel zeigt der Putz oft Zerfallserscheinungen

ein Farbanstrich aufgetragen, gelänge er an einer Stelle gut, an einer anderen schlecht, Gleichmäßigkeit wäre kaum zu erreichen.
Aus diesem Grund müssen die Putzflächen vor dem Anstrich mit einem Tiefengrund vorbehandelt werden. Das sind in der Regel Grundierungen auf Kunstharzlösung- oder Kunstharzdispersionsbasis. Sie haben gegenüber lösemittelfreien Grundierungen den Vorteil, tief in den mineralischen Untergrund einzudringen, ihn zu verfestigen und so gleichmäßig haftfähig zu machen. Gleichzeitig halten sie den Untergrund durchlässig für Wasserdampf.

Für den Außenanstrich empfehlen Fachleute aus Erfahrung heute meist immer noch Tiefengrundierungen auf lösemittelhaltiger Basis. Hier spielen zwei eine besondere Rolle:

- Grundierung auf Testbenzinbasis – ist immer dann zu empfehlen, wenn keine alten Dispersionsanstriche vorhanden sind. Sie könnten das Eindringen verhindern. Zement- und Mineralanstriche müssen vor der Anwendung mechanisch entfernt werden. Anschließend die Grundierung satt mit der Deckenbürste auftragen.
- Grundierung auf Nitroverdünnung- oder Brennspiritusbasis – wirkt auch bei alten Dispersionsanstrichen, wenn bei einem Probegrundieren nur Pigmente abgegeben werden. Löst sich allerdings die Farbe dabei, erscheint mineralischer Grund, so kann zwar auch eine tragfähige Oberfläche erzielt werden, sicherheitshalber sollte man aber noch einmal grundieren.

Grundierungen auf der Basis von Nitroverdünnung sind gesundheitlich allerdings sehr problematisch und belasten auch die Umwelt. Deshalb sollte man darauf verzichten.
Ohnedies ist es sinnvoll, lösemittelfreie Grundierungen zu verwenden, wann immer möglich. Fragen Sie vor den Sanierungsmaßnahmen auf jeden Fall einen Fachmann danach. Und für Innenräume gilt unbedingt: nur lösungsmittelfreien Tiefgrund auf Dispersionsbasis benutzen. Auch wenn er nicht ganz so tief in den Putz und ins Mauerwerk eindringt.

Außenanstriche

Für den Außenanstrich kommen im wesentlichen zwei Farbarten in Frage: Dispersionsfarben oder Silicatfarben. Welche die richtige ist, sollte man auf jeden Fall vorher mit einem Fachmann besprechen.
Die Eigenschaften von Dispersionsfarben haben wir auf Seite 60 besprochen. Hier wollen wir uns jetzt vor allem der Silicatfarben annehmen, die schon fast aus der Mode waren, im Zeichen der Umweltdiskussionen aber wieder ganz deutlich an Bedeutung zugenommen haben.
Silicatfarben sind nichts anderes als flüssiges Kaliumsilicat. Sie härten an der Luft glasartig aus und verbinden sich überdies durch Verkieselung fest mit dem Untergrund. Silicatfarben sind wetterbeständig, dampfdurchlässig, beständig gegen Rauchgase und chemische Dämpfe, gut haltbar, aber verhältnismäßig teuer.
Der Anwendungsbereich von Silicatfarben ist groß, lediglich auf alten Dispersionsanstrichen sollten sie nicht aufgebracht werden.
Bei einigen Anwendungen sind Silicatfarben sogar die einzigen vernünftigen Lösungen. Dazu zählen zum Beispiel Anstriche auf Kalksandstein oder auf alten Silicatanstrichen.
Silicatfarben gibt es deckend oder lasierend. Die lasierende Version läßt die Untergrundstruktur durchscheinen, was sehr lebendig wirken kann.
Bei der Anwendung von Silicatfarben Vorsicht: Silicatfarben ätzen.

Welcher Anstrich für welchen Untergrund?

Untergrund	Vorbehandlung	Tiefgrund	Anstrichmittel
alte, ungestrichene Zementputze	abbürsten oder abwaschen	lösungsmittelhaltig Basis: Brennspiritus	Dispersions- oder Silikatfarben
Kunstharzputz (intakt)	abbürsten	lösungsmittelhaltig Basis: Testbenzin	Dispersionsfarben
Kalksandstein-Sichtmauerwerk	abbürsten, Ausblühungen trocken abtragen	lösungsmittelhaltig Basis: Brennspiritus oder Nitroverdünnung	Silikatfarben
Ziegel-Sichtmauerwerk	abbürsten, Ausblühungen trocken abtragen	lösungsmittelhaltig Basis: Brennspiritus oder Testbenzin	Polymerisatharzfarbe
Alte Silikatfarben-anstriche	abbürsten lose Anstrichteile abschaben	lösungsmittelhaltig Basis: Nitroverdünnung	Silikatfarben

Hydrophobierung

Auch Sichtmauerwerk braucht einen Schutz vor Schlagregen, ohne dabei seine Dampfdurchlässigkeit einzubüßen. Das angewendete Verfahren heißt Hydrophobierung. Als Mittel stehen Siloxane und Silane in Alkohol gelöst zur Verfügung. Sie sind umweltverträglich. Aber auch Siliconharze in anderen organischen Lösungsmitteln werden angeboten. Auf sie sollte man verzichten.
Die Mittel zur Hydrophobierung werden im übrigen nicht aufgestrichen, sondern aufgesprüht – Airless-Pistolen sind gut geeignet (siehe Seite 60).

Dämmung

Wer sich an die Renovierung einer Hausfassade macht, sollte gleich darüber nachdenken, ob es nicht sinnvoll ist, bei dieser Gelegenheit eine Außendämmung anzubringen. Sie ist nämlich grundsätzlich Innendämmungen vorzuziehen. Ihre Vorteile:

- Im Bereich der Fenster, Wand und Deckenanschlüsse können keine Wärmebrücken entstehen. Somit wird die Gefahr, daß sich Schwitzwasser bildet, verringert.
- Die Wand ist nicht von dem Innenraum abgeschottet, kann also ihre wärmespeichernde Wirkung zur Ausgleichung des Raumklimas einsetzen.
- Eine Dampfbremse ist meist nicht zusätzlich nötig.

Als Außendämmung bieten sich an:

- die verputzte Fassade,
- die verschalte Fassade,
- die Fassade mit Sichtmauerwerk,
- die Kerndämmung.

Wir wollen hier kurz auf deren Vor- und Nachteile eingehen.

Verputzte Dämmfassade

In der Regel wird dabei außen eine Dämmplatte angedübelt oder angeklebt, deren Oberfläche zum Verputzen geeignet

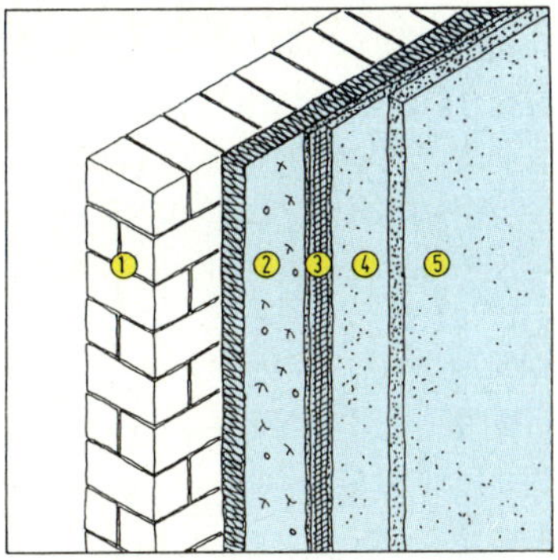

Ziegelmauer (1) mit Dämmschicht (2), auf die mehrere Putzlagen (3–5) aufgebracht sind

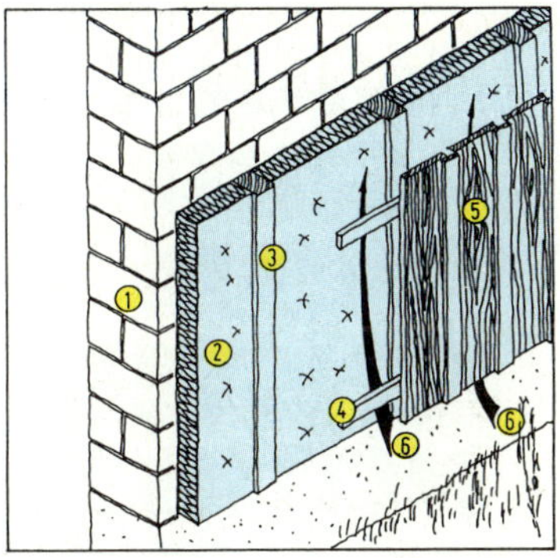

Ziegelmauer (1) mit Dämmung (2) zwischen Latten (3–4) und Holzschale (5) mit Hinterlüftung (6)

ist. Das können Polystyrolplatten sein, aber auch Mineralfaserplatten und Holzwolleleichtbauplatten.

Verschalte Dämmfassade

Diese Konstruktion ist zum Selbermachen besonders gut geeignet, überdies bauphysikalisch gut und ökologisch günstig. Das Prinzip ist eine vorgehängte Schalung mit Wärmedämmung und Hinterlüftung. Als Schalungsmaterial kommt natürlich Holz in Frage, aber auch anderes Plattenmaterial.
Die Dämmstoffschicht sollte etwa fünf bis zehn Zentimeter stark sein und aus halbsteifen oder steifen Platten wie zum Beispiel Kork, Kokos oder Mineralfaserplatten bestehen. Weiche Matten sind weniger geeignet, weil sie auf die Dauer absacken oder aufquellen können und dann die Hinterlüftung beeinträchtigen.
Auf die Hinterlüftung kann nicht verzichtet werden. Das ist ein unten und oben offener mindestens 25 Millimeter tiefer durchgehender Hohlraum, der zwischen Dämmschicht und Schalung angebracht werden muß. Er sorgt dafür, daß jede Feuchtigkeit von innen und von außen rasch austrocknet.

Vorgemauerte Dämmfassade

Eine gemauerte Vorsatzschale ist bei weitem der teuerste Weg. Sie ist eigentlich nur sinnvoll, wenn ein Sichtmauerwerk gewünscht wird. Das Prinzip ist ähnlich wie bei der verschalten Dämmfassade. Die neue Mauerschale übernimmt dabei die Funktion der Holz- oder Plattenverschalung.

Kerndämmung

Hierbei handelt es sich um eine nachträgliche Dämmung, die zwischen Vormauerschale und tragender Wand eingebracht wird. Diese zweischalige Bauweise ist typisch für Norddeutschland.

Fassadenbegrünung

Wer seine Fassade renoviert, sollte sich überlegen, ob er sie konventionell gestaltet. Als Alternative bietet sich eine Fassadenbegrünung mit mehrjährigen Kletterpflanzen an, die ein dichtes, grünes Polster bilden. Das sieht gut aus, schützt die Wandoberfläche gegen Schlagregen, gegen Hitze und UV-Strahlung der Sonne und bietet eine klimaausgleichende und klimaverbessernde Wirkung.
Überdies schluckt der grüne Pflanzenpelz Staub und Schall. Und nicht zu vergessen: die begrünte Fassade ist ein Lebensraum für Insekten und Vögel und trägt damit auch zum Artenschutz und zur natürlichen Schädlingsbekämpfung bei.
Wer seine Fassade begrünen will, sollte allerdings darauf verzichten, zuvor das Mauerwerk mit Algiziden, Fungiziden und Tiefgrundierungen auf der Basis organischer Lösemittel zu behandeln. Auf solchem Untergrund verkümmern die Pflanzen.
Viele Arbeiten an der Fassade kann ein geschickter Heimwerker durchaus selbst erledigen. Bevor er sich jedoch ans Werk macht, sollte er sich unbedingt individuellen Rat holen. Denn meistens hat er weder die Erfahrung, den Zustand des alten Putzes, des alten Anstrichs, des Mauerwerks korrekt zu beurteilen, noch kann er die vernünftigste Renovierungsmaßnahme festlegen. Hier muß der Fachmann zu Rate gezogen werden. ■

WANN SIND NEUE FENSTER NÖTIG?

Durch die Fenster flieht viel Heizenergie. Das ist oft der Anlaß dazu, die alten Fenster gegen neue auszutauschen. In vielen Fällen wäre es allerdings möglich, die alten Fenster zu retten und dennoch Energie zu sparen

Fenster sind die Augen des Hauses. Sie prägen seinen Charakter. Gleichzeitig sind sie aber auch für das Raumklima und den Heizenergieverbrauch mitverantwortlich. Weil Fenster der Witterung ausgesetzt sind, sind sie ab und zu renovierungsbedürftig. Ob es allerdings immer gleich ein völliger Austausch sein muß, sollte genau überlegt werden.
Um entscheiden zu können, ob es besser ist, die alte Fenstersubstanz zu erhalten oder neue Wärmeschutzfenster einzusetzen, sollte man einige Faktoren berücksichtigen. Da ist zum Beispiel die Tatsache, daß die neuen Fenster aller Warscheinlichkeit nach wesentlich dichter sind als die alten. Das ist im Sinne der Wärmerückhaltung natürlich zu begrüßen, kann in der Praxis allerdings auch Probleme mit sich bringen: Am meisten gefürchtet ist Schwitzwasser, das sich bei zu dichten Fenstern bildet, denn die Feuchtigkeit kann dann nicht entweichen und schlägt sich deshalb auf den kalten Außenwänden nieder, was zu Schimmelbildung führen kann. Wer sich also für moderne, dichte Fenster entscheidet, muß seine Lüftungsgewohnheiten darauf abstimmen. Das bedeutet: öfter lüften.

Fenster erhalten

Zumindest in einigen Fällen sollte man sich deshalb gründlich überlegen, ob man alte Fenster nicht doch erhalten will. Die wichtigsten Gründe:

- Doppelfenster sollten bewahrt werden, weil sie eine hervorragende Dämmung besitzen.
- Auch einfache Fenster können erhalten werden, wenn man ihre Wärmedämmung durch Vorfenster, die innen oder außen angebracht werden, erhöht.
- Fenster mit kleinteiliger Untergliederung prägen den Charakter eines Hauses ganz besonders. Wenn möglich, sollten sie wegen der Optik erhalten werden.

Einfache Dämmmaßnahmen an den Fugen (Seite 104) gehören überdies zu den grundlegenden Maßnahmen beim Renovieren von Fenstern. Zu höherer Dichtigkeit können aber auch Korrekturen an den vorhandenen Beschlägen führen, die manchmal nicht mehr richtig sitzen. Prüfen und Nachstellen!

Fenster ersetzen

Alte Fenster müssen allerdings ersetzt werden, wenn sie falsch konstruiert wurden und natürlich auch, wenn das Holz mürbe

oder gar feucht geworden ist. Dabei sollte man sich darüber im klaren sein, daß der Austausch von alten Fenstern nicht ohne Bauarbeiten abgehen kann. Aus diesem Grund ist es sinnvoll, eventuell anstehende weitere Renovierungsarbeiten gleichzeitig zu erledigen.
Das Einsetzen neuer Fenster kann ein geübter Heimwerker durchaus selbst schaffen. Einkomponenten-Montageschäume erleichtern diese Tätigkeit. Wer sich allerdings nicht sicher ist, daß er die notwendigen Fähigkeiten besitzt, sollte einen

DAS GLAS

Einfachfenster sind teure Wärmelöcher. Sie passen nicht zum allseits verkündeten Ziel, mehr Energie zu sparen. Mehrscheibenverglasung heißt also die Parole.
Ein erster Schritt in diese Richtung sind die altbewährten Kasten- und Verbundfenster. Während äußere und innere Flügel eines Kastenfensters stets getrennt geöffnet werden müssen, sind sie beim Verbundfenster fest miteinander verbunden. Sie werden nur noch zum Fensterputzen auseinandergeklappt. Bei beiden Arten von Doppelfenstern kommt es weniger auf die zusätzliche Glasscheibe als vielmehr auf die dazwischen liegende Luft an. Die Dämmwirkung hängt vor allem von der Dicke dieser Luftschicht ab.
Dem erhöhten Wärmeschutz durch Doppelfenster stehen allerdings zwei Schwachpunkte gegenüber: Im Raum zwischen den Scheiben kann sich schnell Tauwasser bilden, und der Aufwand beim Putzen ist relativ groß.
Mehrscheibenisolierglas besteht aus fertigen Verglasungseinheiten mit meist zwei, aber auch mehreren Glasscheiben in einem Fensterflügel. Die Scheiben sind durch einen Zwischenraum voneinander getrennt, der entweder mit Luft oder einem Gasgemisch gefüllt ist. Die Scheiben sind rundherum durch organische Dichtungsmassen luft- und feuchtigkeitsdicht verbunden.
Unter Standard-Isolierglas verstehen Hersteller und Handwerker ein Glas mit zwei gleichartigen, 4 Millimeter starken Spiegelglasscheiben. Sie sind im Abstand von 12 Millimetern montiert. Deshalb die Kurzbezeichnung 4/12/4. Die Zahlen stehen für Glasdicke und Scheibenabstand, von außen nach innen in Millimetern angegeben. Mit dieser Standardverglasung wurden in den sechziger und siebziger Jahren die meisten Fenster in Neubauten und modernisierten Altbauten ausgestattet. Es hat bis heute den größten Marktanteil – nicht zuletzt wegen seines günstigen Preises.
Angesichts steigender Heizkosten reichte vielen Bauherren der Wärmeschutz des Standard-Isolierglases aber nicht mehr aus. Der Kampf um die niedrigsten k-Werte begann.
Der Wärmedurchgangskoeffizient, kurz k-Wert, ist das Maß für den Wärmeabfluß durchs Fenster. Er gibt an, wieviel Wärme durch einen Quadratmeter pro Grad Temperaturunterschied zwischen Innen- und Außenluft entweicht. Wichtig dabei ist, ob in der Berechnung nur die

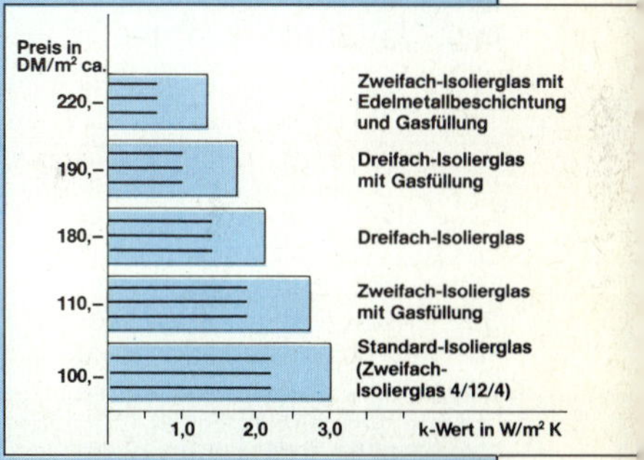

Isolierglasscheibe oder aber die gesamte Fensterkonstruktion – also Scheibe, Flügel und Rahmen berücksichtigt wurde.
Überdies gibt es Gläser, die vor Schall und Sonne, vor Einbruch, Brand und Blicken schützen. Jeder hat die freie Wahl zwischen diesen sogenannten Funktionsgläsern.
Vor dieser Fülle an Fenstern verliert man schnell den Durchblick. Hier ist Beratung durch einen Fachmann nötig.

erfahrenen Fachmann damit beauftragen.
Dennoch bleibt die Entscheidung: Welches Fenster, welches Glas soll es sein ?
Folgende Faktoren entscheiden über die Güte eines Fensters:

● Verglasung – Isolierverglasung sollte bei neuen Fenstern immer gewählt werden. Isolierverglasung wird auf Bestellung nach Maß gefertigt. Aber es gibt noch weitere Verglasungsvarianten.

● Beschläge – meist werden kombinierte Dreh- und Kippflügel verwendet. Bei Schlafräumen können Beschläge sinnvoll sein, die es erlauben, das Fenster in Stufen zu kippen. So ist eine kontrollierte Dauerlüftung möglich. Für diesen Zweck gibt es allerdings auch schon Systeme mit wärmegedämmten Lüftungsschiebern. Natürlich sollten neue Fenster auch mit einbruchsichernden Beschlägen ausgerüstet sein. Im Haushalt mit Kindern ist auch auf eine funktionierende Kindersicherung zu achten.

TIP

Fensterkitt, der brüchig ist und sich von der Glasscheibe gelöst hat, muß ersetzt werden. Sonst staut sich Wasser im Glasfalz, und das untere Flügelholz fault von innen heraus. Bei kleinteiligen Fenstern sollte auch heute noch ein freiliegendes Kittbett verwendet werden. In allen anderen Fällen werden Glashalteleisten mit Dichtungsmasse oder dünnem Kittbett bevorzugt.

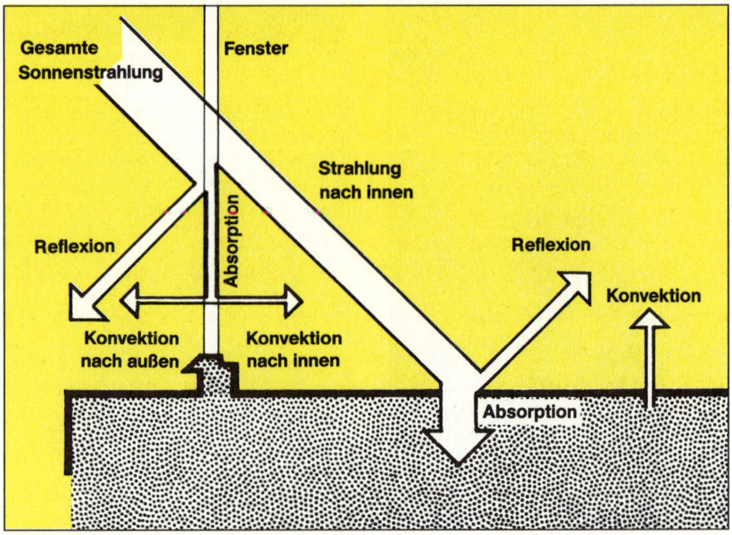

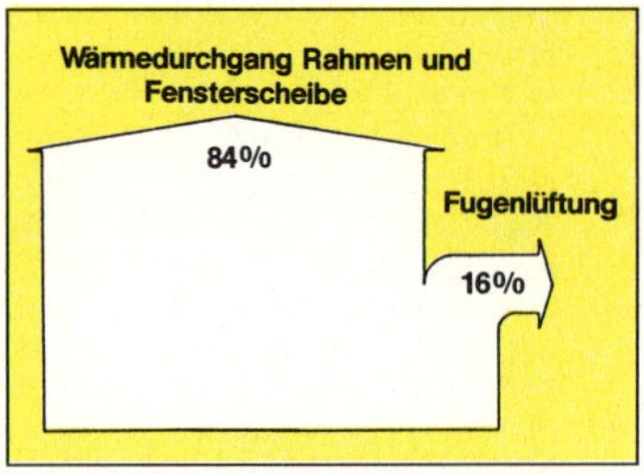

Etwa ein Sechstel der Wärme entflieht durch die Fugen

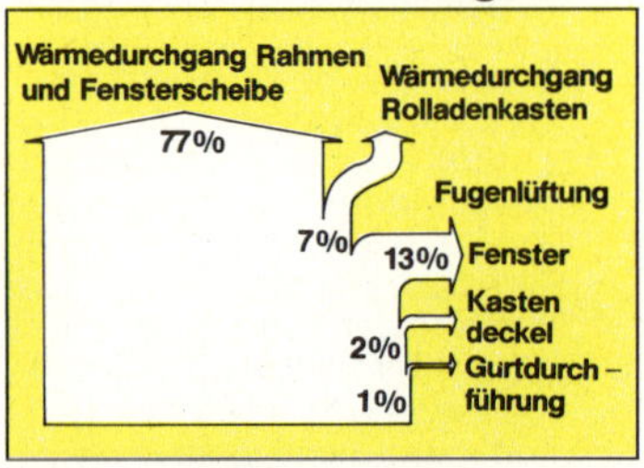

Auch Rolläden tragen zum Wärmeverlust bei

● Rahmenmaterial – es bieten sich Metall, Kunststoff und Holz an. Dabei gilt Holz nach wie vor als der ideale Werkstoff für Fenster, denn Metallrahmen dehnen sich mehr, Kunststoffrahmen verschmutzen wegen der elektrostatischen Aufladung leichter und sind darüberhinaus später ein Fall für den Problemmüll. Wer sich für Holz entscheidet, sollte allerdings einheimische Hölzer wählen. Denn die Verwendung von exotischen Hölzern schädigt die lebenswichtigen Regenwälder.

Einbau

Der Einbau ist, wie gesagt, nicht sehr problematisch, wenn der Heimwerker über einige Fähigkeiten verfügt. Er erfolgt im Prinzip ähnlich wie der von Türen (siehe Seite 90). Das gilt allerdings nicht für die Möglichkeit, neue Fenster auf alte Rahmen zu setzen. Der alte Rahmen muß natürlich fest und fäulnisfrei sein. Diese Arbeit ist in jedem Fall Spezialisten vorbehalten, weil das neue Fenster auf die alte Rahmengröße speziell abgestimmt werden muß.

ROLLÄDENKÄSTEN

Eingemauerter Kasten

Rolläden können Wärmeverluste am Fenster spürbar mindern. Der Rolladenkasten ist jedoch ein Schwachpunkt, der unter ungünstigen Bedingungen den Nutzen wieder aufhebt.
Dabei müssen zunächst die unterschiedlichen Anbringungsmöglichkeiten des Rolladens berücksichtigt werden. Rolläden gibt es als Einbau, Aufbau und Vorbauelemente. Beim Einbauelement ist der Rolladenkasten in das Mauerwerk integriert. Er ist in gleicher Weise verputzt oder verblendet, so daß von ihm nur die Austrittsöffnung für den Rolladenpanzer sichtbar ist. Eine solche Installation ist nur im Neubau möglich.
Bei der Altbausanierung kommen Aufbau- und Vorbauelemente in Frage. Das Aufbauelement kann allerdings nur zusammen mit

Isolierter Aufbaukasten

neuen Fenstern eingebaut werden. Es kommt gleichsam als Bestandteil des Fensters mit in die vorhandene Fensteröffnung. Das Fenster selber wird dadurch entsprechend kleiner, so daß etwas weniger Licht in den Raum kommt. Um diesen ungünstigen Effekt möglichst gering zu halten, sind Aufbaukästen besonders klein dimensioniert. Dadurch wird es im Kasten sehr eng, was zweierlei Folgen hat: Zum einen müssen die Rolladenstäbe sehr flach sein, damit der aufgerollte Panzer nur wenig Raum einnimmt, zum anderen ist kaum Platz für eine verstärkte Dämmung. Durch die kleine Fläche verschlechtert sich die Dämmung aber nicht wesentlich. Sind die Fenster noch in Ordnung und soll nur zusätzlich ein Rolladen montiert werden, dann kommt ein Vorbauelement in Betracht. Auch bei dieser Bauart kommt es auf möglichst geringen Platzbe-

Vorgesetzter Kasten

darf an. Die Lichtminderung ist geringer als beim Aufbauelement, weil der Kasten vor dem Fensterrahmen sitzt (siehe Grafik). Er ragt jedoch, je größer desto mehr, in den Fensterbereich hinein, was von innen nicht besonders schön aussieht. Die andere Möglichkeit, den Kasten außerhalb der Fensteröffnung auf die Außenwand zu setzen, erspart zwar den unschönen Ausblick, verschandelt dafür aber oftmals die Fassade. Dafür gibt es jedoch keine Probleme mit der Wärmedämmung. Denn die Gebäudehülle wird in ihrer Dämmwirkung durch den vorgesetzten Kasten nicht verändert. Versuche der STIFTUNG WARENTEST zeigten im übrigen, daß Fenster mit Rolladen zu einem größeren Wärmeverlust führen als Fenster ohne Rolladen. Ursachen sind die Lüftungsverluste durch Kastenfugen. Der Gesamtwärmeverlust wird dennoch vermindert, weil der in der Nacht herabgelassene Rolladen wärmedämmend wirkt.

Fensterläden

Auch alte Klappläden sind durchaus erhaltungswürdig: Sie verleihen dem Haus eine besondere Optik, und mit Klappläden kann ein sinnvoller und wirkungsvoller Einbruchschutz am leichtesten realisiert werden.
Allerdings sollten Klappläden ebenfalls wärmedämmend ausgebildet werden. Das heißt, sie müssen winddicht sein und deshalb paßgenau gefertigt, dicht an Fensterlaibung und Sims anliegen. Rolläden leisten ebenfalls ihren Beitrag zur Wärme- und Schalldämmung (siehe Kasten oben). ■

NEUER GLANZ FÜR ALTE TÜREN

Türen sollen sicher und dicht schließen, gleichzeitig müssen sie immer leicht zu öffnen sein – jeden Tag viele Male. Kein Wunder, daß sie einem erheblichen Verschleiß unterliegen. Deshalb müssen Türen von Zeit zu Zeit „aufgearbeitet" werden

Die Tür ist genau genommen ein Teil der Mauer, denn sie dient nicht nur als Verschluß, sondern muß auch die Funktion der Mauer übernehmen: optisch, akustisch, wärmetechnisch, sicherheitstechnisch.

Zudem soll sie leicht und ohne Klappern oder Quietschgeräusche schließen.

Eine Tür besteht aus zwei Teilen. Der bewegliche Teil ist das Türblatt, der feststehende Teil, der Rahmen, wird Türzarge genannt. Für die Verbindung sorgen Scharniere. Außerdem gehören zur Tür Schloß, Griffe, Schwellenabdichtung, Falzdichtung und Anschlagschienen für den Fußboden.

Einen Unterschied macht es auch, ob die Tür als Haus- oder als Wohnungstür benutzt werden soll. Haustüren müssen besondere sicherungstechnische Anforderungen erfüllen, sie haben aber auch Witterungseinflüsse auszuhalten.

Schadhafte Türen, deren Türblatt unansehnlich und rissig geworden ist, die schief in den Angeln hängen und deswegen nicht mehr richtig schließen, deren Zargen verzogen sind, können natürlich einfach durch neue Bauteile ersetzt werden. Eine neue Haustür mit Normmaßen kostet zum Selbsteinbau zum Beispiel etwa 600 DM bis 900 DM. Eine neue Wohnungstür ist dagegen schon für etwa ein Drittel dieser Summe zu haben. Sind Türen mit Sondermaßen notwendig, so erhöhen sich die Kosten: Für eine Haustür werden dann zirka 1500 DM bis 4500 DM verlangt, für eine Wohnungstür 250 DM bis 750 DM.

Tür renovieren

Als Alternative bietet sich an, die defekte oder unansehnliche Haus- oder Wohnungstür zu renovieren. Erledigt das ein Fachmann, so ist das allerdings kein billiges Unterfangen. Denn je nach Schädigung werden zirka 800 DM bis 1500 DM für die Sanierung einer Haustür oder 200 DM bis 500 DM für die Instandsetzung einer Wohnungstür verlangt.

Harmonisch abgestimmte Tür

Es gibt allerdings auch andere Möglichkeiten, einer unansehnlichen Tür ein neues Gesicht zu verpassen. Zunächst aber sollte klargestellt werden, daß eine alte Tür nicht unbedingt ein Wegwerfobjekt sein muß. Manche alte Tür wurde nämlich von einem Tischler in Handarbeit gefertigt, besteht möglicherweise aus Massivholz und ist in dieser Qualität heute kaum mehr zu haben. Eine Rolle spielt natürlich auch das Aussehen: Viele alte

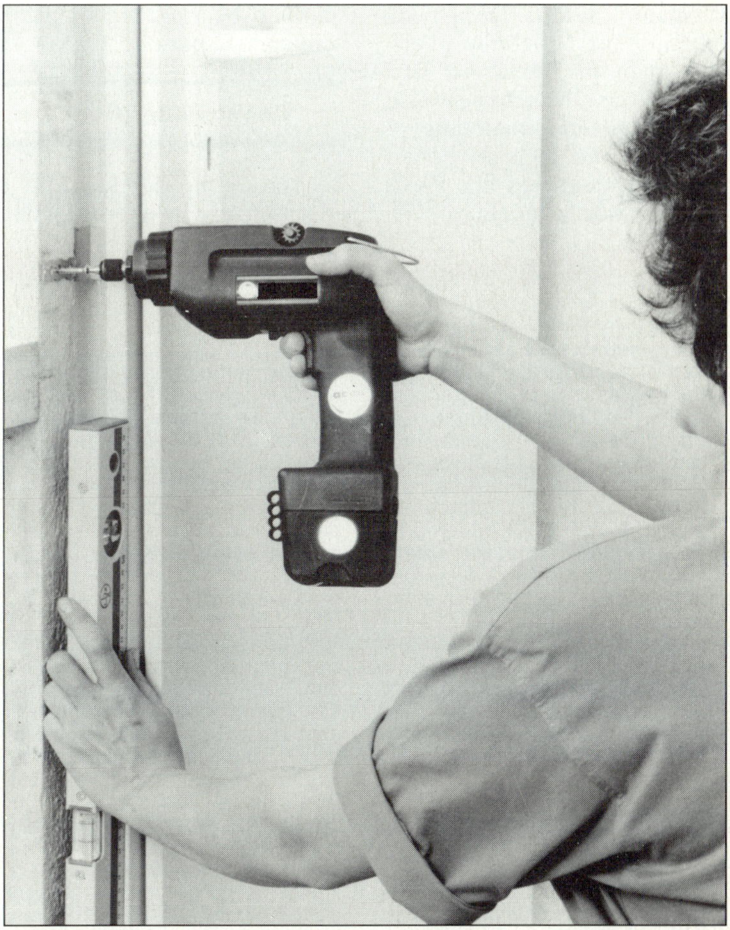

Türeinbau in neugezogene Zwischenwand

Türen sind geprägt von einer zeitlosen Eleganz; eine moderne glatte Wohnungstür wäre dagegen oft ein schlechter Ersatz. Solche Türen sollte man immer versuchen zu erhalten.

Die einfachste Möglichkeit, eine Tür zu renovieren – und bei leichten Verschleißerscheinungen auch ausreichend -, ist, sie neu zu steichen. Im Do-it-Yourself-Verfahren kostet das wenig.

Die Tür aufzudoppeln, ist eine andere Möglichkeit: Dabei wird ein etwa 5 bis 6 Millimeter starkes Sperrholz auf das Blatt aufgebracht.

Auch Tapeten und andere Wandbeläge lassen sich zum Aufmöbeln einer Tür verwenden. Dafür eignen sich besonders Textiltapeten. Langwierige Vorarbeiten sind meist nicht nötig. Abwaschen mit Wasser, dem einige Spritzer Spülmittel zugefügt wurden, genügt meistens.

Weitere Möglichkeiten:

- Kunststoffbeschichtung – Preßspanplatten werden ganzflächig mit der Türoberfläche verleimt, große Designvielfalt, aber nur für Holztüren geeignet.
- Dekorplatten an Haustüren – Metallimitationen aus Kunststoff oder zu verschraubende Leichtmetallgußplatten für Haustüren aus Holz oder Metall.
- Kunststoffummantelungsystem – Türblätter werden mit Kunststoffolie überzogen und diese in eine eingefräste Nut

verspannt. Große Designvielfalt, nur für Holztüren geeignet, auch für Türzargen und Schranktür- beziehungsweise Küchenzeilenummantelung möglich. Die meisten Folien bestehen allerdings aus PVC, das man wegen möglicher Gesundheitsbelastungen nicht verwenden sollte.

Einbau neuer Türen

Bei starken Schäden an Türen oder Türzarge ist allerdings der Einbau neuer Türen zu empfehlen. Dazu ein Tip: Wenn es um die Erneuerung einer Haustür geht, ist die Gelegenheit günstig, eine einbruchhemmende Tür zu verwenden. Doch zurück zu den Selbsteinbausystemen. Es gibt im

MONTAGESCHÄUME

Montageschäume können vielseitig eingesetzt werden. So lassen sich Türzargen relativ einfach befestigen und Fugen zwischen Tür oder Fensterkanten und Mauerwerk problemlos ausfüllen. Die Alternativen mit Schrauben und Dübeln an der Zarge und mit geeignetem festem Dämmmaterial oder Mörtel für die Hohlräume sind meist aufwendiger und mit kaum weniger Kosten verbunden, schonen aber die Umwelt. Einige Hersteller bieten den Schaum aus der Spraydose auch für die Wärme- und Schalldämmung an. Die guten Dämmeigenschaften der Montageschäume wirken sich aber nur dann aus, wenn Zwischenräume vollständig ausgeschäumt sind und dadurch Wärmebrücken vermieden werden.
Gebräuchlich sind Schäume auf Polyurethanbasis. Eine 600-Milliliter-Dose kostet zwischen 7,50 DM und 15 DM.
Dieser Ein-Komponenten-Schaum hat einige Eigenschaften die man schon vor dem Kauf beachten sollte:

- Polyurethanschaum (PU-Schaum) haftet nicht auf Polyethylen, Polypropylen, Teflon, Silicon und ähnlichen Materialien. Er haftet aber gut auf Holz, Faserzement, Beton, Mauerwerk, Putz, Styropor, Polyester und Hart-PVC. Gipsputz muß häufig mit Grundierungsmittel, Stahl mit einem Schutzanstrich vorbehandelt werden.
- PU-Schaum ist nicht UV-beständig. Er muß also abgedeckt werden, wenn er beispielsweise an einem Gebäude dem Tageslicht ausgesetzt wird.
- Der ausgehärtete PU-Schaum kann überputzt und gestrichen werden. Er ist beständig gegen fast alle Chemikalien, Farben und Lösungsmittel. Frischer Schaum kann mit Aceton entfernt werden.
- PU-Montageschaum zählt zu den brennbaren Baustoffen (normal entflammbar).
- Die oft und gern zitierte Handwerkerregel „viel hilft viel" führt bei der Verarbeitung von Montageschaum nicht zum Ziel. Der Schaum gerät aus allen Fugen, wenn zuviel ausgespritzt wird. Bei falscher Dosierung verursacht er einen so enormen Druck, daß sich Türzargen vorwölben und verbiegen können. Darum vorsichtig und sparsam aussprühen und Bauteile genügend abspreizen.

Sehr lässig handhaben die Hersteller nach Untersuchungen der STIFTUNG WARENTEST die Kennzeichnung der Schaumdosen. Immerhin handelt es sich um „minder giftige" Produkte, die nach der Gefahrstoffverordnung beschriftet sein müssen. Zudem stehen die Behälter unter Druck. So fehlen Hinweise bisweilen auf die Giftigkeit und auf Gesundheitsschäden beim Einatmen.
Wichtig für den Käufer sind auch die Angaben von Herstellungs- beziehungsweise Verfalldatum und der Verarbeitungstemperatur, denn die Montageschäume können nur neun bis zwölf Monate gelagert und verwendet werden. Die Verarbeitungstemperatur ihrerseits beeinflußt die Schaumbildung und die Haftfestigkeit entscheidend. Bei Temperaturen um den Nullpunkt kann der Schaum nicht vernünftig aushärten.

Umweltbelastung

Polyurethanschäume werden sehr häufig von Fluorchlorkohlenwasserstoffen (FCKW) aus der Dose getrieben. Dieses Gas schadet dem Leben auf der Erde, denn es zerstört die Ozonschicht.
Bei der Verarbeitung von Ein-Komponetenschaum geraten auch andere chemische Verbindungen in die Luft (Diisocyanate), die dem damit hantierenden Heimwerker schaden. Er sollte unbedingt für eine ausreichende Belüftung der Räume sorgen und einen Atemschutz tragen.
Wegen der Umwelt- und Gesundheitsbelastung ist zu empfehlen, auf PU-Schaum möglichst zu verzichten.
Ein-Komponenten-Schäume gelten als die einfachste und preiswerteste Lösung, um Bauelemente zu montieren und Fugen zu schließen. Daneben bietet der Handel noch sogenannte Schnell- oder Zargenschäume an. Sie werden wesentlich schneller fest. Zwei-Komponenten Schäume, eine dritte Art, haben extrem kurze Aushärtezeiten von etwa 30 bis 45 Minuten, völlig unabhängig von der Luftfeuchtigkeit und Raumtemperatur. Nach dem Mischen der beiden Komponenten in der geschlossenen Dose muß der Schaum in 5 bis 10 Minuten verarbeitet sein – eher eine Sache für Profis.

Eingangstüren prägen das Bild des Hauses

Prinzip zwei, die sich für den Selbsteinbau gut eignen.
Trennwände entstehen oft aus einem Rahmen aus Holz oder Metall, der mit Gipskartonplatten verkleidet wird – es handelt sich um eine sogenannte Ständerwerk-Wand. Für solche Trennwände gibt es besondere Ständerwerkzargen. Ihre Konstruktion trägt den besonderen Montagebedingungen dort Rechnung. Die Montage von Zarge und Tür ist besonders einfach, wenn sie beim Aufbau des Ständerwerks gleich eingeplant wurde.
Fertigtüren und Zargen können aber auch mit Montageschaum eingesetzt werden. Baumärkte führen Türen und Zargen dafür in reicher Auswahl. Beim Kauf auf die Qualität achten, dazu zählt vor allem eine Dichtung, die leises und dichtes Schließen garantiert. Diese Funktion kann beim Händler an Vorführmodellen ausprobiert werden.
Beim Einbau muß man besonders darauf achten, daß die schalldämmenden Eigenschaften erhalten werden. Deshalb sollte das Türfutter nicht auf dem Estrich aufsetzen, sondern auf einem Hartschaum- oder Filzstreifen.
Aus dem gleichen Grund ist auch eine starre Verbindung zwischen Mauerwerk und Zarge zu vermeiden. Die Lösung ist die moderne Kunststofftechnik mit Ein-Komponenten-Montageschaum (ohne FCKW!). Dazu zunächst die Zarge in die Türöffnung stellen, ausrichten und durch Keile fixieren. Anschließend den Montageschaum an den oberen Ecken, im Bereich des Schlosses und der Scharniere, ebenso in der Bodennähe zwischen Zarge und Mauerwerksöffnung einspritzen. Dabei die Gefahrenhinweise auf der Verpackung beachten, denn der Schaum kann starke Haut-und Schleimhautreizungen hervorrufen.
Vorsicht: Der Schaum expandiert auch im Hohlraum noch und drückt deshalb nach der Injektion zunehmend auf die Schenkel der Zarge. Ein Verformen müssen passende Holz- oder Metallstreben verhindern, die bis zum Durchhärten des Schaums zwischen den Zargenschenkeln verbleiben.
Die restlichen Hohlräume zwischen Maueröffnung und Futter mit Stopfwolle ausfüllen, nachdem der übergequollene, durchgehärtete Schaum mit einem scharfen Messer abgetrennt worden ist.
Anschließend können die vordere Zierbekleidung montiert und das Türblatt eingehängt werden. ■

WENN IM ZIMMER PILZE WACHSEN

Schimmel an einer Zimmerwand ist immer ein Alarmzeichen, denn er wächst nur in feuchter Umgebung. Die Ursachen für die Pilz-Invasion sind allerdings oft schwer auszumachen: Baumängel kommen dafür genauso in Frage wie neue, energiesparende Fenster oder Lüftungsfehler

Zeigen sich im Zimmer schwarze Flecken an der Wand oder der Decke, stehen die Bewohner vor einem ernsten Problem: Schimmel. Er ist ein deutliches Zeichen für feuchtes Gemäuer. Denn Schimmelpilze gedeihen nur auf feuchtem Untergrund. Taucht der schwarze Belag in Wohnungen auf, ist allerdings selten ein undichtes Dach oder eine wasserdurchlässige Mauer daran schuld. Die Feuchtigkeit ist vielmehr oft hausgemacht: Wasserdampf in der Raumluft kondensiert an einer relativ kalten Wand. Es bildet sich Tauwasser.

Das entsteht immer dann, wenn warme Luft mit hoher relativer Feuchtigkeit auf Oberflächen trifft, deren Temperatur unterhalb des Taupunkts der Luft liegt. Jeder kennt diesen Vorgang aus dem Badezimmer: Nach warmem Baden oder Duschen beschlägt der Spiegel; die mit Wasserdampf gesättigte Luft kühlt an der Spiegeloberfläche ab und gibt Feuchtigkeit ab, die sich als Tauwassertröpfchen niederschlägt.

Ursache für Tauwasserbildung in Wohnungen sind meist mangelhaftes Lüften, falsches Heizen, aber auch Baumängel und Bausünden.

Lüften

Die wichtigste und einfachste Maßnahme ist Lüften. Durch gründliches Lüften der Räume, auch wenn sie selten benutzt werden, zieht die mit Wasserdampf gesättigte Luft ab, bevor sie überhaupt an den vier Wänden Schaden anrichten kann. Die hereinströmende kalte, weniger Wasserdampf enthaltende Frischluft nimmt den Wasserdampf im Raum auf.

Mangelhafte Lüftung findet man vor allem auch in Wohnungen, die aus Energiegründen mit dichtschließenden Fenstern versehen wurden. Ist keine kontrollierte Dauerlüftung über Lüftungsschlitze im Fensterrahmen vorgesehen und lüften die Bewohner nicht regelmäßig, steigt die Luftfeuchtigkeit in der Wohnung so lange an, bis sie sich an einem kalten Punkt niederschlägt.

Heizfehler

Neben der ungenügenden Lüftung ist falsch verstandenes Energiesparen ein weiteres Grundübel. Beispielsweise drosseln viele Berufstätige morgens, wenn sie aus dem Haus gehen, die Heizkörper kräftig. Abends drehen sie die Heizung auf – nicht aber im Schlafzimmer. Zum Schlafen, so meinen sie, genüge eine Temperatur von 18 Grad Celsius.

Tagsüber aber kühlt die Wohnung weitgehend aus. Die am Abend aus den übrigen Räumen ins Schlafzimmer strömende erwärmte Luft kann dort zwar die Temperatur der Raumluft etwas erhöhen, nicht aber die des kalten Mauerwerks. Der über Nacht durchs Atmen freigesetzte Wasserdampf erhöht die Luftfeuchtigkeit so sehr, daß sich Tauwasser bildet, wenn er mit den kalten Bauteilen in Berührung kommt. Schimmelpilz im Schlafzimmer ist dann nur noch eine Frage der Zeit.

Baumängel

Kurzum: Um Schäden zu vermeiden, müssen alle Räume einer Wohnung oder eines Hauses weitgehend kontinuierlich beheizt werden. Auch regelmäßige Stoßlüftung ist wichtig, erst recht, wenn Fensterritzen

Nach Schimmelbefall muß oft die Tapete runter

SO ENTSTEHT SCHIMMELPILZ

Wie Staub befinden sich die verschiedenartigsten Pilzsporen in der Luft. Sie setzen sich auf nassen, mindestens an der Oberfläche durchfeuchteten Bauteilen ab. Nährböden wie Tapetenkleister, Farbanstriche oder alle anderen organischen, bei Nässe gärenden Materialien begünstigen das Wachstum. Schimmelpilze haben zunächst die Größe von Stecknadelköpfen. Die Abstände zwischen den punktförmigen Pilzgebilden sind meist unregelmäßig; man bezeichnet sie in dieser Phase häufig als Stockflecken. Unter günstigen Bedingungen vermehren sie sich aber rasch und wachsen zu einem dichten Pilzbelag. Die Farbe des Belages kann je nach Art des Pilzes unterschiedlich sein.
Das Pilzgewebe durchdringt Tapeten, Anstriche und Innenputz. Mit Schimmelpilzen bewachsene Wände können die menschliche Gesundheit gefährden, da sich neben den Pilzen auch Bakterien ansiedeln. Außerdem sind Schimmelpilze äußerst allergieträchtig.
Wirksamstes Mittel gegen Schimmelpilzbefall ist das Trockenlegen der feuchten Bauteile oder Flächen.

und Fugen abgedichtet oder neue, dichtschließende Fenster eingebaut wurden. Wenn diese beiden Grundvoraussetzungen nicht eingehalten werden, bietet selbst eine fehlerfrei ausgeführte Wärmedämmung der Außenwand noch lange keine Garantie für trockene Wände und Zimmerecken.
Aber nicht immer ist die Dämmung einwandfrei. Dadurch verursachte Schadensfälle sind

heute leider keine Seltenheit mehr. Mit der Lust zum Dämmen stieg auch die Last der Schäden. Je dicker die Dämmung und je dichter die Fenster, desto größer ist die Gefahr von Baumängeln. Hier einige typische Bauschäden:

BAUMANGEL: WÄRMEBRÜCKE

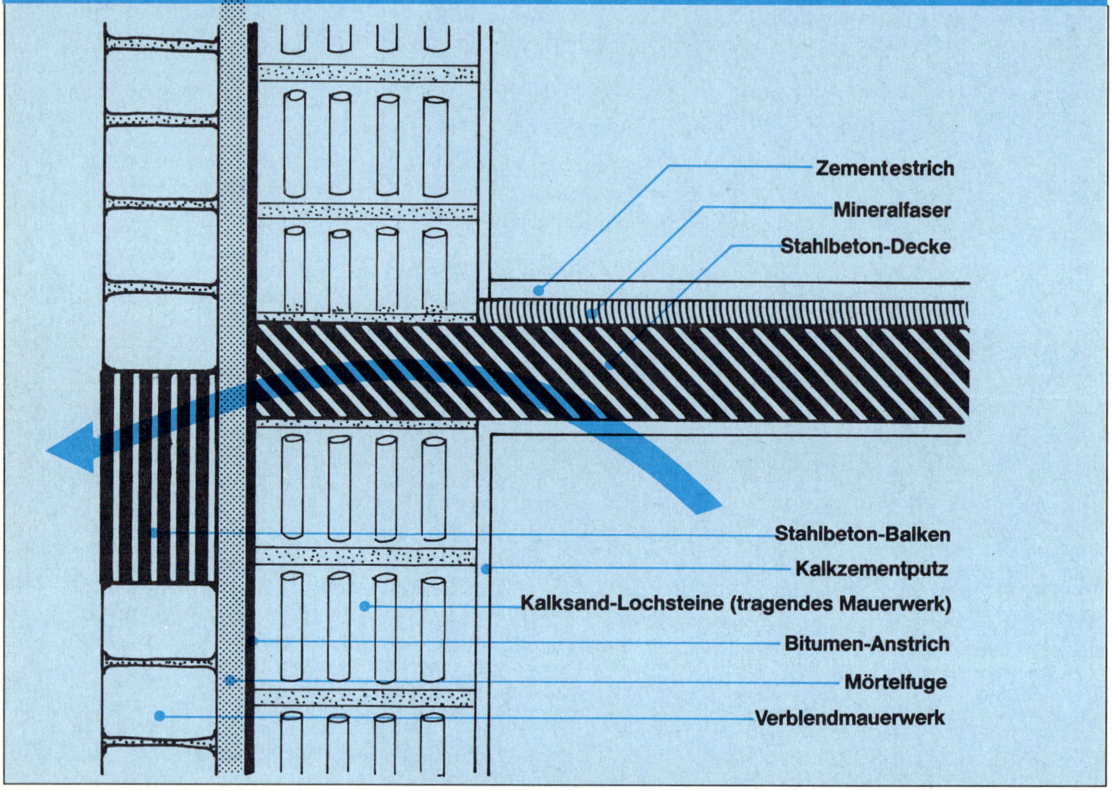

Wärmebrücken

Ein häufiger Grund von Bauschäden sind Wärmebrücken. So bezeichnen Fachleute einzelne, örtlich begrenzte Stellen in Außenbauteilen, die – verglichen mit der sie umgebenden Wandfläche – weniger gedämmt sind. Sie lassen demnach mehr Wärme von einem beheizten Raum nach außen durch. Dieser erhöhte und energievergeudende Wärmestrom ist an sich schon ein Nachteil. Aber zusätzlich besteht noch die Gefahr der Tauwasserbildung auf der Innenseite der kühlen Wand.

Wärmebrücken können aber auch durch so einfache Dinge wie eine falsche Anordnung von Fensterbänken entstehen (siehe Kasten Seite 97) und: Wärmebrücken sind häufig nur sehr schwer zu enttarnen. Oft haben auch Fachleute damit Probleme.

Falsche Innendämmung

Gipspflaster können ebenfalls der Grund für Tauwasserbildung sein. Beispielsweise, wenn eine Giebelwand, die im Winter wiederholt Tauwasser aufwies, zur Dämmung von innen mit Gipskartonplatten verkleidet wird, die durch Gipspflaster an der Wand festgehalten werden.

Die stehende Luftschicht zwischen Giebelwand und Gipskartonplatte sorgt zwar für eine bessere Wärmedämmung, die Temperatur an der inneren Giebelwandoberfläche ist nun aber niedriger als zuvor. Wegen der niedrigen Temperatur zwischen Platte und Wand und der höheren relativen Luftfeuchtigkeit im Raum, wandert Wasserdampf von innen nach außen – der Wasserdampf diffundiert.

Bei entsprechend niedrigen Außentemperaturen und hoher relativer Luftfeuchtigkeit im Zimmer kann die Temperatur an der Innenseite des Giebels, also verdeckt durch die Gipskartonplatte, so weit absinken, daß an der Giebelwand die Temperatur unterschritten wird, bei der sich Tauwasser bildet. Der Gips saugt dann das anfallende Tauwasser auf und transportiert es zurück in den Raum. Die sichtbaren Folgen: feuchte Flecken an der Wand.

Hier hilft nur noch, die Gipskartonplatte vollständig zu entfernen, die Räume auf etwa 20 Grad zu beheizen, und sie regelmäßig und ausgiebig zu lüften. Die Feuchtigkeit muß möglichst ungehindert abziehen können.

Ungünstige Möblierung

Ähnliche fatale Folgen wie die heikle Innendämmung können auch ungünstig aufgestellte Möbel haben. Dazu zählen vor allem dicht an einer Außenwand stehende oder aufgehängte Schränke. Auch hinter den Möbeln schlägt sich nämlich Tauwasser nieder, falls die warme Raumluft nicht oder nur ungenügend an der Außenwand entlangstreichen und sie erwärmen kann. Sind erst Wand und Rückseite vom Schrank von Schimmel befallen, können im Schrank aufbewahrte Bücher langsam vermodern oder auch Textilien muffig werden. Dadurch können ohne weiteres größere finanzielle Verluste entstehen.

Die Wandoberfläche darf also nicht zu stark auskühlen. Zwischen Wand und Möbelstück muß ein mindestens vier bis fünf Zentimeter breiter Lüftungsspalt bleiben, durch den die warme Raumluft von unten nach oben aufsteigen kann. Die Luft muß mit Hilfe von Lüftungsgittern oder Schlitzen am Sockel oder über dem Schrank zirkulieren können. Notfalls sollten Sie entsprechende Schlitze selbst anbringen, um dem Schimmel vorzubeugen.

Ein Tip: eine ausreichende Oberflächentemperatur ermöglichen auch hinter den Möbeln verlegte Heißwasserrohre der Zentralheizung. Aber diese Konstellation ist natürlich nur selten gegeben. Wer sicher gehen will, stellt Schränke nur an Innenwänden auf. ■

DREI WÄRMEBRÜCKEN

Wärmebrücken sind einzelne, örtlich begrenzte Stellen an Außenbauteilen, an denen ein erhöhter Wärmefluß von der wärmeren zur kälteren Seite auftritt. Es gibt drei Arten von Wärmebrükken. Bei der konstruktionsbedingten leitet beispielsweise ein Baustoff die Wärme besser nach außen als das Mauerwerk der übrigen Wand.

Geometrisch bedingt sind Wärmebrücken in einer Außenecke: Durch die größeren äußeren Abkühlungsflächen ist die Temperatur der Innenwandoberfläche in der Ecke niedriger als auf der umgebenden Wand.

Lüftungstechnisch bedingte Wärmebrücken haben andere Ursachen: Die von einem Heizkörper unter dem Fenster aufsteigende Warmluft strömt zum Beispiel wegen einer zu breiten Fensterbank an der oberen Zimmerecke vorbei. Diese Ecke wird dann weniger erwärmt. In dieser kühleren Ecke besteht Tauwassergefahr.

KONSTUKTIONSBEDINGT

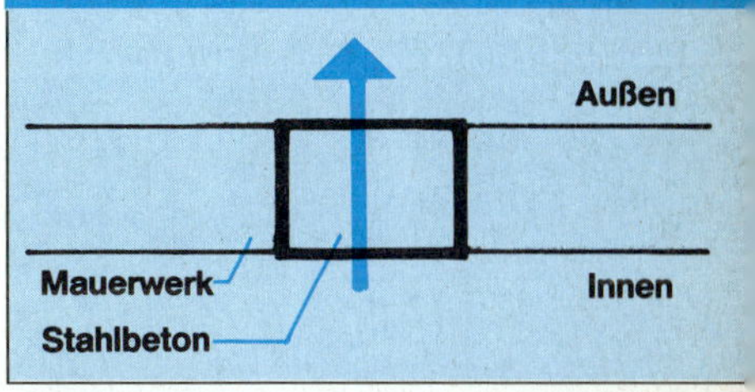

GEOMETRISCH BEDINGT

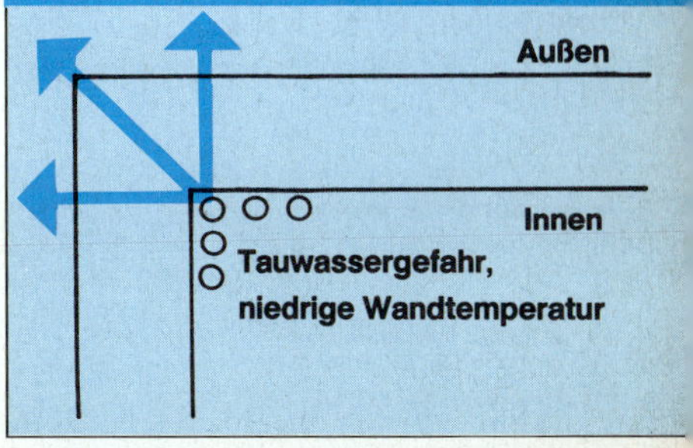

LÜFTUNGSTECHNISCH BEDINGT

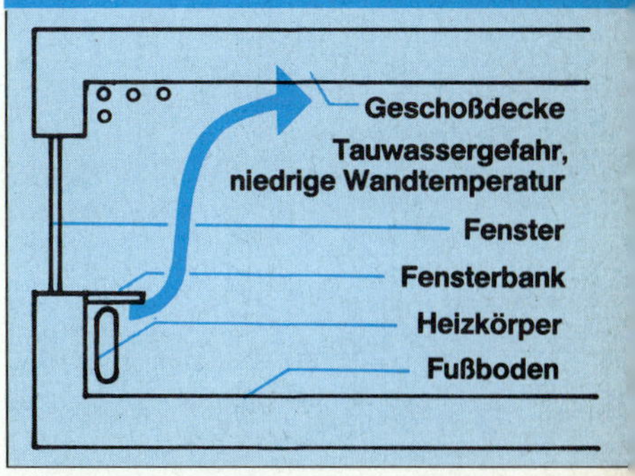

MOLLIG WARM UND EINE KUR FÜR DIE UMWELT

Eine Pudelmütze fürs Haus ist zwar übertrieben, aber Energiesparmaßnahmen sind durchaus sinnvoll, weil sie den eigenen Geldbeutel und die Umwelt entlasten. Deshalb sollten Sie beim Modernisieren in jedem Fall auch überlegen, wie Sie Heizungskosten einsparen können

In den alten Bundesländern ist der Trend klar: nur noch etwa 20 Prozent der Wohnungen werden mit Kohle beheizt. In den fünf neuen Ländern spielt die Kohle als Heizmaterial noch eine weitaus größere Rolle: Etwa zwei Drittel aller Wohnungen sind auf Wärme durch Kohle angewiesen. Doch das sollte sich in Zukunft ändern.

Wer sein Haus modernisiert, wird heute sicher darauf achten, das Energiesparen ganz voranzustellen. Denn der Spareffekt ist gleich doppelt: Zum einen entlastet er die private Kasse, zum anderen aber auch die Umwelt.

Und gerade im Hinblick auf Umweltfreundlichkeit hat die Kohlenheizung im Einfamilienhaus für die Zukunft schlechte Karten. Denn bei der Verfeuerung im Haushalt produziert Kohle beim heutigen Stand der Technik wesentlich mehr Schadstoffe als leichtes Heizöl oder Erdgas. Als umweltfreundlich kann man auch diese beiden Energieträger deshalb aber nicht bezeichnen. Deshalb geht es vor allem darum, ihren Verbrauch so gering wie möglich zu halten.

Bei der Verbrennung von Öl, Gas und Kohle entstehen in der Hauptsache vier die Umwelt schädigende Gaskomponenten: Kohlenmonoxid, Schwefeldioxid, Stickstoffoxid und Kohlendioxid. Ihre Anteile in den Abgasen gilt es, so niedrig wie möglich zu halten. Dazu können sowohl konstruktive Maßnahmen an den Geräten, als auch der sparsame Umgang mit den Brennstoffen beitragen.

Stand der konventionellen Technik

Die Hersteller von Heizungsanlagen haben in den letzten fünfzehn Jahren einiges für die Energieeinsparung und den Umweltschutz getan. So können sie heute Heizkessel anbieten, die wesentlich effektiver arbeiten und damit auch weniger Schadstoffe produzieren. Saubermänner sind sie freilich noch nicht.

Vorläufiger Endpunkt der Entwicklung auf dem Gebiet der konventionellen Heiztechnik sind sogenannte Niedertemperaturheizungen. In Verbindung mit einer gleitenden Regelung der Kesselwassertemperatur produzieren sie nur so viel Wärme, wie den Außentemperaturen entsprechend notwendig ist. Als Brennwertgeräte nutzen sie überdies noch die Wärme in den Abgasen. Das heißt, sie sind besonders sparsam im Umgang mit Öl und

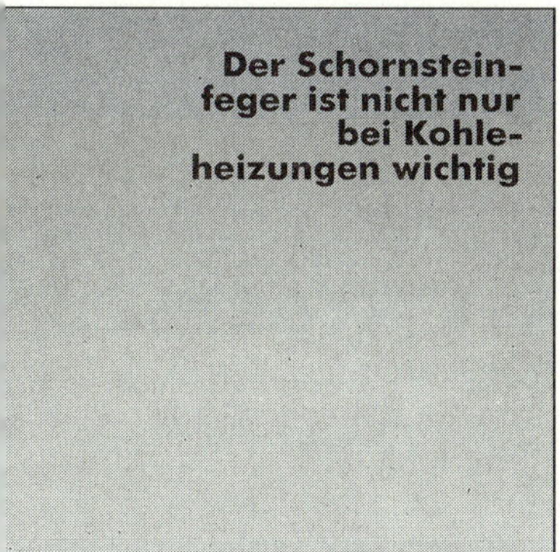

Der Schornsteinfeger ist nicht nur bei Kohleheizungen wichtig

Gas und können mit Wirkungsgraden aufwarten, die kaum noch zu verbessern sind.
Natürlich sollten bei Modernisierungsmaßnahmen solche Heizungen bevorzugt verwendet werden, wenn ohnehin eine neue Heizanlage fällig ist.

Wann modernisieren?

Fast 90 Prozent der im Haushalt eingesetzen Energie geht in die Raumheizung – und oft genug wird zum Schornstein hinausgefeuert. Denn in manchen Wohnungen stehen veraltete, uneffektive Kohleöfen, und in vielen Heizkellern finden sich Anlagen, die man mit Fug und Recht als Energieverschwender bezeichnen kann. Meistens sind sie überdimensioniert und arbeiten mit aus heutiger Sicht lächerlich niedrigen Wirkungsgraden. Wer einen Kessel besitzt, der älter als zehn Jahre ist, sollte deshalb ernsthaft an eine Erneuerung denken (Schornsteinfeger fragen). Die finanziellen Voraussetzungen sind dazu sehr günstig. Der Staat fördert die Modernisierung von Heizungsanlagen durch steuerliche Abschreibungsmöglichkeiten (vorläufig nur noch bis zum 31. 12. 1991). Zudem kann man bis zu 30 Prozent Heizkosten einsparen.
In manchen Fällen macht sich schon allein der Austausch des Brenners bezahlt – vorausgesetzt, der Kessel ist noch gut in Schuß. Allerdings läßt sich nicht jeder beliebig große Heizkessel durch einen modernen Brenner in ein Spargerät verwandeln. Entscheiden kann das im Einzelfall nur der Heizungsmonteur. Er ist auch zuständig für die jährliche Wartung und Reinigung der Anlage, die unbedingt regelmäßig erfolgen sollte, denn nur eine saubere und richtig eingestellte Heizung kann optimal funktionieren.

Sparsame Ventile

Zwingend vorgeschrieben in Mehrfamilienhäusern sind Thermostatventile an Heizkörpern. Aber auch in Einfamilienhäusern sind sie wärmstens zu empfehlen. Daß man damit Energie einsparen kann, haben wir durch mehrere Untersuchungen nachgewiesen. Fachgerecht installiert und vom Betreiber richtig genutzt, läßt sich der Energieverbrauch mit Thermostatventilen um 10 bis 20 Prozent senken. Das geschieht auf zweifache Weise: Zum einen kann man jeden Raum so temperieren, wie es der Nutzung entspricht. Zum anderen reagiert das Ventil auch auf hinzukommende Fremdwärme: Scheint beispielsweise die Sonne ins Zimmer, wird durch den Thermostat der Heizwasserzulauf automatisch gedrosselt.
Voll ausgenutzt wird das Regelvermögen von Thermostatventilen aber nur bei einer gut geregelten Vorlauftemperatur, und zwar in Abhängigkeit von der Außentemperatur. Elektronische Regelungen sind zwar nicht billig, aber doch eine lohnende Investition, denn sie machen Schluß mit der Wärmeverschwendung (Seite 122). Die eingesparten Brennstoffe kommen auch in diesem Fall sowohl der Haushaltskasse als auch der Umwelt zugute.

Strom

Als Folge der Ölkrisen von 1973 und 1978 erhöhte sich im Heizungsbereich nicht nur der Anteil des Erdgases, sondern auch der des elektrischen Stromes. Für den Verbraucher ist Strom natürlich eine saubere

WINTERGARTEN

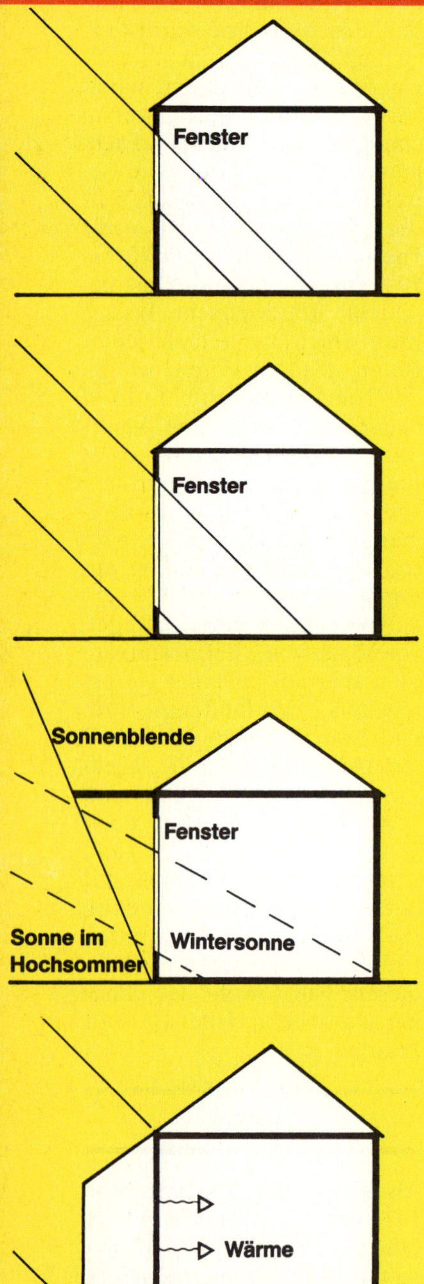

Durch gezielte Baumaßnahmen an einem Haus kann in eingeschränktem Maß auch die Sonnenenergie zum Heizen herangezogen werden. Drei typische Beispiele:

- Die nach Süden zur Sonne gerichtete Fensterfläche wird vergrößert und dient so dem direkten Sonnenenergiegewinn.
- Die massiven Gebäudeteile, wie Decken und Wände, werden zeitweise als Wärmespeicher genutzt, um die Wärme zur Verfügung zu haben, wenn die Sonne nicht scheint.
- Noch mehr Fensterfläche und damit die Möglichkeit, noch mehr Sonnenenergie zu nutzen, bietet ein Glashaus an der Südseite des Hauses, ein Wintergarten.

Zur Zeit groß in Mode, bilden unbeheizte Wintergärten ebenso wie unbeheizte Windfänge auch eine Pufferzone gegen stark schwankende Außentemperaturen: Bei niedrigen Außentemperaturen gehen die Wärmeverluste des Hauses nicht gleich verloren, sondern erwärmen zunächst die Luft im Glashaus. Die Wärme bleibt also länger erhalten.

Untersuchungen haben gezeigt, daß zwar Energieeinsparungen zu erwarten sind, die allerdings nicht sehr groß ausfallen – das liegt im wesentlichen an der geringen Sonneneinstrahlung in unseren Breiten. Wer nachrechnet, findet heraus, daß es sich nicht lohnt, die Fensterflächen eines Hauses ausschließlich im Hinblick auf passive Solarenergiegewinne zu planen. Die Ausgaben dafür sind zu hoch. Größe und Richtung der Fenster sollten weiterhin nach den althergebrachten Kriterien wie Ausblick, Nutzung des Raumes oder Gestaltung der Fassade erfolgen.

Sache, und er läßt sich fast ohne Verlust in Wärme umwandeln. Wesentlich trüber sieht es aber aus, wenn man die Stromerzeugung mit in Betracht zieht. Der eingesetzte Brennstoff, meistens Kohle, wird dabei nämlich nur zu höchstens 38 Prozent genutzt, und das bei einer Emission großer Mengen Schwefeldioxid, Stickoxid, Staub und Kohlendioxid – von den diversen Problemen der Atomenergie einmal ganz abgesehen.

Das hat seine Auswirkungen auch auf die Schadstoffbilanz von Wärmepumpen, die ja überwiegend elektrisch angetrieben werden. Was die Wirtschaftlichkeit anbetrifft, sind sie in letzter Zeit zwar entscheidend besser geworden; als umweltfreundlich kann man die neue Technik eben auf Grund ihres Stromverbrauchs aber leider auch nicht bezeichnen.

Solarenergie

Die Solarenergie, meistens gewonnen durch Sonnenkollektoren, stellt zwar zweifellos eine umweltfreundliche Methode der Energiegewinnung dar, aber sie hat auch gravierende Nachteile: Solaranlagen sind immer noch sehr teuer, dazu kommt, daß sie in unseren Breiten keine allzu große Ausbeute liefern können und die Probleme der Energiespeicherung für Zeiten, in denen die Sonne nicht scheint, nicht gelöst sind. Solaranlagen sind aus diesen Gründen bei uns leider nur zur Warmwasserbereitung sinnvoll.

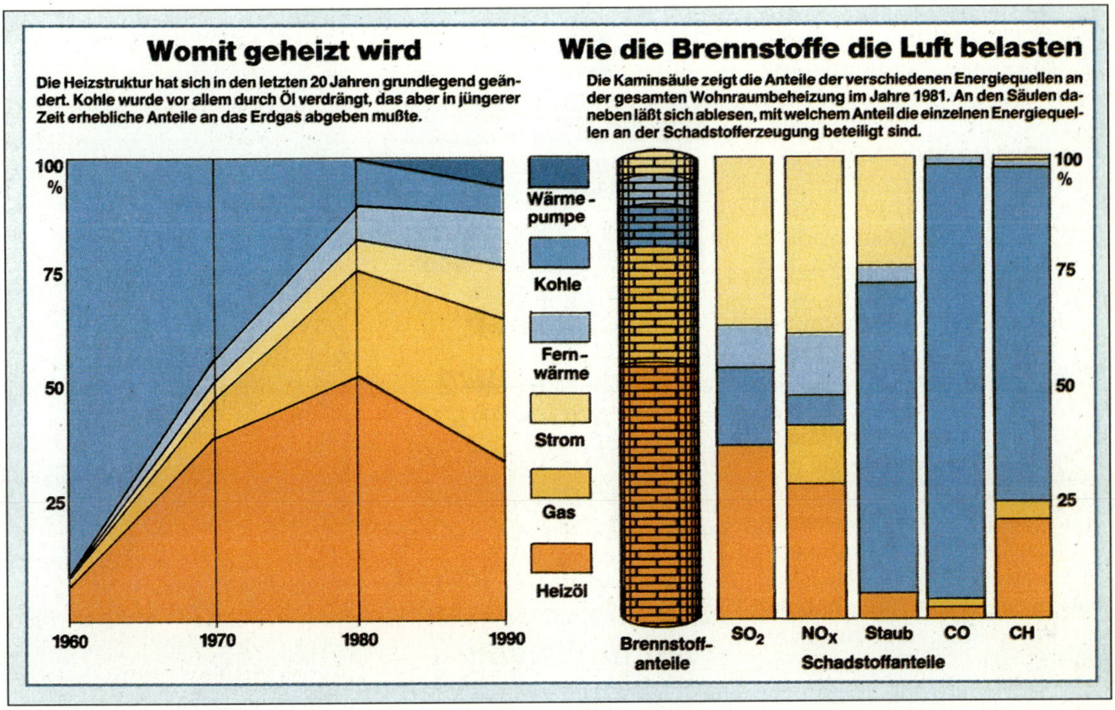

Dämmen

Die beste Heizung nützt wenig, wenn die Wärme nicht im Haus bleibt, sondern nach draußen verpufft. Nun muß nicht gleich für viel Geld das ganze Haus gedämmt werden, wenngleich das die beste Lösung wäre, aber Kleinvieh macht bekanntlich auch Mist. Mietern in Mehrfamilienhäusern steht sowieso nur die kleine Lösung zur Verfügung, wenn der Hausbesitzer von sich aus nichts für den Wärmeschutz tut.

Als preiswerte und lohnende Investition, besonders in schlecht gedämmten Altbauten, bieten sich zum Beispiel Heizkörper-Reflexionsplatten an. Das sind dünne, meist metallisch beschichtete Dämmstoffe, die in die Nische hinter den Heizkörper geklebt werden. Sie reflektieren die Wärme in den Raum und verringern den Wärmedurchgang durch die Außenwand. Je nach Wohnungsgröße muß man 50 DM bis 100 DM dafür ausgeben. Diese Ausgabe macht sich nach zwei bis drei Jahren bezahlt.

Dichte Fenster und Türen

Eine weitere einfache Möglichkeit, den Wärmebedarf eines Hauses oder einer Wohnung zu senken, ist der Wärmeschutz am Fenster. Auch für diejenigen, die keine Doppel-, Verbund- oder Isolierfenster haben, gibt es Lösungen, die nicht viel kosten, den Fluchtweg für die Wärme aber dicht machen (Seite 104).

Sind die Fenster abgedichtet, rückt die Eingangstür ins Blickfeld.

Dämmaterial

Eigenheimbesitzer, die ihr Haus vom Keller bis zum Dach dämmen wollen, müssen sich erst einmal mit einer Vielzahl von Systemen und Materialien auseinandersetzen. Innen- oder Außendämmung, Stein- oder Glasfaser, Hart- oder Weichschaum, Rollen oder Platten – das sind die Fragen. Ohne den Rat eines Fachmanns wird man meistens nicht zu optimalen Lösungen kommen (Seite 104). ■

EIN WARMER MANTEL FÜR DAS HAUS

Die einfachsten Dämmaßnahmen sind leicht durchzuführen und kosten nicht viel Geld – sie lohnen sich in jedem Fall. Wer aber ohnehin umfangreich modernisiert, sollte weiterreichendes Dämmen gleich mit einplanen

Noch vor weniger als 20 Jahren kannte man keine Energieprobleme. Von Ölkrise und Umweltbelastungen durch fossile Brennstoffe sprach damals niemand.
Wunderbar?
Viele ärgern sich darüber, daß es ein derartiges Energieschlaraffenland je gegeben hat. Denn sie leiden heute unter den Sünden von damals. Vor allem unter Bausünden. Als Öl im Überfluß sprudelte, dachte kaum jemand daran, sein Haus schon beim Bau vernünftig gegen Wärmeverluste zu dämmen. Jede Wärmedämmaßnahme wäre teurer gewesen als die damit zu erzielenden Einsparungen. Fachleute haben errechnet, daß die meisten Häuser, die vor der ersten Energiekrise 1973 in den alten Bundesländern gebaut wurden, rund zwei Drittel der Heizenergie sinnlos in die Luft blasen. Ähnliches gilt für viele Häuser auf dem Gebiet der ehemaligen DDR .
Diese Verschwendung will heute keiner mehr zulassen. Der Grund dafür ist klar: Die steigenden Brennstoffpreise haben die Rentabilitätsrechnung auf den Kopf gestellt – heute lohnen Energiesparmaßnahmen nicht nur ideell, sondern auch finanziell.

Wärmelöcher

Ein guter Teil der teuren Heizenergie, die sich durch Fenster (gut ein Drittel), Wände (ein Fünftel), Dach (ein Sechstel) und Keller (ein Zwanzigstel) eines schlecht gedämmten Hauses ungenutzt davonmacht, läßt sich durch Energiesparmaßnahmen rechtzeitig einfangen und einem vernünftigen Zweck zuführen. Zuvor aber verursachen die nötigen Maßnahmen Kosten.

Dämmaßnahmen, die sich schnell bezahlt machen

Ob sich etwas lohnt, stellen kühle Rechner nach einem einfachen Schema fest: Was kostet es, was bringt es ein?
Vor allem, wenn es um Energiesparmaßnahmen geht, ist diese einfache Faustformel durchaus

Gründliche Dämmung beim Dachausbau

richtig. Am günstigsten sind die Veränderungen, die sich durch eingesparten Brennstoff rasch wieder bezahlt machen. Glücklicherweise trifft es sich,

DICHTE FENSTER

Wirkungsvolles Abdichten der Fensterfugen führt in der Theorie – und in den Prospekten – zu eindrucksvollen Einsparergebnissen. Unberücksichtigt bleibt jedoch, daß in der Praxis derart dichte Fenster weder aus hygienischen noch aus bauphysikalischen Gründen überhaupt wünschenswert sind. In bewohnten Räumen muß stets ein Luftaustausch gewährleistet sein. Sind die Fugen geschlossen, muß dies durch eine regulierte Dauerlüftung (durch Lüftungsschlitze oder Belüftungssystem) oder Stoßlüftung (Fenster immer wieder für einige Minuten ganz öffnen) erfolgen. Die Einsparungen durch das Abdichten können deswegen nur auf ein bestimmtes Maß beschränkt werden.

daß es eine Maßnahme gibt, die gleichzeitig wenig kostet, einfach selbst auszuführen ist und dennoch enorm viel spart: das Abdichten von Fugen und Ritzen an Fenstern, Türen und Mauerdurchbrüchen nach draußen. Die Investition in solche Arbeiten macht sich bereits nach etwa zwei Jahren bezahlt und ist ohnehin die Voraussetzung für eine weitere sinnvolle Isoliertätigkeit.
Denn der kühle Wind, der als Zugluft durch die Ritzen dringt, läßt die Hausbewohner frösteln – auch wenn im Zimmer 25 Grad Celsius herrschen. Und wer friert, greift

automatisch zum Heizkörperregler und dreht auf oder legt Kohle nach. Die Zugluft und das Frösteln bleiben, die Temperatur und die Heizkosten steigen sinnlos. Um etwa 6 Prozent erhöhen sich die Aufwendungen für Brennstoff mit jedem Grad, um das die Zimmertemperatur gesteigert wird.

Dichtungsstreifen schließen den Spalt zwischen Rolladen und Wand

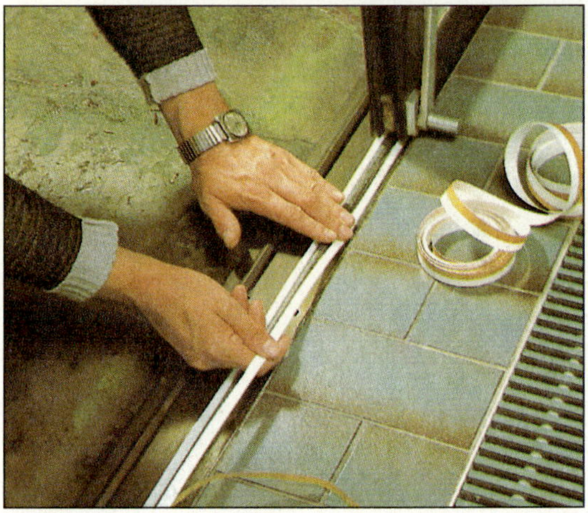

Auch für Terrassen-Schiebetüren gibt es passende Dichtungsstreifen

WARMWASSERROHRE

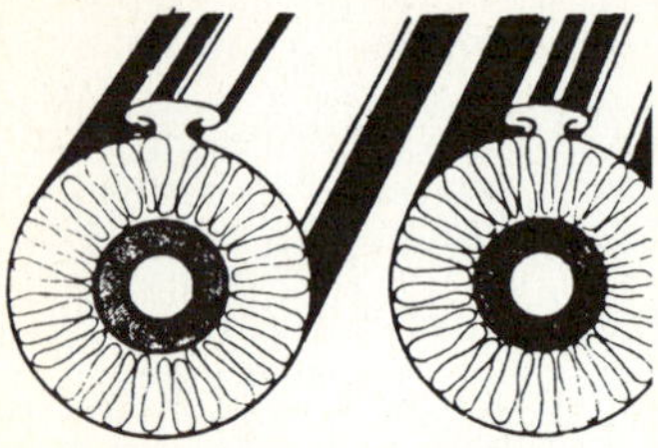

Mit Weichschaummantel gegen Wärmeverlust geschützt

Warmwasserrohre sind große Energieverschwender, denn das Wasser, das im Rohr steht, kühlt schnell ab. Das merkt jeder, der den Warmwasserhahn aufdreht: Zuerst kommt kaltes, dann lauwarmes und dann erst heißes Wasser. Einen Teil der Energie fangen Ummantelungen aus Weichschaum oder Mineralfaser auf – beides am besten alukaschiert.

Zugluft

Um dieser Kostenschraube ein Ende zu setzen, gibt es ein sehr bewährtes Mittel: dichten. Die dazu notwendigen Materialien sind in jedem Bau- und Heimwerkermarkt zu haben. Beispielsweise elastische Dichtungsbänder und -profile mit selbstklebender Rückseite. Sie werden in die Falze von Fenster und Türen eingeklebt. Allerdings müssen die Falze vorher gründlich gereinigt werden.

Fensterrahmen

Fensterabdichtungen kosten zwischen 0,45 und 2,20 DM pro Meter. Ein Preisvergleich ist also zu empfehlen.

Selbstverständlich sperren die Dichtungen die kalte Luft nur aus, wenn sie an die richtigen Stellen im Fensterrahmen geklebt werden. Sonst wirft man Geld zum Fenster hinaus, und die Arbeit ist umsonst.

Dichtbänder und Profile werden an der Scharnierseite seitlich an den Rahmen angebracht. So kann die Dichtung beim Schließen des Fensterflügels nicht zur Seite geschoben werden; die schmale Seite des Flügels drückt sie zusammen.

Dichtungsmasse in Fensterfalz drükken, mit Folie abdecken, Fenster schließen, aushärten lassen

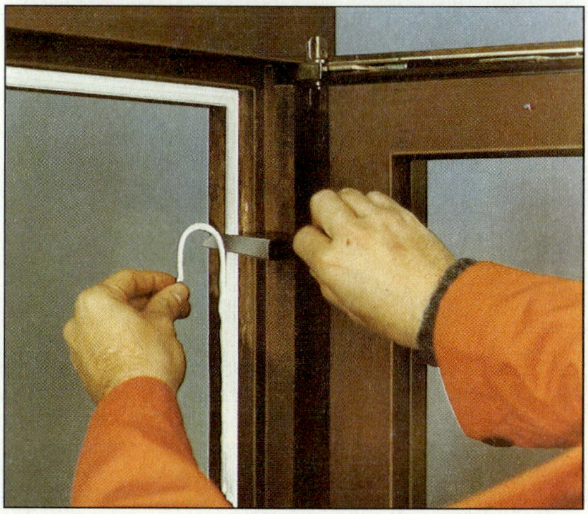

Anschließend Folie abnehmen und Überstände sauber abschneiden

An den anderen drei Seiten soll sie je nach Spaltbreite an den inneren Flügelanschlag oder in den mittleren Falz geklebt werden. Der äußere Falz kommt wegen möglicher Witterungseinflüsse nicht in Betracht; gleiches gilt für den äußeren Flügel von Doppelfenstern. Darauf ist unbedingt zu achten.

Liegt die Dichtung richtig im Fensterfalz und ist sie in den Ecken ganz sorgfältig verarbeitet, lassen Altbaufenster durchaus ebensowenig Luft durch wie neue Fenster.

Ausschlaggebend für gutes Abdichten ist auch, daß das Dichtungsmaterial auf die Breite der Spalten abgestimmt ist. Die meisten Hersteller geben auf den Verpackungen an, in welche Spaltbreiten ihr Produkt paßt. Es fehlen allerdings Hinweise, wie der Käufer die Spaltenbreite messen kann. Wir empfehlen Knetmasse. Sie sollte an verschiedenen Stellen zwischen Flügel und Rahmen gelegt und dann das Fenster geschlossen werden. Nach dem Öffnen zeigt die verformte Knete die Breite der Spalten an.

Solidere Konstruktionen als Dichtungsbänder sind Dichtleisten aus Kunststoff; sie halten länger, sind aber auch teurer und kosten etwa 4 DM pro Meter.

Dichtmasse aus der Kartusche

Wenn die Fenster allerdings weit und unregelmäßig klaffen, helfen Dichtungsbänder oder Leisten nicht mehr weiter. Hier muß eine Dichtung eingesetzt werden, wie sie in Kartu-

ROHRSCHACHT

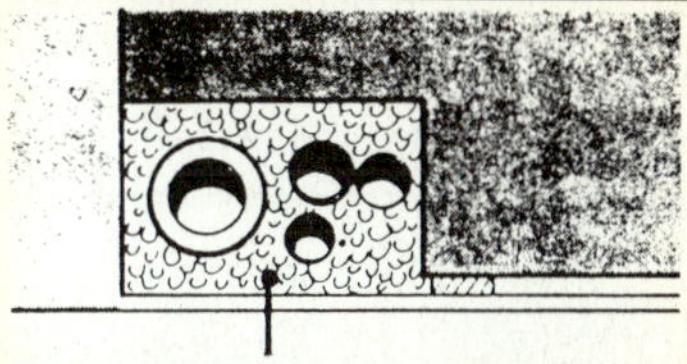

Ausgeschäumter Kanal für Abwasser-, Heizung- und Brauchwasser-Steigleitung

Abwasserrohre, aber auch Heizungs- und Brauchwassersteigleitungen sind meist in einem gemeinsamen Rohrschacht verlegt. Ist der nicht isoliert, geht hier viel Wärme verloren. Abhilfe: Isolierschaum aus der Dose. Wird einfach eingespritzt und schäumt dann auf (sparsam sein). So werden die warmen Versorgungs- von den kühlen Entsorgungsleitungen getrennt.

schen angeboten wird. Das Auftragen dieser Dichtungsmasse verlangt schon mehr handwerkliches Geschick und aufwendigeres Arbeiten.
Zunächst müssen die Falze sehr gründlich gereinigt werden, dabei darf auch keine lose Farbe mehr übrig bleiben. Wenn die Flächen absolut trokken und frei von Staub und Fett sind, sollte der meist mit der

RANDLEISTENFILZE

Randleistenfilze gelten als billig und einfach und schnell zu montieren. Die Randleisten müssen bloß an den Dachsparren angetackert werden – mit der blanken Aluminiumkaschierung zum Dachraum hin. Gleichzeitig verdeckt die Aluschicht aber auch alle Einbaufehler und gibt dem Bauherren ein ruhiges, leider oft trügerisches Gewissen. Hängt der Randleistenfilz erst einmal fest zwischen den Sparren, kann man von innen nicht mehr erkennen, ob die Dämmstoffbahn überall an den Sparren eng anliegt, ob sie sich nicht wölbt oder hochsteht und die wichtige Hinterlüftung des Daches behindert. Von außen ist eine Kontrolle wegen der Dacheindeckung ohnehin nicht möglich.
Überschätzt in ihrer Wirkung wird oftmals die Aluminiumkaschierung der Randleistenfilze. Mit einem Tacker befestigte Filze bilden keinesfalls einen luftdichten Abschluß. Erst mit ordentlich verarbeitetem Aluklebeband an den Überlappungen auf den Sparren sowie in Eck- und Anschlußbereichen des Dachs läßt sich die gewünschte Luftdichtigkeit erzielen. Gleichzeitig wird das Eindringen von Wasserdampf von innen in die Dämmschicht verhindert.

Dachraumausbau: Boden isolieren, Dachgebälk mit alukaschierten Dämmplatten ausfachen und dann mit Holz verkleiden

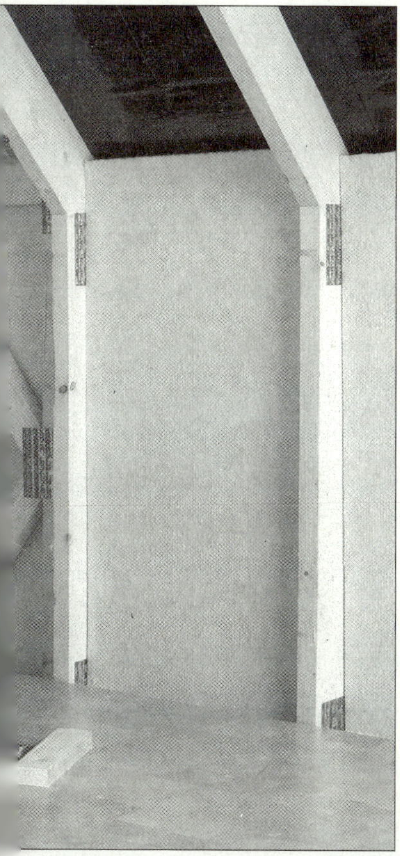

Kartusche mitgelieferte Voranstrich aufgetragen werden. Die Falzflächen, die frei bleiben, werden mit Klebebändern abgedeckt. Dann kann die Dichtmasse aus der Kartusche aufgebracht werden. Die Kartu-

TIP: DACH

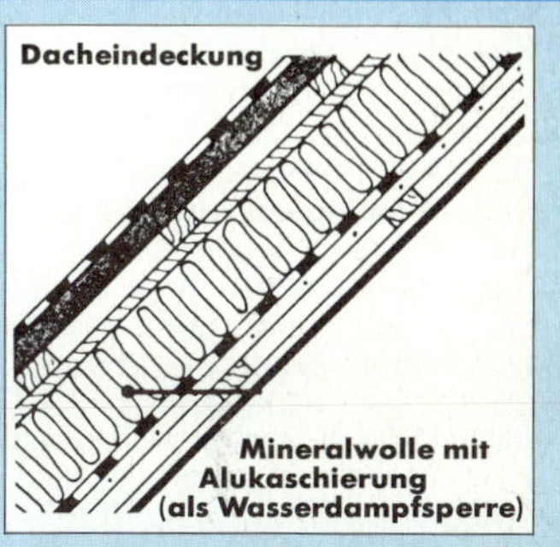

Die Dämmstoffbahnen werden meist mit Tackern zwischen den Dachsparren befestigt (durch den Randstreifen der alukaschierten Bitumenpapierverstärkung).
Besser ist eine Befestigung mit Nagelleisten, weil winddichter. Wenn die Dämmbahnen unter die Sparren geheftet werden, dient eine Unterlattung gleichzeitig als Befestigung für die Dachinnenfläche. Übliche Mineralfasermatten und Hartschaumplatten kosten übrigens pro Quadratmeter und pro Zentimeterdicke etwa 1 DM. Fußböden verlangen 40 Millimeter, Wände 60 und Dachschrägen 100 Millimeter dicke Dämmaterialien. Wer Altbauten nachträglich dämmt, muß für diese Kosten nicht unbedingt komplett selber aufkommen. Der Staat hilft. Bei der Gemeindeverwaltung erkundigen.

sche funktioniert wie eine Tortenspritze: durch Druck hintendrauf fließt vorne die Dichtungsmasse.
Der Druck selbst wird entwe-

MINERALFASER UND ASBEST

Wegen der seit langem bekannten und unbestrittenen Gesundheitsgefahren durch Asbestfeinstaub sind auch Glas- und Steinwolle ins Gerede gekommen. Wer schon einmal künstliche Mineralwolle verarbeitet hat, kennt das lästige Brennen und Jukken auf der Haut. Ursache: kleinste Faserteilchen, die sich bei der Verarbeitung einfach nicht vermeiden lassen. Trotzdem ist Mineralfaser mit Asbest nicht zu vergleichen. Hinter dem Sammelbegriff Asbest verbergen sich eine Reihe von anorganischen, kristallinen Silicaten, die in der Natur vorkommen. Sie haben die Eigenschaft, sich in immer feinere Kleinstteile aufzusplittern. Sind die Partikel klein genug, lagern sie sich in der Lunge ab und können nicht abgebaut werden. Sie wirken als Krebsauslöser. Künstliche Mineralfasern haben keine kristalline Struktur. Ihre Partikel brechen nicht längs sondern quer. Nach heutigen Erkenntnissen ist jedoch die Form der Bruchstücke entscheidend, ob sich das Material in der Lunge ablagern kann. Zudem können Glas- und Steinwollefasern im Körper überwiegend abgebaut werden. Und der Anteil von lungengängigen Kleinstfasern ist beim Asbest wesentlich größer.
Dennoch hat die Deutsche Forschungsgemeinschaft Mineralfasern mit einem Durchmesser unter einem Tausendstel Millimeter als krebsverdächtig eingestuft. Daraus müssen auch für den praktischen Umgang Konsequenzen gezogen werden. Wer mit Mineralfaserdämmstoffen hantiert, sollte deshalb vorsorglich Handschuhe, Schutzbrille und eine Feinstaubmaske tragen. Die Arbeitsräume sollten ausreichend be- und entlüftet sein.

der durch eine Presspistole erreicht oder von der mitgelieferten Spindel ausgeübt, die langsam hinten in die Kartusche eingedreht wird.
Die Dichtungsmasse quetscht sich nun je nach Größe des Spalts mehr oder weniger dick in den Falz. Danach wird eine Trennfolie, die auf beiden Seiten gut überlappt, auf die Dichtungsmasse gelegt und das Fenster geschlossen. Dabei verteilt sich die Dichtungsmasse genau dorthin, wo sie gebraucht wird, sie wird quasi in den Falz eingeformt. Wichtig: Es darf nicht so viel Dichtungsmasse aufgetragen werden, daß sie hervorquillt.
Zwei Tage bleiben nun Fenster und Türen geschlossen, bis die Dichtungsmasse ausgehärtet ist. Dann können Trennfolie und Klebeband entfernt und überstehende Dichtungsmasse mit dem Messer abgeschnitten werden.
Wer selbst zur Dämmmasse aus der Kartusche greift, muß mit Materialkosten von etwa 3 DM pro Meter rechnen.
Solche Dichtungsmassen gibt es für die unterschiedlichsten Einsatzgebiete. Beispielsweise, um Fensterfugen zwischen Mauerwerk und Fensterrahmen abzudichten oder auch um Mauerrisse zu schließen.
Übrigens büßen solche Fensterdichtungen nach einigen Jahren ihre Wirksamkeit ein, weil sie langsam ihre Elastizität verlieren. Dann sollte nachgedichtet werden.

Sonderfall Tür

Besondere Aufmerksamkeit gebührt den Türen. In den Falzen links und rechts und oben ist das Abdichten mit Bändern (bei neueren Türen) oder Dichtungsmasse (bei älteren Türen) kein Problem. Der Schwachpunkt liegt aber woanders: an der Türunterkante.
Früher verwendete man zur Abdichtung Holzschwellen – heute allerdings ist das verpönt.
Dennoch ist eine vernünftige Dichtung nach unten notwendig. Dafür gibt es mehrere Möglichkeiten. Bei einer Innenraumtür kann beispielsweise einfach ein sogenanntes Türdichtungsband angebracht werden. Das ist ein mehrere Zentimeter breites Band, das überstehend unten am Türblatt angeklebt wird und den Abstand von Türunterkante und Boden überbrückt.
Bessere Dichtungseigenschaften versprechen allerdings Dichtungsbürsten, Dichtungsschienen oder elastische Schwellendichtungen.
Besonders für Teppichböden geeignet ist die Dichtungsschiene, sie hebt sich etwas an, wenn die Tür geöffnet wird, dichtet zuverlässig und ist für jeden Türtyp geeignet (unbedingt nach Vorschrift montieren, da sonst die Tür umstürzen kann).
Am unauffälligsten ist das Befestigungsproblem zu lösen, wenn sie in eine Nut in der Tür eingepasst wird, sie kann aber auch einfach außen am Türblatt befestigt werden. Dichtungsbürsten werden in der Regel außen aufgeschraubt. Sie dichten, indem sie mit feinen Bürsten elastisch den Spalt zwischen Tür und Boden verschlie-

Direkt auf einer Dämmschicht kann ein Trockenestrich aus großformatigen Platten verlegt werden

Aufbau eines wärme- und trittschallgedämmten Bodens

ßen. Allerdings sind für Wohnungen mit Teppichböden Dichtungsbürsten nicht geeignet.
Bei Parkett und Steinböden hat sich die Schwellendichtung bewährt. Das ist ein elastisches Profil, das genau unter der Tür auf dem Boden festgeschraubt wird. Nun muß lediglich noch die Unterkante der Tür so abgeschrägt werden, daß sie sich beim Schließen wie ein Keil auf die Schwellendichtung schieben kann. Das überläßt man am besten dem Fachmann.

Rolladenkästen

Ein weiteres Energieloch im Haus wird oft durch die Rolladenkästen geschaffen. Dabei tragen Rolläden an sich eigentlich zur Dämmung bei, denn zwischen den Rolläden und der Fensterscheibe bildet sich ein Luftpolster, das dämmt.
Durch die Kästen aber entweicht die Wärme, denn sie sind häufig überhaupt nicht isoliert und grenzen die kalte Außenwelt nur durch eine Holzplatte vom Inneren des Hauses ab.
Die Gegenmaßnahme ist nicht sehr aufwendig: Der Rolladenkasten wird einfach innen gedämmt. Dazu werden passend zugeschnittene Dämmplatten oben, unten und auf der nach außen weisenden Innenseite angebracht. Voraussetzung: es ist noch genügend Raum vorhanden für eine vernünftige Dämmschicht.

Heizkörpernischen

Als ausgesprochene Kältelöcher erweisen sich oft auch Heizkörpernischen. Dort ist das Mauerwerk meist sehr dünn gehalten, weil für die Heizkörper Platz geschaffen werden mußte – mit der Folge, daß hier die Wärme entweicht. Dabei sollte gerade in den Heizkörpernischen die Wärmedämmung besonders gut sein.
Das ist zu erreichen, wenn zwischen Heizkörper und Wand Hartschaumplatten an der Wand befestigt werden – vorausgesetzt, der Abstand reicht aus, denn es müssen einige Zentimeter zwischen Dämmplatte und Heizkörper frei bleiben. Natürlich sollte das verwendete Dämmaterial schwer entflammbar sein.

Ungedämmte Rohre

Auch ungedämmte Rohre, die warmes Wasser in Küche und Bad oder zu den Heizkörpern bringen, verursachen Wärmeverluste. Mit jedem Meter Transportweg wird das Wasser kühler, weil es Temperatur an seine Umgebung abgegeben hat, im übrigen oftmals an eine Umgebung, in der gar keine Erwärmung gewünscht wird – beispielsweise in Kellerräumen. Aus diesem Grund sollten Rohre grundsätzlich isoliert werden. Verlaufen sie in

Mauerschächten, kann das einfach durch eingepreßten Isolierschaum geschehen.
Freiliegende Rohre werden mittels handeslüblicher Rohrschalen aus Dämmstoff isoliert. Auch Mineralfasermatten bieten sich an, mit denen die Rohre peinlich genau und ohne Lücke umwickelt werden. Darauf kommt noch eine Schutzfolie.

Fensterrahmen dichten mit selbstklebenden Dichtungsbändern

Rohrschacht dämmen mit Dämmschaum aus der Dose

Fensterfolien

Spezialfolien sollen auf billige Weise (zirka 30 DM pro Quadratmeter) helfen, die Energie zu sparen, die durch die Fensterscheiben entweicht. Die STIFTUNG WARENTEST hat leider feststellen müssen, daß sie keine Energie sparen helfen. Denn sie halten zwar mehr Wärme im Raum zurück, lassen aber weniger Sonnenstrahlen herein. Damit bleibt die wärmende Kraft der Sonne ausgesperrt, was den Energiespareffekt wieder aufhebt.
Im Sommer allerdings sind solche Folien in ihrem Metier. Dann sorgen sie dafür, daß es im Raum kühler bleibt.
Wer freilich die Heizenergie einsparen will, die durchs Fenster flüchtet, muß die Einfachverglasung gegen Isolierverglasung (doppelt) austauschen. Diese Maßnahme bringt viel, aber sie kostet auch einiges und ist eine Sache für den Handwerker.

Außendämmung

Wenn's richtig kalt wird im Haus oder die Heizkosten in astronomische Höhen klettern, raten Fachleute zu einer drastischen Gegenmaßnahme: sie empfehlen einen Wintermantel fürs Haus. Gemeint ist natürlich eine Außendämmung, die auch unterkühltem älteren Mauerwerk noch zu annehmbaren Dämmeigenschaften verhilft.
Warum außen? Die Antwort ist einfach: Regen, Wind und Kälte sollen sich erst gar nicht in den Mauerfugen festbeißen können. Von dort finden sie ja doch wieder einen Weg ins Haus. Deshalb die Schale drumherum.
Der einfachste Weg zu mehr (und billigerer) Gemütlichkeit führt über eine Außenbehandlung mit Siliconharzlösung. Sie hält die Feuchtigkeit teilweise aus der Wand fern (Wasser leitet Wärme), unterbricht aber die wichtige Wasserdampfdiffusion nicht. Auch Dämmputz, der einfach außen aufgebracht wird, gibt eine brauchbare Dämmung.

Badewanne isolieren mit Dämmschaum aus der Dose

Mauerfugen dichten mit Dämmschaum aus der Dose

Häufiger verwendet wird aber eine Außendämmung aus Dämmplatten. Die Dämmplatten werden auf die Außenhaut geklebt oder gedübelt, dann mit Glasfasergewebe und Spachtelmasse überzogen und mit Kunstharzputz geglättet. Der Quadratmeter kostet ungefähr 100 DM.

Eine solche Außendämmung ist recht effektiv. Schon sechs Zentimeter dicke Platten können, richtig verlegt, den Wärmeverlust durch das Mauerwerk um etwa zwei Drittel reduzieren.

Vierte Möglichkeit für eine Außendämmung: Zunächst eine Unterlattung montieren, die mit Mineralfaserplatten ausgefacht wird. Darauf kommt eine Außenverkleidung aus Kunststoff, Alu, Holz oder Eternit (asbestfrei). Natürlich muß darauf geachtet werden, daß hinter dieser Fassade Luft zirkulieren kann. Kosten pro Quadratmeter: ebenfalls etwa 100 DM und darüber.

Innendämmung

In vielen Fällen ist eine Außendämmung nicht möglich. Wenn beispielsweise die Fassade eines Hauses aus Gründen des Denkmalschutzes nicht verändert werden darf oder lediglich einzelne Räume beziehungsweise Gebäudeteile gedämmt werden sollen, dann kommt nur eine Innendämmung in Frage. Sie hat gegenüber der Außendämmung einige Vorteile:

- die Kosten liegen meist niedriger,
- die Arbeiten können schrittweise durchgeführt werden,
- geschickte Heimwerker können selbst mit anpacken

TIP: HEIZKÖRPER

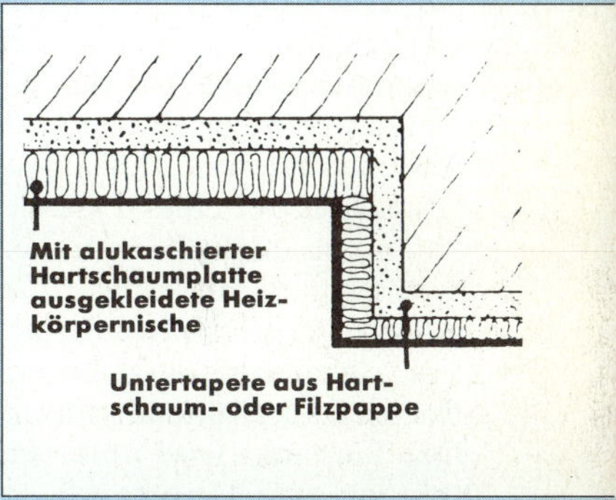

Dort, wo die Wärme ins Zimmer strömen soll, geht sie auch am schnellsten verloren: beim Heizkörper. Denn ausgerechnet die Heizkörpernischen haben dünnere Wände als die anderen Bereiche der Wohnung. Abhilfe: in die Nischen etwa 10 Millimeter dicke alukaschierte Dämmflächen einkleben.

und müssen nicht alles dem Fachmann überlassen,

- die Räume lassen sich schneller aufheizen, und
- die Dämmschicht ist nicht der Witterung ausgesetzt.

Dem stehen freilich auch einige Nachteile gegenüber. Von Dämmkritikern wird zu allererst bemängelt, daß durch die Innendämmung die Fähigkeit massiver Außenwände, Wärme zu speichern, fast völlig verlorengeht. Damit ist das Gebäude den Schwankungen der Außentemperatur stärker ausgesetzt als bei einer Fassadendämmung, und es können größere temperaturbedingte Dehnungen der Bauteile auftreten.

Ein weiterer gravierender Nachteile der Innendämmung: Der Taupunkt wird unter Umständen ins Mauerwerk verlegt; es bildet sich Feuchtigkeit.

Bauphysikalisch ist eine Innendämmung also problematisch und sollte stets nach Beratung mit einem Architekten oder Bauingenieur – wenn überhaupt – durchgeführt werden.

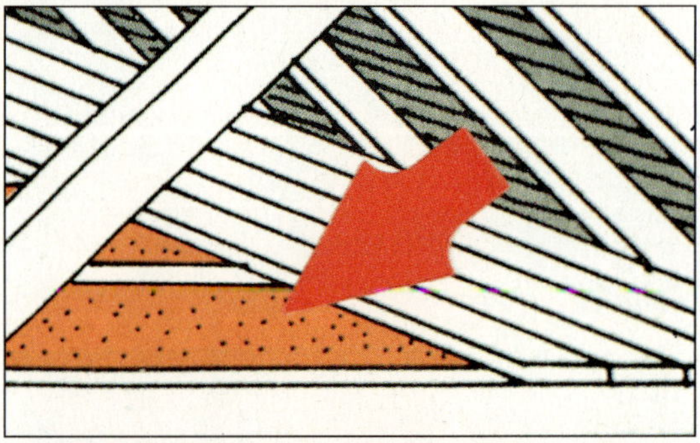

Im Dachraum unbedingt auch den Boden isolieren

Die Dämmung wird zwischen den Sparren eingebracht

Wärmebrücken

Nachteilig bei der innenliegenden Dämmung sind außerdem Wärmebrücken, die an Dekken, Zwischenwänden oder Raumecken entstehen können. Auch dort, wo für Schalter und Steckdosen Löcher aus dem Material geschnitten werden, kann Wärme entweichen, wenn man die Hohlräume nicht sorgfältig abdichtet.

Wärmebrücken werden von den Mietern meist gar nicht bemerkt. Entsetzt reagieren sie indessen, wenn sich in den Zimmerecken schwärzliche Schimmelpilzkolonien breit machen, die sich nämlich mit Vorliebe an den kälteren Stellen der Wand bilden, an denen sich bei hoher Luftfeuchte Tauwasser niederschlägt.

Um Feuchteschäden zu vermeiden, kommt es deshalb nicht nur auf eine sorgfältige Verlegung der Dämmplatten an, die Räume müssen auch ausreichend beheizt und belüftet werden (möglichst keine Dauerlüftung, sondern Stoßlüftung).

Untertapete oder Vorsatzschale?

Als einfachste Maßnahme empfiehlt sich bei der Innendämmung eine wärmedämmende Untertapete aus Wollfilz oder Hartschaumplatten. Auch wärmerückstrahlende Tapeten, die Alu-kaschiert sind, bringen energietechnische Vorteile.

Ebenso bieten sich Vorsatzschalen aus Gipskarton an, die mit einer Hartschaumdämmschicht versehen sind – sogenannte Verbundplatten. Unter dieser Bezeichnung werden auch beispielsweise Holzspanplatten mit Dämmschicht gehandelt.

Nennenswerte Qualitätsunterschiede konnten wir weder zwischen den Produkten noch zwischen den Platten-Systemen, die angeboten werden, feststellen. Alle sind sowohl in der Dämmwirkung und in den Materialeigenschaften als auch

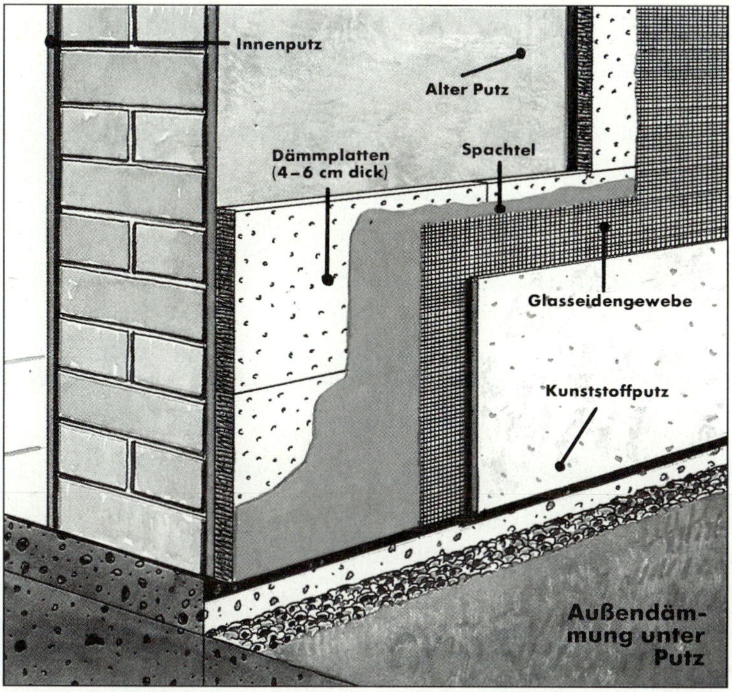

in der Montage annähernd gleich gut. Beachten sollte man aber, daß einige Produkte, besonders die mit Mineralfasern als Dämmstoff, keine großen Belastungen aushalten. Bei der Befestigung von Regalen oder schweren Bildern müssen deshalb stabilisierende Konstruktionen, beispielsweise aus Holzlatten, angebracht werden.

Verarbeitung

Auch wenn wir sagten, daß man bei der Innendämmung vieles allein machen kann, sollten diejenigen, die höchstens mal einen Nagel in die Wand schlagen, besser die Finger davon lassen. Denn ohne Erfahrung und Geschick kommt man bei der Anbringung der Verbundplatten nicht sehr weit. Da helfen auch die oft ausführlichen und informativen Verarbeitungsanleitungen nicht weiter.

Die Verbundplatten werden entweder auf ein Lattengerüst genagelt beziehungsweise geschraubt oder – bei ebenen Wänden – mit Ansetzbinder befestigt. Um Wärmebrücken zu vermeiden, muß sehr sorgfältig gearbeitet werden, besonders an schwierigen Stellen wie Schalteraussparungen, an Rohrleitungen und in Ecken. Alle Produkte lassen sich problemlos mit einem feinzahnigen Fuchsschwanz oder einer elektrischen Stichsäge zuschneiden. Exaktes Maßnehmen erspart dabei Ärger und senkt die Kosten.

Sind die Platten an der Wand oder Decke befestigt, müssen die Fugen mit Mörtel geschlossen werden. Einige Hersteller empfehlen, in die Spachtelmasse noch einen Gewebestreifen einzulegen, der einer späteren Rißbildung vorbeugen soll. Anschließend werden Unebenheiten und Schraubenlöcher verspachtelt und geschliffen, und schon kurze Zeit später ist die Wand fertig zum Streichen oder Tapezieren.

Umweltbelastung

Da nach allem, was man heute weiß, von Gips, Gipsfaser und Fertigputzplatten keine Belastung für Umwelt und Mensch ausgeht, steht bei den Deckmaterialen nur die Holzspanplatte in der Diskussion. Spanplatten sind in Verruf geraten, weil sie Formaldehyd abgeben, ein Gas, das Schleimhäute reizen und Allergien auslösen kann. Für Innenräume sollen deshalb ausschließlich solche Platten verwendet werden, die nur sehr geringe Mengen Formaldehyd freisetzen (Qualitätsklasse E1).

Und wie sieht es bei den Dämmstoffen aus? Kritiker führen immer wieder an, daß Styrol Gesundheitsschäden hervorrufen kann. Doch Untersuchungen haben gezeigt, daß beim Dämmen nur Styrolkonzentrationen weit unter den zulässigen Grenzwerten auftreten.

Ebenfalls unbedenklich dürften Mineralfaserdämmstoffe sein. Beim Verarbeiten dieser Dämmstoffe sollte man allerdings eine Feinstaubmaske tra-

FENSTER

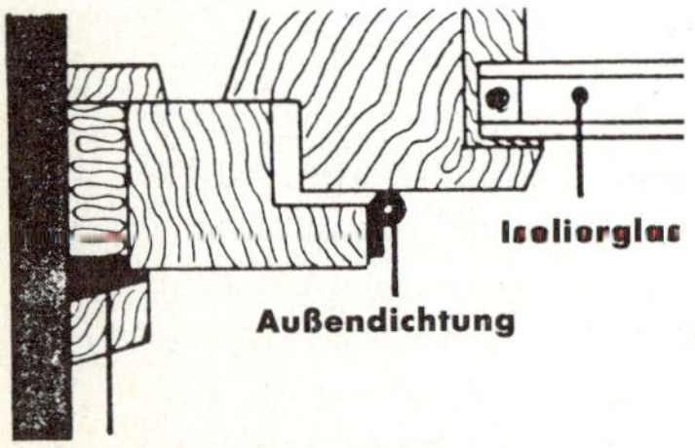

Mit Sprayschaum und plastischer Dichtungsmasse verschlossene Anschlußfuge

Zwei Maßnahmen verbessern das Energiesparverhalten von Fenstern. Billig: Dichtungen für die Fensterrahmen (selbstklebend, leicht zu montieren) haben einen hohen Effekt. Aufwendig: Isolierglas einsetzen. Das senkt den k-Wert (Maß für die Wärmedurchlässigkeit). Einfachglas hat einen k-Wert von 5,8, Isolierglas 3,0, Wärmeschutzglas 1,5.

gen, damit keine Kleinstfasern in die Lunge geraten.
Problematischer sieht es dagegen bei Polyurethanhartschäumen aus, denn bei ihrer Herstellung kommen nicht unerhebliche Mengen Fluorkohlenwasserstoffe (FCKW) zum Einsatz. Wie allgemein bekannt, machen Wissenschaftler sie für die Schädigung der Ozonhülle verantwortlich. Zwar wird der größte Teil der FCKW in Schaum eingeschlossen, doch gelangen etwa 10 Prozent in die Umwelt. Auch später entweichen aus dem Material geringe Mengen. Und wenn die Dämmung eines Tages ausgedient auf dem Müll landet, wird dort schließlich die gesamte Gasmenge freigesetzt. Es gibt aber auch schon FCKW-freie PU-Hartschaumplatten.
Für die Innendämmung empfiehlt sich auch Zellulose-Dämmstoff – ein Recyclingprodukt aus Altpapier.

Dämmstoffe zwischen Leisten

Diese Punkte sollten bedacht werden, wenn man darangeht, die Wände mit Faser- oder Hartschaumplatten zu dämmen.
Das Anbringen der Dämmstoffe schafft jeder Heimwerker, denn der Dämmstoff wird einfach zwischen einer Unterlattung eingefacht. Das Ganze kann mit Rigipsplatten oder Nut/Federbrettern abgedeckt werden.
Bei der Innendämmung einer Außenwand sollte allerdings nicht mit dem Leistengerüst begonnen werden. Es ist mühsam, die Hartschaumplatten dazwischen paßgenau einzusetzen. Besser ist es, zuerst nur eine Leiste anzubringen, dann den Dämmstoff an die erste Leiste zu setzen und eine zweite Leiste dicht an die andere Seite der Dämmplatte zu drücken. Mit diesem Verfahren kommt man recht gut ans Ziel.

Dachdämmung

Für die Dachdämmung gelten ähnliche Grundsätze. Allerdings mit einem Unterschied: die Unterlattung kann eventuell gespart werden, weil die Dachbalken ihre Funktion übernehmen. Die Zwischenräume zwischen den Sparren

werden entweder mit dicken Hartschaumplatten, mit Mineralfasermatten (alukaschiert) oder mit Zellulose-Dämmstoff ausgefüllt. Zwischen der Rückseite der Dämmschicht und den Dachziegeln empfehlen wir einen Lüftungsspalt freizuhalten.
Dämmung zwischen den Sparren ist allerdings kompliziert. Trotz mehrmaligen genauen Anpassens sind Spalten zwischen den Sparren und Platten im allgemeinen kaum zu umgehen. Durch zuvor an den Dachsparren befestigte Randdämmstreifen aus weichem Schaumstoff kann man dies verhindern. So beugt man auch einer eventuellen Schrumpfung des Dämmstoffs vor.
Häufige Gründe für Spalten

Die Auswahl des Dämmaterials ist nicht immer leicht

und Ritzen sind nicht ganz parallel verlaufende Dachsparren sowie Abweichungen von wenigen Millimetern bei der Plattenbreite. Bedenken Sie vor dem Kauf des Dämmstoffs: der Verschnitt kann sehr groß sein, wenn Sparrenabstand und Plattengröße in einem sehr ungünstigen Verhältnis zueinander stehen. Verschnitt von einem Drittel der eingesetzten Dämmstoffmenge ist unter solch widrigen Umständen keine Seltenheit.

Wir empfehlen, den Dämmstoff zunächst unten auf eine quer zu den Sparren genagelte Holzleiste aufzulegen und ihn mit Nägeln an den Dachsparren zu befestigen. Dann drückt man die nächste Latte oben dicht an die Dämmplatte und nagelt auch sie fest. So vermeidet man mögliche Spalten in der Dämmschicht.

Bei einer Verlegung zwischen oder unter den Sparren empfehlen wir für die Belüftung einen mindestens vier Zentimeter breiten Luftraum zwischen der Oberschale des Daches und der Dämmschicht zu erhalten.

Die Unterseite der Dämmschicht muß winddicht sein. Falls dies durch eine vorgesehene Verkleidung auf der Innenseite, zum Beispiel eine Holzvertäfelung, nicht sichergestellt ist, muß eine Folie angebracht werden.

Alle anderen Spalten, etwa zwischen Balkenwerk und Giebelmauer, sollten mit Schaum aus der Dose ausgefüllt werden, ehe die innere Verkleidung (Bretter, Gipskarton oder ähnliches) aufgebracht wird.

Wenn der Dachboden bereits ausgebaut ist, können noch sogenannte Schüttdämmstoffe wie Dämmflocken und Isolierkörner zwischen Verkleidung und Dachziegeln eingeblasen werden (auch hier Lüftungsfreiraum und Dampfsperre zu empfehlen). Das ergibt eine brauchbare nachträgliche Dämmung.

Natürlich darf auch der Boden im Dachraum nicht vergessen werden. Er wird zunächst mit Mineralfilzmatten oder Dämmschaumplatten ausgelegt und dann mit Spanplatten abgedeckt.

Bei einer Steildachdämmung im ausgebauten Dachgeschoß ist eine Dämmung der obersten Geschoßdecke allerdings nicht nötig. Sie ist nur bei unbeheizten Dachgeschossen als einfachere Alternative zur Steildachdämmung zu empfehlen.

KELLERBODEN

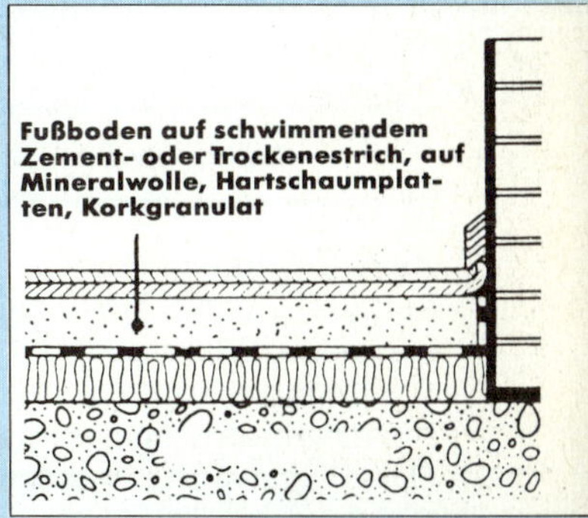

Wenn der Kellerboden isoliert werden soll, ist der Aufwand schon erheblich größer. Besonders die Bodenfeuchtigkeit ist der Feind. Deshalb sollte die Estrichdämmschicht zwischen zwei Isolierfolien verlegt werden. Möglicher Aufbau eines Kellerfußbodens: Fundament, Isolierfolie, Estrichdämmschicht, Isolierfolie, Estrich, Nutzboden.

Keller

Als kühler Raum kann auch der Keller dem Haus sehr viel Wärme entziehen, wenn er nicht vernünftig gedämmt ist. Als guter Tip gilt: zehn Zentimeter dicke Hartschaumstreifen als Schwelle unter die Decke kleben und auf diese Schwellen Hartschaumplatten kleben. Rohre und Kabel verschwinden darunter.

Mit den Wänden wird ähnlich verfahren wie mit den Wänden in den Wohnräumen, natürlich müssen auch die Kellerwände ganz trocken sein. Und die Probleme der Innendämmung gelten selbstverständlich auch hier.

Dämmstoffe

Zum Dämmen stehen viele Materialien zur Verfügung – von der Mineralfaser über Schaumkunststoffe bis zu Pflanzenfasern und Backkork. Die Dämmstoffe werden beschichtet und unbeschichtet angeboten. Ausschlaggebend beim Einkauf sollte der Verwendungszweck sein.
Am begehrtesten sind nach wie vor Matten, Filze und Platten aus Glas- und Steinfaser sowie aus Polystyrolpartikelschaum, landläufig als Styropor bekannt. Umweltbewußte Bauherren fragen auch vermehrt nach natürlichen Dämmstoffen wie Korkplatten oder Kokosfaser.

Polystyrol-Partikelschaum

Dieser weiße Dämmstoff ist – wie gesagt – allgemein als Styropor bekannt. Von allen anderen Hartschaumdämmstoffen unterscheidet er sich durch seine kugelförmige Struktur. Er enthält keine Treibgase, da er nicht aufgeschäumt ist.

Mineralfaserdämmstoffe

In dieser Gruppe muß man zwischen Steinfaser- und Glasfaserdämmstoffen trennen. Für Steinfasern wird vor allem Basalt und Diabas zusammen mit Kalk und Koks geschmolzen. Für Glasfasern wird Quarzsand zusammen mit Kalk und anderen Zusätzen geschmolzen und zu Fasern gesponnen. Steinfasern haben größere Durchmesser als Glasfasern – letztere sind jedoch länger. Um die gleiche Dämmwirkung zu erzielen, müssen Steinfaserprodukte eine größere Rohdichte haben, das heißt, sie sind bei gleicher Dämmwirkung schwerer.

Platten, Matten und Filze

Die Art der Verarbeitung und Anwendung sowie die Gegebenheiten des Dämmstoffs bestimmen die Lieferform. Im allgemeinen unterscheidet man die folgenden Formen:

- Platten,
- Matten,
- Filze und
- Schüttgüter.

Matten und Filze, zum Beispiel Klemmfilze und Randleistenfilze, werden häufig als Rollen geliefert. Platten sind im allgemeinen so fest, daß sie sich nicht aufrollen lassen. Deshalb kommen sie in Paketen in den Handel. Auf der obersten Geschoßdecke im Dachraum lassen sich meistens gerollte Dämmstoffe schneller verarbeiten als Platten. Andererseits fällt aber wegen der vorgegebenen Breiten unter Umständen mehr Verschnitt an. Außerdem ergeben sich im allgemeinen bei Dämmstoffrollen Qualitätseinbußen, weil das Dämmaterial längere Zeit

Dämmstoff wird als Granulat zwischen eine Holzlattung eingebracht und nivelliert

in der engen Verpackung zusätzlich mechanisch belastet wird.
Neben den Platten, Matten und Filzen bietet der Handel – oft regional unterschiedlich – noch eine Reihe von Sonderprodukten an. Beispielsweise Dämmkeile aus Steinfaser, die auch bei unterschiedlichem Abstand der Dachsparren passen sollen, ohne daß sie in voller Länge oder Breite zugeschnitten werden müssen. Auch Klemmfilze aus Glasfaser und in Längsrichtung zusammendrückbare Polystyrolplatten gehören zu dieser Gruppe.
Aber Vorsicht: Diese Zusatzeigenschaften haben oftmals ihren Preis, denn die Fertigung dieser Sonderprodukte ist aufwendiger als die der Standardprodukte. Es muß also von Fall zu Fall entschieden werden, ob die vom Hersteller zugesicherten Vorteile überhaupt zu nutzen und den Mehrpreis auch wert sind.

Dämmstoffklassen

Den überall einsetzbaren Dämmstoff gibt es nicht. Die Normen, vor allem die DIN 18164 und 18165, schreiben vielmehr ganz bestimmte Typen für verschiedene Anwendungszwecke vor. Der jeweilige Anwendungstyp muß auf dem Etikett des Dämmaterials in Kurzform vermerkt sein.

Typ W

Der Anwendungstyp W ist sozusagen der Standard. Er ist nicht druckbelastbar und empfiehlt sich für die hinterlüftete Außendämmung, den Innenausbau oder belüftete Dachkonstruktionen. Das Etikett gibt die Nenndicke an. Nach dem Typ WL ist er der preiswerteste Dämmstoff.

Typ WL

Dämmstoffe des Typs WL sind nicht druckbelastbar und eignen sich zum Beispiel für Dämmungen zwischen Dachsparren und Balkenlagen. Sie umfassen damit die Randleistenfilze aus Glas- und Steinfaser, die in belüfteten Dächern verwendet werden. Bei der Wahl der Sparrenhöhe und beim Einbau ist die tatsächliche Dicke der Filze unbedingt zu beachten. Als Rolle verpackt, sind die Randleistenfilze zusammengedrückt. Vor dem Einbau sollte die Kontrolle ihrer Dicke deshalb im ausgerollten Zustand erfolgen. Achtet man nicht auf einen ausreichenden Luftspalt, erhöht sich das Risiko von Feuchtschäden.

Typ WD

Dämmstoffe des Typs WD sind vorwiegend für Estriche und Flachdächer. Sie sollen sowohl druckbeanspruchbar als auch abreißbar sein, beispielsweise dann, wenn der Dämmstoff ohne zusätzliche mechanische Befestigung nur verklebt wird. Aus Kostengründen greift man für die Flachdachdämmung und die Dämmschicht unter Estrichen häufig auf dem Typ W zurück. Dann besteht jedoch die Gefahr, daß die Druckfestigkeit unter Belastung nicht ausreicht und dadurch vermehrt Schadenfälle auftreten. Es sollte nicht am falschen Ende gespart werden.

Typ WS

Die Kennzeichnung WS gilt für Wärmedämmstoffe mit erhöhter Belastung für Sondereinsatzgebiete: Das sind beispielsweise Anwendungsbereiche mit erhöhter Verkehrslast, zum Beispiel Parkdecks. Natürlich kann der Typ WS auch bei geringeren baulichen Anforderungen eingesetzt werden. Doch das verursacht höhere Kosten, die man getrost einsparen kann.

Typ WV

Dieser Anwendungstyp ist besonders reißfest. Er wird bei der Außendämmung von schweren Fassadenaufbauten wie für Vorsatzschalen ohne Unterkonstruktion verwendet. Die vorgehängte, hinterlüftete Fassade mit darunterliegender Wärmedämmung gehört zu den bauphysikalisch unbedenklichen und weitverbreiteten Konstruktionen. Der direkt auf die Wand aufgebrachte Dämmstoff wird durch Fassadenelemente gegen Witterungseinflüsse geschützt. Dabei ist auch hier auf eine ausreichende Hinterlüftung der Vorhangfassade zu achten, damit sich im Dämmstoff keine Feuchtigkeit ansammeln kann.
Die Festigkeit der Dämmstoffplatten ist nach den auftretenden Sog- und Windkräften zu bemessen. Bei höheren Gebäuden empfehlen sich festere als bei niedrigeren. Bei normalen Wohnhäusern genügen durchaus Dämmstoffe des einfachen Standardtyps W.
Hartschaumplatten nach DIN 18164 erfüllen üblicherweise auch die Anforderungen an die Abreißfestigkeit des Typs WV, ohne daß darauf auf dem Produktetikett ausdrücklich hingewiesen wird. Der Begriff Fassadendämmplatte ist nicht durch die Norm geschützt.

Typ T

Dämmstoffplatten dieses Typs dienen in erster Linie der Trittschalldämmung. Die gleichzeitige Wärmedämmung ist nur zweitrangig. Da die Platten wegen der Schalldämmung leicht federn, sind sie nicht in großen Dicken zur Wärmedämmung zu verwenden. Für eine zusätzlich benötigte Wärmedämmung empfiehlt es sich, neben den Trittschalldämmplatten noch druckbelastbare Dämmstoffe des Typs WD oder WS zu verlegen. Oftmals spielt die wärmedämmende Wirkung der Platten des Typs T gar keine Rolle, weil sie zwischen beheizten Räumen verschiedener Etagen angebracht werden und dort nur sehr geringe oder gar keine Temperaturdifferenzen auftreten.
Trotz der recht unterschiedlichen Dämmstoffarten und der einzelnen baulichen Gegebenheiten, helfen Heimwerkern die folgenden grundsätzlichen Hinweise weiter:
Im allgemeinen ist ein Dämmstoff des Typs W ausreichend und oft auch am preiswertesten. Dämmstoffe für spezielle Verwendungszwecke – meist teurer – sollten Sie nur kaufen, wenn es wirklich erforderlich ist.
Liegt ein Spezialfall vor, sollten Sie auch nur die dafür bestimmten Sonderprodukte einbauen lassen. Achten Sie darauf, daß der Handwerker auch tatsächlich das teure, spezielle Dämmaterial verarbeitet und nicht nur eine Vorzeigepakkung auf der Baustelle hat.

Randleistenfilze

Kennzeichen der gerollten Randleistenfilze aus Glas- und Steinfaser ist die einseitige Beschichtung mit einer Aluminium- oder Aluminiumkraftpapierfolie. Die Folie bildet nach der Montage der Filze in der Dachschräge oder auf der obersten Geschoßdecke die oft bauphysikalisch notwendige Dampfbremse. Voraussetzung: Die einzelnen Bahnen der Randleistenfilze sind sorgfältig verlegt und gut verklebt.
Randleistenfilze haben sich vornehmlich bei der Dämmung von Steildächern bewährt. Damit man die Dämmstoffe nach dem Ausrollen schnell und einfach mit dem Tacker an den Dachsparren befestigen kann, haben sie an beiden Rändern ausklappbare, manchmal verstärkte Leisten.

In Dach- und Bodenzwischenräume kann auch Dämmaterial eingeblasen werden

Für den Häuslebauer zählen Randleistenfilze noch immer mit Abstand zum begehrtesten Do-it-yourself-Produkt, obgleich die Hersteller neue Dämmstoffarten für diesen Bereich anbieten.

Hier ein paar wichtige Verarbeitungstips für Randleistenfilze:

- Die Dämmstoffbahnen sollten möglichst in gleicher Ebene und parallel aneinander stoßen. Ansatzpunkte an den Fuß- und Endpunkten müssen möglichst dichtschließend verlaufen.
- Zur Sicherung der benötigten Luftschicht zwischen Dämmstoff und Dachhaut ist die Dämmstoffdicke auf die Höhe der Dachsparren abzustimmen und beim Einbau zu kontrollieren.
- Schnitt- oder Stoßstellen sollten mit Paket- oder Aluminiumband dicht verklebt werden. Kreppband genügt nicht.
- Weiche Dämmatten können sich beim Einschieben zwischen den Sparren an den Kanthölzern verklemmen und verhaken. Deshalb muß zwischendurch kontrolliert werden, daß die Dämmstoffbahn gleichmäßig und glatt zwischen den Sparren liegt.
- Randleistenfilze sind nicht druckbelastbar. Sie können weder zur Trittschalldämmung noch als Fassadendämmstoff eingesetzt werden.

Dachdämmplatten

Dachdämmplatten werden überwiegend als außenliegende Dämmschicht auf Flachdächern verwendet. Auf der Dachkonstruktion, zum Beispiel einem Betondach mit Dampfsperre, liegend, werden die Platten mit einer Dichtungsbahn als Feuchtigkeits- und Regenschutz überdeckt. Kiesschicht oder Gehwegplatten bilden anschließend den Schutz gegen mechanische Schäden.

Zu den Dachdämmplatten gehören Mineralfaserdämmplatten mit hoher Rohdichte – 140 Kilogramm pro Kubikmeter – und Platten aus Hartschaumkunststoffen der Anwendungstypen WD und WS. Umkehrdächer dürfen nur mit sogenannten extrudierten Polystyrolplatten gedämmt werden.

Organische Dämmstoffe

Außer für mineralische Dämmstoffe und Platten aus Hartschaum interessieren sich immer mehr Bauherren und Eigenheimbesitzer für organische Dämmaterialien aus Kork, Kokos, Stroh oder Holzwolle. Nur die Korkplatten sind genormt nach der DIN 18161. Für viele natürliche Dämmstoffe gibt es aber weder eine DIN-Norm noch eine bauaufsichtliche Zulassung (Stroh, Schilfrohr). Zudem sind sie im allgemeinen teurer als künstliche Dämmstoffe, in der Dämmwirkung häufig schlechter als Kunststoffe. ■

BEIM HEIZEN LÄSST SICH SPAREN

Viel Geld wird häufig durch den Schornstein gejagt – weil die Heizung überaltert oder deren Regelung nicht mehr zeitgemäß ist. Modernisierungsmaßnahmen zahlen sich hier rasch in Mark und Pfennig aus – und vielleicht hilft der Staat weiter

Sparsam heizen und trotzdem eine warme Wohnung – das will jeder. Zusätzlich wichtig wird umweltschonendes Heizen.
In den fünf neuen Bundesländern sind noch viele Wohnungen mit Kohleheizungen ausgerüstet. Das ist vor allem wegen der Umweltbelastung nicht auf Dauer tolcricrbar, außerdem läßt der Komfort zu wünschen übrig.
Wenn sich keine andere Alternative, wie beispielsweise der Anschluß an Fernwärme, anbietet, sollte man deshalb unbedingt den Einbau einer neuen Heizanlage vorsehen. Planung und Ausführung sind in jedem Fall dem Fachmann zu überlassen.
Der Staat tut übrigens das seine dazu: Modernisierungsmaßnahmen an Heizungsanlagen werden derzeit noch umfangreich gefördert. Näheres darüber auf Seite 160.

Das Alter spielt eine Rolle

Aber auch mit den moderneren Heizungsanlagen, die in vielen Häusern installiert sind, ist es nicht immer gut bestellt. Hand aufs Herz: Wer weiß, wie alt seine Heizanlage und wie hoch ihr jährlicher Brennstoffverbrauch ist?
Alter und Verbrauch sagen viel über den Zustand einer Heizung aus. Sie zu ermitteln, ist ein erster Schritt auf dem Weg zum Energiesparen. Technisch veraltete Heizungen belasten Umwelt und Geldbeutel.
Etwa die Hälfte aller Heizkessel und fast genauso viele Brenner gehören hierzulande zu den Oldtimern: Sie sind älter als zehn Jahre und stammen damit aus einer Zeit, als die Brennstoffe noch vergleichsweise billig waren. Damals hatte der sparsame Umgang mit Energie noch keinen hohen Stellenwert. Entsprechend schlecht und unwirtschaftlich ist die Energieausnutzung dieser Wärmeerzeuger.

Grundlegende Heizungssünden

Zur Verbesserung der Situation ist freilich nicht immer gleich ein teurer neuer Kessel notwendig. Andere Sünden fallen oft schwerer ins Gewicht:

- Bei manchen Heizanlagen wird noch heute die Temperatur des zu den Heizkörpern fließenden Heizwassers von Hand eingestellt. Keinesfalls die sparsamste Methode.
- In vielen zentral beheizten Einfamilienhäusern existiert noch immer keine automatische Nachtabsenkung oder Abschaltung.
- Zahllose Eigenheime sind noch nicht mit Thermostatventilen ausgestattet. Der Gesetzgeber nimmt Einfamilienhäu-

Thermostatventile sind billig und helfen Energie sparen

ser zwar von dieser Einbaupflicht aus – Energie wird dadurch aber trotzdem verschwendet.

Wichtige Schritte

Heizungsmodernisierung ist zwar nicht gerade ein Thema für Do-it-yourselfer. Aber da es beim Modernisierungsplan nicht ausgeklammert werden kann, zeigen wir Ihnen im folgenden kleinere, größere und sehr umfangreiche Modernisierungsmaßnahmen, die allerdings in vielen Fällen, wie gesagt, nur der Fachmann sinnvoll durchführen kann. Die genannten Kosten können nur Anhaltspunkte sein. Das trifft für die Höhe der voraussichtlichen Einsparungen ebenfalls zu. Die einzelnen Sparwerte können übrigens nicht einfach addiert werden, weil sich die Maßnahmen zum Teil gegenseitig beeinflussen.

Kleinere Maßnahmen

Prüfung und Neueinstellung des Gebläsebrenners sowie Kesselreinigung

TIPS

Nach der gültigen Heizungsanlagenverordnung müssen alle Mehrfamilienhäuser mit Thermostatventilen ausgestattet sein. Unabhängig davon empfehlen wir diese automatischen Ventile aber auch wegen der Energieeinsparung und wegen des höheren Komforts.
In allen Fällen, in denen das Thermostatventil verdeckt ist, sollte ein Thermostat mit Fernfühler installiert werden. Diese Geräte kosten in etwa 6 DM bis 10 DM. Die Installation ist meist nicht zu aufwendig und kann auch während des Heizbetriebes ohne weiteres geschehen.

★

Falsch verstandenes, übertriebenes Energiesparen führt häufig zu Feuchteschäden an den Wänden. Deshalb sollten bewohnte Räume möglichst kontinuierlich, ruhig auf niedrigem Temperaturniveau, nicht aber unter 18 Grad Celsius beheizt werden. Thermostatventile sollten nur bei längerer Abwesenheit, zum Beispiel während des Winterurlaubs, auf Froststellung (Sternchen) – nicht aber, falls vorhanden, auf Nullstellung – gedreht werden.

IM TEST

Im Juli 1989 veröffentlichte die STIFTUNG WARENTEST einen Test von neun Elektrospeicherheizungen. Sechs der Geräte bekamen die Note „gut“, eines war „zufriedenstellend“, eines konnte nur mit „mangelhaft“ bewertet werden.

★

Im August 1990 veröffentlichte die STIFTUNG WARENTEST einen Test von zwölf Gasgebläsebrennern. Die Preise lagen etwa zwischen 1750 DM und 2250 DM. Alle Geräte erhielten das Qualitätsurteil „gut“.

WARMWASSERVERSORGUNG

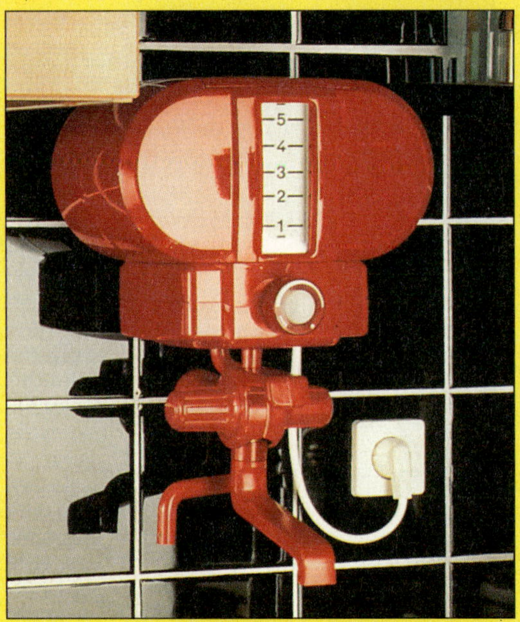

Einfaches Kochendwassergerät

Fürs Bad: Durchlauferhitzer

Für die Versorgung mit warmem Wasser sind drei Systeme zu unterscheiden: Zentral-, Gruppen- und Einzelversorgung. Bei der Zentralversorgung werden alle Zapfstellen des Hauses oder der Etagenwohnung von einem Warmwasserbereiter versorgt. Bei Gruppen- und Einzelversorgung werden nur einige oder eine einzige Zapfstelle von einem Speicher oder einem Durchlauferhitzer gespeist.

Bei der Zentralversorgung kommt das warme Wasser in der Regel aus einem ausreichend großen Warmwasserspeicher. In einer Etage kann die zentrale Versorgung auch von der Gasetagenheizung nach dem Durchlaufprinzip erfolgen.

Bei **zentraler Hausversorgung** ist die Warmwasserbereitung häufig mit der Heizung gekoppelt. Dafür kommt ein in den Öl- oder Gaskessel integrierter Speicher in Frage. In diesem Fall ist jedoch das Speichervolumen recht begrenzt. Größere, damit aber auch etwas teurere Speicher können neben den Kessel gestellt und durch einen Wärmetauscher, der vom Heizwasser durchflossen wird, erhitzt werden. Ein solcher großer Speicher kann mit niedrigerer Wassertemperatur betrieben werden, dadurch verkalkt er weniger leicht. Zudem sind die Verluste geringer, die durch das ständige Bereitstellen von Warmwasser entstehen. Mit einer **Warmwasserwärmepumpe** oder einer **Solaranlage** besteht die Möglichkeit, warmes Wasser unabhängig von der Heizanlage zu bereiten. Der Heizkessel kann dann im Sommer ausgeschaltet werden.

Diesen Vorteil bietet natürlich auch ein mit Strom oder Gas beheizter Speicher, der völlig von der Heizung getrennt ist. Dazu gibt es zwei Prinzipien: Durchlaufgeräte und Speicher.

Durchlauferhitzer
– Vorteile:
- Warmes Wasser in unerschöpflicher Menge
- Energieverluste sind gering
- Die Anschaffungskosten sind vergleichsweise niedrig.

– Nachteile:
- Hohe Leistung von 18 – 28 Kilowatt erforderlich, um das Wasser schnell genug erhitzen zu können (Drehstromanschluß 380 Volt oder ausreichende Gasversorgung und Abgasanschluß nötig).
- Geringe Zapfgeschwindigkeit (pro Minute etwa 6-8 Liter Wasser von 60 Grad). Deshalb sinnvoller Weise immer nur eine Zapfstelle zur gleichen Zeit benutzen.

Druckspeicher – Vorteile:
- Kann mehrere Zapfstellen gleichzeitig versorgen

● Zapfgeschwindigkeit ist wesentlich höher
● Verhältnismäßig geringe elektrische Anschlußleistung
– **Nachteile:**
● Teurer als ein Durchlauferhitzer
● Größer, deshalb mehr Platzbedarf.
Eine Kombination beider Systeme bieten elektrische **Durchlaufspeicher,** die mit einem Fassungsvermögen von 30 bis 100 Litern angeboten werden. Sie haben zwei oder drei unterschiedlich starke Heizstufen. Bei geringer Wasserentnahme arbeitet das Gerät wie ein Speicher, das heißt, das Wasser wird mit kleiner Leistung aufgeheizt. Bei großer Wasserentnahme werden die höheren Heizstufen eingeschaltet, bei sehr großem Wasserbedarf arbeitet das Gerät dann wie ein Durchlauferhitzer.
Für eine einzelne Zapfstelle kann auch ein **offener** Speicher verwendet werden. Er steht nicht unter Druck, da sich das Entnahmeventil am Kaltwasserzufluß befindet. Wird es geöffnet, strömt das Wasser in den Speicher und drückt das warme Wasser durch das Überlaufrohr hinaus. Da der Behälter nicht den Leitungsdruck aushalten muß, kann er leichter gebaut sein und ist entsprechend billiger.
Noch etwas billiger ist der **offene Boiler,** der im Gegensatz zum Speicher keine Wärmedämmung aufweist. Er ist deswegen nicht dafür geeignet, warmes Wasser bereit zu halten. In ihm läßt sich das Wasser nur zum sofortigen Verbrauch erhitzen. Da das heutigen Komfortansprüchen kaum mehr genügt, ist er recht selten geworden. Lediglich in Kleinausführungen als Kochendwassergeräte werden sie noch häufig benutzt.

Diese Arbeiten sind in der Regel Teil der nach jeder Heizperiode von einem Fachmann durchzuführenden Wartung. Der Durchsatz von Öl und Gas, die Flammen- und die Abgasführung müssen der Kesselkonstruktion und Leistung angepasst sein. Wird der Brennstoffdurchsatz gesenkt, kann dies den Wirkungsgrad erhöhen. Aber Vorsicht: die dadurch niedrigeren Abgastemperaturen dürfen nicht zu einer Versottung (Durchfeuchtung) des Schornsteins führen. Auch ein von Ruß- und Rauchgasrückständen gereinigter Kessel hat einen besseren Wirkungsgrad. Eine Rußschicht von einem Millimeter Dicke erhöht die Abgastemperatur um etwa 50 Grad Celsius und den Brennstoffbedarf um etwa fünf Prozent.

Nachträgliche Wärmedämmung von Heizungsrohren und Armaturen

Vor dem Ölpreisschock war es nicht üblich, Heizungsrohre zu dämmen. Die damals angebotenen Dämmaterialien waren teuer, die Dämmarbeiten zeitaufwendig. Heute gibt es auf dem Markt verschiedenartige Rohrschalen und Dämmschläuche, die auch ein Laie, je nach handwerklichem Geschick, relativ leicht anbringen kann (ab Seite 104).
Die Heizungsanlagenverordnung schreibt Mindestdicken für die Wärmedämmung von Heizungsrohren vor. Ausgehend von einer mittleren Heizwassertemperatur von 50 Grad bei einer Umgebungstemperatur von 15 Grad hat ein ungedämmtes, etwa drei bis vier Zentimeter dickes Stahlrohr einen jährlichen Energieverlust von rund 28 Litern Heizöl pro Meter. Mit einer zehn Millimeter starken Dämmung sinkt dieser Verlust auf acht, mit 30 Millimeter sogar auf vier Liter pro Meter und Jahr. Bei Wärmedämmkosten von rund zehn DM pro Meter Rohr kann sich diese Investition bei längeren Leitungssystemen lohnen. Allerdings: in Räumen, in denen die Wärmeabgabe der Heizungsrohre der Raumwärme nützt, ist eine Wärmedämmung unsinnig und vom Gesetzgeber nicht vorgeschrieben.

Zusätzliche Wärmedämmung des Heizkessels

Alte Heizkessel mit konstanten Kesselwassertemperaturen von 80 Grad haben mitunter eine Wärmeabstrahlung von acht Prozent und mehr. Aber auch die gängigen Öl/Gas-Heizkessel besitzen erst seit 1980 eine stärkere Wärmedämmung. Sie drückt die Abstrahlverluste auf rund 1,5 Prozent. Ein guter Wert.
Wir raten trotzdem von einer nachträglichen Wärmedämmung alter Kesselveteranen ab. Zum einen können Wartungs- und Reinigungsarbeiten erschwert werden, wenn man im Übereifer Zwischenräume zwischen Kesselwand und Verkleidung dick mit Dämmstoff zustopft. Zum anderen besteht die Gefahr, daß innerhalb der Kesselverkleidung untergebrachte Meß- und Regelungsleitungen durch diese Arbeiten beschädigt werden. Außerdem kann bei einigen Kesselkonstruktionen die wichtige Verbrennungsluftzufuhr behindert werden.

Einbau einer Schaltuhr für die automatische Betriebsunterbrechung von Warmwasserzirkulationspumpen.
Rund um die Uhr betriebene Zirkulationsleitungen für die Warmwasserbereitung verursachen Wärmeverluste, die zumindest im Sommer nicht der Raumwärme zugute kommen. Schaltet man die Zirkulationspumpe in der Nacht für acht Stunden ab, lassen sich bei einer Warmwassertemperatur von 60 Grad zwischen 300 und 500 Kilowattstunden Energie pro Jahr einsparen.

IM TEST

Im Juli 1990 veröffentlichte die STIFTUNG WARENTEST einen Test von siebzehn Ölbrennern. Die Preise lagen zwischen 1300 DM und 1800 DM. Dreizehn Geräte bekamen das Testqualitätsurteil „gut", die restlichen waren „zufriedenstellend".

★

Im September 1990 veröffentlichte die STIFTUNG WARENTEST einen Test von zwölf Öl/Gas-Heizkesseln. Die Preise lagen zirka zwischen 5140 DM und 6300 DM. Zehn der getesteten Geräte erhielten das Qualitätsurteil „gut", die anderen beiden waren „zufriedenstellend".

Einbau eines Betriebsstundenzählers
Ein Betriebsstundenzähler trägt nicht unmittelbar zur Energieeinsparung bei, seine Anzeige gibt aber Aufschluß über den Nutzungsgrad und die Wirtschaftlichkeit der Heizanlage. So sollte ein Brenner mindestens 1600 bis 2000 Stunden pro Jahr im Betrieb sein. Kürzere Laufzeiten weisen auf eine zu groß bemessene Brenner- und Kesselleistung hin. Dieses Mißverhältnis sollte umgehend beseitigt werden.

Überprüfung und Einstellung der Regelung
Theoretisch soll ein optimal eingestelltes zentrales Steuergerät im Heizkeller der Raumheizung je nach Außentemperatur gerade soviel Wärme zukommen lassen, wie sie die Bewohner zu ihrer Behaglichkeit wünschen. In der Praxis werden aber meist viel zu hohe Heißwassertemperaturen bereitgehalten. Man will eben sichergehen. Dadurch steigen die Wärmeverluste völlig unnötig. Allein eine genau eingestellte Nachtabsenkung der Vorlauftemperatur oder eine Nachtabschaltung des Kessels außerhalb der Frostperiode

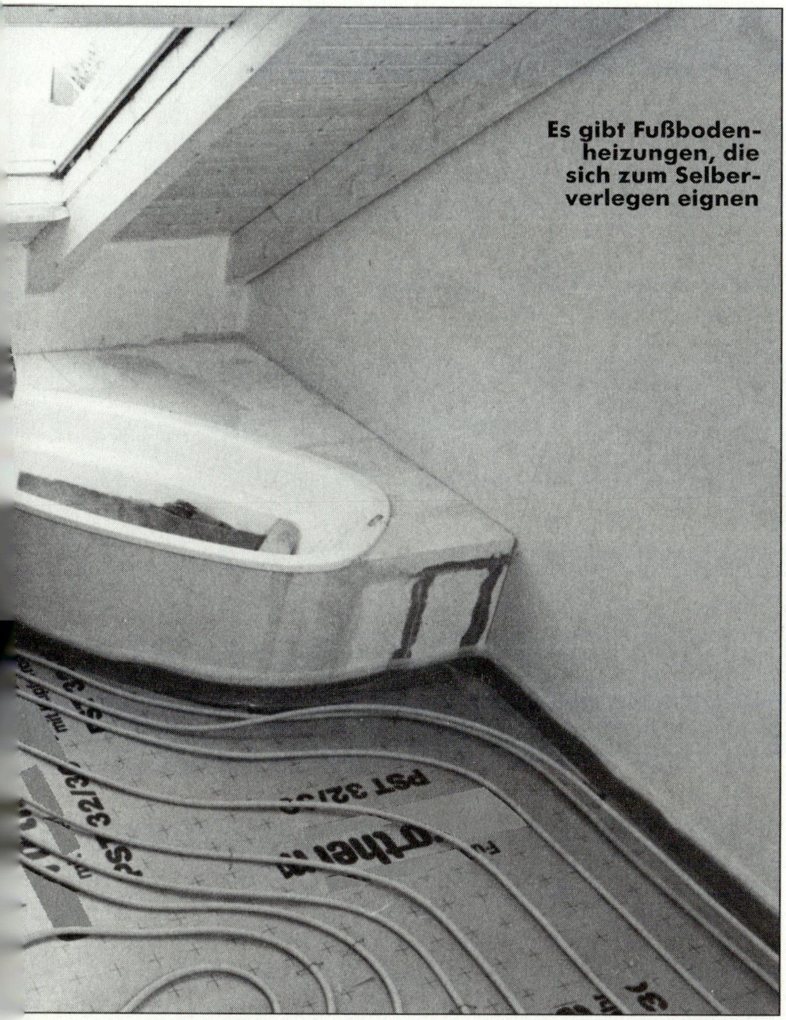

Es gibt Fußbodenheizungen, die sich zum Selberverlegen eignen

KOSTEN

Alle Angaben sind Zirka-Preise und beinhalten Material und Arbeitsaufwand:
- Überprüfung und Neueinstellung der Heizanlage 110 DM bis 150 DM
- Kesselreinigung 60 DM bis 80 DM
- Nachträgliche Wärmedämmung von Heizungsrohren 10 DM pro Meter
- Einbau einer Schaltuhr für Warmwasserzirkulationspumpen 90 DM bis 150 DM
- Einbau eines Betriebsstundenzählers 80 DM bis 180 DM
- Überprüfung und Neueinstellung der Regelung 100 DM bis 120 DM
- Einbau von Thermostatventilen 35 DM bis 70 DM
- Einbau einer kompletten witterungsgeführten Regelung mit Zeitschaltuhr 1500 DM bis 2000 DM
- Einbau einer programmierbaren Einzelraumregelung 120 DM bis 140 DM
- Einbau einer mehrstufigen Umwälzpumpe 250 DM bis 350 DM, mit Absperrschiebern und Rückschlagklappen 600 DM bis 700 DM
- Einbau von Absperrklappen und Zugreglern 230 DM bis 360 DM
- Austausch des Heizkessels 4700 DM bis 13500 DM
- Kaminsanierung 2500 DM bis 3500 DM

kann Brennstoffeinsparungen bis zu zehn Prozent bringen. Eine derartig feinfühlige Regelung des Heizbetriebs setzt allerdings ein technisch aufwendiges und programmierbares Steuersystem voraus.

Größere Maßnahmen

Einbau von Thermostatventilen
Automatisch funktionierende Thermostatventile machen es möglich, daß Fremdwärme, zum Beispiel Körperwärme oder Sonneneinstrahlung, in den einzelnen Räumen genutzt wird. Wichtig: Diese Einzelraumregelung kann die vorzuschaltende Zentralregelung der Heißwassertemperatur nicht ersetzten.

Bei der Auswahl der Thermostatventile müssen unbedingt die Daten über die Druckverhältnisse in der Heizanlage beachtet werden. Nur dann regeln sie genau und verursachen auch keine störenden Geräusche. Unter Umständen muß mit dem Einbau der Thermostatventile auch die Umwälzpumpe ausgetauscht werden. Dies kann aber nur ein Fachmann entscheiden. Auf jeden Fall sollten derartige, unter Umständen notwendige Veränderungen schon im Kosten-

voranschlag mit aufgenommen werden.
Die Höhe der erzielbaren Einsparungen hängt von einer Fülle von Einflüssen ab. In der Regel liegt sie zwischen 10 und 15 Prozent.

Einbau einer witterungsgeführten Regelung mit Zeitschaltuhr, Motormischer und Temperaturfühlern.

Zusammen mit den Thermostatventilen dosiert die witterungsgeführte Regelungsanlage die Wärmezufuhr in die Räume je nach Höhe der Außentemperatur. Auch in einem Einfamilienhaus ist diese Art der Heizungsregelung besser als die über einen Pilotraum, in dem ein dort montierter Raumthermostat das Temperaturniveau in allen beheizten Räumen mitbestimmt. Gegenüber einer überholten Steuerung per Handmischer kann die Energieeinsparung bis zu zehn Prozent, zusammen mit Themostatventilen sogar bis zu 20 Prozent ausmachen.

Einbau einer programmierbaren Einzelraumregelung

Mit Hilfe dieser „schlauen" Thermostatventile kann die Temperatur in einzelnen Räumen unabhängig von der zentralen Regelung im Rahmen eines Tages- oder Wochenprogramms automatisch und zeitabhängig gesteuert werden. Dies empfielt sich für Arbeitsräume oder für nur am Wochenende genutzte Einliegerwohnungen. Kostenpunkt 120 DM bis 140 DM pro Ventil.

Einbau einer mehrstufigen Umwälzpumpe

Die Frage, ob eine mehrstufige Umwälzpumpe eingebaut werden soll, stellt sich meist bei der nachträglichen Ausstattung mit einer zentralen Regelung oder mit Thermostatventilen. Vom Wasserdruck abhängig schaltende Pumpen sind derzeit in Ein- und Zweifamilienhäuser noch zu teuer und unwirtschaftlich, aber auch nicht notwendig. Es gibt weniger aufwendige und preiswertere Lösungen. Beispiel: Zwei Umwälzpumpen unterschiedlicher Leistung, die über eine Zeitschaltuhr automatisch je nach Tages- oder Nachtzeit betrieben werden. Von Hand umzuschaltende Pumpen kosten zwischen 250 DM und 350 DM, mit Absperrschiebern und Rückschlagklappen 600 DM bis 700 DM.

Solaranlagen nur für die Warmwasserbereitung

Einbau von Absperrklappen und Zugreglern

Abgasklappen verhindern die innere Auskühlung des Heizkessels während der Stillstandszeiten, indem sie kühle Luft fernhalten. Gleichzeitig führen Zugregler oder nachgeschaltete Nebenlufteinrichtungen dem Schornstein bei Brennerstillstand Luft zu, die einen möglichen Feuchtigkeitsniederschlag an der Schornsteinwand abtrocknet. Vor dem Einbau dieser Einrichtungen ist auf jeden Fall der Schornsteinfegermeister zu fragen. Er muß die Zugverhältnisse im Kessel und Schornstein überprüfen, die der Laie selber überhaupt nicht beurteilen kann.

Einfaches Heizungsventil

Thermostatventil

Sehr umfangreiche Maßnahmen

Umstellung von Öl auf Gaszentralheizung

Bei gleichwertiger Heiztechnik und denselben Heizgewohnheiten ist der durchschnittliche Brennstoffverbrauch einer modernen Heizanlage bei Öl oder Gas nahezu gleich hoch. Technische Vorteile fürs Gas ergeben sich nur im Einsatz sogenannter Brennwertgeräte, weil sich das anfallende Kondensat einfacher und preiswerter beseitigen läßt.

Eine konsequente Nutzung des Brennwerts im Heizkessel erfordert große Heizflächen (Heizkörper) in den Räumen, damit die Heizung mit niedrigen Heizwassertemperaturen betrieben werden kann.

Bevor eine Umstellung ins Auge gefasst wird, sollte man sich erkundigen, ob eine Gasleitung in der Nähe liegt. Neben den Kosten für die Umbauarbeiten im Keller entstehen weitere, wenn der Öltank stillgelegt und mit der restlichen Ölmenge beseitigt werden muß. Kosten insgesamt: etwa 150 DM bis 200 DM je 1000 Liter Tankinhalt. Ein zusätzlicher Kostenpunkt sind die Anschlußkosten des Versorgungsunternehmens.

Ein Tip: in manchen Gebieten werden zinsverbilligte Darlehen zur Finanzierung des Um-

PLANUNG

Für Brennstoff geben Besitzer von Einfamilienhäuser über den Daumen gepeilt jährlich etwa zwei- bis dreimal so viel Geld aus wie für Zinsen und Rückzahlung der Heizungsinvestition. Wer sich also um die Investitionskosten drückt, macht ein schlechtes Geschäft, wenn durch die Einsparung an den Anlagekosten der Brennstoffverbrauch erhöht wird.

Zusätzliche Kosten für eine detaillierte Heizungsplanung können sich also schnell bezahlt machen. Denn für den sparsamen Brennstoffverbrauch sind nicht nur die Qualität von Kessel und Brenner entscheidend, sondern mehr noch, ob die Einzelteile der Anlage genau zueinander passen und ob die Anlage insgesamt dem Wärmebedarf des Hauses entspricht.

Einiges spricht dafür, einen unabhängigen Planer mit der Arbeit zu betrauen. Er ist in der Regel weniger eng auf bestimmte Anlagensysteme und Fabrikate festgelegt als der Heizungsbauer. Zudem hat der Bauherr durch ihn eine sachkundige Unterstützung dem ausführenden Installationsbetrieb gegenüber. Und schließlich haftet der Planer zusätzlich zum Ausführenden für das ordnungsgemäße Funktionieren der Anlage.

Anderseits bringt es aber einen Vorteil, den Heizungsbauer auch mit der Planung zu beauftragen: Häufig erläßt er dann die Kosten für die Planung oder reduziert sie, wenn ihm später auch der Auftrag für die Ausführung erteilt wird.

In jedem Fall sollte man zunächst nur den Auftrag für die Planung vergeben. Wer Planung und Ausführung miteinander vermischt, ist kaum mehr in der Lage, die Angebote miteinander zu vergleichen. Kostenvoranschläge für die Erstellung einer Heizung, die sich nicht auf vorgegebene Planungsunterlagen stützen, sagen dem Bauherren lediglich etwas über die Investitionskosten, kaum jedoch etwas über das Preis-Leistungsverhältnis. Haltbarkeit und Komfort der angebotenen Anlagen und vor allem auch der zukünftige Brennstoffverbrauch können sehr unterschiedlich sein. Die strikte Trennung von Planung und Ausführung erleichtern dem Bauherrn und auch dem Architekten die Kontrolle über die haustechnischen Installationen.

Auch für die Planung sollte der Bauherr zunächst einige Kostenvoranschläge einholen. Hier kann ihm der Architekt weiterhelfen oder aber eine Anfrage beim Verein deutscher Ingenieure (VDI) oder bei der Innung für Heizungs- und Klimatechnik.

ELEKTROSPEICHERHEIZGERÄTE

Die Vorteile einer Elektrospeicherheizung gegenüber anderen Heizsystemen liegen auf der Hand: kein Tank, kein Heizraum, kein Schornstein, keine komplizierte Heizkostenabrechnung. Der Stromzähler zeigt an, was zu bezahlen ist.

Weniger auffällig sind die Nachteile: Auch Strom muß erst einmal erzeugt werden, und die Kraftwerke belasten natürlich mit ihrem Schadstoffausstoss die Umwelt. Zudem kann in den Elektrizitätswerken nicht die gesamte eingesetze Menge an Primärenergie, wie Kernkraft, Braun- oder Steinkohle, ohne jeglichen Energieverlust in Strom umgewandelt werden – tatsächlich ist der Wirkungsgrad nicht besonders hoch.

In ländlichen Gebieten ohne Erdgasversorgung ist Strom oftmals einzige Alternative zum Heizöl. In Mietshäusern ohne Zentralheizung sind Speicherheizgeräte häufig die einzigen Konkurrenten zur Gas-Etagenheizung.

Speicherheizgeräte kosten zwischen 1000 DM und 1250 DM. In einer Mietwohnung entstehen neben den Gerätekosten weitere für die Installation einer zusätzlichen Schalttafel und das Verlegen der Stromleitungen in den Räumen, falls eine ausreichend starke Steigleitung bereits vorhanden ist. Falls nicht, entstehen weitere Kosten.

Nicht ohne Probleme: Elektroheizung

Die Betriebskosten einer Elektroheizung sind höher als die einer Öl- oder Gasheizung, obwohl bei ihr die jährlichen Wartungs- und Schornsteinfegerkosten entfallen. Der Preis für eine Kilowattstunde Nachtstrom ist auch bei den derzeitig hohen Ölpreisen noch erheblich höher als für eine Kilowattstunde aus Öl oder Gas.

Die Stromanbieter führen ins Feld, daß die Elektrospeicherheizung als Einzelraumheizung einen niedrigeren Nutzwärmebedarf aufweise als eine Zentralheizung. Bei gleichem Wohnkomfort sei also der Energieverbrauch in ein und derselben Wohnung mit Strom geringer – und das spare Geld. Aber zentralgeregelte Ölheizungen oder witterungsabhängig gesteuerte Gasetagenheizungen mit Thermostatventilen an den Heizkörpern kommen heute einer Einzelraumbeheizung sehr nahe. Größere Unterschiede im Verbrauch dürften kaum noch bestehen.

Fazit: Auch die Elektrospeicherheizung hat ihre Vor- und Nachteile. Die Gerätetechnik der Standardspeicherheizgeräte ist nahezu ausgereift. Wer sich als Mieter für eine moderne Raumheizung interessiert, hat die Wahl zwischen einer Elektrospeicherheizung und einer Gasetagenheizung. Bei einer Gasetagenheizung kann man zu den Kosten für den Wärmeerzeuger – zwischen 3600 DM und 3800 DM – noch rund 1000 DM pro beheiztem Raum für Rohre und Heizkörper hinzurechnen.

Voraussetzung für Elektrospeicher- oder Gasetagenheizung ist allerdings: Eine separate Steigleitung oder ein Gasanschluß muß im Haus vorhanden sein oder gelegt werden.

Neben der Kostenseite sollte auch die Umweltverträglichkeit der Heizsysteme bedacht werden. Denn die abgasfreie Heizung, wie Hersteller von Elektroheizungen in ihrer Werbung behaupten, – sie gibt es nicht.

stiegs von Öl auf Gas sowie Beihilfen für die Beseitigung der Tankanlage geboten.

Austausch des Heizkessels

Heizkessel, die noch für feste Brennstoffe konstruiert waren und später als Verbrennungshilfe für Gebläsebrenner eine Schamottausmauerung erhielten, verursachen zum Teil Wärmeverluste von 25 – 50 Prozent. Mit ihnen ist sparsames Heizen unmöglich. Ein moderner Öl/Gas-Heizkessel hat hingegen Verluste von höchstens 10 bis 14 Prozent. Vor dem Austausch eines Kessels sollte der Wärmebedarf des Hauses neu berechnet und außerdem überprüft werden, ob sich der vorhandene Schornstein für eine niedrigere Abgastemperatur eignet.

Trennung von Heizung und Warmwasserbereitung

Bevor man solch einen Modernisierungsschritt plant, empfiehlt es sich, einmal die Vor- und Nachteile der verschiedenen Warmwasserbereiter, zum Beispiel Durchlauferhitzer oder Speicher, gegenüberzustellen (siehe Seite 124). Ausreichend Komfort ist für viele Nutzer nur dann gegeben, wenn eine genügende Menge Warmwasser mit ausreichendem Wasserdruck auch an mehreren Zapfstellen im Haus gleichzeitig zur Verfügung steht. Sowohl bei Strom als auch bei Gas entstehen durch die Trennung zusätzliche Kosten für Energieanschlüsse und für die Instandhaltung.

Für ein Ein- oder Zweifamilienhaus mit einem modernen Heizkessel mit gleitender Kesselwassertemperatur ist eine Trennung von Heizung und Warmwasser wenig empfehlenswert.

Kaminsanierung

Wechselt man die Brennstoffart oder tauscht einen alten gegen einen neuen Heizkessel aus, sollte man gleichzeitig den Umbau des Schornsteins überdenken. Stellt man einen Brennwertkessel auf, kommt man um einen Umbau nicht herum: Diese Geräte arbeiten mit Überdruck in den Abgasleitungen. Herkömmliche Schornsteine sind dafür nicht geeignet.

Umstellung auf Niedertemperaturheizung

Dazu gehören alle Heizanlagen, die mit einer maximalen Kesseltemperatur von 75 Grad und weniger sowie mit maximal 70 Grad Heizkörpertemperatur und weniger auskommen. Niedertemperaturheizungen setzen ausreichend große Heizflächen in den Räumen voraus – in alten Heizanlagen ist dies auf Grund der früher gültigen, großzügigen Verfahren zur Berechnung des Wärmebedarfs sehr häufig der Fall.

Austausch von Heizkörpern

Ein Austausch ist unumgänglich, wenn die Heizkörper rosten oder undicht sind. Die Ursachen für die Korrosionsschäden müssen beseitigt werden. Mitunter müssen die Heizkörper den veränderten Betriebsbedingungen angepaßt werden, wenn ein neuer Heizkessel mit niedrigeren Temperaturen betrieben wird. Benötigen einzelne Räume im Haus wegen ihrer Lage – zum Beispiel wegen vieler Außenwände – ständig höhere Temperaturen, müssen unter Umständen auch dort die Heizkörper ausgewechselt werden. Daß ein Heizköperaustausch technisch sinnvoll oder wirtschaftlich notwendig ist, kann unterschiedliche Gründe haben und sollte geprüft werden. ■

EIGENLEISTUNGEN

Die Do-it-yourself-Bewegung ist an der Haustechnik nicht vorbeigegangen. Systembausätze für Heizanlagen werden angeboten und erwecken nicht selten den Eindruck, eine Heizung zu installieren, sei ein Kinderspiel. Die Praxis zeigt aber: Auf dieses Abenteuer sollte sich jedoch nur jemand einlassen, der über erhebliche handwerkliche Fertigkeiten und Kenntnisse verfügt.
Ohne detaillierte Planung geht's auf keinen Fall. Es kommt deswegen nur ein Bausatz in Frage, der komplett mit Planung, eventuell Schulung, Überwachung und Abnahme, angeboten wird.
Das selber Einbauen entbindet selbstverständlich nicht von der Einhaltung rechtlicher Bestimmungen. Das heißt, auch bei einer solchen Anlage müssen die Bestimmungen der Heizungsanlagenverordnung, sowie alle einschlägigen Sicherheitsanforderungen erfüllt werden. Die Übereinstimmung der Anlage mit den gesetzlichen Vorschriften muß von einem Fachunternehmer schriftlich bestätigt werden.
Einige Systemanbieter sagen zu, im Falle, daß der Heimwerker irgenwann nicht mehr weiter kommt, die Anlage fertig zu stellen. Das ist eine gute Absicherung. Man sollte sich aber bereits vorher erkundigen, welche Stundensätze dafür berechnet werden. Andernfalls kann der günstige Eigenbau zu einer teuren Überraschung werden.

RENOVIEREN STIFTUNG WARENTEST

NEBENRÄUME RICHTIG NUTZEN

MACH PLATZ UNTER DEM DACH

Unterm Dach und im Keller ist oft noch ungenutzter Raum. Er läßt sich bei überlegter Planung sinnvoll nutzen – fürs Hobby, zur Arbeit oder als zusätzlicher Wohnraum. In vielen Fällen begünstigt sogar das Finanzamt den Ausbau

Der nachträgliche Dachausbau ist zu einer sehr beliebten und deshalb immer häufiger anzutreffenden Baumaßnahme bei der Althausmodernisierung geworden. Kein Wunder, Meldungen über fehlenden Wohnraum sind inzwischen zum Dauerthema gediehen, und ein Ende dieser Wohnungsknappheit ist kaum abzusehen.
Der Dachausbau hat sich vor allem deshalb durchgesetzt, weil so preisgünstig Raum gewonnen wird. Staatliche Förderung versüßt zudem Hausbesitzern den Schritt zur Einrichtung einer gemütlichen Dachwohnung: Bis zu 60 000 DM je Wohnung können sie dafür über einen Zeitraum von fünf Jahren abschreiben. Moderne Ausbaumethoden erleichtern die wohnliche Gestaltung von Dachgeschossen zudem erheblich.

Dämmen

Unverzichtbar ist die Dämmung des Dachs - sie sollte der erste Schritt sein, vorausgesetzt der Dachstuhl und die Dacheindeckung sind in Ordnung. Als Dämmstoff bieten sich vor allem an: Randleistenfilze, Polystyrolplatten und Dämmkeile, die sich durch einfaches Verschieben gegeneinander auf die erforderliche Breite bringen lassen.
Die Dämmaterialien werden in der Regel möglichst dicht zwischen die Sparren geklemmt. Aber auch andere Lösungen sind möglich. Mehr über diese Dämmstoffe und den Umgang damit Seite 104.

Wir empfehlen, zwischen Dachpfannen beziehungsweise Unterspannfolie und Dämmung durchgängig einen zwei bis vier Zentimeter breiten Luftspalt zur Hinterlüftung der Dämmung zu erhalten. Außerdem muß die zum Wohnraum weisende Seite der Dämmung eine Dampfsperre aus Alu- oder Polyethylenfolie erhalten, die auf die Sparren aufgetackert wird, bevor man die Schräge verkleidet. Dies ist notwendig, damit keine Luftfeuchtigkeit vom Wohnraum in die Dämmung diffundieren kann. Anderenfalls wird durch die Feuchtigkeit der Dämmwert herabgesetzt, und es kann sogar durch Kondensatbildung zu Feuchteschäden kommen (Seite 94).

Böden

Als nächstes sollte der Boden hergerichtet werden. Oft besteht er nur aus groben Bohlen, auf die nicht ohne weiteres Parkett, Dielen, Teppich oder Linoleum verlegt werden können, weil er zu uneben ist. Es

Dachräume haben eine ganz besondere Atmosphäre

ist zu prüfen, ob ein Fließestrich die notwendige glatte Unterlage verschafft, oder Spanplatten aufgeschraubt werden sollen. Näheres darüber und über Bodenbeläge generell Seite 98. Dämmen nicht vergessen.

Verkleidung

Für die Verkleidung der Schräge gibt es praktische Lösungen. Zum Beispiel Nut- und Feder-Bretter oder einfach zirka zwei Zentimeter dicke

KELLERAUSBAU

Im Keller ist oft noch Platz für eine Sauna oder für einen Hobbyraum

Weil man heute meistens keinen Kartoffelkeller, keinen Kohlenkeller und auch keinen Waschkeller mehr braucht, ist in vielen Kellern Platz für neue Ideen, die die unterschiedlichsten Wünsche der Hausbewohner erfüllen: Hobby-, Party- oder Fitnessraum, Werkstatt, Hausarbeitsraum oder Gästezimmer können jetzt im Keller realisiert werden.

Voraussetzung ist allerdings, daß die Kellerwände nicht feucht sind. Sonst müssen sie vorher trockengelegt werden - was unter Umständen sehr aufwendig sein kann.

Grundsätzlich gilt für den Ausbau von Kellerräumen ähnliches wie für den Dachgeschoßausbau. Ehe man beginnt, sollte ein Plan gemacht werden, der auch die notwendigen Dämmaßnahmen vorsieht.

Bei der Materialauswahl für einzuziehende Zwischenwände kommt es vor allem aufs handwerkliche Geschick an. Es bieten sich vor allem Metallrahmenkonstruktionen in Verbund mit Gipskartonplatten an, aber auch planebene Gasbetonsteine, die einfach zurechtgesägt und anschließend zusammengeklebt werden, lassen sich gut verarbeiten.

Große Dachräume lassen sich durch Zwischenwände unterteilen

Dachgeschosse müssen in jedem Fall gedämmt werden, ehe man sie als Wohnraum nutzen kann

Gipskartonplatten. Bei einem Sparrenabstand bis zu etwa 75 Zentimetern kann sogar auf eine Unterkonstruktion verzichtet werden. Das spart Arbeit und Geld. Bei größeren Sparrenbreiten genügt eine einfache Holzlattung, die im Abstand von etwa 75 Zentimetern quer zu den Sparren angebracht wird.

Entscheidet man sich für Platten, so sollten sie anschließend mit Rauhfaser oder Prägetapeten beklebt werden. Sie ergeben im Gegensatz zu Mustertapeten eine ruhige Oberfläche, was bei Dachschrägen unbedingt vorzuziehen ist.

Fenster

Die Gestaltung und der Nut-

zen von Dachwohnungen hängen grundsätzlich von der Zahl und der Lage der Fenster ab. Bei günstiger Fensterverteilung läßt sich das meist langgestreckte Dachgeschoß durch Zwischenwände recht gut in einzelne Räume unterteilen.

Sind die Fensterpositionen ungünstiger, sollte man eine eher großzügige Lösung wählen, weitgehend auf Trennwände verzichten und den großen Raum durch halbhohe Raumteiler und eine geschickte Möblierung gliedern.

Aber auch der Einbau von zusätzlichen Fenstern ins Dach ist möglich und sogar von versierten Heimwerkern zu bewältigen.

Zwischenwände

Zwischenwände im Dachgeschoß können Heimwerker auf mehrere Arten verwirklichen. Am leichtesten dürften sie mit Metallrahmenkonstruktionen zurecht kommen, die mit Gipskartonplatten ausgefacht und übertapeziert werden. Diese Konstruktion erleichtert den Einbau von Türen erheblich, weil es dafür spezielle Zargen gibt, deren Montage auf Heimwerkerbedürfnisse abgestellt ist.
Aber auch glatte Bausteine aus Gasbeton bieten sich an. Sie können leicht gesägt werden, und der Selbstbauer fügt sie mittels Klebstoff zu einem fast fugenlosen Mauerwerk zusammen. Leitungsschlitze für Elektrokabel und Wasserrohre sowie Vertiefungen für Lichtschalter und Steckdosen lassen sich mit dem Rillenkratzer oder einer Mauerfräse herstellen.

Heizung

Wenn die geringe Höhe der Schornsteine überm Dach keinen ausreichenden Zug verspricht und die Heizungsanlage nicht genügend Leistungsreserven bietet, um ein zusätzliches Geschoß zu beheizen, ist eine Nachtstromspeicherheizung eine mögliche Alternative (Seite 122). ■

DER PLATZ AN DER SONNE

Terrasse und Balkon sind das ganze Jahr hindurch der Witterung ausgesetzt. Deshalb sind auch sie bisweilen renovierungsbedürftig. Meist geht es um undichte Stellen und um unebenen Untergrund

Im Sommer sind Terrasse oder Balkon ein zweites Wohnzimmer. Bei gutem Wetter bringen viele dort einen guten Teil ihrer Freizeit zu. Aber auch der Garten gehört zum wichtigen Naherholungsbereich. Beim Renovieren und Modernisieren sollte deshalb auch ihnen ein Blick gewidmet werden: Sind Platten und Wege in Ordnung? Können die Zäune ihre Aufgabe erfüllen? Ist der Balkon noch dicht und ansehnlich?

Terrasse

Bei der Terrasse kommt es vor allem darauf an, daß sie gut befestigt und eben ist. Schließlich sollen dort später der Kaffeetisch und auch die Gartenmöbel einen sicheren Stand finden.
Meist besteht die Terrasse aus

Platten oder Pflastersteinen, die sich im Laufe der Zeit senken können. Einzelne verschobene Platten fügen sich wieder harmonisch ein, wenn sie durch eine Unterschüttung aus Sand neu eingerichtet werden. Allerdings ist es häufig so, daß gleich mehrere Steine die Tendenz haben, ihre Lage zu ver-

ÖKOLOGIE IM GARTEN

Gärten sollen wieder eine wichtigere Rolle beim innerstädtischen Naturschutz übernehmen - das fordern Umweltschützer zu recht. Garteninhaber sollen verstärkt ökologisch wertvollen Lebensraum für bedrohte Tiere und Pflanzen schaffen. Zum Maßnahmenkatalog zählen beispielsweise der Verzicht auf Pflanzenschutzmittel und Überdüngung, das Pflanzen standortgerechter, einheimischer Pflanzen und Gehölze anstelle exotischer Importgewächse, die relativ krankheits- und schädlingsanfällig und deshalb oft das Ziel der Giftspritze sind. Der kurzgeschorene Rasen verwandelt sich wieder in eine bunte Blumenwiese. Und statt eines betonumrandeten Goldfischbassins schmückt schon vielerorts ein Feuchtbiotop mit Libellen und Fröschen das Gelände.
Dort, wo maschendrahtumzäuntes Nullachtfünfzehn-Grün, ordentliche Gemüsebeete und die teilweise etwas wild anmutenden naturnahen Gärten aufeinanderstoßen, geraten sich auch die Nutzer mitunter kräftig in die Haare. Doch auch die Gerichte erkennen mittlerweile den Unterschied zwischen Verwilderung und Verwahrlosung. Letztere liegen nur dann vor, urteilte kürzlich ein Amtsrichter in Berlin, wenn der Besitzer sein Gelände völlig sich selbst überlasse und gar nicht mehr bearbeite. Davon könne bei einem naturnah bewirtschafteten Garten jedoch sellbstverständlich überhaupt keine Rede sein.

Im Sommer dient die Terrasse als weiteres Zimmer

ändern. Hier hilft es nur, die Platten komplett aufzunehmen, im Terrassenbereich einen neuen, gleichmäßigen Untergrund aus Kies und Sand zu schaffen, und anschließend die Platten neu zu verlegen.
Diese Arbeit sieht einfach aus, stellt aber ungeübte Heimwerker oft vor Probleme (ein ausreichend verdichteter, frostsicherer Untergrund muß erzielt werden). Deshalb werden viele den Fachmann rufen müssen.
Ähnliches gilt für Platten auf Gartenwegen, bei denen allerdings mehr Toleranz geübt werden kann, weil sie selten eine glatte einheitliche Oberfläche ergeben müssen.

Balkon

Beim Balkon gelten die häufigsten Sorgen dem Aussehen und der Abdichtung. Das Erscheinungsbild kann durch neue Farbe aufgefrischt werden (alte vorher entfernen und grundieren). Das schafft der Heimwerker ohne bedeutende Schwierigkeiten.

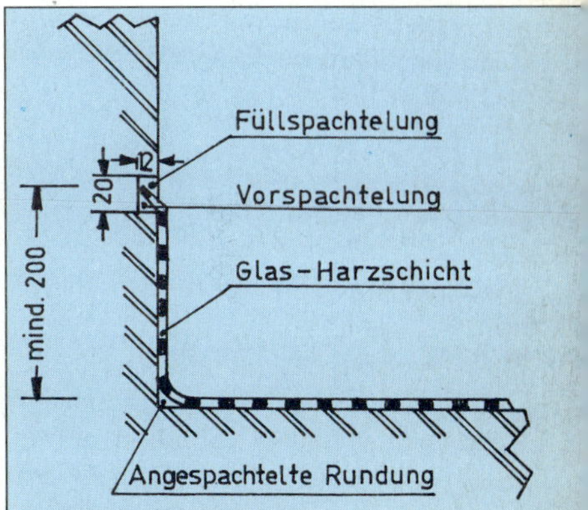

Balkon abdichten

Bei der Abdichtung sehen sich manche allerdings größeren Problemen gegenüber. Als zuverlässig gilt eine Abdichtung mit Polyester und Glasseide. Diese Beschichtung sollte an den Rändern mindestens 20 Zentimeter hochgezogen werden und ergibt eine wasserdichte Wanne. Wichtig sind ein glatter Untergrund (Fließestrich) und ein fugenloser Anschluß an die Mauer (Seide in eine ausgefräste Wandnut führen und Nut ausspachteln).
Eine Drainageplatte unter der Dichtungsschicht tut ein übriges: Sie verhütet schlimmere Schäden, falls die Kunststoffschicht undicht wird. ■

RENOVIEREN STIFTUNG WARENTEST

TECHNIK IM HAUS – ALLES, WAS WICHTIG IST

BADESPASS IN JEDEM HAUS

Neue Waschbecken, eine neue Badewanne, eine Dusche – das sind häufige Wünsche bei Bewohnern älterer Häuser. Auch moderne Armaturen stehen oft auf der Wunschliste. Und manchmal ist die Elektroinstallation auch nicht auf der Höhe der Zeit. Was kann ein Heimwerker selbst schaffen?

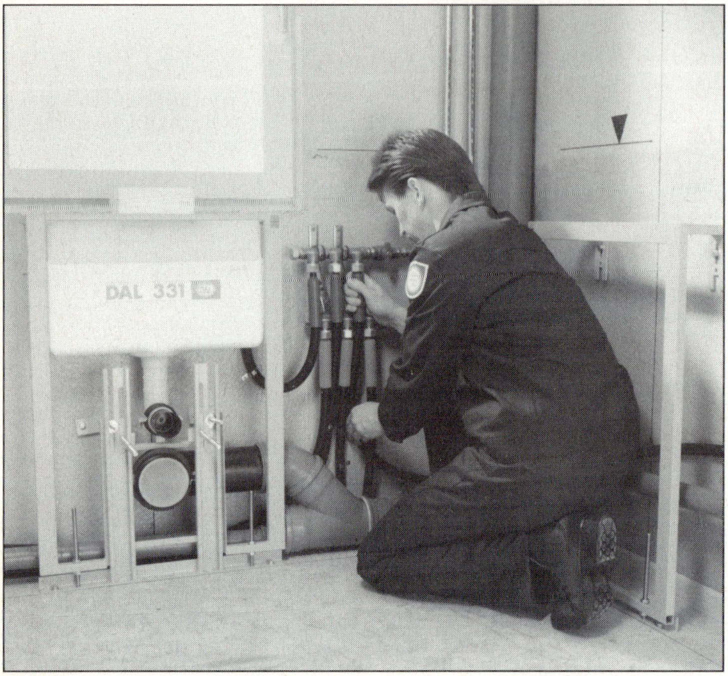

Die Anschlüsse werden verlegt...

... und anschließend abgedeckt

Noch immer ist in vielen Häusern in Deutschland kein Bad eingebaut. In Wohnungen mit einem Bad kommt es morgens zu einem Gedränge vor der Badezimmertür, wenn mehrere Familienmitglieder sich gleichzeitig für den Tag fertigmachen wollen. In diesen Fällen ist der Gedanke an ein neues oder zusätzliches Bad naheliegend.

Das Bad rückt aber auch aus anderen Gründen in den Blickpunkt der Heimwerker – wenn's ans Erneuern, Renovieren oder Sanieren geht: Im Laufe der Zeit kommt es vor, daß Fliesen abplatzen oder abfallen, Waschbecken durch herabfallende harte Gegenstände gesprungen sind oder die Badewanne unansehnlich wird. Oft wächst auch der Wunsch nach komfortableren und moderneren Armaturen. Sogar aus Umweltschutzgründen werden bisweilen Renovierungsarbeiten im Bad durchgeführt – etwa, wenn man eine neue Toilette installiert, die Wasser sparen hilft.

Einbau

Wer den Einbau eines neuen Badezimmers plant, sollte zunächst vor allem folgende Fragen klären:

- Steht innerhalb der Wohnung ein geeigneter Platz zur Verfügung? Er sollte zirka 3 mal 2 Meter groß sein – unter Umständen genügen auch zirka 2 mal 2 Meter. Solche Plätze finden sich zum Beispiel am Ende eines langen Flures, oder aber der Teil eines zu großen Zimmers wird genutzt. Eventuell bietet sich auch ein ungenutzter Dach- oder Scheunenraum an.
- Ist der vorgesehene Raum in der Nähe der Versorgungs- und Entsorgungsleitungen? Dies ist wichtig, damit der Installationsaufwand nicht zu groß wird.
- Kann das Bad in die Nähe der Schlafräume gelegt werden?
- Wie wird der Raum belüftet? Wenn irgend möglich, sollte das Bad an einer Außenwand liegen, damit es über ein Fenster belüftet werden kann. Ein innenliegendes Bad benötigt eine Lüftungsanlage.
- Welche Ausstattung soll in dem neuen Bad untergebracht werden? Denken Sie dabei

Danach folgt die Verkleidung

auch daran, daß man möglicherweise auf eine Wanne verzichten kann, denn Duschen kostet nur halb soviel Energie und nur ein Viertel der Wassermenge wie beim Baden.

● Ist warmes Wasser vorhanden, oder muß eine eigene Anlage eingebaut werden?

Aufbau

Der Aufbau notwendiger Trennwände erfolgt am einfachsten in Trockenbauweise: Dazu wird ein Gerüst aus Holz oder Metallblechwinklen errichtet, das mit Gipskartonplatten zu verkleiden ist.

Bevor das Ständerwerk für die Trennwände montiert werden kann, müssen zunächst auf dem Boden, an den Wänden wie auch an der Decke Abschlußdichtungen geklebt werden. Darauf ruhen umlaufende Rahmenhölzer (6 mal 6 Zentimeter), die mit langen Rahmendübeln verankert werden. Schräg eingezogene lange Schnellbauschrauben verbinden Rahmenhölzer und senkrechte Ständer.

Dann folgt der Einbau der Türen für Dusche und WC-Kabine. Hierzu werden Ständerwerkszargen zwischen die beiden Ständerhölzer gestellt und mit der Wasserwaage ausgerichtet, um dann zuerst auf der Bänderseite am Ständerwerk verschraubt zu werden. Bei geschlossener Tür wird die Gegenseite der Zarge am Ständerwerk verankert.

Danach die Wände zunächst einseitig mit zirka zwei Zentimeter dicken Gipskartonplatten verkleiden und innen die Stromkabel verlegen. Damit die hohlen Trennwände nicht zum Resonanzboden werden, muß das Ständerwerk anschließend mit Dämmplatten ausgefacht werden. Dort, wo Rohranschlüsse liegen, werden die Hohlräume mit Stopfwolle lückenlos ausgefüllt. Nachdem

IM TEST

Im Oktober 1990 veröffentlichte die Stiftung Warentest einen Test von 15 wassersparenden Klosettspülsystemen. Die Preise lagen bei Spülkästen zwischen zirka 70 DM und 190 DM, bei Druckspülern zwischen etwa 140 DM und 185 DM. Ein Modell erhielt das Qualitätsurteil „sehr gut“, elf waren „gut“, drei „zufriedenstellend“.

Die Wanne wird mit Gasbetonsteinen eingebaut

die Dämmung eingebracht wurde, kann auch die noch offene Seite der Trennkonstruktion verkleidet werden.
Damit die Gipskartonplatten im Falle einer Überschwemmung nicht von unten Wasser aufnehmen, enden sie zirka einen Zentimeter oberhalb des Fußbodens. Auch rings um Rohraustritte bleibt zunächst ein Zentimeter Luft. Bodenfuge und Ringspalt um die Rohraustritte werden mit dauerelastischen Dichtungsmitteln versiegelt.

SPARTOILETTE

Viele Hersteller haben in den letzten Jahren wasser- und damit auch geldeinsparende WC-Einrichtungen für umweltbewußte Verbraucher einwickelt. Auch die DIN-Norm, mit der früher die Wasserverschwendung quasi zur Pflicht gemacht wurde, ist mittlerweile geändert worden.
Moderne Spülklosetts sollen auf Grund ihrer besonderen Form mit zirka 6 Litern Wasser sauber werden – gegenüber 9 bis 14 Litern wertvollen Trinkwassers bei älteren Modellen.
Die konsequente Ergänzung zu einem solchem Becken ist ein entsprechender Spülkasten, bei dem sich die geringere Wassermenge von 6 Litern einstellen läßt.
Wichtiges Kriterium beim Kauf ist außerdem die Ausstattung mit einer speziellen Taste, mit deren Hilfe die Spülwassermenge großen und kleinen Geschäften angepasst werden kann: Bei Betätigung dieser Spar- oder Unterbrechertaste sollen nur 3 Liter Wasser fließen.

Anschließend:

- Für die Duschwanne (Badewanne) ein Ringfundament aus Gasbetonsteinen errichten.
- Rohre in die Wand verlegen (wegen Schallschutz nicht in die Wand zum Schlafzimmer).
- Wand endgültig verschließen und mit lösungsmittelfreiem Tiefgrund grundieren.
- Dusch- oder Badewanne einsetzen, vom Fachmann abdichten und anschließen lassen.
- Fliesen mit wasserdichtem Kleber und wasserdichter Fugenmasse verlegen (siehe Seite 24).
- Becken und Armaturen montieren lassen.

Natürlich können auch alle Wände aus Gasbeton-Steinen errichtet werden.

Wichtig ist vor allem die Planung des Einbaus. Dazu zählen die Ausstattung, die Installationstechnik und die Feuchtigkeitsabdichtung. Die Installations- und die Abdichtungsarbeiten sollte man am besten einem Fachmann überlassen, weil eine unsachgemäße Ausführung hohe Folgekosten für den Heimwerker verursachen kann.

Fliesen

Sind geflieste Wände unansehnlich geworden, kann der Heimwerker leicht selbst Abhilfe schaffen. Denn Fliesen erneuern und verlegen schafft jeder geübte Do-it-Yourselfer. Über Fliesen und ihre Verlegetechnik sowie Reparaturtips erfahren Sie mehr ab Seite 24.

Armaturen

Funktionsfähige Armaturen sind ein wesentlicher Bestandteil des Badezimmers. Wir haben ihnen ein eigenes Kapitel gewidmet – siehe Seite 146.

Wanne, Waschbecken

Bade- und Duschwannen bestehen im allgemeinen aus emailliertem Stahlblech. Sonderformen werden aus Acryl und anderen Kunststoffen gefertigt. Unabhängig vom Material gibt es Wannen und Waschbecken in unterschiedlichen Farben.
Kunststoffwannen sind allerdings durchgefärbt. Das hat einen Vorteil bei leichten Oberflächenschäden: Sie können mit feinem Naßschleifpapier oder Polierpaste ausgeschliffen werden. Überdies fühlen sich Wannen aus Acryl wärmer an und haben eine geringere Geräuschleitung – was in hellhörigen Bauten Vorteile hat.

Gasbetonsteine eignen sich auch für Zwischenwände

Die Form der Badewanne wird sich nach den jeweiligen individuellen Vorstellungen und Bedürfnissen richten. Allerdings ist es sinnvoll, eine Körperformwanne zu wählen, wenn man einen energiesparenden Effekt erzielen will. Sie kommt nämlich mit weniger Wasser aus, ermöglicht aber in der Regel doch die notwendige Bewegungsfreiheit.
Ein einfacher Waschtisch ist Minimumausstattung im Badezimmer. In vielen Fällen erweist sich aber die Anschaffung eines Doppelwaschtischs als sinnvoll – vor allem, wenn morgens mehrere Familienmitglieder gleichzeitig ins Bad wollen. Einfache Waschtische sind ab etwa 200 DM zu haben, aber man kann dafür auch mehr als 1000 DM ausgeben.
Noch relativ neu in deutschen Bädern sind Bidets. Sie gelten heute aber als sinnvolle Ergänzung, denn die Ansprüche an die Hygiene sind gestiegen.

Toilette

Auch Toiletten werden hin und wieder erneuert, wenn sie unansehnlich geworden sind. Es gibt allerdings heute einen weiteren Grund, sie gegen ein neues Modell auszutauschen: Wassereinsparung. ■

DIE NEUEN WASSERHÄHNE

Den guten alten Wasserhahn findet man höchstens noch im Garten. In Küche und Bad sind längst neue Konstruktionen eingezogen – komfortabler und weniger störanfällig als ihre Vorgänger

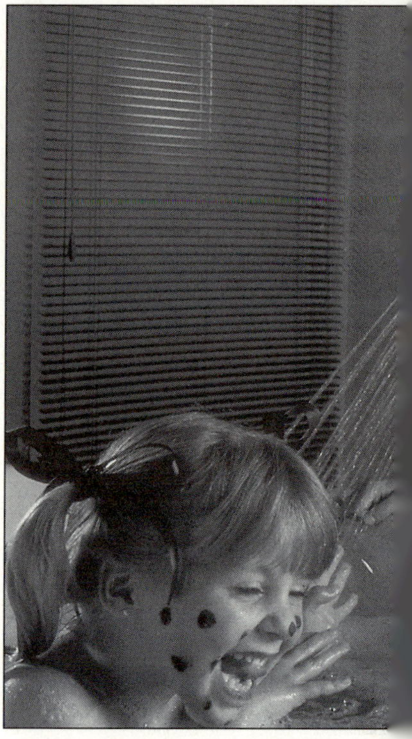

Moderne Badarmaturen mit verstellbarem Duschkopf

Der simple Kaltwasserhahn in Küche und Bad stirbt aus. In der Wohnung wird von Wasserhähnen mehr verlangt. Sie müssen heißes und kaltes Wasser regulieren, einfach zu bedienen sein, sollten möglichst nie defekt sein und gefällig aussehen.

Design

Armaturen werden heute bewußt gestaltet. Es gibt klare, funktionelle Formen genauso wie Verspieltes. Man kann wählen zwischen Chrom, Lack aller Farben, Bronze oder auch Gold. Ohne diesen optischen und zweifellos auch sehr von der Mode bestimmten Anreiz würden viel weniger neue Armaturen in Bad und Küche angeschafft.

Technik

Die Grundanforderungen an Armaturen sind gleich geblieben: Sie müssen dafür sorgen, daß aus der Wasserleitung genauso viel Wasser fließt, wie gerade gebraucht wird. Das wird erreicht, indem eine Dichtung den Durchfluß mehr oder weniger verschließt. Allerdings haben sich aus diesem Prinzip viele Formen von Armaturen entwickelt.

Mischbatterie

Die heute noch sehr weit verbreitete Zweigriff-Armatur, bei der sich mit dem linken Griff die Menge des warmen Wassers, mit dem rechten die Menge des kalten Wassers regeln läßt, ist eine Mischbatterie (unter 100 DM). Kaltes und warmes Wasser können beliebig miteinander gemischt werden, ehe das Wasser aus dem Hahn fließt.

Solche Mischbatterien haben allerdings Schwachpunkte:

- Bis die gewünschte Temperatur eingestellt ist, vergeht einige Zeit. Dadurch wird Energie vergeudet.
- Die Stellung der Drehgriffe kann stets unterschiedlich ausfallen, auch wenn jedesmal die gleiche Temperatur gewünscht wird. Denn die Temperatur des Wassers aus Kessel oder Speicher schwankt genauso wie der Druck in den Wasserrohren.
- Selbst wenn die Temperatur optimal eingestellt ist, kann sie sich schlagartig verändern. Zum Beispiel steigt sie, wenn plötzlich ein Kaltwasserhahn im gleichen Wasserkreislauf zusätzlich geöffnet wird.
- Herkömmliche Mischbatterien waren mit Gummidichtungen ausgestattet. Gummi altert jedoch. Nach einiger Zeit kann das Dichtungsgummi seine Aufgabe nicht mehr vollständig erfüllen, der Wasserhahn tropft, die Dichtung muß ausgewechselt werden.

Einhebelarmaturen

Sehr beliebt sind die Einhebelarmaturen (um etwa 100 DM).

B
rgerliches
esetzbuch
B-Gesetz
eigentums-
gesetz
aftungsG
age 1990
kte im dtv
SANDVIK
481 200

Wer als Mieter seine Wohnung rundum modernisieren will, braucht gelegentlich einen langen Atem seinem Vermieter gegenüber. Denn bei echten Modernisierungsarbeiten muß der Mieter vor Arbeitsbeginn die Zustimmung des Vermieters einholen, auch wenn der Mietvertrag dieses nicht ausdrücklich vorsieht. Je nach dem wie das Verhältnis zum Mieter aussieht, kann hier bereits manches Projekt scheitern. Ein Anspruch gegen den Vermieter, die Modernisierung zu dulden, besteht nämlich grundsätzlich nicht. Nur im Einzelfall kann ausnahmsweise etwas anderes gelten – insbesondere bei Heizanlagen. So hält das Landgericht Berlin den Mieter für berechtigt, vorhandene Kohleöfen durch eine Gasetagenheizung zu ersetzen. Will aber der Vermieter selbst solche Modernisierungen vornehmen, hat der Mieter das Nachsehen: Die Maßnahme des Vermieters geht vor.

Unwesentliche Veränderungen

Aber Glück kann der Mieter haben, wenn die von ihm geplante Verschönerungsmaßnahme noch keine Modernisierung bedeutet. Dann ist das Vetorecht des Vermieters nämlich eingeschränkt. Nicht jede Maßnahme, die die Wohnqualität verbessert, ist eine Modernisierung, vor allem dann nicht, wenn die bauliche Veränderung nicht oder nur unwesentlich in die Substanz des Gebäudes eingreift und am Ende des Mietverhältnisses wieder leicht beseitigt werden kann. Beispiele: der Einbau einer Einbauküche oder einer transportablen Duschkabine, das Verlegen von Teppichböden oder das Anbringen von Holzvertäfelungen. Hier muß der Vermieter auch die nötigen Begleitarbeiten, das Setzten der Dübel, Anbohren von Kacheln und das Versetzen von Scheuerleisten hinnehmen.
Solche Maßnahmen darf der Vermieter auch im Mietvertrag nicht verbieten. Er kann jedoch verlangen, daß seine Zustimmung eingeholt werden muß, bevor man mit der Arbeit loslegt. Auch in diesem Fall ist der Vermieter aber nicht völlig ungebunden – er kann seine Erlaubnis nur aus sachlichen Gründen verweigern, etwa wenn er befürchten kann, daß der Heimwerker nicht fachmännisch ans Werk geht. Keinesfalls darf er seine Einwilligung mit einem Mietzuschlag koppeln. Er kann nur fordern, die Einbauten abzuräumen, wenn man später auszieht.
Wer dagegen echte Modernisierung ins Auge gefaßt hat, hat es schwerer. Um die Fenster zu erneuern, die Heizung auszutauschen oder Zwischenwände herauszureißen, kommt man um die vorherige Zustimmung des Vermieters nicht herum. Doch damit nicht genug: Auf jeden Fall vereinbaren, wer was bekommt, wenn man die Wohnung später verläßt.

Wartung und Reparatur

Wurde mit dem Vermieter kein Vertrag geschlossen, bleibt der

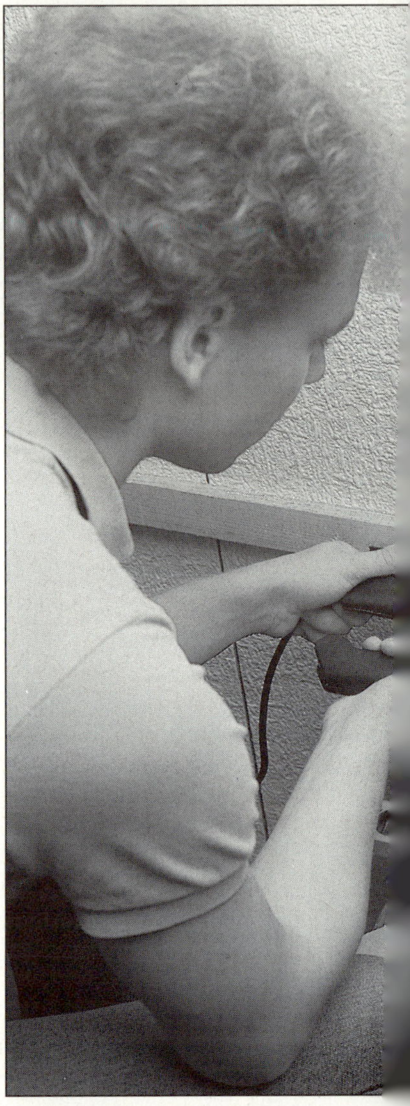

Mieter grundsätzlich Eigentümer der eingebauten Sachen. Das heißt aber auch, daß er für die anfallenden Wartungen und Reparaturen sorgen muß. Anders ist es, wenn vereinbart wurde, daß beim Auszug die Einbauten in der Wohnung bleiben sollen und der Mieter dafür eine Entschädigung be-

Bei Modernisierungsmaßnahmen muß der Vermieter gefragt werden, bei Schönheitsreparaturen nicht

kommt. Dann geht das Eigentum mit dem Einbau an den Vermieter über. Darf dieser dann auch noch die Modernisierung bei künftigen Mieterhöhungen berücksichtigen – weil das mit ihm vertraglich festgelegt wurde -, treffen ihn allerdings in diesem Fall auch die Instandhaltungskosten. Es sei denn, es wurde vertraglich eine andere Regelung getroffen.

Mieterhöhung und Kündigung

Pfiffige Vermieter können auf die Idee kommen, ihre Mieter fleißig basteln zu lassen und hinterher erst einmal kräftig die Miete zu erhöhen. Begründung: Für höhere Wohnqualität muß gezahlt werden. So einfach geht das jedoch nicht.
Grundsätzlich ist der Vermieter nicht berechtigt, Modernisierungen durch den Mieter zum Anlaß für eine Mieterhöhung zu nehmen. Auch bei der Ermittlung der ortsüblichen Vergleichsmiete darf er nur den Zustand der unmodernisierten Wohnung zugrunde legen, entschied das Bayrische Oberste Landesgericht.
Allerdings steht es den Mietparteien frei, etwas anderes zu vereinbaren. So können Sie sich mit ihrem Vermieter einigen, daß er Ihnen die Ausgaben erstattet. Dann sind Erhöhungen auf Grund des modernisierten Zustands nicht ausgeschlossen. Die Miete kann nach einer festgelegten Zeit auch steigen, wenn Sie vertraglich festlegen, daß es sich bei den Investitionen um einen verlorenen Zuschuß oder eine abzuwohnende Mietvorauszahlung handelt.
Fallen nach der Modernisierung erhöhte Betriebskosten – etwa nach Einbau einer Sauna – an, so treffen sie ausschließlich den Mieter.
Werden diese Kosten nach Verbrauch abgerechnet und vom Vermieter auf sämtliche Mieter des Hauses umgelegt, können die übrigen Mieter verlangen, daß der Verteilungsschlüssel geändert wird und sie nicht mehr zahlen als vorher.
Haben Sie mit dem Vermieter im Zusammenhang mit der Modernisierung keinen Vertrag geschlossen und dort sein Kündigungsrecht nicht eingeschränkt, hindert ihn Ihre Modernisierung grundsätzlich nicht daran, das Mietverhältnis beispielsweise wegen Eigenbedarfs zu kündigen.
Hat der Mieter jedoch mit großem Aufwand Modernisierungen vorgenommen, kann er das als Härtegrund gegen die ordentliche Kündigung des Vermieters vorbringen.
Denkbar ist auch, daß im Anschluß an eine Modernisierung des Mieters nun seinerseits der Vermieter sein Haus auf Vordermann bringen möchte. Beispiel: Nachdem der Mieter mit Zustimmung des Vermieters eine Gasetagenheizung installiert hat, will jetzt der Vermieter für das gesamte Gebäude eine Zentralheizung errichten. Hier wird im Regelfall dem Mieter nicht zuzumuten sein, das zu dulden.

Auszug

Zieht der Mieter nach der Modernisierung aus, ist er grundsätzlich verpflichtet, die Wohnung so zu verlassen, wie er sie übernommen hat. Das heißt in vielen Fällen: Einbauten muß man wieder entfernen. Allerdings gibt es eine Reihe von Ausnahmen.

Mustervereinbarung Mieter-Modernisierung

Muster einer Vereinbarung zwischen Vermieter und Mieter von Maßnahmen des Mieters zur Wohnungsmodernisierung und zur Energieeinsparung

Zwischen ______________________________
(Vorname, Name)

wohnhaft in ______________________________
Vermieter

und ______________________________
(Vorname, Name)

und dessen Ehegatten ______________________________

wohnhaft in ______________________________
Mieter

wird zur Durchführung von baulichen Maßnahmen, die den Gebrauchswert der Wohnung nachhaltig erhöhen oder die allgemeinen Wohnverhältnisse auf Dauer verbessern oder nachhaltig Einsparungen von Heizenergie bewirken, folgende Vereinbarung geschlossen:

§ 1 Allgemeines

(1) Die Vereinbarung bezieht sich auf die Wohnung des Mieters im Hause

____
(Ort, Straße, Hausnummer)

im __________ Geschoß ______________________________
(z. B. rechts, links, Mitte)

(2) Diese Vereinbarung ist eine Ergänzungsvereinbarung zu dem Mietvertrag vom __________ und wird dessen Bestandteil.

§ 2 Gegenstand der Arbeiten

(1) Die Parteien sind sich darüber einig, daß in der Wohnung des Mieters
- ☐ in sämtlichen Räumen
- ☐ im Bad
- ☐ in der Küche
- ☐ im/in ______________________________

bauliche Maßnahmen durchgeführt werden. Die Arbeiten betreffen
- ☐ Fenster/Türen/Rolläden
- ☐ Heizung/Warmwasseranlage
- ☐ Wärme-/Schallisolierung von Wänden/Böden/Decken des Daches
- ☐ Sanitärinstallation
- ☐ Elektroinstallation
- ☐ ______________________________

(2) Art und Umfang der Maßnahmen im einzelnen ergeben sich aus der Anlage 1 dieses Vertrages. Sie ist Vertragsbestandteil.

§ 3 Leistungen des Mieters

(1) Der Mieter führt die Maßnahmen im eigenen Namen sowie auf eigene Kosten und auf eigene Rechnung aus, soweit sie nicht gemäß Abschnitt II der Anlage 1 dem Vermieter obliegen. Er ist dem Vermieter gegenüber verpflichtet, die Arbeiten ordnungsgemäß durchzuführen.

(2) Die Anlagen und Einrichtungen, mit denen die Wohnung aufgrund dieser Vereinbarung ausgestattet wird, gehen in das Eigentum des Vermieters über, auch soweit sie nicht wesentliche Bestandteile des Grundstücks werden. Der Mieter verzichtet auf das Recht, solche Anlagen und Einrichtungen wegzunehmen (§ 547a Abs. 1 des Bürgerlichen Gesetzbuches).

(3) Zur Vermeidung von Schäden aus der Durchführung der Maßnahmen verpflichtet sich der Mieter, Arbeiten, die besondere Fachkenntnisse und die Einhaltung technischer Vorschriften erfordern, nur durch Fachfirmen oder in fachkundiger Selbsthilfe oder Nachbarschaftshilfe durchzuführen.
Der Mieter erklärt, daß er folgende Haftpflichtversicherung abgeschlossen hat: ______________________________

(4) Die Arbeiten sollen in der Zeit

vom ______________________________
(Monat, Jahr)

bis ______________________________ durchgeführt werden.

(5) Die Kosten des Mieters für die gesamten Maßnahmen einschließlich der hierdurch verursachten Instandsetzungsarbeiten werden voraussichtlich

DM ______________________________

(in Worten ______________________________ Deutsche Mark) betragen. Dieser Betrag setzt sich wie folgt zusammen:

- ☐ Handwerkerleistungen gem. beigefügten Kostenvorschlägen ca. DM ______
- ☐ vom Mieter zu beschaffendes Material ca. DM ______
- ☐ Arbeitsaufwand des Mieters, der
  - ☐ pauschal bewertet wird mit DM ______
  - ☐ auf ________ Arbeitsstunden bei einem Stundensatz von

    DM ________ veranschlagt wird;
    folglich ergibt sich insoweit ein Betrag von ca. DM ______

ca. DM ______

(6) Nach Abschluß der Maßnahmen sind die Arbeiten vom Vermieter abzunehmen und die endgültigen Kosten des Mieters festzustellen. Hierüber wird ein Abnahme- und Kostenfeststellungsprotokoll nach Anlage 2 dieser Vereinbarung aufgenommen. Es wird Vertragsbestandteil. Zur Feststellung der endgültigen Kosten hat der Mieter Belege beizubringen. Wenn der Endbetrag die Kosten in Absatz 5 um mehr als zwanzig/... vom Hundert übersteigt, wird der überschießende Betrag für die Abwohndauer (§ 4) und der Restwert (§ 5) nicht berücksichtigt.

§ 4 Leistungen des Vermieters

(1) Der Vermieter verzichtet für die Abwohndauer auf sein ordentliches Kündigungsrecht (§ 564b Bürgerliches Gesetzbuch), außer für den Fall einer schuldhaften nicht unerheblichen Verletzung der vertraglichen Verpflichtungen des Mieters (§ 564b Abs. 2 Nr. 1 des Bürgerlichen Gesetzbuchs).

(2) Für künftige Mieterhöhungen und für die Instandhaltung der vom Mieter geschaffenen Einrichtung gilt die bei a)/... vorgesehene Regelung:

a) Die Maßnahmen, die Gegenstand dieser Vereinbarung sind, bleiben während der Abwohndauer bei Mieterhöhungen nach § 2 des Gesetzes zur Regelung der Miethöhe außer Betracht. Der Vermieter ist für die Dauer des Mietverhältnisses verpflichtet, für die Instandhaltung, Wartung und gegebenenfalls Erneuerung der Einrichtungen zu sorgen. Soweit nach dem Mietvertrag der Parteien Kleinreparaturen und Schönheitsreparaturen vom Mieter übernommen sind, gilt dies auch für die neuen Einrichtungen.

b) Die Maßnahmen, die Gegenstand dieser Vereinbarung sind, bleiben während der gesamten Dauer des Mietverhältnisses bei Mieterhöhungen nach § 2 des Gesetzes zur Regelung der Miethöhe außer Betracht. Der Mieter ist für die gleiche Zeit verpflichtet, für die Instandhaltung, Wartung und gegebenenfalls Erneuerung der Einrichtungen zu sorgen.

(3) Die Abwohndauer
— beträgt jeweils vier Jahre für Aufwendungen in Höhe einer Jahresmiete, insgesamt jedoch mindestens fünf und höchstens fünfzehn Jahre. Sie beginnt mit der Abnahme der Arbeiten. Als Jahresmiete gilt das Zwölffache der monatlichen Miete bei Abschluß dieser Vereinbarung; Nebenkosten, über die gesondert abzurechnen ist, bleiben unberücksichtigt.
— läuft bis zum Ende des Jahres __________

(4) Der Vermieter beteiligt sich nach Maßgabe des Abschnitts II der Anlage 1 an den Maßnahmen. Er hat diese Leistungen bis zum __________ zu erbringen.

§ 5 Abwicklung bei Beendigung des Mietverhältnisses und bei nachfolgenden Maßnahmen des Vermieters

(1) Bei Beendigung des Mietverhältnisses hat der Mieter Anspruch auf Rückzahlung des Restwerts der durchgeführten Maßnahme. Der Mieter verzichtet jedoch für die Dauer von ...... Jahren auf sein ordentliches Kündigungsrecht.

(2) Der Anspruch auf Rückzahlung des Restwerts besteht auch dann, wenn die Maßnahmen des Mieters durch nachfolgende Maßnahmen des Vermieters zerstört oder wertlos gemacht werden.

(3) Für die Berechnung des Restwerts werden von den Aufwendungen des Mieters (Abschnitt II der Anlage 2) bis zum Ablauf eines Jahres nach der Abnahme zwanzig vom Hundert und in den folgenden Jahren jeweils weitere zehn/..... vom Hundert abgezogen.

§ 6 Sonstige Vereinbarungen

____

____

____
(Ort, Datum)

____
(Vermieter)

____
(Mieter)

So können Sie als Mieter die Wohnung umgebaut zurückgeben, wenn sich die Modernisierungsvereinbarung zu diesem Punkt ausschweigt oder sich der Vermieter mit dem Umbau einverstanden erklärt und den Mieter nicht verpflichtet hat, beim Auszug den alten Zustand zu rekonstruieren. Weitere Voraussetzung: Die Wiederherstellung darf nicht ohne weiteres möglich sein. Beispiele: Die Stromleitungen wurden unter Putz gelegt, ein neues Bad wurde eingebaut.
Allerdings kann es auch gelegentlich im Interesse des Mieters liegen, seine Einbauten mitzunehmen. Das darf er nur in den Fällen, in denen die installierten Sachen noch von der übrigen Wohnung getrennt werden können wie etwa bei Duschboilern. Hat der Mieter ein berechtigtes Interesse an diesen Sachen, kann der Vermieter den Abtransport auch nicht dadurch abwenden, daß er eine angemessene Entschädigung anbietet.
Häufiger jedoch wird es der Mieter vorziehen, die Sachen an Ort und Stelle zu lassen und lieber eine Entschädigung zu kassieren. Die steht ihm zu, wenn die Modernisierungsleistungen als Mietvorauszahlung behandelt werden sollten und die Abwohndauer noch nicht erreicht ist. Doch auch ohne spezielle Vereinbarung kann der Mieter Bares verlangen: wenn er nämlich das Recht hätte, sein installiertes Inventar zu entfernen, der Vermieter aber verlangt, daß es in der Wohnung bleiben soll.
Was aber gilt in den Fällen, in denen die Einbauten – wie etwa beim gefliesten Bad – fester Bestandteil der Wohnung geworden sind und der Mieter sie daher nicht abräumen darf? Hier schreibt das Gesetz nicht grundsätzlich einen Anspruch auf Entschädigung fest. Dennoch können auch hier Ansprüche des Mieters entstehen, wenn der Vermieter die Einrichtung übernehmen will oder auf Grund einer Vereinbarung übernehmen muß.
Am Besten ist es jedoch, schon in der Modernisierungsvereinbarung klar festzulegen, was mit den Einbauten beim Auszug geschehen soll. Sie können damit erheblichen Verlusten vorbeugen.

Schönheitsreparaturen

Schönheitsreparaturen, so bestimmt es das bürgerliche Gesetzbuch, treffen den Vermieter. Denn der muß nach Paragraph 536 dafür sorgen, daß die Wohnung während der Mietdauer „in einem zu dem vertragsgemäßen Gebrauch geeigneten Zustand" erhalten bleibt. In der Realität aber pinselt und kalkt der Mieter. Hierzu bedarf es allerdings einer klaren Vereinbarung zwischen Vermieter und Mieter. Sonst gilt nämlich – zugunsten des Mieters – die vom Gesetz vorgesehene Regelung.
Wer sich verpflichtet, Schönheitsreparaturen zu übernehmen, muß nicht damit rechnen, letztlich im Dienste des Vermieters das ganze Haus zu renovieren. Durch Schönheitsreparaturen soll nämlich nur der normalen Abnutzung der Räume begegnet werden – es geht ausschließlich um den äußeren Eindruck der Zimmer, nicht um ihre Substanz.
In Mietverträgen steht gelegentlich detailliert, was der Mieter alles zu tun hat. Fehlt eine solche Klausel, kann man den Katalog des Paragraph 28 der zweiten Berechnungsverordnung für Sozialwohnungen auch für freifinanzierte Wohnungen zugrunde legen: Schönheitsreparaturen umfassen danach das Tapezieren, Anstreichen oder Kalken der Wände und Decken, das Streichen der Fußböden und Heizkörper einschließlich der Heizrohre, den Anstrich sowohl der Fenster als auch der Innentüren sowie der Innenseite der Außentüren. Konsequenz: Von außen brauchen Sie die Fenster und Außentüren nicht zu bearbeiten. Auch größere Putz- oder Maurerarbeiten gehören genausowenig zu Ihren Aufgaben wie Reparaturen an Leitungen, Heizkörpern oder Türschlössern, soweit Sie den Schaden nicht selbst verschuldet haben.
Wie oft der Mieter renovieren muß, ist in den Mietverträgen häufig genau festgelegt. Als Richtschnur gelten folgende Fristen:
- 3 Jahre für Küchen, Bäder und Räume mit Duschanlagen;
- 5 Jahre für Wohn- und Schlafzimmer, Flure und Toiletten;
- 7 Jahre für andere Nebenräume.

Daß der Mieter die Schönheitsreparaturen übernimmt, bestimmen oft vorgedruckte Formularverträge, die heute überwiegend dem Mieter beim Einzug vorgelegt werden. Diese Abwälzung der laufenden Schönheitsreparaturen auf den Mieter durch Formularmietverträge ist durchaus rechtlich wirksam und bindend.

SCHÖNER WOHNEN MIT STEUER-GELD

Die Modernisierung muß den eigenen Geldbeutel nicht über Gebühr strapazieren. Der Staat hilft bei einigen Maßnahmen. Und für die Einwohner der fünf neuen Bundesländer gibt es einige zusätzliche Vergünstigungen

Altes Haus in neuem Glanz: Das Finanzamt übernimmt vielleicht einen Teil der Kosten

Eine Wohnung oder ein Haus zu renovieren und zu modernisieren, kann in zweifacher Hinsicht eine lohnende Sache sein: In jedem Fall erzielt man eine bessere Wohnqualität, und möglicherweise übernimmt der Staat sogar einen Teil der enstehenden Kosten.
Dann kann es sich auch aus finanziellen Gründen sehr lohnen, ein gebrauchtes Haus oder eine Altbauwohnung zu erwerben: Denn der Käufer bezahlt für ein älteres Objekt naturgemäß meist weniger als für einen Neubau, zusätzlich kann er die Rechnungen für die Renovierung dem Finanzamt gleich bei der nächsten Steuererklärung präsentieren. Die Aufwendungen für Renovierungsarbeiten mindern so das zu versteuernde Einkommen und damit die Steuerlast.

UMLAGE DER MODERNISIERUNGSKOSTEN

Die Modernisierungskosten können in Zukunft in den neuen Bundesländern gemäß der Regelung im Miethöhengesetz in Höhe von 11 Prozent jährlich auf die Miete umgelegt werden. Die Umlage dieser Kosten ist bei der zulässigen Mietsteigerung allerdings um die Zinsvergünstigung zu kürzen, die aus dem Modernisierungsprogramm bezogen wird.

Renovierungs- und Modernisierungskosten

An die Steuererleichterung sind freilich einige Bedingungen gebunden. Renovierungs- und Modernisierungskosten können – mit einigen Ausnahmen – nur von der Steuer abgesetzt werden, wenn

- das Haus oder die Wohnung vermietet werden, oder
- der selbstgenutzte Wohnraum vor dem Einzug renoviert wird.
- Überdies muß es sich in jedem Fall um „Erhaltungsaufwand" handeln.

Im Gegensatz zum „Herstellungsaufwand" wird dabei nichts Neues geschaffen, sondern vorhandene Substanz erhalten oder verbessert. Was zählt alles dazu?
Erhaltungsaufwand wird betrieben, wenn beispielsweise neue Tapeten angebracht, im Badezimmer neue Kacheln verlegt oder neue Fenster eingesetzt werden. Auch ein neuer Teppichboden wird in der Regel als Erhaltungsaufwand akzeptiert.

Zusätzlich absetzbar

Auf eine Prüfung von einzelnen Rechnungen verzichten die Finanzämter oft, wenn der Betrag der jeweiligen Renovierungsrechnung 4000 DM nicht übersteigt. Handwerkerrechnungen können ebenso einge-

reicht werden wie Materialrechnungen, für den Fall, daß ein geschickter Heimwerker die Renovierung selbst in Angriff nimmt – seine Arbeitszeit kann der Do-it-yourselfer nicht geltend machen.
Überdies erkennt das Finanzamt eine ganze Reihe von Ausgaben, die im Zusammenhang mit Renovierungsarbeiten anfallen, als steuermindernd an. Dazu zählen zum Beispiel auch Architektenhonorare, Telefonkosten, Getränke und Verpflegung für Handwerker oder Hilfskräfte, ja sogar Trinkgelder und die eigenen Fahrtkosten und der Mehrverpflegungsaufwand, die anfallen, wenn die Bauarbeiten überwacht werden.
Die Kosten für den Erhaltungsaufwand können allerdings nicht in unbegrenzter Höhe geltend gemacht werden. Übersteigen sie 20 Prozent der Anschaffungskosten für das Gebäude, so nimmt das Finanzamt „Herstellungsaufwand" an und rechnet ihn den Anschaffungskosten hinzu.
In der Praxis ergibt sich daraus ein bedeutender Unterschied: Während der Erhaltungsaufwand sofort von der Steuer abgesetzt werden darf, läßt sich der Herstellungsaufwand steuerlich nur „abschreiben" , also auf mehrere Jahre verteilt steuerlich geltend machen. Das ist insbesondere für Selbstnutzer von Nachteil. Denn nach Paragraph 10e des Einkommenssteuergesetzes darf er nur acht Jahre lang 5 Prozent der Anschaffungskosten vom steuerpflichtigen Einkommen absetzen. Das bedeutet, daß dann auch die Renovierungskosten höchstens zu 40 Prozent steuersenkend wirken.

Fristen

Wer nicht selber in die renovierte Wohnung oder ins modernisierte Haus einzieht, braucht sich mit der Renovierung nicht zu beeilen: Das Finanzamt erkennt den dafür betriebenen Aufwand in jedem Fall an, denn der Vermieter zahlt schließlich gleichzeitig Steuern auf seine Mieteinnahmen.
Hausherren, die selbst einziehen wollen, sollten allerdings

STEUERSPAREN FÜR SELBSTNUTZER

Haus- und Wohnungsbesitzer, die ihre Immobilie vermieten, können viel von der Steuer absetzen – unter anderem Renovierungskosten, Anschaffungskosten, Kreditkosten. Selbstnutzer genießen keine so großzügigen Regelungen, dennoch gibt es auch für sie spürbare Steuerentlastungen:

- Grundförderung (nach Paragraph 10 EStG): Von den Anschaffungskosten für Haus oder Wohnung können 8 Jahre lang 5 Prozent abgesetzt werden. Grenze der Anschaffungskosten: 300 000 DM. Also können maximal 15 000 DM pro Jahr steuerlich geltend gemacht werden. Bei den Anschaffungskosten zählt übrigens das Grundstück nur zur Hälfte. Übrigens gibt es auch Einschränkungen: Die Grundförderung bekommt man nur einmal im Leben (Ehepaare zweimal), Ferien- und Wochenendwohnungen werden nicht gefördert.
- Baukindergeld: Zur Grundförderung gibt es 8 Jahre lang Baukindergeld – 750 DM monatlich für jedes zum Haushalt gehörende Kind (bei Fertigstellung der Immobilien vor 1990 nur 600 DM). Der Betrag wird direkt von der Steuerschuld abgezogen.
- Vorkosten: Sonderausgaben, die vor dem Einzug angefallen sind, können im gleichen Jahr vom zu versteuernden Einkommen abgezogen werden. Dazu zählen: Disagio, Schuldzinsen, Schätzkosten, Notar- und Grundbuchgebühren, aber auch der Aufwand für Renovierungs- und Modernisierungsmaßnahmen, die vor dem Einzug durchgeführt wurden und 20 Prozent des Kaufpreises nicht überstiegen haben.

bestimmte Fristen kennen. Die unabdingbare Voraussetzung für eine Steuererleichterung für Selbstnutzer haben wir bereits genannt: Die Immobilie muß vor dem Einzug renoviert werden. Mit der Bezahlung hat es allerdings von Seiten des Fiskus keine solche Eile: Wird die Rechnung erst nach dem Einzug beglichen, spielt das keine Rolle.

BAUSPARVERTRÄGE

Auf die Sonderregelungen für die neuen Bundesländer beim Bausparen sind wir bereits im allgemeinen Text eingegangen. Zusätzlich ist anzumerken, daß seit dem 1. Januar 1991 statt der Prämie auch eine steuerliche Begünstigung der Bausparbeiträge beantragt werden kann. Das ist immer dann von Vorteil, wenn der Bausparer ein hohes zu versteuerndes Einkommen hat. In diesem Fall zahlt er für einen Teil seiner Einkünfte nämlich auch einen hohen Steuersatz. Dies läßt sich zumindest zum Teil vermeiden, wenn er die Einzahlungen auf sein Bausparkonto von seinem Einkommen absetzen kann. In manchen Fällen ist dies günstiger als die Prämie zu kassieren, Rechnen Sie sich aus, was ihnen mehr Vorteil bringt.

Heizung

Eine besondere steuerliche Förderung genießen derzeit noch Wohnungs- und Hauseigentümer – wenn das Gebäude mindestens zehn Jahre alt ist –, die eine energiesparende und umweltschonende Heizungstechnik installieren. Nach Paragraph 82 a Einkommenssteuerdurchführungsverordnung können sie 10 Jahre lang jährlich 10 Prozent der Investitionskosten steuerlich abschreiben. Allerdings laufen diese Steuerbegünstigungen Ende 1991 aus. Eine Verlängerung ist vorläufig nicht in Sicht. Alle Investitionen müssen bis zu diesem Termin getätigt worden sein. Es genügt nicht, die Modernisierungsmaßnahmen lediglich in Auftrag gegeben zu haben.

Einbezogen in diese staatliche Förderung sind

- der Einbau moderner Energiespartechniken wie Wärmepumpen-, Windkraft-, Solar-, Biogas- und Wärmerückgewinnungsanlagen,
- der Anschluß an Fernwärme auf der Basis der Kraft-Wärme-Kopplung und
- die Modernisierung bestehender Heiz- und Warmwasseranlagen.

In einem mindestens 10 Jahre alten Haus kann schon der Einbau eines neuen Brenners oder einer witterungsgeführten Heizungsregelung Grund genug sein, die steuerliche Abschreibung zu beantragen.

Nur Erhaltungsaufwand kann geltend gemacht werden – Tapezieren zählt dazu

Das Finanzamt akzeptiert übrigens nicht nur die Kosten für einen neuen Kessel, sondern auch die Aufwendungen für die Demontage des Altkessels, für eine notwendige Schornsteinanpassung, für die Kosten eines Gutachters zur Wärmebedarfsberechnung. Sogar Schäden, die am Haus beim Austausch des Kessels entstehen, können steuerlich geltend gemacht werden.

STAATLICHE FÖRDERUNG IN DEN FÜNF NEUEN LÄNDERN

Lediglich 10 Prozent der in traditioneller Bauweise errichteten Mehrfamilienhäuser und 30 Prozent der Ein- und Zweifamilienhäuser in den neuen Ländern sind gut erhalten. 40 Prozent der Mehrfamilienhäuser und 50 Prozent der Ein- und Zweifamilienhäuser haben geringe Schäden. Und über 50 Prozent der Mehrfamilienhäuser weisen heute schwerwiegende Mängel auf oder sind teilweise für Wohnzwecke bereits unbrauchbar geworden. Die entsprechenden Anteile bei Ein- und Zweifamilienhäuser betragen 20 Prozent.

Das Programm zur Modernisierung und Instandsetzung von Häusern und Wohnungen in den neuen Bundesländern sieht deshalb Investitionen zur Verbesserung der Wohnbausubstanz in Höhe von zehn Milliarden Mark vor.

ANWENDUNGSBEREICH

Zinsverbilligte Darlehen können zur Finanzierung folgender Maßnahmen in vermieteten oder selbstgenutzten Wohnungen und Häusern verwendet werden:

- Bauliche Modernisierung, die den Gebrauchswert der Wohnungen verbessert (zum Beispiel Sanitärinstallationen, Wohnungszuschnitt, Schallschutz).
- Bauliche Maßnahmen zur Verbesserung der allgemeinen Wohnverhältnisse (zum Beispiel Gemeinschaftsanlagen, Ausbau von Balkonen/Loggien, Einbau von Fahrstühlen).
- Maßnahmen zur Energieeinsparung und Verminderung der Schwefeldioxid- und Kohlendioxidbelastung der Luft (zum Beispiel Heizungsmodernisierung, Verbesserung der Wärmedämmung, Fensteraustausch).
- Instandsetzungsmaßnahmen (Behebung baulicher Mängel durch Reparatur und Erneuerung, zum Beispiel des Daches, der Fassade, der Fenster, des Fußbodens oder der Treppe).

Mit den Maßnahmen darf nicht vor dem 1. Juli 1990 begonnen worden sein.

ANTRAGSBERECHTIGTE

Antragsberechtigte sind Privatpersonen, Wohnungsunternehmen, Gemeinden, Kreise, Gemeindeverbände, Zweckverbände und sonstige Anstalten des öffentlichen Rechts. Die Abwicklung erfolgt für private Bauherren über die Kreditinstitute. Zinsverbilligte Kredite können bei jeder Sparkasse, Bank oder Bausparkasse beantragt werden.

KONDITIONEN

- Kreditbetrag: Verbilligt werden Kredite für die unmittelbar durch die Baumaßnahmen entstandenen Aufwendungen, jedoch höchstens für 500 DM pro Quadratmeter Wohnfläche. Für Maßnahmen, für die Fördermittel aus öffentlichen Haushalten in Anspruch genommen werden, ist die Förderung durch die zinsgünstigen Darlehen ausgeschlossen.
- Zinsverbilligungen: Bis zu 3 Prozent unter dem Marktzins für die ersten 10 Jahre Laufzeit, danach Kapitalmarktkonditionen.
- Auszahlung: 100 Prozent; Kredite bis zu 200 000 DM sind in einer Summe frühestens nach Baubeginn abzurufen. Kredite von mehr als 200 000 DM werden nach Vorhabensfortschritt ausgezahlt. Die Abruffrist beträgt höchstens sechs Monate nach Darlehenszusage.
- Laufzeit: 25 Jahre, davon 5 tilgungsfreie Anlaufjahre.
- Rückzahlung: In Halbjahresraten. Außerplanmäßige Rückzahlung möglich.

Bausparen

Aber auch auf privater Ebene gibt es Möglichkeiten, Gelder zum Modernisieren „billiger“ zu bekommen. Allgemein bekannt dürfte inzwischen sein, daß Bausparverträge auch für Modernisierungs- und Umbauaufwand herangezogen werden können. Die Vorteile:

- Rechtsanspruch auf ein konstant niedrig verzinsliches Baudarlehen;
- Staatliche Förderung durch Wohnungsbauprämie (Alleinstehende 27 000 DM, Verheiratete 54 000 DM). Die Prämie beträgt zehn Prozent für Sparzahlungen bis 800 DM (Alleinstehender) oder 1600 DM (Verheiratete) jährlich. In den fünf neuen Bundesländern beträgt die Wohnungsbauprämie 15 Prozent. Diese höhere Prämie wird allerdings nur dann gezahlt, wenn der Bausparvertrag für ein Haus oder eine Wohnung in den neuen Ländern verwendet wird.

Außerdem gibt es für Sparbeiträge bis 936 DM jährlich, die nach dem Vermögensbildungsgesetz auf Bausparverträge eingezahlt werden, eine Arbeitnehmersparzulage von 10 Prozent, wenn das zu versteuernde Jahreseinkommen 27000 DM (Alleinstehende) oder 54000 DM (Verheiratete) nicht übersteigt. ■

DIE GRÖSSTE GEFAHR IST DER MENSCH

Leichtsinn führt zu den meisten Verletzungen in der Heim-Werkstatt. Wer die gefährlichen Seiten seiner Elektrowerkzeuge kennt und verantwortungsbewußt und konzentriert damit umgeht, senkt das Risiko

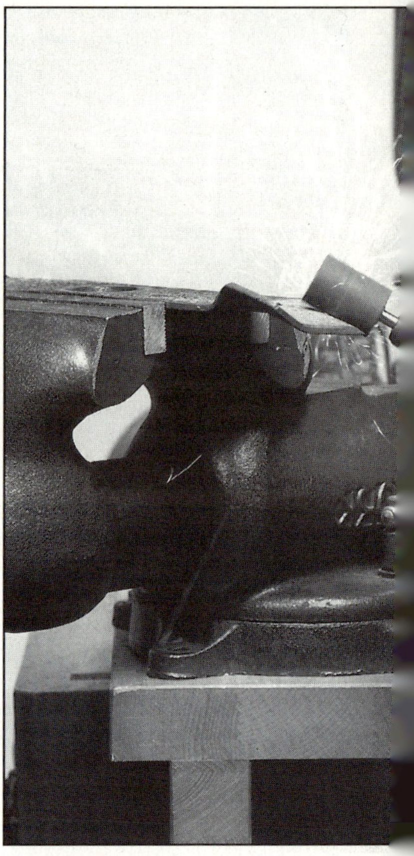

Meistens geht es ja gerade noch gut: Der Hobel hat nur ein kleines Stückchen der Fingerkuppe mitgenommen, beim Stromschlag hat man die Hand gerade noch rechtzeitig zurückgezogen, und auch der Hammer hat den Daumen nur gestreift. Halb so schlimm.

Dennoch: die vielen kleinen Zwischenfälle und Beinahe-Katastrophen, die jeder, der sich handwerklich betätigt, schon öfter erlebt hat, machen deutlich, daß ein Hand- und Heimwerker nicht ungefährlich lebt. Das kann auch kaum sein: Wer mit scharf geschliffenem Werkzeug und mit widerspenstigen Werkstoffen hantiert, geht ein Verletzungsrisiko ein. Deshalb lohnt es sich, darüber nachzudenken, wie Gefahren gesenkt werden können.

Sicherheitsregeln

Das größte Verletzungsrisiko stellt der Heimwerker selber dar. Sehr viele Unfälle kleineren und größeren Ausmaßes passieren nur, weil er nicht aufgepaßt hat.

Da kommt beispielsweise ein ambitionierter Heimwerker abends von der Arbeit nach Hause und will noch vor dem Zubettgehen die Teile für ein geplantes Schränkchen hobeln. Keine sonderlich schwierige Aufgabe, denn er macht es ja nicht zum ersten Mal.

Aber dann passiert es: Der Selbermacher ist müde, paßt nicht auf, kommt mit dem Finger an die rotierende Messerwelle – und schon fließt Blut.

Die Konzentration des Heimwerkers leidet aber nicht nur durch Müdigkeit von des Tages Arbeit. Auch das schnelle Bier zum Feierabend fördert sie nicht. Deshalb sollten Heimwerker sich abends lieber auf gefahrlose Arbeiten beschränken. Beispielsweise aufs Lackieren. Und Alkohol und Maschinen passen ohnehin schlecht zusammen. Bei ungefährlichen Aufgaben kann aber ein Bierchen nicht schaden – wenn es bei einem bleibt.

Ohnehin: wer mit Elektrowerkzeugen hantiert, sollte sich gewisse Sicherheitsregeln einprägen, bis sie ihm in Fleisch und Blut übergegangen sind. Oberste Regel: Konzentriert arbeiten. Kinder und Zuschauer haben in der Werkstatt nichts zu suchen.

Zweite Regel: Sicherheitsvorschriften in der Bedienungsanleitung unbedingt beachten.

Dritte Regel: Vernünftig anziehen. Kleidungsstücke mit weiten Ärmeln, Krawatten und dergleichen können gefährlich werden. Aber auch lange Haare und Fingerschmuck können verhängnisvoll werden, wenn sich Maschinenteile daran „festbeißen".

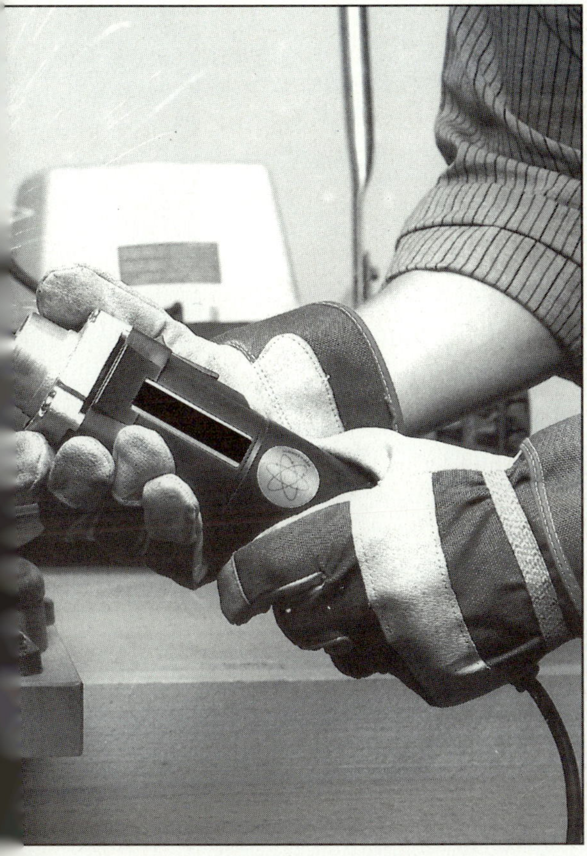

Zur eigenen Sicherheit mit Schutzhandschuhen arbeiten, wenn's rauh zugeht. Auf Elektrokabel achten und sie immer aus dem Weg räumen

Für die Werkstatt sollte gelten: Stets Ordnung halten. Das erleichtert die Arbeit, weil jeder Gegenstand an seinem Platz ist und Sucharbeit entfällt. Außerdem stolpert auch niemend in einer aufgeräumten und saubergehaltenen (kehren) Werkstatt und rutscht dort auch nicht aus.

Elektrowerkzeuge

Daß gefährliche (scharfe) Werkzeuge genauso unter Verschluß gehören wie feuergefährliche und giftige Stoffe, wenn Kinder im Haus sind, versteht sich von selbst. Ebenso, daß der Werktisch solide und stabil stehen muß. Wacklige Möbel sind überall eine ständige Gefahrenquelle. Auch fehlerfreie, gut gepflegte, scharfe Werkzeuge sind ein Beitrag zur eigenen Sicherheit. Und natürlich darf Werkzeug nur seiner Bestimmung entsprechend verwendet werden.

Für Elektrowerkzeuge gelten grundsätzlich folgende Sicherheitsmaßnahmen:

- Maschineneinstellung oder -umstellung (Messerwechsel) nur bei stillstehendem Motor und gezogenem Netzstecker.
- Vor dem Einschalten alle Schrauben und Klemmverbindungen prüfen, festziehen und Welle einmal durchdrehen.
- Riemen, Wellen, Zahnräder immer abdecken.

Darüber hinaus müssen für die einzelnen Elektrowerkzeuge noch besondere Regeln beachtet werden.

- Bohrmaschine: Werkstücke einspannen und nicht mit der Hand festhalten.
- Tischkreissäge: Abdeckung mit Spaltkeil nicht abnehmen. Hände nicht in die Nähe des Sägeblatts bringen. Werkstück stets gegen das laufende Blatt führen. Bei kleinen Zuschnitten einen Schiebestock verwenden. Abgeschnittene Stücke dürfen nicht vom Zahnkranz erfaßt und weggeschleudert werden.
- Handkreissäge: Wie bei der Tischkreissäge. Zusätzlich: Nicht absetzen, ehe das Sägeblatt zum Stillstand gekommen ist. Zuleitung nach hinten von der Maschine wegführen. Werkstück einspannen.
- Hobelmaschine: Mit Abdeckung arbeiten. Werkstück langsam vorschieben, damit es nicht zurückschlägt. Maschine einschalten, bevor die Messer das Werkstück berühren. Hobel erst ablegen, wenn die Messerwalze zum Stillstand gekommen ist. Netzkabel nach hinten wegführen. Nicht mit den Fingern in Spanauswurf greifen. Nie über Nägel oder Schrauben hobeln. Werkstück einspannen.
- Schleifmaschine: Schleifscheiben müssen sich von oben auf den Körper des Heimwer-

kers zu drehen. Werkstücke nur dort anhalten, wo eine Auflage vorhanden ist. Schutzhaube und Funkenschutz benutzen, und die Anlagevorrichtung dicht an die Scheibe rücken.

PECH GEHABT

Rund 180 000 Bundesbürger verletzen sich beim Heimwerken jedes Jahr so schwer, daß sie ärztliche Behandlung brauchen. Aber nur einer von 100 Unfällen ist auf technische Unzulänglichkeiten von Maschinen oder Werkzeug zurückzuführen. Am gefährlichsten, weil unfallträchtigsten sind nach der Statistik des HUK-Verbandes Hammer und Meißel mit 20 000 Unfällen. Es folgen Beil und Axt mit 19 000 Unfällen vor dem ersten Elektrowerkzeug, der Kreissäge (15 000 Unfälle). Schraubenzieher (12 000 Unfälle) und Säge 11 000 Unfalle) rangieren dahinter.
Ein Trost: Die Folgen von Heimwerker-Unfällen sind meist nicht so schwerwiegend wie bei anderen Freizeitunfällen. Im Durchschnitt sind 43 Prozent aller in Heim und Freizeit Verunglückten länger als 30 Tage durch die Unfallfolgen beeinträchtigt; bei Heimwerker-Unfällen leiden nur 25 Prozent so lange.

● Schwingschleifer: Bei Naßschliffarbeiten über einen Trenntransformator betreiben. Staub absaugen.
● Stichsäge: Beim Sägen muß die Bodenplatte sicher auf dem Werkstück aufliegen.
● Farbspritzpistole: Abdichtende Kleidung und Schutzmaske tragen.

Erhebliche Gefahr beim Betrieb von Elektrowerkzeugen geht natürlich auch vom Strom selber aus. Wer blanke Drähte berührt, die unter Spannung stehen, riskiert sein Leben. Das kann passieren, wenn eine Stromleitung angebohrt wird, wenn Zuleitungsdrähte unter durchgescheuerter Isolation freiliegen, wenn unvorsichtig bei Elektroinstallationen hantiert wird. Schon beim Auswechseln einer Glühbirne kann man tödlich verunglükken, wenn man auf gut leitendem Untergrund steht und gleichzeitig mit den Fingern an Teile der Fassung kommt, die unter Spannung stehen. Und natürlich gibt es auch defekte Elektrowerkzeuge, die durch einen gefährlichen Stromstoß lebensgefährdend werden können.
Die in allen privaten Stromkreisen vorgeschriebenen Schmelzsicherungen und Leitungsschutzschalter verhindern zwar, daß bei einem Kurzschluß das Haus abbrennt, indem sie den Strom abschalten. Für den Menschen sind sie aber eine ungenügende Sicherung, weil sie nur auf verhältnismäßig starke Ströme reagieren (direkter Kurzschluß).
Berührt aber ein Mensch einen unter Spannung stehende Gegenstand, so fließt ein Teil des Stroms über seinen Körper und die Erde wieder ins Netz zurück – nicht wie üblich durch die Drähte.

Fehlerströme

Der Strom, der dabei über den menschlichen Körper fließt, ist zu gering, um die normalen Sicherungen ansprechen zu lassen, trotzdem kann er tödlich sein. Deswegen wurden Schal-

Sicherheitsmaßnahmen: Hände aus dem Bereich rotierender Werkzeuge halten und eine Schutzbrille tragen, wenn Späne fliegen

ter entwickelt, die diese gefährlichen Fehlerströme blitzschnell bemerken und das Netz sofort abschalten.
Solche Fehlerstromschutzschalter können direkt im Sicherungskasten eingebaut werden, sie sind aber auch in Kabelboxen oder Steckerschienen installiert. Sind sie ins Netz integriert, sind natürlich auch alle Leitungen in der Wand gesichert (beim Anbohren beispielsweise). Wer eine Steckerleiste mit integriertem Fehlerschutzschalter (FI-Schalter) benutzt, hat sich natürlich nur gegen die Geräte gesichert, die ihren Strom aus dieser Steckerleiste beziehen.
Tests der STIFTUNG WARENTEST haben aber ergeben, daß FI-Schalter zwar die Sicherheit stark erhöhen können. Sie sind aber keine Lebensversicherung. Einen hundertprozentigen Schutz vor

Anschlag) als auch für Kurvenschnitte.

● Die Dekupiersäge ist im Prinzip eine motorisierte Laubsäge und ist, wie diese auch, für feine Arbeiten gedacht.

Diese Vielfalt hat auch Nachteile: Gerade mit elektrischen Sägen vergeuden viele Heimwerker Geld. Denn oft wird das Gerät so selten benutzt, daß eine Handsäge den selben Zweck viel billiger und mit nur wenig mehr Mühe erfüllen könnte.

Motorbetriebene Sägen stekken ohnehin nur selten voller technischer Raffinessen. Bei ihnen kommt es eher darauf an, die Motorkraft optimal aufs Sägeblatt umzusetzen. Dazu bedarf es zum Beispiel kaum ausgefuchster Elektronik, sie spielt deswegen auch eine geringere Rolle als etwa bei Bohrmaschinen und Schraubern. Worauf es eher ankommt, ist die mechanische Qualität: Solide Verarbeitung, saubere Führungen, gut erreichbare Verstellschrauben – das sind Eigenschaften, die zählen.

Entscheidend sind letztlich auch die verwendeten Sägeblätter. Auf deren Qualität und Eignung für das jeweilige Einsatzgebiet kommt es in der Praxis nämlich an.

Stichsägen

Die billigsten Stichsägen sind schon für etwa 80 DM zu haben, teure Modelle kosten über 200 DM.

Diese Unterschiede kommen durch den Bauaufwand zustande. Es werden drei Gruppen von Sägen angeboten:

● mit mechanischem Eingangetriebe, ohne Pendelhub (die billigsten);

● mit elektronischer Drehzahlsteuerung, ohne Pendelhub;

● mit elektronischer Drehzahlsteuerung und Pendelhub (die teuersten).

Der Pendelhub hat vor allem einen Vorteil: Er macht die Säge schneller. Aber er hat auch einen Nachteil: Er macht die Schnittflächen schlechter.

Bei der Entscheidung zwischen mechanischem Getriebe und elektronischer Regelung geht es um materialgerechtes Arbeiten. Für verschiedene Materialien sind unterschiedliche Sägegeschwindigkeiten erforderlich. Weiches Holz sollte beispielsweise mit hoher Hubzahl gesägt werden, sprödes Metall dagegen mit niedriger. Eingang- und Zweigang-Geräte verfügen über eine beziehungsweise zwei Arbeitsgeschwindigkeiten, Elektronik regelt stufenlos. Bei rein mechanischen Geräten muß der Heimwerker die Feinfühligkeit der Elektronik durch eigenes Fingerspitzengefühl ersetzen. Dadurch geht die Arbeit bei den mechanischen Sägen alles in allem nicht ganz so schnell voran. Dafür sind die Modelle ohne elektronisch gesteuerte Einstellung der Sägegeschwindigkeit billig und zeigen auch kaum schlechtere Ergebnisse als die teilweise deutlich teurere Konkurrenz.

Zusammengefaßt bedeutet dies:

● Selbst mit einer einfachen mechanischen Eingang-Stichsäge kann man gut und genau sägen. Solche Geräte sind schon ab etwa 80 DM zu haben. Diese Geräte sind ideal, wenn man nur hin und wieder damit arbeitet und keine komplizierten Projekte vorhat, bei der viel Arbeit auf die Säge wartet.

AKKUS SIND IM KOMMEN

Nach Jahren der Wattprotzerei hat sich offensichtlich herum gesprochen, daß für die meisten Arbeiten gar keine 1000-Watt-Bohrmaschine nötig ist. Deshalb legen heute auch eher schwachbrüstige Geräte an Beliebtheit zu: die Akkuschrauber und vor allem Akku-Bohrschrauber. Die Vorteile sind klar: Sie sind netzunabhängig, leicht und handlich.

An Leistung darf man von einem Akku-Bohrschrauber mit 10 bis 60 Watt Leistungsabgabe natürlich nicht soviel erwarten wie von einem 1000-Watt-Kraftprotz: Er wird in den Bohrleistungen unterlegen sein.

Die Leistung hängt vor allem von der zur Verfügung stehenden Spannung ab. Die meisten Akku-Bohrschrauber haben eine Nenn-Spannung von 7,2 Volt, einige bieten auch „nur" 4,8 Volt oder gar 9,6 Volt. Will man hauptsächlich Holzschrauben oder kleinere Metallschrauben ein- und ausdrehen, muß die Leistung nicht hoch sein, und ein handlicheres Gerät ist eher zu empfehlen.

● Eine elektronisch geregelte Stichsäge, die es ab etwa 120 DM gibt, ist vorzuziehen, wenn man auf materialgerechte Sägearbeit Wert legt.

● Der Pendelhub bringt zur Elektronik vor allem einen

Bei den Kreissägen kommt es vor allem auf die erreichbare Schnittiefe an

schnelleren Schnitt, aber schlechtere Schnittkanten. Stichsägen mit Elektronik und Pendelhub sind ab etwa 150 DM zu haben, lohnen sich allerdings nur, wenn man häufig und viel sägt.

Oft wird eine Vorrichtung angeboten, an die ein Staubsauger angeschlossen werden kann, der das Sägemehl absaugt (schränkt allerdings Beweglichkeit stark ein). Wenn nicht, so haben viele Geräte zumindest eine Späneblasvorrichtung: Ein Teil der Kühlluft für den Motor wird dabei umgeleitet und pustet die Schnittlinie sauber.

Achten Sie beim Kauf einer Stichsäge auf:

- schwenkbare Grundplatte für Gehrungsschnitte;
- in Längsrichtung verstellbare oder um 180 Grad drehbare Grundplatte, wenn auch in Ecken gesägt werden soll.

Kreissägen

Eine Kreissäge kann zwar nicht wie eine Stichsäge Kurven und Kreise sägen, aber sie ist leistungsfähiger: Sie trennt Platten, Bretter, Balken viel schneller und auch erheblich genauer.

Am beliebtesten sind Handkreissägen und darunter wiederum Geräte mit einer Sägetiefe von höchstens 55 Millimetern. Sie kosten meist etwa zwischen 90 und rund 350 DM.

Modelle mit Sägetiefen von 62 bis 66 Millimeter bringen mehr Gewicht auf die Waage und rücken durchaus in die Nähe von Profi-Geräten. Wer solch eine Kreissäge sein eigen nennen will, muß tiefer in die Tasche greifen - Preise: etwa zwischen 200 und 400 DM.

Das mögliche Einsatzfeld hängt von der Schnittiefe ab: Wer nur gelegentlich Holzplatten zuschneidet, wird zwar mit weniger als 50 Millimeter Schnittiefe auskommen. Aber eigentlich sollte man unter diese Grenze nicht gehen, weil sonst schon bei kleinen Vierkanthölzern oder Arbeitsplatten die Grenze erreicht ist.

Von einer guten Handkreissäge sollte man folgende Eigenschaften erwarten:

- Schnittiefe 50 Millimeter,
- Leistungsaufnahme 1000 Watt (Abgabe mindestens 550 Watt),
- Schrägschnitteinstellung mit präziser Gradeinteilung.

Bei Handkreissägen kann eine Elektronik sinnvoll sein, die den erhöhten Einschaltstrom begrenzt und so verhindert, daß bei schwach abgesicherten Stromkreisen gleich die Sicherungen „rausfliegen". Eine Drehzahlregelung, wie bei anderen Elektrowerkzeugen, hat bei der Handkreissäge nur Sinn, wenn verschiedene Materialien damit gesägt werden sollen.

Eine Spanöffnung mit Absauganschluß dient hingegen eher der Arbeitsfreude des Heimwerkers und seiner Gesundheit. Wer viel sägt, wird nämlich schnell darauf sinnen, das Sägemehl wegzuschaffen, ehe es sich wie feiner Staub auf alle Dinge in der Werkstatt legt. Am einfachsten ist das mit einem Allzwecksauger. Voraussetzung ist natürlich, daß die

staub- und dreckerzeugenden Maschinen einen Anschluß für den Allzwecksauger haben. Darauf achten!
Ebenso sollte man einen Blick auf den Parallelanschlag werfen, ohne den nahezu keine Handkreissäge verkauft wird. Dieses an sich einfache Gerät ermöglicht lange, gerade Schnitte auch von Hand, wenn eine Führung vorhanden ist. Um seine Aufgabe erfüllen zu können, sollte der Parallelanschlag eine genaue Maßeinteilung und mehr als zehn Zentimeter Spannweite haben.
Wer jetzt noch darauf achtet, daß alle Einstellschrauben griffig und gut zugänglich sind, wird bei der Anschaffung einer Kreissäge kaum einen schlechten Griff tun.
Wer eine technisch gute Kreissäge erwirbt, hat damit allerdings noch immer keine Garantie für gute Sägeergebnisse. Denn wie bei allen Sägen, kommt es auch bei der Kreissäge vor allem auf das Sägeblatt an.

Schleifgeräte

Der Maschinenpark, der sich für Schleifarbeiten anbietet, ist relativ groß. Da gibt es die am weitesten verbreiteten Schwingschleifer (auch als Sander oder Rutscher bekannt), die Bandschleifer, die Exzenterschleifer, den Trenn- oder Winkelschleifer und auch die Elektrofeile. Das Prinzip dieser Helfer ist gleich: Die Drehbewegung eines Elektromotors setzt ein Schleifmittel in Bewegung.
Beim Schwingschleifer ist das Schleifpapier auf einer rechteckigen Platte befestigt, die vom Motor zu horizontalen, kreisförmigen Schwingungen mit kleinem Durchmesser gebracht wird, so daß die Funktionsweise eher einem Vibrieren ähnelt. Ähnliches gilt für Exzenterschleifer, deren runde Schleifscheiben dabei aber zusätzlich rotieren. Bandschleifer arbeiten mit einem umlaufenden Schleifband, die Elektrofeile ebenso. Beim Winkelschleifer wird dagegen eine Schleifscheibe verwendet.
In der Praxis haben die unterschiedlichen Typen längst ihre Stärken und Schwächen verraten: Schwingschleifer sind eher für den feinen Schliff geeignet, tragen aber nicht sehr viel Material ab. Das schaffen dafür Band- und Exzenterschleifer besser. Die Elektrofeile wiederum ermöglicht motorische Schleifarbeiten auch an relativ unzugänglichen Stellen. Wogegen der Winkelschleifer eher zum brutalen Zupacken geschaffen ist: Er trennt Stein und Stahl („Trennschleifer"), glättet sekundenschnell Schweißnähte und ebnet auch überstehende Schrauben ein.
Elektronik war bei motorischen Schleifgeräten lange nicht gefragt. Heute hat sie aber auch in diesen Geräten ihren festen Platz. Es hat sich nämlich als sinnvoll herausgestellt, daß man die Schleifgeschwindigkeit stufenlos dem Material anpassen kann, welches bearbeitet wird. Vor allem bei wärmeempfindlichen Materialien sind Vorsicht und geringe Bearbeitungsgeschwindigkeiten angebracht, während zum Beispiel Holz hohe Schleifgeschwindigkeiten verlangt.

Für den durchschnittlichen Heimwerker genügt ein Schwingschleifer

allgemeinen mit 16 Ampère abgesichert. Das kann zu wenig sein, wenn ein Gerät beispielsweise 1800 Watt aufnehmen kann. Beim Anlaufen kann in diesem Fall die Sicherung durchbrennen.
Üblicherweise verhindert heutzutage eine Sicherheitseinrichtung dieses Malheur, indem sie den zulässigen Anlaufstrom begrenzt.
Ebenso sollte auf einen wirksamen Überlastschutz geachtet werden.
Einige Winkelschleifer haben eine elektronische Drehzahlregulierung. Sie hat Vorteile vor allem bei Holz oder anderen wärmeempfindlichen, schlecht wärmeleitenden Materialien, die gründlich mit Schleifteller oder Topfbürste bearbeitet werden sollen.
Wichtiger ist aber eine gute Handhabung. Dazu zählt nicht nur die „griffige" Gestaltung, auch die Länge des Anschlußkabels gehört dazu. Manches Gerät wird mit weniger als zwei Metern Kabel geliefert und kann deshalb oft nur mit Verlängerung verwendet werden.
In der Heimwerkerpraxis ist es oft wichtig, wie „flach" das Gerät ist, das heißt, wieweit es in Vertiefungen kommt oder zwischen zwei Gitterstäbe paßt. Es gibt Geräte, die im Bereich der Spindel nicht dicker als 70 Millimeter sind. Es lohnt, darauf zu achten.
Auch sollte man nur eine Maschine kaufen, deren Spindel arretiert werden kann. Das erspart dem Heimwerker lästiges Hantieren mit zwei Schraubenschlüsseln beim Scheibenwechsel.

Tacker

Drei Typen von Tackern werden angeboten: mechanische, elektrisch angetriebene und eine Mischform aus beidem: die Akku-Tacker.
Tacker können auch nach ihrer Leistungsfähigkeit eingeteilt werden. Leistungsfähigkeit bedeutet in diesem Fall: Wie lang darf die Schenkellänge der Klammern sein, die das Gerät noch in den Werkstoff treiben kann?
Die billigsten mechanischen Geräte (etwa von 20 bis 50 DM) schaffen Klammern mit Schenkellängen bis zu 10 Millimeter. Die teurere mechanische Ausführung (bis etwa 100 DM) kommt auch noch mit längeren Klammern (bis 18 Millimeter) zurecht.
Elektrische Geräte kosten zwischen 100 und 300 DM. Ihre Leistungsfähigkeit reicht bis zu 32 Millimeter Schenkellänge, weil hier der elektrische Antrieb die Kraft der Hand ersetzt. Aber bei weitem nicht alle elektrisch angetriebenen Tacker bewältigen so große Schenkellängen. Viele begnügen sich mit geringeren „Takkertiefen".
In der Funktion ähneln Akku-Tacker einem Handtacker. Bei ihnen übernimmt eine vorgespannte Feder das Einschlagen der Klammern und Nägel. Diese Hefter sind jedoch wesentlich schlagkräftiger als ihre handbetriebenen Kollegen und können sich selbst mit Elektro-Tackern messen. Zwei verschieden starke, auswechselbare Schlagfedern passen die Schlagkraft den entsprechenden Klammergrößen an. Mit diesen Geräten kann der Heimwerker pro Minute genauso oft tackern wie mit den elektrischen. Die Akkuladung begrenzt allerdings die Einsatzdauer.
Die Akku-Tacker gehören zur Gruppe der kleineren Tacker für 8 bis 18 Millimeter lange Klammern und Nägel und leisten vor allem bei kleineren Arbeiten gute Dienste.
Die kleineren Geräte bis zu 18 Millimeter Klammerlänge sind im wesentlichen für zehn Millimeter breite, nicht allzu lange Klammern vorgesehen; man braucht sie beispielsweise beim Heften von alu-kaschierten Isolierungen, von Stoff, Pappmaterialien oder Papier. Diese Tacker sind kleiner und schwächer, daher auch leichter als die großen, die im wesentlichen für vier Millimeter schmale, lange Klammern bis zu 32 Millimeter Schenkellänge gedacht sind, also zum Beispiel zum Befestigen von Profilholzverkleidungen oder Hartfaserplatten.
Einige Geräte bieten die Möglichkeit, auch spezielle Stifte und Nägel zu verarbeiten. Andere sind wegen ihrer Nasenform auch dazu geeignet, in Nuten zu tackern. Das kann sehr sinnvoll sein beim Befestigen von Profilbrettern an der Wand.
Bei fast allen Geräten läßt sich auch die Schlagkraft regulieren. Das ist praktisch, denn um lange Klammern in hartes Holz zu treiben, braucht man natürlich mehr Kraft als für kurze Klammern. Angeboten wird auch die Möglichkeit nachzuschlagen, wenn der erste

Schlag die Klammer nicht ganz ins Holz befördert. Den sauberen Umgang mit dem Nachschlagen muß man allerdings üben.
Beim Kauf sollte man vor allem auf die Handhabung achten. Dazu gehört nicht nur, ob sich das Gerät leicht auslösen läßt, sondern auch, wie es in der Hand liegt. Bei mechanischen Geräten muß auch großer Wert darauf gelegt werden, daß keine Quetschstellen vorhanden sind. Sonst verliert man schnell die Lust am Takkern und greift wieder zu Hammer und Nagel.

Heißluftgebläse

Heißluftpistolen gibt es in etlichen Ausstattungsvarianten:

- Geräte mit einer Temperatur- und einer Gebläsestufe sind am einfachsten gebaut und kosten etwa 50 DM. Sie erzeugen beispielsweise eine Temperatur von zirka 400 Grad bei einer Luftleistung von 400 Litern je Minute.
- Geräte mit zwei Temperatur- und zwei Gebläsestufen bieten vielfältigere Arbeitsmöglichkeiten. Sie lassen sich verschiedenen Materialien anpassen, ohne den Abstand ständig verändern zu müssen. Wählt man die erste Temperaturstufe, so erhitzt der Motor die Luft auf eine vergleichsweise niedrige Temperatur - zum Beispiel auf 200 Grad. Stellt man die zweite Stufe ein, steigt die Hitze auf mehr als 500 Grad. Gleichermaßen variabel ist die geförderte Luftmenge. Anschaffungskosten: etwa 60 bis 100 DM.
- Geräte mit elektronischer Steuerung haben den größten Leistungsbereich unter den Heißluftpistolen. Sie sind stufenlos regulierbar zwischen Temperaturen von zirka 100 bis etwa 600 Grad. Solche elektronischen Modelle gibt es mit einer oder mit zwei Gebläsestufen. Diese Bauart ist die raffinierteste. Ihre aufwendige Konstruktion schlägt sich aber auch in den Preisen nieder, die zwischen 100 und 180 DM liegen.

Heißluftgebläse können mit verschiedenen Düsen betrieben werden, damit sie ihre jeweilige Aufgabe bestmöglich meistern. Beispielsweise gibt es Ringdüsen zum Auftauen oder Löten von Rohren, Spezialdüsen zum Entfernen alter Lacke an Fenstern, Flachdüsen, Breitstrahldüsen, Glasschutzdüsen und andere mehr. Sie müssen meist als Sonderzubehör gekauft werden. Dies kann den Preis des Gerätes ohne weiteres um 50 bis 100 DM erhöhen.
In der Praxis zeigt sich, daß die Gebläse ihre häufigste Aufgabe meist erfüllen - das Ablösen alter Lacke.
Es gelingt freilich nicht alles so einfach, wie es sich oft in Prospekten von Herstellern liest. Die STIFTUNG WARENTEST hat festgestellt, daß Heißluftgebläse für viele andere Arbeiten allenfalls als Notbehelf taugen: Schwer oder gar nicht machbar ist das Entfernen von Teppichen und Tapeten. Auch beim Tönen von Holz und beim Löten versagen die meisten Pistolen. Dagegen läßt sich Kunststoff gut verformen. ■

ELEKTRONIK-WÖRTERBUCH

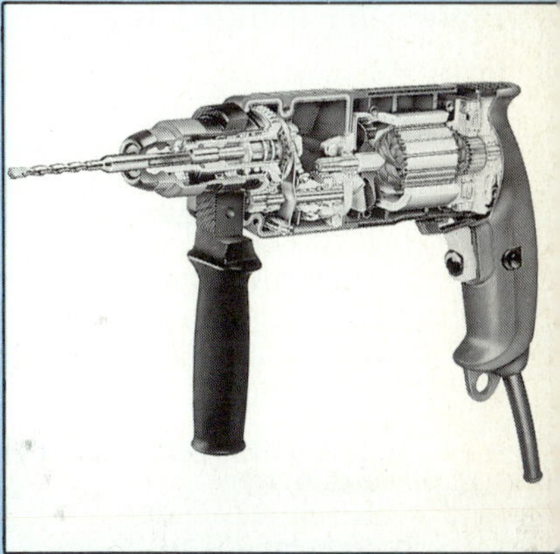

Steuerung = es wird nur der Wert (Drehzahl) vorgegeben.
Regelung = zusätzliche Überwachung, daß der gewählte Wert eingehalten wird.
Halbwellenelektronik = stufenlose Steuerung über etwa den halben Drehzahlbereich.
Vollwellenelektronik = stufenlose Steuerung über den ganzen Drehzahlbereich.
Tachogenerator = mißt die Drehzahl und schafft so die Voraussetzung für konstante Drehzahl.
Torque Control = sorgt dafür, daß ein vorgewähltes Drehmoment nicht überschritten wird.
Sanftanlauf = läßt den Motor langsam auf hohe Drehzahlen anlaufen.
Anlaufstrombegrenzung = läßt den Strom beim Einschalten nicht so hoch ansteigen, daß die Sicherung reagiert.
Wiederanlaufsperre = verhindert, daß eingeschaltetes Gerät gleich wieder anläuft, wenn es zuvor vom Netz getrennt war.
Temperaturüberwachung = reduziert die Leistung, wenn der Motor überlastet (zu warm) wird. Schaltet notfalls ab.

DIE WICHTIGSTEN ADRESSEN

● **STIFTUNG WARENTEST**
Lützowplatz 11/13,
1000 Berlin 30,
Auskunftsdienst
Tel. 030/2623014

● **ARBEITSGEMEINSCHAFT DER VERBRAUCHER UND AG WOHNBERATUNG**
Heilsbachstraße 20,
5300 Bonn-Duisdorf,
Tel. 0228/641011

● **STIFTUNG VERBRAUCHER-INSTITUT**
Reichpietschufer 74-76,
1000 Berlin 30,
Tel. 030/254902-0

● **VERBRAUCHER-SCHUTZVEREIN**
Lützowstraße 33-36,
1000 Berlin 30,
Tel. 030/2549070

● **VERBRAUCHERZENTRALEN**

Baden-Württemberg,
Augustenstraße 6,
7000 Stuttgart 1,
Tel. 0711/610923

Bayern,
Haydnstraße 7,
8000 München 2,
Tel. 089/539870

Berlin,
Bayreuther Straße 40,
1000 Berlin 30,
Tel. 030/219070

Bremen,
Ansgaritorstraße 3,
2800 Bremen 1,
Tel. 0421/318526

Hamburg,
Große Bleichen 23,
2000 Hamburg 36,
Tel. 040/35001481-85

Hessen,
Berliner Straße 27,
6000 Frankfurt 1,
Tel. 069/288231

Niedersachsen,
Georgswall 7,
3000 Hannover,
Tel. 0511/326191

Nordrhein-Westfalen,
Mintrop-Straße 27,
4000 Düsseldorf,
Tel. 0211/38090

Rheinland-Pfalz,
Große Langgasse 16,
6500 Mainz,
Tel. 06131/232037

Saarland,
Hohenzollernstraße 11,
6600 Saarbrücken,
Tel. 0681/52047

Schleswig-Holstein,
Bergstraße 24,
2300 Kiel 1,
Tel. 0431/51286

● **GIFTNOTRUFZENTRALEN**

Berlin	030/3023022, 30351
Bonn	0228/26061
Braunschweig	0531/62290
Bremen	0421/975268
Freiburg	0761/2704300
Göttingen	0551/396241
(nach 22 Uhr)	396239
Hamburg	040/63853345
Homburg/Saar	06841/162257 162846
Kiel	0431/5974268
Koblenz	0261/499648
Ludwigshafen	0621/503431
Mainz	06131/232466
München	089/41402211
Münster/Westf.	0251/836245
Nürnberg	0911/3982451
Papenberg	04961/831

● **FACHVERBÄNDE**

Aluminium-Zentrale,
Königsallee 30,
4000 Düsseldorf 1,
Tel. 0211/320821

Bundesverband Gesundes Bauen und Wohnen e.V.,
Postfach 1,
3305 Evessen,
Tel. 05333/1066

Deutscher Betonverein e.V.,
Postfach 2126,
6200 Wiesbaden 1,
Tel. 06121/372071

Gesamtverband Dämmstoffindustrie,
Liebigstraße 20,
6000 Frankfurt 1,
Tel. 069/721851

Edelmetallindustrieverband e.V.,
Postfach 1260,
7070 Schwäbisch Gmünd,
Tel. 07171/69088

Hauptberatungsstelle für Elektrizitätsanwendung e.V., (HEA),
Am Hauptbahnhof 12,
6000 Frankfurt 12,
Tel. 069/233557

Zentralverband der Elektrotechnischen Industrie (ZVEI),
Stresemannallee 19,
6000 Frankfurt 70,
Tel. 069/63021

Verband der Fenster- und Fassadenhersteller e.V.,
Bockenheimer Anlage 13,
6000 Frankfurt,
Tel. 069/550068

Arbeitsgemeinschaft Holz e.V.,
Füllenbachstraße 6,
4000 Düsseldorf 30,
Tel. 0211/434635

Industrieverband Polyurethan-Hartschaum e.V.,
Kriegerstraße 17,
7000 Stuttgart 1,
Tel. 0711/291716

Bundesverband Heizung, Klima, Sanitär e.V.,
Weberstraße 33,
5000 Bonn 1,
Tel. 0228/219043-44

• BAU-SCHLICHTUNGSSTELLEN

Schmiedberg 4,
8900 Augsburg,
Tel. 0821/3259-0

Langenstraße 31/33,
2800 Bremen,
Tel. 0421/321823

Reinoldstraße 7-9,
4600 Dortmund,
Tel. 0231/5493159

Postfach 3920,
4000 Düsseldorf,
Tel. 0211/8795173

Postfach 180406,
6000 Frankfurt 1,
Tel. 069/550655

Johnsallee 53,
2000 Hamburg 13,
Tel. 040/444452

Hindenburgstraße 58,
7410 Reutlingen,
Tel. 07121/241230

• BAUBERATUNG

Bauzentrum München der Münchener Messe- und Austellungsgesellschaft MbH
Radlkoferstraße 16,
8000 München 70,
Tel. 089/5107441

Institut für Bautechnik
Reichpietschufer 74-76,
1000 Berlin 30,
Tel. 030/2503-1

Arbeitsgemeinschaft Wohnbau-Modernisierung e.V.,
Bahnhofstraße 44,
7101 Offenau,
Tel. 07136/3322

• SCHLICHTUNGSSTELLEN DER HANDWERKSKAMMERN

Handwerkskammern sind verpflichtet, bei Streitigkeiten zwischen Handwerkern und Kunden zu vermitteln.

Sandkaulbach 21,
5100 Aachen,
Tel. 0241/471-0

Brückenplatz 1,
Postfach 5303,
5760 Arnsberg 2,
Tel. 02931/877-0

Schmiedberg 4,
Postfach 110909,
8900 Augsburg 1,
Tel. 0821/3259212

Straße des Handwerks 2,
Postfach 1309,
2960 Aurich,
Tel. 04941/61006

Kerschensteiner Straße 7,
Postfach 100554,
8580 Bayreuth 1,
Tel. 0921/9100

Blücherstraße 68,
Postfach 610219,
1000 Berlin 61,
Tel. 030/2510931

Obernstr. 48, Postfach 3720,
4800 Bielefeld 1,
Tel. 0521/61008/9; 61000

Burgplatz 2, Postfach 2607,
3300 Braunschweig,
Tel. 0531/480130

Ansgaritorstraße 25,
Postfach 105106,
2800 Bremen 1,
Tel. 0421/30500-12/13

Hinterer Floßanger 6,
8630 Coburg,
Tel. 09561/68041

Hindenburgstraße 1,
Postfach 4049,
6100 Darmstadt,
Hauptverw. Darmstadt,
Tel. 06151/33454

Reinoldistraße 7-9,
Postfach 246,
4600 Dortmund,
Tel. 0231/54930

Breite Str. 7, Postf. 3920,
4000 Düsseldorf,
Tel. 0211/8795-0

Johanniskirchhof 1,
Postfach 1738,
2390 Flensburg,
Tel. 0461/866-0

Bockenheimer Landstr. 21,
Postfach 170353,
6000 Frankfurt 1,
Hauptverw. Frankfurt a.M.
Tel. 069/710001-0

Bismarck-Allee 6,
7800 Freiburg i. Br.,
Tel. 0761/218000

Holsterwall 12,
2000 Hamburg 36,
Tel. 040/35905-1

Berliner Allee 17,
Postfach 2527,
3000 Hannover,
Tel. 0511/34859-0

Allee 76, Postfach 1980,
7100 Heilbronn/Neckar,
Tel. 07131/68971

Braunschweiger Straße 53,
Postfach 100643,
3200 Hildesheim,
Tel. 05121/1815-6

Am Altenhof 15,
Postfach 2620,
6750 Kaiserslauten,
Tel. 0631/8401-0

Friedrichsplatz 4-5,
Postfach 3209,
7500 Karlsruhe 1,
Tel. 0721/164-1

Scheidemannplatz 2,
Postfach 101620,
3500 Kassel,
Tel. 0561/7888111

Friedrich-Ebert-Ring 33,
Postfach 929,
5400 Koblenz,
Tel. 0261/398-1

Heumarkt 12,
5000 Köln 1,
Tel. 0221/20221

Webersteig 3, Postf. 4304,
7750 Konstanz,
Tel. 07531/2003-0

Breite Straße 10-12,
Postfach 1385,
2400 Lübeck 1,
Tel. 0451/1506-0

Friedenstr. 6, Postf. 1760,
2120 Lüneburg,
Tel. 04131/712-0

Im Neuwerk 19, Postf. 1448,
2160 Stade,
Tel. 04141/6062-0

Göttelmannstraße 1,
Postfach 2227,
6500 Mainz-Weisenau,
Tel. 06131/8302-0

B 1.1-2, Postfach 940,
6800 Mannheim 1,
Tel. 0621/18002-0

Max-Joseph-Straße 4,
8000 München 2,
Tel. 089/5119-0

Bismarckallee 1, Postf. 3480,
4400 Münster,
Tel. 0251/4903-0

Sulzbacher Straße 11/15,
Postfach 210105,
8500 Nürnberg 21,
Tel. 0911/5309-1

Theaterwall 30-32,
2900 Oldenburg,
Tel. 0441/232-1

Bramscher Straße 134-136,
Postfach 2206,
4500 Osnabrück,
Tel. 0541/67044

Nikolastr. 10, Postf. 1629,
8390 Passau,
Hauptverw.-Sitz Passau,
Tel. 0851/5301-0

Ditthornstraße 10,
Postfach 120229,
8400 Regensburg 12,
Hauptv.-Sitz Regensburg,
Tel. 0941/7965-0

Hindenburgstraße 58,
Postfach 1743,
7410 Reutlingen,
Tel. 07121/2412-0

Hohenzollernstraße 47-49,
Postfach 152,
6600 Saarbrücken 1,
Tel. 0681/5809-0

Heilbronner Straße 43,
Postfach 2621,
7000 Stuttgart 1,
Tel. 0711/2594-1

Loebstraße 18,
5500 Trier,
Tel. 0651/207-0

Olgastr. 72, Postf. 2349,
7900 Ulm/Donau,
Tel. 0731/1425-0

Bahnhofstraße 63,
Postfach 2960,
6200 Wiesbaden,
Tel. 06121/1360

Rennweger Ring 3,
8700 Würzburg,
Tel. 0931/30908-0

UMWELTSCHUTZ

Aktionszentrum Umweltschutz Gesellschaft für Lärmbekämpfung e.V.
Theodor-Heuss-Platz 7,
1000 Berlin 19,
Tel. 030/3015644

Bundesverband Bürgerinitiativen Umweltschutz (BBU)
Prinz-Albert-Straße 43,
5300 Bonn,
Tel. 0228/214032-3

Bund für Umwelt und Naturschutz Deutschland (BUND)
Im Rheingarten 7,
5300 Bonn,
Tel. 0228/462084

Deutscher Bund für Vogelschutz – Deutscher Naturschutzverband e.V. Bundesgeschäftsstelle
Am Hofgarten 4,
5300 Bonn 1,
Tel. 0228/221411

Deutscher Naturschutzring e.V.
Kalkuhlstraße 24,
5300 Bonn 3,
Tel. 0228/441505

Greenpeace e.V.
Haus der Seefahrt,
Hohe Brücke 1,
2000 Hamburg 11,
Tel. 040/1208-0

Öko-Institut Freiburg
Hindenburgstraße 20,
7800 Freiburg,
Tel. 0761/36439

Ökologiestation Bremen
Am Güthpol 9,
2820 Bremen 70,
Tel. 0421/658460

Robin Wood e.V.
Lahnstraße 65,
2800 Bremen 1,
Tel. 0421/500405/06

Umweltstiftung WWF – Deutschland
Hedderichstraße 110,
6000 Frankfurt/Main 70,
Tel. 069/605003-0

Schutzgemeinschaft Deutscher Wald e.V.
Kernerplatz 1,
7000 Stuttgart 1,
Tel. 0711/6403528

Umweltbundesamt
Bismarckstraße 1,
1000 Berlin 33,
Tel. 030/8903-1

ENERGIE SPAREN

Gesellschaft für Rationelle Energieverwendung e.V.
Theodor-Heuss-Platz 7,
1000 Berlin 19,
Tel. 030/3016090

Bundesverband Energie/Umwelt/Feuerungen e.V.
Postfach 1322,
7410 Reutlingen 1,
Tel. 07121/44011-2

Vereinigung der Deutschen Zentralheizungswirtschaft (VDZ) e.V.
Kaiserwerther Straße 135,
4000 Düsseldorf 30,
Tel. 0211/4549313

Bundesverband der Deutschen Gas- und Wasserwirtschaft e.V. – BGW –
Josef-Wirmer-Straße 1-3,
5300 Bonn 1,
Tel. 0228/5208-0

Institut für Fenstertechnik e.V.
Theodor-Gietl-Straße 9,
8200 Rosenheim,
Tel. 08031/6501-0

Forschungsinstitut für Wärmeschutz e.V. München
Lochhamer Schlag 4,
8032 Gräfelfing

Gesamtverband Dämmstoffindustrie
Ferdinand-Porsche-Str. 16,
6000 Frankfurt 61,
Tel. 069/423896

Deutsche Gesellschaft für Sonnenenergie e.V.
Augustenstraße 79,
8000 München 2,
Tel. 089/524071

Informationszentrale der Elektrizitätswirtschaft (IZE)
Stresemannallee 23,
6000 Frankfurt 70,
Tel. 069/6304-372

Bundesvereinigung der Firmen im Gas- und Wasserfach e.V.
Marienburger Straße 15,
5000 Köln 51,
Tel. 0221/381617

MIETFRAGEN

Deutscher Mieterbund e.V.
Aachener Straße 313,
5000 Köln 41,
Tel. 0221/40083-0

Zentralverband der Deutschen Haus-, Wohnungs- und Grundeigentümer e.V.
Cecilienalle 45,
4000 Düsseldorf 30,
Tel. 0211/434555

Abbeizmittel 74
Ablaufeigenschaften 71
Ablaugmittel 74
Ablösemittel 27
Abriebgruppe 31
Absperren 28,75
Abstandshalter 33
Abtönen 64
Acryllack 67
Acrylsiegellack 49
Ahorn 40
Airless-Pistolen 70
Algen 82
Alkydharzlacke 67
Allzweckdübel 46
Angebot 15
Abschlaglineal 34
Anstrichfilm 60
Anstrichstoff 60
Antennenanlage 14
Antistatisch 53
Armaturen 146
Asbest 110
Asbestpappe 20
Außenanstrich 83
Außendämmung 112
Bad 19,142
Bahn 55
Balkon 139
Bandsäge 176
Bandschleifer 181
Bauaufsicht 15
Bausparen 162
Beizen 42
Beschläge 88
Bestandsaufnahme 6, 11, 18, 20
Betriebsstundenzähler 126
Bindemittel 45, 60
Bioverdünner 68
Birke 40
Bitumen 78
Boden 48
Bodenfliesen 48
Bohrfutter 174
Bohrhammer 175
Bohrmaschinen 175
Bohrschrauber 175
Borsten 65,66
Bouclé 52
Brenner 123
Buche 40
Cotto-Fliesen 30
Dach 78
Dachausbau 134
Dachdämmung 116
Dachlatten 81
Dachpfannen 80
Dachzimmer 22
Dämmaßnahmen 104
Dämmfassade 84
Dämmstoffe 115
Dämmstoffklassen 119
Dämmung 84
Dampfsperre 27
Deckbreite 41
Decken 24
Deckenbürste 66
Deckenvertäfelung 45
Deckvermögen 71
Decorfliesen 33
Denkmalschutz 7
Dichtbänder 106
Dichtmasse 107
Dichtprofile 106
Dielen 12, 48
Dispersionsfarbe 62
Dispersionslack 67
Doppelfenster 86
Doppelseitiges Klebeband 58
Dübeln 46
Dünnbettkleber 33
Durchlauferhitzer 124
Durchlaufspeicher 124
Eiche 40
Einhebelarmaturen 146
Einkomponenten-Kleber 31
Elektroinstallation 152
Elektrospeicherheizgeräte 130
Elektrowerkzeuge 174
Energie 100
Energiesparen 104
Enthärter 72
Erhaltungsaufwand 160
Esche 41
Farben 60
Farbentfernung 74
Farbpigmente 60
Farbpsychologie 22
Farbspritzpistolen 70
Farbwirkung 22
Faserplatten 43
Fassade 82
Fassadenbegrünung 85
Fassadenfarben 62
FCKW 92
Feinmakulatur 29
Fenster 86,105
Fensterfolien 112
Fensterläden 89
Fensterrahmen 88
Fertigparkett 49,50
Feuchtigkeitsaustausch 63
Fichte 39
Fixierung 59
Flachdach 78
Fliesen 30, 48
Fliesen schneiden 34
Fliesenbrechzange 34
Fließestrich 56
Formaldehyd 20, 171
Fugenfrisch 33
Fugenkreuze 33
Fugenmasse 33
Füllspachtel 37
Furnier 37
Fußboden 48
Gasbeton 46
Gaszentralheizung 129
Gebindegrößen 65
Gipskarton 34
Gipskartonplatten 45
Glas 86
Glasfasertapeten 26
Glasur 30
Grundierung 34
Grundrisse 6, 18
Haftverklebung 59
Handwerker 15
Hartfaserplatten 43
Hartschaum 116
Harze 60
Haustür 90
Hautverhinderer 60
Heißluftgebläse 183
Heizkessel 125
Heizkörper 131
Heizkörpernischen 111
Heizung 122
Herstellungsaufwand 160
Hinterlüftung 85